Rainer Schulte

Frösche und Kröten

Tropische
und einheimische Froschlurche
im Terrarium

2., verbesserte Auflage
38 Farbfotos
62 Schwarzweiß-Fotos
und Zeichnungen

Verlag Eugen Ulmer Stuttgart

Farbbild Nr. 9 und Abbildungen Nr. 14, 24, 33, 41 und 59 von Rainer Schulte, alle übrigen Fotos von Wolfgang Utke

Zeichnungen nach Vorlagen des Autors von Irmgard Brendel

CIP-Kurztitelaufnahme der Deutschen Bibliothek

Schulte, Rainer:
Frösche und Kröten : trop. u. einheim. Froschlurche im
Terrarium / Rainer Schulte. – 2., verb. Aufl. –
Stuttgart : Ulmer, 1984.
  ISBN 3-8001-7140-6

© 1980, 1984 Eugen Ulmer GmbH & Co.
Wollgrasweg 41, 7000 Stuttgart 70 (Hohenheim)
Printed in Germany
Einbandgestaltung: A. Krugmann, Stuttgart
mit einem Foto (Discophus antongilli) von W. Utke
Satz und Druck: Sulzberg-Druck GmbH, Sulzberg im Allgäu
Bindung: Dieringer, Stuttgart

Vorwort und Dank

Die Zahl der Menschen, die sich beruflich oder privat mit der Haltung von Froschlurchen befassen, steigt ständig. Gründe dafür mögen in der Suche der pharmazeutischen Industrie nach neuen Wirkstoffen und im großen Angebot der zumeist farbenprächtigen tropischen Frösche für die Terrarienhaltung liegen. Die Pflege und Zucht von Amphibien gehört jedoch zu den schwierigsten Kapiteln der Terrarienkunde, weil Haltungsfehler und Krankheiten sich meist verheerend auswirken.

Da seit Klingelhöffer's Terrarienkunde (Band 2) kein ausführlicheres Werk über die Haltung dieser Tiergruppe erschienen ist, möchte das vorliegende Buch diese Informationslücke schließen. In den vergangenen zwei Jahrzehnten hat die Terraristik durch neue Materialien, Geräte und Techniken große Fortschritte gemacht, die hier in besonderem Maße berücksichtigt werden. Weitere Schwerpunkte bilden die Kapitel Krankheiten und Zucht der Froschlurche. Die Auswahl der beschriebenen Arten orientiert sich in erster Linie an den Importeurlisten der vergangenen zehn Jahre, doch lassen sich anhand der vielfältigen Hinweise auch neu eingeführte Arten bestmöglich versorgen. Einen großen Teil der besprochenen Anuren hielt ich selbst längere Zeit im Terrarium, bei einigen gelang die Nachzucht regelmäßig. Auf eigenen Expeditionen nach Afrika und Mittelamerika konnte ich mein Wissen über die natürlichen Lebensräume der Froschlurche noch weiter vertiefen.

Leider kann im Rahmen dieses Buches nicht auf sämtliche Aspekte der Froschterraristik und auf die gesamte Vielfalt der Arten eingegangen werden, doch wird im Anhang die Spezialliteratur aufgeführt, in der manche Rassenkreise noch weitergehend behandelt werden. Ich hoffe, daß sich der vorliegende Band als ein „Handbuch der Froschterraristik" erweisen wird und daß er mithilft, in unseren Terrarien und Laboratorien das Leben der Froschlurche zu erhalten, die ja zu einem überwiegenden Teil aus der Natur entnommen wurden und die in ihrer Heimat zwar kleine, aber fast unersetzliche Glieder des Ökosystems darstellen.

Wegen der noch immer unzureichenden Erforschung der Amphibien (speziell der tropischen Arten) und deren Lebensräumen müssen sich in den kommenden Jahrzehnten Wissenschaftler wie Terrarianer wesentlich intensiver mit dieser Tiergruppe befassen, die jährlich neue Überraschungen bereit hält. Gerade die Wissenschaft verdankt den Terrarianern wertvolle Hinweise über die Biologie mancher Arten, da oft nur Tiere für Alkoholpräparate gesammelt oder geschossen wurden, ihre Ökologie oder Brutbiologie aber unerforscht blieb. In neuester Zeit hat die dogmatische Bedeutung der Systematik stark abgenommen, sie weicht immer mehr einer

5

großräumigen evolutionären, biogeografischen und ökologischen Betrachtungsweise, für die die einzelnen Amphibien wichtige Basisfaktoren oder einfacher gesagt „Bausteinchen" darstellen. So ist etwa die Verschmutzung der Gewässer oder die Versteppung von Landschaften durch das Verschwinden oder den Wechsel von Arten erkennbar geworden.

Ich habe auf meinen Reisen immer wieder die Vernichtung von ursprünglicher Natur durch Rodung, Zersiedelung oder Beweidung bemerkt, ein Vorgang, der vielfach auf dem fehlenden oder abhandengekommenen Bewußtsein für die unzerstörte Natur beruht. Durch die intensive Beschäftigung vieler Menschen mit Tieren und Pflanzen, sei es im eigenen Garten oder in Aquarien oder Terrarien, kann dem Einzelnen der Begriff „Umwelt" wieder nähergebracht werden. Gerade das Tropenterrarium mit seinen vielfältigen Wechselbeziehungen stellt ein sehr gutes Lehrmodell für eine – wenn auch künstliche – „ökologische Einheit" dar. Beim täglichen Umgang damit lernen wir so nach und nach die Steuerfaktoren erkennen, denen jedes Lebewesen ausgesetzt ist und von denen es in seinen Lebensäußerungen wie Sozialverhalten, Paarung und Fortpflanzung beeinflußt wird. Durch die Beschäftigung mit Aquarien oder Terrarien wird uns der Blick für die Natur erhalten oder nähergebracht, die im späteren Leben vielleicht sogar zu einem engagiertem Natur- und Landschaftsschutz führt.

Besonders danken möchte ich Herrn Dr. Heinz Wermuth vom Staatlichen Museum für Naturkunde in Ludwigsburg und dem Eugen Ulmer Verlag, die mich zur Bearbeitung dieses Bandes anregten. Fräulein Marleen Rohwer übernahm die oft mühevolle Aufgabe, meine Aufzeichnungen in ein lesbares Manuskript umzusetzen und half mir außerdem wesentlich bei der Pflege meiner Frösche; daher ist dieser Band ihr gewidmet. Dank gebührt auch Herrn Wolfgang Utke, Esslingen, der die teilweise schwierigen Fotoarbeiten ausführte und sich nebenher noch mit der *Agalychnis*-Zucht beschäftigte. Die Firma K. Weinfurter in Kirchheim/Teck und Nürtingen ermöglichte die Beschaffung vieler seltener Froschlurche und durch die technische Unterstützung der Firma G. Eheim, Deizisau, ist die Entwicklung spezieller Larvenzuchtmethoden und Terrarientypen sowie der Beregnung einen großen Schritt weitergekommen. Weiterhin möchte ich allen Terrarianern und Wissenschaftlern danken, die durch ihre Veröffentlichungen und mündlichen Auskünfte zum Entstehen dieses Buches beigetragen haben. Ihre Kritik und ihre Hinweise werden mir auch weiterhin hilfreich und willkommen sein.

Neuhausen, Januar 1980   Rainer Schulte

Inhaltsverzeichnis

Tropische und einheimische Froschlurche

Allgemeines über Froschlurche

Die Evolution der Froschlurche

Die Froschlurche (Salientia) bilden zusammen mit den Schwanzlurchen (Caudata) und den Blindwühlen (Apoda) die heutige Gruppe der Amphibien. Ihre ersten Vorfahren, die sich aus den Quastenflossern entwickelten, lebten vor etwa 300 Millionen Jahren im späten Devon. Die Blütezeit der Uramphibien, die oft eine gewaltige Größe erreichten, lag in den feuchtwarmen Erdzeitaltern Karbon und Perm vor etwa 330–220 Millionen Jahren. Die ersten Arten, die den heutigen Formen ähnelten, lassen sich ab dem frühen Jura vor etwa 130 Millionen Jahren nachweisen. Für die Entwicklung der Tierwelt unseres Planeten war entscheidend, daß die Uramphibien das Wasser verlassen und das Land als zusätzlichen neuen Lebensraum nutzen konnten. Nach der Theorie von A. S. Romer bildeten sich deshalb die paarigen Extremitäten bei den Quastenflossern (Crossopterygii), damit sie über Land andere Wasserstellen aufsuchen konnten. Gegenüber den standortgebundenen Urfischen, die vielfach in den eintrocknenden Gewässern starben, war dies ein entscheidender Vorteil. Bis zum heutigen Tage konnten die Amphibien sich nicht von dieser Abhängigkeit vom Wasser lösen, das sie bis auf wenige Ausnahmen zumindest zur Fortpflanzung aufsuchen müssen. Die Larvenstadien der meisten Lurche ähneln denen der Fische. Sie atmen anfangs wie diese mit Hilfe von Kiemen, erst während der weiteren Entwicklung wird der gesamte Organismus an das Leben auf dem Lande angepaßt. Die Umwandlung der im Wasser lebenden Larve zum Landtier, dem Lurch, bezeichnet man als Metamorphose, die in der Regel 4–6 Wochen dauert. Die wichtigsten Prozesse dieser Umwandlung sind die Ausbildung der Gliedmaßen, die Umstellung auf zusätzliche Lungenatmung sowie tiefgreifende ernährungsphysiologische und biochemische Anpassungen. Die Metamorphose ist praktisch ein Nachvollziehen der Stammesgeschichte im Zeitraffer.

Die heute lebenden Froschlurche umfassen etwa 2600 Arten in ca. 250 Gattungen. Es werden aber in jedem Jahr neue Formen entdeckt, während andere durch die nachteiligen Folgen der sich weiter ausbreitenden Zivilisation, wie Umweltzerstörung und -vergiftung, vom Aussterben bedroht sind.

Wegen des Forschungsvorsprunges der Amerikaner habe ich mich bei der Aufstellung der Evolutionsgeschichte der Froschlurche nicht auf deutsche Werke verlassen, z.B. Grzimeks Tierleben (1970), die auf der Klassifizierung von Noble (1931) beruhen, sondern folgte der Auffassung von W. E. Duellman (1975), der aufgrund seiner jahrzehntelangen Erforschung der Froschlurche wohl den besten Überblick

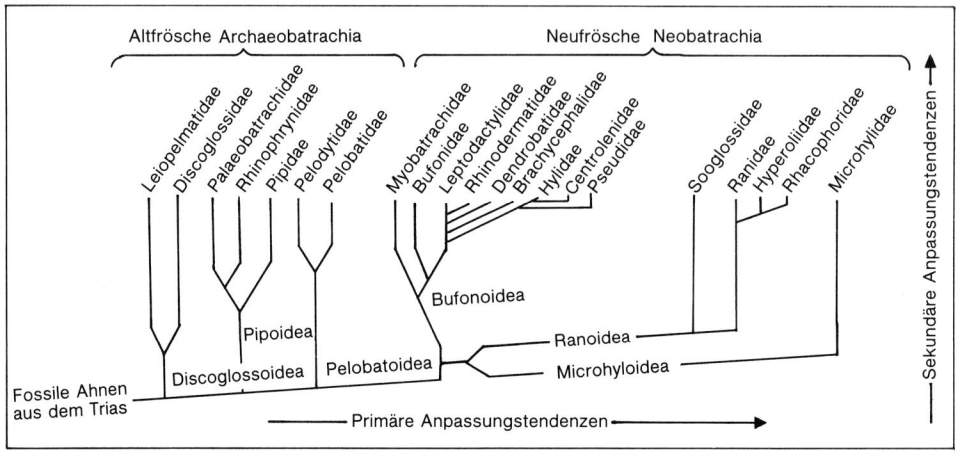

Abb. 1. Stammbaum der Amphibien. Die Anpassungstendenzen werden im Sinne von Trueb (1973) verwendet. Aufstellung nach Duellman (1975).

haben dürfte. Darüber hinaus scheint mir seine klare Gliederung, die nicht nur den Wirbelbau, sondern ein Maximum von Merkmalen beachtet hat, zur Zeit die wohl beste Arbeitsgrundlage für zukünftige Forschungen zu sein. Abb. 1 gibt die Evolution der rezenten Froschlurche und deren Tendenzen wieder, die folgende Übersicht bietet die ausführliche Gliederung mit Gattungsbeispielen. Eine systematische Gliederung natürlicher Lebensformen, wie sie z.B. in der nebenstehenden Übersicht zum Ausdruck kommt, ist letzten Endes unvollständig oder zu starr, da die Mechanismen der Evolution stetig verändernd einwirken. Durch die modernen Forschungsmethoden wie Blutserumanalyse, Bioakustik und Genetik werden sich innerhalb der Froschlurchsystematik in Zukunft wesentliche Änderungen ergeben.

Einführung in die Lebensweise der Froschlurche

Die Froschlurche besiedeln die gesamte Erde mit Ausnahme der Polargebiete und der extremen Wüsten. Obwohl es Arten gibt, die noch in 0,5 °C kaltem Wasser oder in heißen Quellen mit 34 °C Wassertemperatur ablaichen, bewohnt die Mehrzahl der Froschlurche die gemäßigten Zonen und vor allem die feuchtwarmen Gebiete der Alten und Neuen Welt in großer Artenfülle. Die Froschlurche sind wie alle Amphibien in unterschiedlichem Maße vom Wasser oder zumindest von Feuchtigkeit abhängig. Nur wenige hochspezialisierte Arten können Trockenheit durch metertiefes Eingraben in den Wüstenboden oder durch verborgene „Schlafgemeinschaften" überdauern. Dabei können Schaufelfüße (Sca-

10

Die Gliederung der fossilen und rezenten Froschlurche

	Familien	Gattungen

Klasse **Amphibia** (Linnaeus 1758)
Unterklasse **Lissamphibia** (Haeckel 1866)
Überordnung **Salientia** (Laurenti 1768)
1. Ordnung **Proanura** † (Romer 1945) — Triadobatrachidae † (Kuhn 1962)
2. Ordnung **Anura** (Giebel 1847)
(Froschlurche)
1. Unterordnung **Archaeobatrachia**
(Reig 1958) (Altfrösche)
  1. Überfamilie **Discoglossoidea**
  (Günther 1858) (Scheibenzünglerähnliche)

Familien	Gattungen
1. Leiopelmatidae (Urfrösche)	– Leiopelma, Ascaphus
2. Discoglossidae (Scheibenzüngler)	– Discoglossus, Alytes, Bombina

  2. Überfamilie **Pipoidea** (Bonapart 1831)
  (Wabenkrötenähnliche)

Familien	Gattungen
3. Paleobatrachidae †	
4. Pipidae (Wabenkröten)	– Pipa, Hemipipa, Xenopus, Hymenochirus
5. Rhinophrynidae (Nasenkrötchen)	– Rhinophryne

  3. Überfamilie **Pelobatoidea**
  (Stannius 1856) (Schaufelfußähnliche)

Familien	Gattungen
6. Pelobatidae (Schaufelfüße)	– Pelobates
7. Pelodytidae (Schlammtaucher)	– Pelodytes

2. Unterordnung **Neobatrachia** (Reig 1958)
(Neufrösche)
4. Überfamilie **Bufonoidea** (Gmelin 1815)
(Krötenähnliche)

Familien	Gattungen
8. Myobatrachidae	– Myobatrachus
9. Leptodactylidae (Süd- oder Pfeiffrösche)	– Leptodactylus, Eleutherodactylus, Ceratophrys, Lepidobatrachus. Pleurodema, Limnodynastes, Crinia, Physalaemus
10. Bufonidae (Kröten)	– Bufo, Atelopus, Nectophryne, Dendrophryniscus
11. Brachycephalidae (Sattelkröten)	– Brachycephalus
12. Rhinodermatidae (Nasenfrösche)	– Rhinoderma, Sminthillus
13. Dendrobatidae (Pfeilgiftfrösche)	– Dendrobates, Phyllobates, Colostethus
14. Pseudidae (Harlekinfrösche)	– Pseudis
15. Hylidae (Laubfrösche)	– Hyla, Phyllomedusa, Gastrotheca, Pachymedusa, Agalychnis, Litoria, Triprion, Acris, Pseudacris, Smilisca
16. Centrolenidae (Glasfrösche)	– Centrolenella, Centrolene
17. Microhylidae (Engmaulfrösche)	– Microhyla, Kaloula, Phrynomerus, Hemisus
18. Sooglossidae (Seychellenfrösche)	– Sooglossus, Nesomantis
19. Ranidae (Echte Frösche)	– Rana, Conraua Mantella, Ptychadena
20. Hyperoliidae (Riedfrösche)	– Hyperolius
21. Rhacophoridae (Ruderfrösche)	– Rhacophorus, Chiromantis, Kassina, Leptopelis

5. Überfamilie **Microhyloidea**
(Parker 1934) (Engmaulfrösche)
6. Überfamilie **Ranoidea**
(Linnaeus 1758)

Gliederung nach Duellman (1975). Die Gattungen neben den Familien sind als Beispiele gedacht und daher unvollständig.

phiopus) einen Wasserverlust von 48% des Körpergewichtes ertragen, während aquatile Arten nur einen Verlust von 30% überleben. Die meisten Froschlurche versuchen durch die Verlagerung der Aktivitätszeiten in die Nachtstunden den Wasserverlust einzuschränken. Einige afrikanische Arten können in brütender Hitze und bei voller Sonneneinstrahlung auf Blättern oder Ästen ausharren, selbst wenn die Umgebungstemperatur auf 40–50°C ansteigt. *Chiromantis*- und *Hyperolius*-Arten haben für solche Fälle ein spezielles Verhalten entwickelt: die Frösche vermindern ihre Körperoberfläche durch Unter- oder Anlegen der Gliedmaßen und setzen sich so auf Blätter oder Äste, daß nur auf eine schmale Körperseite direkte Sonneneinstrahlung trifft. Die gesamte Bauchseite bildet mit dem Untergrund eine Einheit und erleidet daher kaum Wasserverluste. Zusätzlich wird die Hautfarbe in ein helles Weiß verwandelt, wodurch die Reflexion der Lichtstrahlen erhöht wird. Etliche Arten machen sich auch die „Wasserkühlung" der Pflanzen zunutze, indem sie sich dicht an Stengel oder Blattachseln anschmiegen. Zum Wärmeaustausch dienen ihnen die Ader- und Lymphsysteme in Beinen, Zehen und der Bauchhaut.

In Gegenden mit hohen Tagestemperaturen besteht bei vielen Arten grabende Lebensweise. Die Tiere entwickelten dafür spezielle Werkzeuge wie schaufelartige Fortsätze an den Fußsohlen der Hinterbeine sowie besondere Grabverhalten.

Wenn in Feuchtgebieten die Froschlurche das Nachtleben bevorzugen, hat das unter anderem den Vorteil, daß sie sich damit ihren Feinden entziehen, da die überwiegende Zahl der Froschfresser wie Vögel, Reptilien und Kleinsäuger tagaktiv sind. Durch ihre hervorragende Tarnfarbe und

gewisse Vorlieben bei der Wahl der Schlafplätze sind diese Frösche tagsüber ziemlich geschützt. Lediglich zur Laichzeit, wenn die Lurche in großer Zahl das Wasser aufsuchen müssen, sind sie den populationsregulierenden Angriffen ihrer Feinde fast schutzlos ausgeliefert. An der Menge der pro Fortpflanzungsperiode gebildeten Eier oder Kaulquappen kann man diesen Selektionsdruck gut abschätzen, der auf eine Froschart einwirkt. Die tagaktiven Froschlurche schützen sich z. T. durch ihr giftiges Hautsekret und Warnfarben vor Feinden, doch gibt es eine Reihe Raubvögel, Schlangen und Säuger, denen das Gift offenbar nichts ausmacht. Berüchtigt ist das Hautsekret einiger Pfeilgift-Frösche, das seine tödliche Wirkung aber erst in der Blutbahn entfalten kann, während es im Verdauungstrakt der Feinde eine ätzende, brechreizfördernde und angstauslösende Funktion ausübt. Näheres steht im Kapitel über Giftfrösche.

Durch die Besiedelung ähnlicher Lebensräume oder Biotope haben sich in vielen Froschgruppen unabhängig voneinander fast gleiche Umweltanpassungen im Brutverhalten, dem Körperbau und in der Färbung entwickelt. Man bezeichnet diese Erscheinung als Konvergenz. Die ökologischen Nischen, die die Froschlurche besiedeln, reichen von kühlen Gewässern wie Gebirgsseen und schnellfließenden Bächen bis zu Weihern und temporären Tümpeln im tropischen Regenwald und der Savanne. Es gibt Baumbewohner, die fast nie in ihrem Leben den Boden aufsuchen und die sogar ihren Laich in Ästen und Blättern hoch über Tümpeln in Schaumnestern oder Blatttrichtern ablegen.

Als Schädlingsvertilger stellen die Froschlurche in der Natur wichtige Regulatoren dar. Man hat dies bereits im Altertum erkannt und Kröten beispielsweise in Weinbergen und Gärten angesiedelt. Leider zeigt die biologische Schädlingsbekämpfung bei unzureichender Planung auch unerwünschte Auswirkungen, die nur schwer rückgängig zu machen sind. Bei Agakröten (Bufo marinus), die in Zuckerrohrplantagen Australiens und Neuguineas ausgesetzt wurden, konnte man beobachten, daß sie sich nach der Ausrottung der Schädlinge nun über die zur Bestäubung notwendigen Nutzinsekten hermachen.

Das Nahrungsspektrum der Froschlurche reicht von kleinsten Springschwänzen (Collembolen) über Milben, Ameisen, Termiten, Fliegen und Heuschrecken bis zu Kleinsäugern und anderen Fröschen. Es werden unglaubliche Futtermengen verschlungen, wie jeder Terrarianer aus eigener Anschauung bestätigen kann.

Die Futteraufnahme der Froschlurche läuft nach einem bestimmten Schema ab und wird durch die Bewegung und die Größe des Beutetieres ausgelöst. Boshafte Zungen behaupten von den Fröschen, daß sie alles was sich bewegt und kleiner ist als sie selbst, als Futter betrachten, gleichgroßes zur Paarung umklammern oder als Rivale vertreiben müssen. Größere bewegliche Gegenstände werden hingegen als Feinde eingeschätzt, vor denen man flieht.

In Wirklichkeit ist das Verhalten der Froschlurche natürlich viel komplizierter, was sich besonders bei der Brutbiologie und dem Territorialverhalten zeigt. Die Standorttreue mancher Arten ist berühmt. Dies gilt vor allem für die paläarktischen Kröten, die als „Traditionslaicher" zur Eiabgabe die Gewässer aufsuchen, in denen sie geboren wurden. Die dafür notwendige unglaubliche Orientierungsleistung ist noch nicht endgültig erforscht. Nach vorläufigen Ergebnissen scheint der Geruchs-

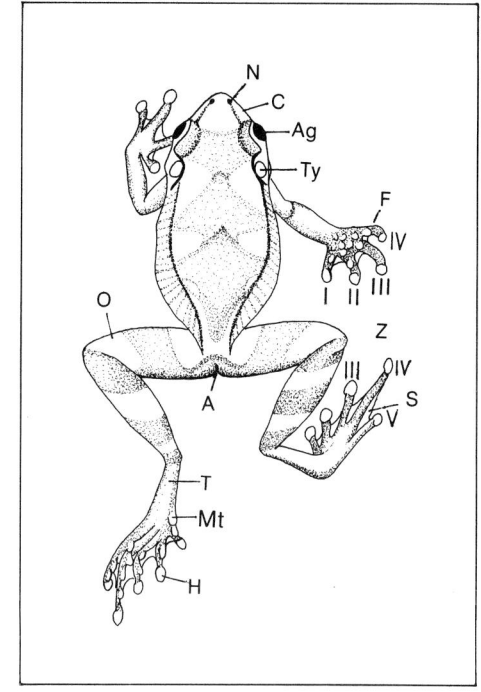

Abb. 2. Schema zum Körperbau eines Frosches. A = After. Ag = Auge. C = Canthus/Flanke zwischen Nase und Augen. F = Finger; römische Ziffern bezeichnen die Nummern der Finger oder Zehen (Vorderbeine sind 4fingrig). H = Haftscheiben. N = Nasenöffnung. O = Oberschenkel. S = Spannhäute. T = Tarsus (Fuß). Ty = Tympanum (Trommelfell). Z = Zehen (Hinterbeine haben 5 Zehen). Mt = Metatarsaltuberkel.

sinn ähnlich wie bei den Lachsen eine Rolle zu spielen, doch wäre auch eine Orientierung nach dem Erdmagnetfeld möglich, nachdem rezeptorische Sinnesorgane erst kürzlich zufällig bei anderen Tiergruppen (Insekten, Vögeln) entdeckt wurden. Eine optische Orientierung nach Geländemarken ist ebenfalls beobachtet worden. Da die meisten Wanderungen aber nachts oder in der Dämmerung stattfinden, sind dazu weitere Untersuchungen über die Wirksamkeit dieser Systeme erforderlich.

Abb. 3. Rufender Hyla microcephala (Panama).

Die Rufe der Froschlurche

Die Froschlurche unterscheiden sich von ihren Verwandten durch eine akustische Kommunikation. Sie reicht weit über die auch bei den Schwanzlurchen bekannten Abwehrlaute hinaus. Die Rufe der Frösche und Kröten sind so kompliziert aufgebaut, daß sich eine junge Forschungsrichtung, die Bioakustik, mit diesen Tieren in immer stärkerem Maße befaßt.

In den letzten Jahren wurden eine ganze Anzahl von Ruftypen mit modernsten Geräten analysiert. Dazu gehören z. B. die Regen-, Territorial-, Paarungs-, Befreiungs- und Schreckrufe. Parallel dazu un-

tersuchte man bei einigen Arten die Mechanismen der Rufbildung (Kehlkopfstrukturen) und die vom Klima abhängigen oberen und unteren Rufschwellen. Dabei fand man z. B. heraus, daß die Muskeln, die die Stimmbänder einstellen, zu den am schnellsten kontrahierenden Kaltblütlermuskeln gehören, die man derzeit kennt. Es gibt jedoch auch eine ganze Anzahl von Froscharten, die zu keiner Lautäußerung befähigt sind. Bei den rufenden Arten haben die Geschlechtspartner zumeist rückgebildete Stimmbandapparate und Schallblasen, so daß sie keine lauten und weittragenden Rufe ausstoßen können. Bei unserem einheimischen Laubfrosch, wie auch bei den *Hyperolius*-Arten, können nur die Männchen quaken.

Wir Terrarianer müssen diesen Lautäußerungen insofern Beachtung schenken, da wegen der teilweise erheblichen Lärmbelästigung in der Wohnung Probleme mit der Familie oder mit den Nachbarn entstehen können. Die Terrarien sollten daher am besten in einem abseits gelegenen Zimmer untergebracht werden. Wenn unsere Frösche Paarungsrufe ertönen lassen, können wir auf eine beginnende Laichzeit schließen. In diesem Fall stört man die Tiere möglichst wenig, trotz der nun erforderlichen genaueren Beobachtung. Da wir eindeutig feststellen können, welche Art gerade ruft, lohnt sich die Erstellung eines Tonarchivs. Anleitungen dazu sind im Kapitel Tonbandaufnahmen enthalten. Mit diesem Tonarchiv können wir im Freiland beim Aufspüren der doch recht versteckt lebenden Froschlurche gute Erfolge erzielen. Der geschulte Hörer wird anhand der Rufe z. B. auf Anhieb sagen können, welche Arten um einen Urwaldtümpel versammelt sind. Bei den Froschlurchen reichen die Frequenzen der Rufe bis etwa

14

8000 Hz, ein erwachsener Mensch hört dagegen noch Töne bis 16 000 Hz. Die Rufe sind jedoch nicht homogen, sondern setzen sich aus vielen Frequenzen und deren Oberwellen zusammen. Diese können wiederum zu Impulsgruppen zusammengefaßt sein.

Eine mehr oder weniger lange Serie dieser Gruppen bildet erst den eigentlichen Ruf, den wir als melodisches Trillern oder nur als explosionsartiges Geräusch hören. Die Lautstärke oder Intensität ist sehr verschieden. Manche Rufe sind nur in unmittelbarer Nähe der Tiere zu vernehmen, andere tönen kilometerweit. Einige Ruftypen sind so zusammengesetzt, daß der Standort des Rufers von einer Person nicht geortet werden kann. Hier hilft nur das aus der Funktechnik entlehnte „Triangeln" mit Hilfe weiterer Personen, die von anderen Standorten den Frosch ebenfalls anpeilen. Zumindest die Paarungsrufe der Froschlurche sind streng artspezifisch, so daß sich die Systematik in zunehmendem Maße dieser Tatsache bedient. Dieser Ruftyp kann bei den meisten Arten nur vom Männchen erzeugt werden, bei wenigen rufen die Weibchen oder sogar beide Geschlechtspartner. Durch die Ausbildung einer oder zweier Schallblasen, die wie ein Resonanzkörper wirken, lassen sich die Froschmännchen auch anatomisch gut unterscheiden. Dies ist vor allem bei *Hyperolius*-Arten von besonderem Interesse, da sich so die seltenen Weibchen aus einem Froschgemisch gut aussortieren lassen (Abb. 41, Seite 161).

Einige Arten rufen in Chören, die sich aus einer bestimmten Anzahl von Teilnehmern zusammensetzen. Es gibt Zweier- und Dreierchöre, sogar Vorsänger sind bekanntgeworden. Die Männchen vieler Froscharten haben neben festen Revieren

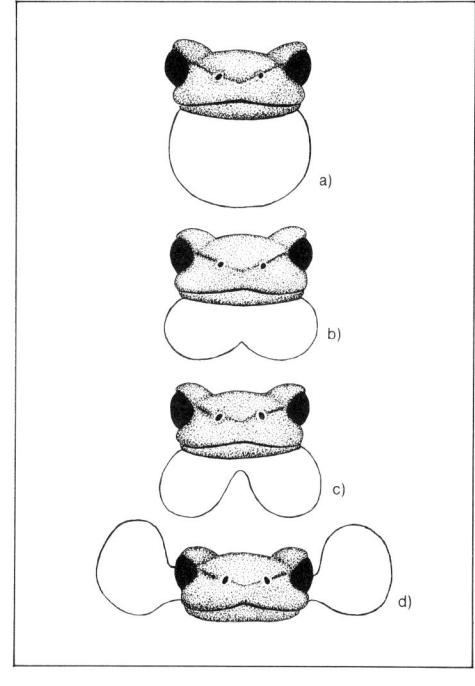

Abb. 4. Schallblasentypen (nach Duellman)
a) Einzeln (median), subgular. b) Bilobat, subgular.
c) Paarig, subgular. d) Paarig, lateral.

auch ihre individuellen Rufplätze, die oft in einem bestimmten Abstand zueinander liegen und die durch Territorialrufe gekennzeichnet werden. Dringt ein fremdes Männchen derselben Art in ein solches Rufrevier ein, kommt es zu Ringkämpfen mit dem Platzeigentümer, die meist mit der Flucht des Eindringlings enden. In der Enge des Terrariums können solche Balgereien bis zu 20 Minuten dauern. *Hyperolius concolor* ist dafür ein gutes Studienobjekt. In der freien Natur wird durch diese festen Reviere und die Ringkämpfe die Ausbreitung der Art gesteuert und so die Überbevölkerung eines Biotopes verhindert.

Froschgift und Giftfrösche

Giftige Hautsekrete sind bei den Amphibien weit verbreitet. Sie werden in speziellen Hautdrüsen gebildet, die oft zu Gruppen zusammengefaßt sind. Am bekanntesten dürften die zwei mächtigen Hinterhauptdrüsen der Salamander und Kröten sein, die auch als Parotoiden bezeichnet werden. Diese Drüsenpakete sind von Muskelbündeln umgeben, die bei Bedarf das Sekret auspressen. Auffällige Signalfarben der giftigen Arten sollen Feinde vor einer näheren „Bekanntschaft" warnen. Im allgemeinen sehen Froschgifte milchig weiß und viskös aus und werden außer bei Streß und direkten Verletzungen auch ausgeschieden, wenn ein Druck auf die Haut ausgeübt wird. Die molekulare Feinstruktur des Giftes ist von Art zu Art verschieden, doch sind im Aufbau Gemeinsamkeiten erkennbar. Die verbreitetsten Amphibiengifte gehören zur Gruppe der Alkaloide und enthalten keine Proteinkomponenten. Ähnliche Gifte finden wir häufig im Pflanzenreich, z.B. das Alkaloid der Tabakpflanze (Nikotin). Wichtige Heil-, Rausch- und Genußmittel aus dieser Stoffgruppe waren schon im Altertum bekannt und werden heute in verstärktem Maße in der Medizin verwendet.

Weiterhin ließen sich eine Reihe proteinhaltiger Sekrete isolieren, die z.T. nur schwache Giftwirkung zeigen, während aus der Gruppe der Pfeilgiftfrösche (Dendrobatidae) das bisher stärkste proteinlose Hautgift isoliert werden konnte; es heißt Batrachotoxin. Weitere Gifte dieser Froschfamilie, die nicht so wirksam sind, erhielten die Namen der jeweiligen Froschart: Pumiliotoxin, Histrionicotoxin usw. Verhältnismäßig früh wurden auch die Krötengifte wie Bufotoxin, Bufotalin und das Samandrin der Schwanzlurche isoliert.

Die Wirkung der Amphibiengifte zielt auf den Verdauungstrakt der froschfressenden Feinde; sie sollen die „unangenehme" Beute sofort fallenlassen oder auswürgen. Brennender Geschmack in der Mundhöhle, erhöhter Speichelfluß und Brechreiz werden ausgelöst, wenn das Gift auf die Schleimhäute des Feindes einwirkt. Tritt aber z.B. Batrachotoxin in die Blutbahn ein, kann es dort seine neurotoxische Wirkung voll entfalten: eine irreversible Blokkade der motorischen Endplatten findet statt, und der Tod tritt durch Muskel- und Atemlähmung ein. $5\mu g$ dieses Sekrets genügen, um eine Maus zu töten!

Die Indianer Südamerikas sollen es gewinnen, indem sie die Frösche über einem Feuer zum Ausschwitzen des Giftes bringen, das dann aufgefangen und mit den zerkleinerten Teilen bestimmter Pflanzen vermischt und zur Fermentation gebracht wird. Mit der zähen, klebrigen Flüssigkeit werden die Pfeilspitzen getränkt und anschließend getrocknet. Nach Myers (1978) ist dieser Vorgang wissenschaftlich nicht eindeutig belegt, außerdem wird nach seinen Beobachtungen das Gift nur für Blasrohrpfeile (darts) verwendet; nicht jedoch für Bogenpfeile (arrows). Die Blasrohrpfeile werden dabei unter leichtem Druck direkt über die Haut des lebenden Frosches (*Phyllobates terribilis*) gezogen und diese dadurch gereizt. Der Frosch lebt nach dieser Prozedur weiter. Der Pfeil ist sofort verwendungsfähig und tötet einen mittelgroßen Hund fast augenblicklich. Das Gift des Färberfrosches (*Dendrobates tinctorius*) soll die Gefiederfarbe von Papageien vorübergehend verändern, wenn man die nackte Haut mit dem Sekret einreibt, doch fehlen dafür bisher die Beweise. Das Sekret der Kröten *(Bufo)* scheint in einigen Fällen gegenüber Schlangen und anderen Kröten unwirksam zu sein, denn es wurden wiederholt Ringel- oder Vipernattern beobachtet, die Kröten ohne irgendwelche „Übelkeit" verspeisten. Bestimmte Giftschlangen, wie etwa die Nachtottern *(Causus)* aus dem tropischen Afrika, fressen sogar bevorzugt Kröten. In Marokko konnte ich beobachten, wie unter Hungerstreß stehende Grünkröten *(Bufo viridis)* etliche halbwüchsige Anti-Atlas-Kröten *(Bufo brongersmai)* ohne Nebenwirkungen fraßen.

Auf Schlangen – wichtige Feinde der Amphibien – wirkt ein Hautsekret nach Beobachtungen von Lüling in einem gestellten Versuch mit einer Waldnatter *(Chironius)* und einem giftigen *Dendrobates silverstonei:* folgendermaßen: die Schlange ergreift den vorgehaltenen Frosch an einem Schenkel, läßt ihn aber in Sekundenbruchteilen wieder los und schnellt vor Schreck 18–20 cm zurück. Sie öffnet dabei das Maul weit und schüttelt sich. Anschließend versucht sie 6 min lang, das immer noch geöffnete Maul an Ästen im Terrarium abzureiben. Erst nach 10 min zieht sich die Schlange in ihr Versteck zurück.

Für den Froschliebhaber oder denjenigen, der mit den Tieren arbeiten muß, birgt die Giftigkeit einige Probleme. Normalerweise kann man die Pfeilgiftfrösche auf die Hand hüpfen lassen oder auch vorsichtig herausfangen. Hat man aber kleine frische Hautwunden und befindet sich der Frosch im Streß (längeres Jagen beim Einfangen, Transporteinwirkungen) ist höchste Vorsicht geboten. Ein Unfall sollte zur Vorsicht mahnen: Dr. M. Latham drang 1966 beim Abhäuten des sehr giftigen *Phyllobates aurotaenia* (früher *Colostethus latinasus)* eine Schere in die Hand ein, an der etwas Sekret haftete. Bei dem (unvorsichtigen) Aussaugen der Wunde gelangte noch Gift in die Mundhöhle und führte zu stundenlangen Kehl- und Atemkrämpfen sowie Kreislaufbeschwerden!

Einer der gefährlichsten Frösche ist erst vor kurzem entdeckt und beschrieben worden: *Phyllobates terribilis.* Er ist unter dem falschen Namen *Phyllobates bicolor* letztes Jahr nach Deutschland verkauft worden. Etwas Hautsekret dieses Frosches an einer Nadelspitze reicht aus, um einen mittelgroßen Hund sofort zu töten, falls das Gift in die Blutbahn gelangt! Die Haut eines einzigen Frosches enthält bis zu 1900 µg des Hautgiftes; als für den Menschen tödlich wird eine Dosis von weniger als 200 µg angenommen, sofern sie in den Blutkreislauf gelangt. Nach Myers (1978) soll das Gift sogar durch Hautporen dringen können, daher ist bei der Pflege dieser Art allerhöchste Vorsicht geboten. Beim Hantieren im Terrarium, bei Reinigungsarbeiten oder beim Umsetzen der Frösche sind Gummihandschuhe zu tragen, die später sorgfältig abgespült werden sollten. Ein Gegengift ist nicht erhältlich!! Jegliche Rückstände oder Einrichtungsgegenstände des Terrariums müssen beim Aussondern vernichtet werden (Verbrennen, Ausglühen), die Reste dürfen nicht in den Hausmüll gegeben werden, da sie dort für Katzen, Hunde oder Kinder absolut tödlich sein können (s. a. Myers 1978). Es wurde allerdings festgestellt, daß Tiere, die etwa 7 Monate in Gefangenschaft gehalten wurden, eine deutliche Abnahme der Giftigkeit auf etwa 50% des ursprünglichen Wertes zeigten. Aber der verbliebene Rest ist noch tödlich genug.

Bei einem Unfall sind grundsätzlich die gleichen Maßnahmen wie beim Schlangenbiß anzuwenden, d.h. es muß versucht werden, ein weiteres Vordringen des Giftes in den Körper zu verhindern, indem man durch Abbinden eine Stauung erzeugt. Die Giftmenge am Eintrittsort, der sich bei Unfällen mit Fröschen höchstwahrscheinlich an der Hand befindet, kann durch Absaugen mit entsprechenden Geräten (nicht mit dem Mund!) oder Ausschwemmen verringert werden. Die Giftwirkung läßt sich ferner durch membranstabilisierende und kreislaufstützende Injektionen vermindern. Terrarien mit Giftfröschen müssen für Kinder unerreichbar oder verschließbar sein.

Grundsätzlich sollte man sich die Hände sorgfältig reinigen, wenn man mit Froschlurchen in Berührung gekommen ist, da eventuelle Sekretspuren auf andere Arten toxisch wirken können, was gerade bei Amphibientransporten (s. d.) von besonderer Wichtigkeit ist. Auch bei der Vergesellschaftung der Frösche muß man Vorsicht walten lassen. In meinem Terrarium ist ein Fall aufgetreten, bei dem einige *Dendrobates auratus* in kurzer Zeit etliche *Hyperolius cinctiventris* vergiftet haben, die in der Nacht mit den bevorzugten Aufenthaltsplätzen der *Dendrobates* in Berührung kamen. Sekretspuren haften längere Zeit an Scheiben, Pflanzen oder Steinen! Folgende häufiger angebotene Froschlurche sind giftig:

Atelopus – alle Arten
Dendrobates – alle Arten
Phrynohyas venulosa – alle Arten
Phyllobates (z. T. sehr giftig)
– große *Phyllomedusa*-Arten
– *Chiromantis* – alle Arten
– *Leptopelis-* und *Leptodactylus* – alle Arten
– *Phrynomerus* – alle Arten (z. T. sehr giftig für andere Frösche)

– *Bufo* (Kröten), z. T. auch deren Eier und Larven (*B. marinus*)

Erst in jüngster Zeit hat man den eigentlichen Zweck der Amphibienhautgifte und Sekrete entdeckt: ein natürlicher Schutzüberzug gegen Bakterien und Pilze, die auf der dauernd feuchten Haut sonst ideale Bedingungen vorfinden würden. Dabei sind diese Gifte am wirksamsten gegen Erreger, die im Biotop der jeweiligen Frosch- oder Salamanderart vorkommen. Die bei Verletzungen auftretende Durchbrechung dieses „Schutzmantels" der Amphibien ist sicher einer der Gründe für die hohe Sterblichkeit und schlechte Heilung der Wunden, die besonders bei den Giftfröschen (*Dendrobates*) beobachtet wurde, aber auch für andere Arten zutrifft. Man sollte diese Wunden in jedem Fall behandeln.

In pharmazeutischen Laboratorien wird zur Zeit mit diesen Hautsekreten gearbeitet, um deren Wirkungsmechanismen zu entschlüsseln. In Deutschland werden z. B. Salamander und Wendehalsfrösche (*Phrynomerus*) regelrecht gemolken, um die Gifte zu gewinnen. Die ersten Einsätze der Sekrete gegen Erreger, die auch dem Menschen gefährlich oder lästig werden können wie z. B. Fußpilz, sind sehr erfolgversprechend verlaufen. Man vermutet sogar, die Basis einer neuen „Wunderwaffe" gegen Infektionen gefunden zu haben, die die bisherigen umstrittenen Antibiotika-Anwendungen ersetzen könnten. Bis dahin bedarf es jedoch noch einer weitergehenden Erforschung.

Quarantäne

Eine isolierte Haltung von Froschlurchen in Spezialbehältern ist aus folgenden Gründen erforderlich:

a) zur Eingewöhnung von Neuimporten
– zur Beobachtung auf Krankheitsverdacht
– zum Anfüttern neuerworbener Tiere
– zur Kontrolle der Futteraufnahme der einzelnen Tiere
– zur vorbeugenden medikamentösen Behandlung (Wurmkur)
– zum Ausheilen von Transportschäden (offene Schnauzen usw.);
b) zur Einzelhaltung bereits erkrankter Tiere (Ansteckungsgefahr)
– zur Behandlung kranker Tiere bei Seuchenverdacht.

Die Quarantänebehälter müssen leicht zu reinigen und übersichtlich sein. Ich verwende spezielle Glasterrarien, die entweder mit einer Versteckpflanze oder einer Schaumgummi-Einrichtung und einem kleinen Wasserteil versehen sind. Die Abmessungen der Behälter richten sich nach dem Platz- und Sprungbedürfnis der einzelnen Arten. Für Dendrobatiden und kleine Baumfrösche genügt ein Terrarium mit 35 × 35 × 40 cm Kantenlänge. Bei Raniden und größeren Baumfröschen (*Smilisca*) müssen die Behälter aus undurchsichtigem Material (Hart-PVC) bestehen, da die Tiere sonst andauernd mit voller Wucht gegen die für sie unsichtbaren Glasscheiben springen und schwere Verletzungen davontragen. Jegliche Lüftungsgitter sollten aus PVC-Gewebe und so angebracht sein, daß die Tiere sich beim Hin- und Herlaufen nicht aufscheuern können. Sind die Gitter abnehmbar, lassen sie sich leichter desinfizieren.

Der Behälter samt den Einrichtungsgegenständen ist so oft wie möglich mit warmem Wasser auszuwaschen, auch das Badewasser sollte spätestens nach einem Tage gewechselt werden, damit z.B. abgegangene Würmer zu keiner Neuinfektion führen

können. Vorbeugende Medikamente (s. Tab. 9 Kap. Krankheiten) im Wasserteil verhindern ein Überhandnehmen von schädlichen Erregern.

Als 10minütiges Quarantäne-Vollbad hat sich bei Neuimporten folgende Rezeptur bewährt: auf 10 l Wasser (auf 22°C erwärmt) gibt man 2 Tabletten Cilex, 1 Kapsel Terramycin (Pfitzer) = 250 mg und 1 Eßlöffel Ektozon. *Dendrobates*-Arten vertragen diese Medikation z.T. schlecht, während sie bei Hyliden usw. sehr gut wirkt.

Mindestens einmal pro Woche ist eine gründliche Desinfektion des Quarantänebeckens mit Sagrotan oder Forma-Vetyl notwendig. Nach einer 15minütigen Einwirkungszeit spült man sorgfältig mit warmem Wasser und erneuert die Einrichtung. Die Versteckpflanzen werden dabei ebenfalls ausgewechselt.

Die Dauer der Quarantäne soll bei Neuerwerbungen mindestens 2–3 Monate betragen; manche Parasiten lassen sich oft erst nach einem Jahr feststellen. Hautwunden heilen in der Regel schon nach vier Wochen gut ab, so daß die Tiere in ein Normalterrarium gesetzt werden können, falls kein weiterer Verdacht auf Parasiten vorliegt. Die Reinigungs- und Fütterungsgeräte müssen ebenfalls ständig desinfiziert werden und dürfen nur für den Quarantäne-Behälter benützt werden, sonst ist jeglicher Erfolg der gesonderten Haltung in Frage gestellt.

Während der Beobachtungszeit im Spezialterrarium ist eine mikroskopische Überwachung des Wasserteils, des Kotes und auch der eingegangenen Tiere unbedingt erforderlich, um Krankheitserreger rechtzeitig zu erkennen. Anhand der entsprechenden Fachliteratur und mit ein wenig Übung kann auch der Laie zutreffende

Diagnosen stellen. Wer sich das nicht zutraut, sollte die Tiere oder Kotproben an ein parasitologisches Institut einsenden. Eine Untersuchung ist jedoch nur an frischem Material erfolgversprechend. Die Hilfsmittel und Arbeitsanleitungen zu eigenen Untersuchungen sind im Kap. Froschkrankheiten aufgeführt.

Treten bei normaler Haltung unerwartete Todesfälle auf, muß man auch mit dem betroffenen Behälter eine Quarantäne nach obigen Anleitungen durchführen. Eine strenge Isolation dieses Behälters von anderen Terrarien im selben Raum ist notwendig, da erwiesen ist, daß Krankheitserreger durch freifliegende und -laufende Futterinsekten auf Nachbarterrarien übertragen werden können. Es ist dringend abzuraten, gesund erscheinende Frösche aus dem infizierten Behälter in andere Terrarien umzusetzen, da die Latenzzeit einiger Infektionen (Mykosen) sehr lange währt, ehe die Krankheit schließlich durchbricht. Andernfalls hat man rasch seinen gesamten Tierbestand infiziert und muß hohe finanzielle Verluste bei wertvollen Tieren hinnehmen. Mit der gezielten und sorgfältig durchgeführten Quarantäne ist man oft in der Lage, ausbrechende Krankheiten einzudämmen und eine Masseninfektion des vorhandenen Tierbestandes zu vermeiden.

Naturschutz- und Ausfuhrbestimmungen

Durch den weltweiten Raubbau an den natürlichen Ökosystemen unseres Planeten geraten immer mehr Tierarten auf die „Roten Listen", die das Aussterben einer Art ankündigen. Einsichtige Wissenschaftler drängten daher 1973 zu einem internationalen Schutzabkommen für bedrohte Tiere und Pflanzen, das bei uns als Washingtoner Artenschutz-Abkommen oder Washingtoner Konvention bezeichnet wird. Neben diesem Abkommen, das allerdings längst nicht von allen Staaten unterzeichnet wurde, gelten für fast jedes zivilisierte Land eigene Naturschutzgesetze. Manche Staaten gingen der Einfachheit halber dazu über, gleich jegliche Ausfuhr von Tieren zu verbieten, wie z. B. Marokko, Kolumbien, Australien und Venezuela.

Leider erweisen sich bisher alle diese Schutzgesetze als wirkungslos, da findige Geschäftemacher dennoch Schlupflöcher ausnutzen. So werden u. a. Wildfänge als angebliche „Nachzucht" deklariert (was vor allem in Amerika, aber inzwischen auch in Europa üblich ist) oder falsche wissenschaftliche Namen angegeben, um auf diese Weise geschützte Arten heraus- oder hineinzuschmuggeln. Außerdem werden Ausfuhrverbote umgangen, indem Tiere aus einem Land mit strengen Schutzbestimmungen ins „freiere" Nachbarland unter oft katastrophalen Bedingungen „verschoben" werden. Als Beispiele mögen Australien und einige südamerikanische Staaten dienen, die jedem „Insider" bekannt sind. In Europa spielen Belgien und Frankreich für das Einschmuggeln geschützter Tiere eine Rolle (z. B. Krokodilprodukte). Diese Praktiken des grenzüberschreitenden Tierhandels sind mehr als fragwürdig, weit schlimmer ist aber das fehlende Verständnis für bedrohte Arten in den Ursprungsländern selbst. Solange noch besonders gefährdete Tierarten auf den Wochenmärkten in großer Stückzahl zum Verzehr angeboten (z. B. in Mexiko), zu Touristensouvenirs oder getrocknet als Aphrodisiaka verarbeitet werden (Marokko), wird auch der Schmuggel dieser Tiere für Terrarien- und Zuchtzwecke nicht zu unterbinden sein. Auch kann man der hungernden Bevölkerung in den für Tierexporte so wichtigen „Entwicklungsländern" die Ausbeutung solcher Nahrungs- und Einnahmequellen nicht immer verdenken. Die beste Lösung des Problems wären Zuchtfarmen für bedrohte oder stark „genutzte" Tierarten, die aus ökonomischen und biologischen Gründen immer im Ursprungsland liegen sollten. Mit den Krokodilfarmen beispielsweise konnte das Problem gut angegangen werden, doch ist u.a. die planmäßige Vermehrung bei den großen Seeschildkröten viel schwieriger, weil die Tiere zur Eiablage an bestimmte Strände (ihren Geburtsort) gebunden sind. Das gleiche würde für eine Zuchtfarm für Kröten gelten, die ja überwiegend zu den „Traditionslaichern" gehören. Daher bedroht der Verlust des traditionellen Geburtsgewässers auch stets die betroffene Population. Der hohe Anteil der Kröten bei den bedrohten Arten – s. Liste 1 des Washingtoner Abkommens – erklärt sich aus diesem Verhalten. In Deutschland stehen außer den Braun- und Grünfröschen alle Amphibien und Reptilien unter Naturschutz; bei den ausländischen Froscharten sieht es folgendermaßen aus:

Washingtoner Abkommen:
auf **Liste 1** (wegen unmittelbarer Ausrottungsgefahr Verbot des Handels und der Einfuhr):
– *Bufo superciliaris* (Zipfelkröte), Zentral-Afrika
– *Bufo periglenes* (Rote Kröte), Costa Rica
– *Nectophrynoides* (Falsche Baumkröte) alle Arten und Unterarten, Afrika
– *Atelopus v. zeteki* (Stummelfuß), Panama;

Liste 2 (stark gefährdet, Handel und Einfuhr ist der Kontrolle unterworfen):
Bufo retiformis (Grüne Kröte);
Liste 3 wird gerade erstellt und soll weitere bedrohte Arten enthalten.

Darüber hinaus sind bisher in den Roten Listen der I. U. C. N. (International Union for Conservation of Nature and Nature Resources) folgende bedrohte und seltene Arten enthalten:

– alle Urfrösche der Gattung *Leiopelma* mit Unterarten, Neuseeland
– *Xenopus gilli* (Krallenfrosch), Südafrika
– *Pelobates fuscus insubricus* (Schaufelfuß), Israel
– *Discoglossus nigriventer* (Schlammtaucher), Israel
– *Bufo boreas nelsoni, Bufo b. exsul*, USA
– *Bufo houstonensis*, USA
– *Hyla andersoni*, USA
– *Pseudacris streckeri illinoiensis*, USA
– *Nesomantis thomasseti*, Seychellen
– *Sooglossus seychellensis* und *S. gardinieri*, Seychellen
– *Conraua (Gigantorana) goliath*, Zentral-Afrika
– *Rana pipiens fisheri*, USA

Der Grund für die Bedrohung obiger Arten liegt hauptsächlich an einer fortschreitenden Zerstörung der Umwelt und an der Einwirkung der Pestizide, weniger am „Verbrauch" des Tierhandels. So finden sich in den europäischen Angebotslisten der letzten 15 Jahre nur sehr selten einmal einige der bedrohten Arten, wie etwa *Atelopus v. zeteki*. Trotzdem geht die Tendenz dahin, jegliche Ein- und Ausfuhr generell zu verbieten oder stark einzuschränken, daher werden die Nachzuchten von Terrarientieren immer mehr an Bedeutung gewinnen.

Fang, Transport, Versand, Kauf

Froschlurche sind nicht einfach zu fangen, da sie sich vorzüglich ihrer Umgebung anpassen. Am leichtesten lassen sich rufende Männchen im Gelände aufspüren, die man nach dem Triangel-Verfahren mit ein oder zwei Hilfspersonen genau lokalisieren kann. Einfacher geht es sogar noch mit einem Tonbandgerät, von dem die Rufe der entsprechenden Art mit großer Lautstärke abgespielt werden. Es kommt sogar vor, daß die Männchen auf den Lautsprecher zuhüpfen, um einen vermeintlichen Nebenbuhler aus dem Feld zu schlagen. Man muß dann schnell zugreifen, um die Frösche zu packen. Als Hilfsmittel eignen sich auch Netze von entsprechender Tiefe, die zum Arbeiten an Fluß- und Seeufern oder in Tümpeln einen längeren Stock als Handgriff haben sollten.

Da die Mehrzahl der Froschlurche nachtaktiv ist, müssen wir unsere Suche ebenfalls in die Nachtstunden legen. Hilfsmittel sind dabei starke Petroleumlampen (Petromax), Taschenlampen, Halogen-Handscheinwerfer und eine Kopflampe (Bergwerksausrüstung). Wenn die Handlampen mit Akkus bestückt sind, kann man sie an der Fahrzeugbatterie oder an einem Stromanschluß im Hotel tagsüber aufladen.

Bei Geländeexkursionen in den Tropen sind hohe Lederstiefel oder Gamaschen lebensrettend, zumal man nachts unterwegs ist. Beim Durchdringen von Dickicht ist auf Baumschlangen zu achten. Kleidung aus festem Baumwollstoff und ein langärmeliges Hemd lassen die Moskitos nicht so nahe heran, für unbedeckte Körperstellen empfiehlt sich Insektenschutzspray auf Pyrethrum-Basis. Die Einnahme von Vitamin B_2 soll die Mücken ebenfalls abwehren. Da aber trotzdem immer einige ihr Ziel erreichen, ist zumindest in Afrika und Südamerika eine vorbeugende Behandlung gegen alle vier Malaria-Arten notwendig. Eine Gelbfieber- und Tetanus-Impfung ist ein weiterer Sicherheitsfaktor.

In sumpfigem Gelände oder beim Fang in Tümpeln, Flüssen usw. sind in fast allen Gegenden Afrikas Wathosen und Gummihandschuhe unumgänglich, andernfalls liegt man bald mit einer Schistosoma-Infektion im Krankenhaus, die von kleinen Trematoden-Larven verursacht wird, die sich beim Kontakt mit verseuchtem Wasser durch die Haut bohren und dann im Körper zu geschlechtsreifen Egeln heranwachsen.

Die beste Fangzeit für Amphibien ist der Beginn der Laichzeit, die oft mit den ersten Regenfällen der Hauptregenzeit einsetzt. Zeitliche Verschiebungen beim Auftauchen der Laichpartner sind zu beachten, wobei die Weibchen in der Regel in der Minderheit und viel scheuer sind. Da sie meist nicht quaken, ist eine Beschaffung von Zuchtgruppen äußerst schwierig. In Massenexporten nach Deutschland sind beispielsweise bei *Hyperolius*-Arten fast nur Männchen enthalten. Fängt man selbst, informiert man sich vorher in der entsprechenden Fachliteratur über das besuchte Gebiet. Dabei stimmen oft Verbreitung und Fundpunkte nicht mehr; Brandrodung, Beweidung, Industrialisierung, Umweltverschmutzung und Pestizide sind dafür die Ursachen.

Hat man Jagdglück gehabt, bringt man die gesammelten Tiere in Leinwandbeuteln unter, die leicht feucht gehalten werden. Es eignen sich auch kurzzeitig Plastikbeutel oder -dosen, wobei die der Firma Melitta (Fleischsalatdosen) besonders praktisch sind (Luftlöcher im Deckel mit einem

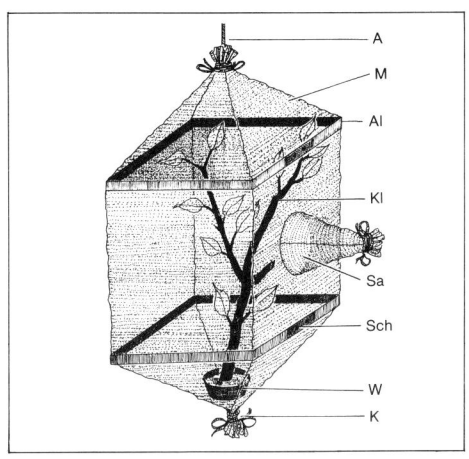

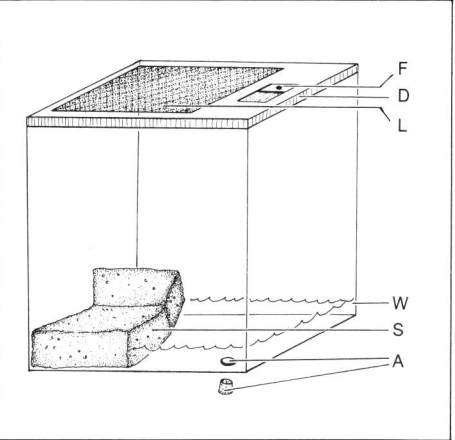

Abb. 5. Faltbares Reiseterrarium.
A = Aufhängung im Freien oder im Auto. Al = Alu-
rahmen. K = Knoten. Kl = Kletterast mit Blättern.
M = Moskitonetz. Sa = Schlupfarm zum Füttern
oder Herausfangen. Sch = Schraubverbindung des
Rahmens. W = Wassergefäß.

Abb. 6. Eisbox (6 Liter) – Terrarium für Reise oder
Zwischenhälterung.
A = Ablaßöffnung mit Gummistopfen. D = Deckel.
F = Futterschieber. L = Lüftungsgitter (Perlon). S =
Schaumgummi oder Blätter. W = Wasserteil.

Stielkamm von innen her durchstoßen). In
die Transportgefäße kommt leicht ange-
feuchteter Füllstoff in Form von Moospolstern (ohne Erde), Schaumgummi, Blättern
oder Farnstengeln, damit die Frösche Ru-
heplätze finden; dazu gibt man dann etwas
Wasser und Sitzpflanzen. Wegen eines
Hitzestaus dürfen die Plastikbehälter keiner direkten Sonneneinstrahlung ausgesetzt werden; die Leinwandbeutel bleiben
von selbst kühl. Giftige oder sekretab-
scheidende Arten (*Chiromantis*, *Leptopelis* usw.) verpackt man einzeln. Beim
Transport und bei der Aufbewahrung in
Blechdosen können Hautschäden entstehen, man sollte deshalb nach Möglichkeit
solche Behälter nicht benutzen. Die Beutel
oder Behälter werden in einer Styropor-
oder Holzkiste vor Druck und Hitze geschützt und täglich kontrolliert. Spätestens
alle zwei Tage ist ein Wasserwechsel fällig.
Im Standquartier oder Basisfahrzeug setzt

man die Ausbeute bei längerem Aufenthalt
in spezielle Reiseterrarien um, damit man
die Tiere auch füttern kann. Ein Konstruk-
tionsbeispiel für ein solches Terrarium
zeigt Abb. 5; es eignen sich auch Eisboxen
(Abb. 6) oder Melitta-Dosen. Eine mitge-
brachte oder improvisierte Fliegenfalle
bringt in den Tropen überraschende Fang-
quoten und dient der Futterversorgung unserer Pfleglinge. Große Froscharten können auch mit den in Häusern vorhandenen
Kakerlaken oder gesammelten Feldheu-
schrecken gefüttert werden. In die Falt-
terrarien wird etwas feuchtes Füllmaterial
und ein kleines Wasserbecken (Kaffeeglas-
deckel, halbierte Plastikflasche) gegeben.
Die Fütterung aus der Fliegenfalle erfolgt
über die Luke, indem man die Gaze an der
gegenüberliegenden Seite mit einer Lampe
anstrahlt und die Futtertiere auf diese
Weise zum Verlassen der Falle anregt.
Nähert sich der Reisetermin, nimmt man

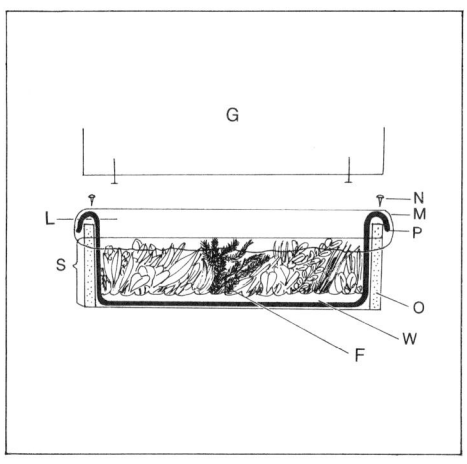

Abb. 7. Transportkiste für Luftfracht. Noch geeigneter ist eine Styroporkiste (Füllung und Verschluß jedoch wie oben).
F = Füllung (Pflanzen, Schaumgummi). G = Nächste Kiste. L = Lüftungsfläche, seitlich. M = Moskitonetz. N = Nägel oder Klammern, besser Klebeband (Tesapack). O = Obstkiste, flach. P = Plastikfolie. S = Seitenbrett. W = Wasser (1–4 l).

rechtzeitig mit der Fluglinie, die den Transport übernehmen soll, Verbindung auf, um eine schnellstmögliche Beförderung zu vereinbaren. Es ist auch darauf hinzuweisen, daß die Temperaturbereiche eingehalten werden. Die Ausfuhrbestimmungen und die Washingtoner Konvention sind zu beachten, fast immer ist auch eine Ausfuhrlizenz notwendig. Verpackt werden die Frösche entweder in Plastikdosen mit Wasser und Füllstoff oder frei in großen mit Plastik ausgeschlagenen Holzkisten, deren Oberseite mit Moskitonetzen zugeklammert wird (Abb. 7). Alle Einzelbehälter faßt man schließlich in einer stabilen, aber leichten Holzkiste oder in einem Styroporkarton zusammen, der in Englisch und Französisch beschriftet wird. In den Begleitpapieren muß die Telefon-Nummer des Empfängers vermerkt sein, der die Sendung dann in Deutschland abholt und evtl. den Zoll sowie die Frachtkosten bezahlt. Wegen der IATA-Tarife ist es immer empfehlenswert, die Fracht bei Aufgabe der Sendung zu bezahlen.

Beim Rückflug sollte man die Frösche in die Passagierkabine mitnehmen, da die Temperatur im Frachtraum auf 0 °C absinken kann. Der Transport von lebenden Tieren ist jedoch in der Kabine in der Regel verboten. Vielleicht hilft einem eine Stewardeß, die Tiere entsprechend unterzubringen.

Beim Inlandversand ist die Eilbriefmethode am billigsten, bei größeren Sendungen ist Bahnexpreß sicherer. Die Tiere werden möglichst einzeln oder in kleinen Gruppen in Plastikdosen (Fleischsalat-, Gefrierdosen usw.) mit etwas feuchtem Schaumgummi oder Moos verpackt. In den Dosendeckel werden zuvor mit einem Nagel Luftlöcher von innen nach außen durchgestoßen. Der Versand sollte möglichst nur bei Außentemperaturen über 10 °C stattfinden. Bei tieferen Temperaturen ist eine aufwendige Winterverpackung notwendig, die viel Erfahrung benötigt.

Der Kauf von Froschlurchen über den Versandweg ist wegen der unliebsamen Überraschungen problematisch. Es kommt leider immer wieder vor, daß man kranke oder verhungerte Tiere bekommt, die einem bei Nichtbeachtung der Quarantäne den gesamten Froschbestand infizieren und vernichten können. Außerdem ist es fast unmöglich, über die Importfirmen Zuchtgruppen zu bekommen, da dem Personal die Erfahrung bei der Geschlechtsbestimmung fehlt, die bei *Hyperolius*- und *Dendrobates*-Arten selbst einem Fachmann schwerfällt.

Hier hilft nur der Kauf einer größeren Gruppe oder wenn man die Tiere persönlich aussucht, was in jedem Fall vorzuziehen ist. Dabei sollte man aber auch auf die Parasitengefahr achten. Bei Todesfällen durch falsche Verpackung (Kälte, Quetschungen usw. werden diese z.T. noch nicht einmal ersetzt. Daher sollte man nicht bei dubiosen Firmen bestellen!

Eine gute Methode ist der Kauf von Nachzuchten, die unter besonderen Bedingungen parasitenfrei aufgezogen wurden (s. Kap. Froschzucht). Nach 8–12 Monaten sind die anfangs daumennagelgroßen Jungfrösche bei sorgfältiger Fütterung geschlechtsreif, bei einigen Arten dauert es länger. Die Fortpflanzung in der zweiten und über mehrere Generationen hinweg ist schon öfters gelungen (*Hyperolius*, *Smilisca*) und nur bei manchen Arten schwierig.

Froschlurche im Terrarium

Theoretische Grundlagen

Hinweise für die Planung von Froschterrarien

Bevor wir uns mit dem Bau der Terrarien beschäftigen wollen, möchte ich auf grundlegende klimatische und betriebstechnische Faktoren eingehen, deren Zusammenwirken das Leben unserer Pfleglinge in Gefangenschaft erst ermöglicht.

Die Pioniere der Froschhaltung und Zucht hatten dem heutigen Amphibienpfleger etwas voraus: sie besaßen gut bepflanzte Gewächshäuser, in denen sich die Tiere wie in der Freiheit halten und beobachten ließen. Ein Kleingewächshaus ist heute als Ideallösung zu betrachten, da es die Wartungsarbeiten vereinfacht: man muß beim Wasserwechsel nicht immer auf den teuren Teppich oder die Tapete Rücksicht nehmen und entwichene Fliegenschwärme stören nicht.

In einem Gewächshaus finden sich ständig gewisse Futtertierarten wie Fliegen, Springschwänze, Asseln, Spinnen sowie mit den Pflanzen eingeschleppte tropische Insektenarten (Kleinameisen). Das große Raumangebot ermöglicht den Einbau von Bachläufen und Wasserfällen, Tümpeln, meterhohen Farnen und Blattpflanzen. Da dem Amphibienhalter heutzutage trotz preisgünstiger Kleingewächshäuser oft die Zeit und der Platz für solche Anlagen fehlt, möchte ich mich vor allem der „Zimmerterraristik" zuwenden, die bei den notwendigen Einschränkungen doch immer erfolgreicher wird, was die Nachzucht und die ästhetische Gestaltung der Terrarien betrifft.

Neben den räumlichen Erfordernissen, die bei jeder zu pflegenden Froschart verschieden sein können, sind folgende Grundvoraussetzungen beim Entwurf eines Terrariums zu berücksichtigen:

– Leichter Zugriff für Wartung und Fütterung
– Übersichtlichkeit
– Beständigkeit gegenüber Wasser- und Desinfektionsmitteln
– Kratzfestigkeit
– Möglichkeit zum Fotografieren
– UV-Durchlässigkeit des Deckels
– Undurchlässigkeit für Futtertiere
– Vermeidung von Stauluft
– Beibehaltung einer hohen Luftfeuchtigkeit (Ausnahme Wüstenterrarien)
– elektrische Sicherheit (wird allzuoft vernachlässigt!).

Wie sich diese Voraussetzungen verwirklichen lassen, soll in den folgenden Kapiteln erläutert werden.

Heizung – Lüftung – Kühlung

Eine Heizung der Terrarien ist immer dann erforderlich, wenn man Tiere aus tropischen Niederungen, die Steppen- oder Urwaldcharakter haben, halten will oder wenn die Terrarien im Winter in einem ungeheizten Raum stehen. Die Amphibien aus tropischen Gebirgs- oder Hochgebirgsregionen oberhalb etwa 600–1000 m brauchen dagegen andere Temperaturen. Der Nebelwald z.B. ist ein solch feuchtes und kühles Biotop, das von Amphibien bewohnt wird, deren Temperaturansprüche recht niedrig liegen und die im Hochsommer bei uns sogar einer Kühlung bedürfen. Sie ist besonders wichtig bei der Haltung von Arten, die an oder in schnellfließenden und sehr kalten Gebirgsbächen leben. Man sollte immer versuchen, die Biotope der zu pflegenden Amphibienart in Erfahrung zu bringen, was leider bei manchen Neuimporten sehr schwierig ist. Hält man kältebedürftige Arten zu warm, läuft der Stoffwechsel dauernd auf Hochtouren, und die Tiere werden bald durch den ständigen Streß eingehen. Wärmegewöhnte Arten stellen bei zu kühler Haltung die Nahrungsaufnahme ein, und der Magen-Darmkanal kann sich zersetzen. Im allgemeinen lassen sich tropische Amphibien im Bereich zwischen 22 und 28 °C gut halten. Bei Gebirgsformen kann dieser Bereich nach unten verschoben sein (12–22 °C). Kröten und Steppenbewohner halten auch einmal Temperaturen um 35 °C und darüber aus, sofern genügend Feuchtigkeit vorhanden ist. Es ist auch schon beobachtet worden, daß sich Kröten an abweichende Temperaturen anzupassen vermögen, doch liegen diese Temperaturverschiebungen dann meist nur in einem sehr kleinen Rahmen. Regenwaldbewohner fühlen sich nur in einem sehr engen Temperaturbereich wohl. Savannen- und Gebirgsbewohner vertragen allgemein etwas größere Temperaturschwankungen, an die sie besser angepaßt sind. Gleiches gilt für die Schwankungsbereiche der Luftfeuchtigkeit.

Wenn man Amphibien in die Hand nimmt, so ist zu beachten, daß die Tiere durch die höheren Körpertemperaturen an unseren Fingern und Handflächen sehr schnell überhitzt werden und an schockartigen Zuständen eingehen können. Man bringt solche „Unglücksfälle" sofort unter fließendes, kühles Wasser, wo sich die Tiere meist wieder erholen.

Auf jeden Fall muß bei der Amphibienhaltung trockene Hitze vermieden werden, wie sie etwa ein Heizlüfter, eine Glühbirne oder die Drosseln der Neonlampen abgeben. Eine großflächige, milde Erwärmung über Heizkabel ist vorzuziehen. Man kann sie im Landteil, unter der Rückwanddekoration und entlang den Kletterästen mit Krampen oder Silikontupfern befestigen. Wegen der Brandgefahr und der elektrischen Sicherheit sollten nur Kabel verwendet werden, die für den Einsatz in der Luft zugelassen sind (z.B. Bleikabel mit Erdungsanschluß, Florathermkabel). Die Übergangsstellen zwischen Heizkabel und Anschlußleitung sollte man gegen Feuchtigkeit und mechanische Belastung absichern und am besten nach außen verlegen. Die Kunststoff-Heizkabel dürfen nach längerer Betriebszeit nicht hart und unflexibel werden, sonst besteht bei Brüchen die Gefahr eines Stromschlages. Werden Futtermäuse gegeben, ist auf die Installation eines Plastikkabels zu verzichten, da die Tiere sie zernagen und dann sogar einen Brand verursachen können.

Als Heizung für den Wasserteil genügt ein üblicher Aquarienregelheizer entsprechender Wattzahl (1 W auf 1 l Wasser bei geheizten Räumen), den man vor dem Wasserwechsel ausschalten muß, da er sonst explodiert. Es gibt diese Heizer auch in Edelstahlrohren, die dann praktisch unverwüstlich sind. In kleineren Terrarien braucht kein Heizkabel eingebaut werden, wenn der Wasserteil erwärmt wird. Eine wichtige Voraussetzung für das Wohlbefinden unserer Pfleglinge sind wechselnde Temperatur-, Feuchtigkeits- und Lichtverhältnisse, die für die Steuerung endogener Rhythmen wie Aktivitätszeiten, Keimzellenentwicklung, Auslösung der Fortpflanzungsbereitschaft, Farbwechsel usw. von entscheidender Bedeutung sind. Selbst in den feuchtheißen Urwaldniederungen schwanken die Temperaturen im Tagesverlauf um 2–5 °C, bei Regenfällen oder Windeinwirkung kann die Differenz noch größer sein. Jahreszeitlich werden solche Rhythmen durch den Beginn und die Dauer von Regen- und Zwischenregenzeiten oder durch die Tageslängen gesteuert, an die sich die Laichbereitschaft eng anknüpft. Halten wir unsere Tiere stets unter gleichbleibenden Bedingungen, brauchen wir uns nicht zu wundern, daß ein Ablaichen ausbleibt, da die Geschlechtspartner in ihrer Paarungsbereitschaft nicht koordiniert sind. Einfacher ausgedrückt: wenn das Männchen paarungsbereit ist, hat das Weibchen noch keine befruchtungsfähigen Eier ausgebildet. Wenn diese schließlich vorhanden sind, ist die Paarungsbereitschaft des Männchens oft wieder abgeklungen.

Die plötzliche Änderung eines oder mehrerer Außenfaktoren wirkt auf alle Tiere, sehr vereinfacht dargestellt, wie ein Schalter gleichermaßen ein, der über das Zentralnervensystem und eine davon induzierte Hormonausschüttung auf die Zielorgane wirkt. Im Laboratorium läßt sich dieser Vorgang durch Hormoninjektionen (Prolan) auch künstlich steuern. So hat vor einigen Jahrzehnten die Massenproduktion der damals für Schwangerschaftstests dringend gebrauchten Krallenfrösche (*Xenopus laevis*) begonnen, die bis dahin schwierig zu züchten waren. Aber nicht immer gelingen diese „erzwungenen" Fortpflanzungen, so vor allem bei paläarktischen Kröten. Ich lehne als Terrarianer solche Eingriffe ab und versuche lieber, bei meinen Tieren einen natürlichen Ablauf der Lebensvorgänge zu erreichen, indem ich die echten steuernden Faktoren weitgehend beachte. Eine Laichablage ergibt sich dann von selbst. Im Terrarium erreiche ich die erforderlichen Schwankungen durch das Abschalten der Neonlampen im Rahmen der elektronischen Regelung der Heizung, die sich dem Tagesverlauf anpassen läßt. Auf die übergeordnete Simulation der Jahreszeiten möchte ich später noch eingehen.

Die Lüftung ist bei Terrarien, besonders bei Urwaldterrarien, ein großes Problem. Ist sie zu stark, sinkt die Luftfeuchtigkeit auf zu tiefe Werte ab. Ist sie zu gering, gibt es Stauluft, die gerade bei Jungfröschen zu Massensterben führen kann. Außerdem ist dann der Sauerstoffaustausch behindert, da der Stoffwechsel der Terrarienpflanzen nachts umgekehrt abläuft. Viele tropische Froschlurche laichen erst, wenn die Luftfeuchtigkeit fast 100% beträgt (*Agalychnis, Smilisca*). Nach langem Herumexperimentieren habe ich Glasterrarien entwickelt, die diesen Anforderungen bestmöglich gerecht werden. Einzelheiten sind aus Abb. 8 und 13 (Seite 40) zu entnehmen. In diesen Behältern wird die Luft vorne, hinten oder seitlich angesaugt, und kann an einer dem Lufteintritt entgegengesetzten Stelle durch ein Deckelgitter wieder herausströmen. Die Durchlässigkeit dieses Deckelgitters kann verringert werden, was einer Erhöhung der Luftfeuchtigkeit im

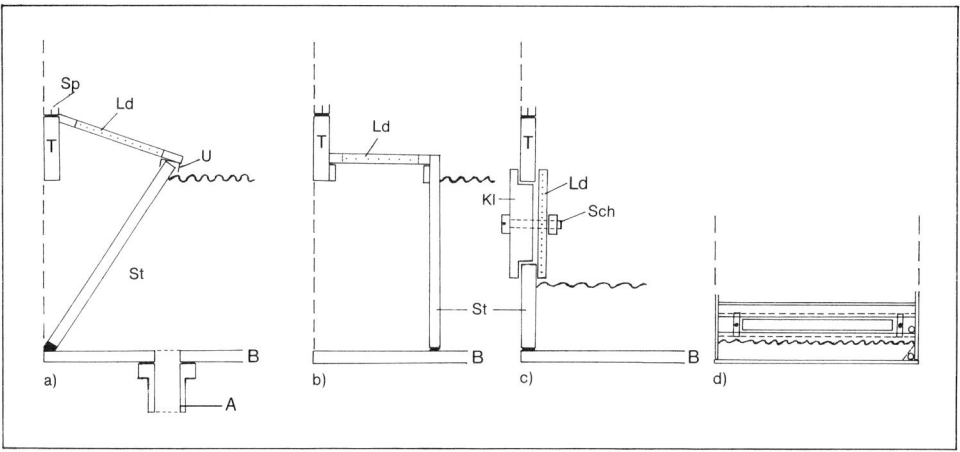

Abb. 8. Terrarienkonstruktionen.
a) Schräglüftung nach Schulte, abnehmbar. b) Kastenlüftung nach Utke/Weinfurter. c) gerade Frontlüftung nach Schulte, abnehmbar. d) Frontalansicht von c).
A = Abfluß mit Rohranschluß. B = Boden. Kl = Plexiglasklötzchen. Ld = Lüftungsdeckel. Sch = Plastikschraube (M5 mit Mutter). Sp = Schiebescheibenprofil. St = Glassteg. T = Trägersteg. U = U-Profil, eloxiertes Aluminium.

Terrarium gleichkommt. Bei sehr flachen Terrarien für Bodenbewohner reicht eine Lüftungsfläche im Deckel. Bei Behältern, die mit einer automatischen Beregnungsanlage versehen sind oder bei denen aus irgendwelchen Gründen keine unteren Lüftungsschlitze eingelassen werden können und deren Frontscheiben dauernd beschlagen, kann ein kleiner Tangentiallüfter ohne Heizspirale montiert werden. Diese Lüfter sind im Elektronikgeschäft recht preiswert zu erhalten und werden so eingebaut, daß sie entweder Terrarienluft absaugen (eine für die Insassen fast zugfreie Luftumwälzung) oder Frischluft einblasen, möglichst in Bodennähe. Ich habe mit einer solchen Anlage gute Erfahrungen gesammelt, wobei sich erwies, daß die Amphibien nicht so zuggefährdet sind wie etwa Reptilien. Selbstverständlich läßt man den Lüfter nicht tagelang ununterbrochen laufen. Es reicht völlig, wenn er beispielsweise die Frontscheibe freigeblasen hat oder insgesamt über den Tag verteilt einige Minuten läuft. In engen oder kleinen Terrarien wird die Frischluft über Aquarienpumpen zugeführt, deren Ansaugstelle man auch ins Freie verlegen kann. Eine automatische Steuerung mit Feuchtigkeitsfühler kann ein Hobbyelektroniker leicht selbst herstellen (s. Literaturverzeichnis); aber auch eine billige Kleinschaltuhr reicht aus. Auf die notwendige Sicherheit, die ein Fachmann überprüfen sollte, ist bei den elektrischen Einrichtungen an und im Terrarium besonders zu achten.

Eine Kühlung der Terrarien ist bei uns im Hochsommer manchmal notwendig. Stärker tritt dieses Problem bei Kleingewächshäusern oder bei der Haltung von gebirgs-

29

oder höhlenbewohnenden Amphibien auf; besonders betroffen ist der Schwanzlurch-Pfleger (Höhlen- und Feuersalamander, Grottenolme).

Maßnahmen bei kurzfristigen Hitzeperioden im Sommer:
Zimmerterrarien sollte man vor Sonneneinstrahlung schützen, indem man die Einstrahlungsfläche abdeckt. Wenn man kühles Wasser (Vorsicht bei den Pflanzen!) versprüht, oder den Behälter in einen Kellerraum stellt, kann man ebenfalls eine Überhitzung verhindern. Kleingewächshäuser lassen sich durch den Einbau von Ölbrennergebläsen oder Staubsaugermotoren mit nachgeschaltetem Verdampfer an der Druckseite (Kasten mit dauernd von Wasser benetzten Lamellen) wirksam vor Übertemperaturen schützen. Die Luftansaugrohre (PVC) mit großem Durchmesser verlegt man ins Freie, während Motor und Verdampfer im Gewächshaus montiert werden. Eine kleine Steuerelektronik schaltet die Anlage bei Überhitzungsgefahr automatisch ein (s. Lit. Verz.). Für Terrarien, in denen ständig kältebedürftige Amphibien leben sollen, lohnt sich der Einbau einer Kühlanlage. Zuvor sind alle Behälterflächen bis auf die Frontscheibe mit 5 cm starken Styroporplatten zu isolieren. Für Kaltwasserbewohner, wie z. B. den Urfrosch *Ascaphus truei*, ist ein Kühlaggregat (z. B. der Fa. Eheim) unerläßlich. Soll das ganze Terrarium gekühlt werden, zerlegen wir entweder einen noch funktionierenden Kühlschrank vom Sperrmüll oder erwerben ein „nacktes" Kompressor-Kühlaggregat, wie es in Camping-Kühltruhen eingebaut wird. Der Wärmetauscher wird möglichst oben im Terrarium an der Rückwand aus Hart-PVC (wegen der notwendigen Bohrungen) befestigt, da Kaltluft bekanntlich nach unten fällt. Den

Temperaturfühler bringen wir vorn unten gut getarnt an. Ein solches Kühlterrarium eignet sich auch für Amphibien, die eine mehrmonatige Winterruhe bei konstanten tiefen Temperaturen (8−10 °C) brauchen, wie man sie in unseren zentralgeheizten Wohnungen kaum erreichen kann. Die Temperaturen lassen sich im Terrarium durch ein Thermometer überwachen, möglichst in Maximum/Minimum-Ausführung, da man an ihm sofort die Tagesschwankungen und die Maximal- und Minimaltemperaturen bei verschiedenen Bedingungen ablesen kann. Im Wasserteil reichen Aquarienthermometer aus.

Die von der Luftzirkulation abhängige Luftfeuchtigkeit überwachen wir mit einem genauen Haarhygrometer, das wie die Spezialthermometer im Zoofachhandel erhältlich ist. Es ist vor Futtergrillen zu schützen, die die Haare gern anfressen.

Licht und UV-Strahlen

Entscheidend für ein schönes Terrarium ist seine artenreiche Bepflanzung. Der Froschliebhaber kann im Gegensatz zu manchem Reptilienpfleger auf die Fülle der Gräser, Bromelien, Tillandsien, Orchideen und großen Blattpflanzen zurückgreifen, ohne gleich befürchten zu müssen, daß diese Gewächse niedergewalzt werden. Pflanzen brauchen für ein gesundes Wachstum in erster Linie Licht, wobei sie in ihren Ansprüchen recht verschieden sind. Manche Arten wachsen noch im Halbdunkel tropischer Urwälder, andere brauchen volle Sonne.

Das Lichtproblem in Terrarien ist ähnlich dem bei Aquarien. Dort schluckt das Wasser einen großen Anteil, im Terrarium sind dies die großen konkurrierenden Pflanzen und die Deckelgitter. In bepflanzten Behältern versuchen wir, möglichst viel Licht auf den Boden zu bringen, auch wenn nur dämmerungsaktive Tiere gehalten werden. Anhaltspunkte für die Bemessung des Lichtbedarfs sind z.B. bei Blattpflanzen und Epiphyten:

– Rotverfärbung ursprünglich grüner Blätter; breiter, flacher Wuchs: **zu viel Licht**

– Bleichwerden (Vergeilen) von Pflanzenteilen mit/oder erhöhtem Längswachstum (Schießen): **zu wenig Licht**

– Grünverfärbung vorher roter Blätter; Wuchsanomalien wie Schießen; plötzliche Blattformveränderungen: **falsche Lichtfarbe**

Hierbei spielen noch Luft- und Bodenfeuchtigkeit sowie das Nährstoffangebot eine Rolle, so daß diese Faktoren bei einer Diagnose mit berücksichtigt werden müssen.

In der modernen Terraristik arbeiten wir mit verschiedenen Lampen- und Lichtfarbenkombinationen, die sich z.T. in der Aquaristik bewährt haben. Wegen der Wirtschaftlichkeit setzt man heute Neonröhren ein. Wärme- oder Punktstrahler müssen in der Froschterraristik vermieden oder sehr sparsam eingesetzt werden, da sie leicht die Behälter überhitzen können. Das gleiche gilt auch für Terrarien, die zeitweilig direkter Sonnenbestrahlung ausgesetzt sind. Hier sind 40−50 °C schnell erreicht.

Philips hat seit einiger Zeit eine Leuchtstoffröhrengeneration im Programm, die bei hohen Umgebungstemperaturen keinen Lichtverlust aufweisen. Diese Serie trägt die Bezeichnung TL-Amalgam-Leuchtstofflampen und ist durch die Nummer TL-H 80 bis 84 gekennzeichnet. Nach Stettler (1979) haben sich die Lichtfarben 84 (Weiß de Luxe) und 86 (Tageslicht de Luxe) bewährt. Wegen der höheren Lichtausbeute verwenden wir möglichst lange Röhren (40- oder 65 W-Typen). Lassen sich diese wegen ihrer Länge nicht im Lampenkasten unterbringen, können wir auf die kürzeren U-förmigen Ausführungen zurückgreifen, die sich sehr raumsparend einbauen lassen.

Sonstige geeignete Röhren sind:

Warmtonröhren: weiches Licht, gute Helligkeit.

Osram Fluora: sehr rotblaues Licht, gut für Pflanzenwachstum, bringt Grün und Rottöne besonders zur Geltung. Lichtausbeute nicht so hoch.

Sylvania Gro-Lux: etwa wie die Fluora, jedoch nicht so stark einfärbend. Helligkeit etwas größer.

True-Lite (Power-twist): gehört heute über jedes Terrarium, da die Röhre UV-Licht aussendet und im Spektrum mit dem Sonnenlicht fast identisch ist. Sehr hohe Lichtausbeute und lange Lebensdauer.

Zur True-Lite-Röhre noch einige Anmerkungen: Glas filtert die für unsere Pfleglinge lebenswichtigen ultravioletten Strahlen heraus; daher sind diese Röhren direkt über dem möglichst lichtdurchlässigen Deckelgitter (PVC-Gewebe) zu montieren. Außerdem verwenden wir nur die gewendelten Röhrentypen (Power-twist), da sie eine größere Oberfläche und eine höhere Lichtintensität haben. Bei ausschließlichem Einsatz dieser Lampentype kann man sogar mit normalem Tageslichtfilm ohne nennenswerte Farbverschiebung fotografieren oder filmen. Die Farbtemperatur der Röhre beträgt etwa 5500 °K. Nachteilig ist der hohe Anschaffungspreis, der aber durch die lange Lebensdauer von 20 000–24 000 Stunden wieder rentabel wird. Nach den Erfahrungen der letzten Jahre bringt diese Lichtquelle optimale Ergebnisse bei der Langzeithaltung und Zucht von Reptilien und Amphibien, das Pflanzenwachstum ist gleichfalls hervorragend. Die UV-Abstrahlung vermindert sich allerdings mit der Zeit, daher die Röhren regelmäßig auswechseln! Als Bemessungsgrundlage für die Anzahl der Neonröhren bei dichtem Bewuchs gilt auf Grund langjähriger Beobachtungen folgendes:

Behältergröße

125 × 80 × 80 cm (L × B × H)
mindestens drei Röhren zu je 40 W/120 cm zwei davon True-Lite, eine Gro-Lux oder Fluora

75 × 45 × 50 cm
eine True-Lite, eine Fluora zu je 20 W/60 cm (versetzt montieren)

50 × 50 × 60 cm
drei True-Lite, eine Gro-Lux zu je 15 W/43,5 cm

105 × 100 × 100 cm
drei True-Lite, eine Gro-Lux zu je 30 W/90 cm.

Es erspart viel Ärger, wenn wir die Terrarien in der Länge auf die Neonlampen einschließlich der Fassungen abstimmen. Die Drosseln erzeugen eine beachtliche Hitze, diese muß durch ausreichende Lüftungsschlitze oder ein Gebläse im Lampenkasten abgeführt werden. Bei einem Hitzestau im Behälterdeckel sollten die Drosseln getrennt von den Lampen montiert werden (auch außen unter dem Terrarienboden als Zusatzheizer möglich). Reine UV-Strahler werden in verschiedenen Formen angeboten, sie sind für die Bestrahlung von Amphibien nicht geeignet und führen oft zum Tode der Tiere. Selbst die schwächsten Ausführungen mit 4–8 W Leistung wirken schon zu intensiv und können sogar bei den derbhäutigen Reptilien Hautdefekte verursachen. Sie leisten aber bei der Behälterdesinfektion in leeren Terrarien und in Unterwasserausführung bei der Beseitigung von Wassertrübungen bakterieller Art sowie zur Algenbekämpfung gute Dienste. Dabei wird die Lampe außerhalb des Terrariums im Filterkreislauf installiert. Zur Bekämpfung bakterieller Seuchen („Red leg", Molchpest) kann eine Neuinfektion eventuell verhindert werden, da die Tiere sich dann in fast keimfreiem Wasser bewegen. Man sollte trotz dieser Vorteile die Lampen nur sparsam einsetzen.

In neuester Zeit werden moderne Leuchtstofflampen angeboten, die 15 000 Lm abstrahlen. Im Augenblick habe ich auf meine Versuchsterrarien Quecksilberdampflampen installiert, die neben einem guten UV-Anteil unglaublich viel Licht abgeben. In der Aquaristik werden sie zur Zeit deshalb immer stärker eingesetzt. Ein Nachteil ist, daß sie Wärme abstrahlen und bei Froschterrarien ca. 30–40 cm über den Deckelgittern aufgehängt werden müssen. Die Brenner sehen wie längliche Glühbirnen aus und werden z. B. von Osram unter der Bezeichnung HQL mit 50, 80 und 125 W angeboten und über einen Spezialtrafo betrieben. Von der Lichtausbeute her würden sie ca. 5–6 Neonlampen ersetzen, so daß der Stromverbrauch etwa gleich ist. Mit den HQL-Lampen, die man in Längsrichtung der Terrarien waagrecht installiert, sind die Pflanzen und die Tiere nicht mehr wiederzuerkennen; alles sprießt mit unglaublicher Geschwindigkeit, und die Frösche und Reptilien zeigen eine bisher nicht gekannte Lebhaftigkeit. Gegen die Überhitzungsgefahr setze ich einen kleinen Tangentiallüfter ein, der gleichzeitig Lampe und Terrarium kühlt. Ich empfehle allen Terrarianern, die Lampen-Neuentwicklungen der großen Firmen aufmerksam zu verfolgen. Die neuesten Röhren der Solarien-Anlagen sind für Reptilien-Halter ideal, während diese Strahler früher Haut- und Augenschäden verursachten.

Licht ist für unser Leben und in verstärktem Maße für das der Tiere und Pflanzen von zentraler Bedeutung. Der Wechsel zwischen Hell und Dunkel steuert nicht nur das Wachstum (Lang- und Kurztagpflanzen), sondern bei Tieren auch die Aktivitätsphasen und im Jahresverlauf die Fortpflanzung. Es ist falsch anzunehmen, daß dämmerungs- oder nachtaktive Tiere – wie in unserem Fall die Mehrzahl der Froschlurche – kaum Licht im Terrarium brauchen, wie es teilweise in der Terraristikliteratur erwähnt wird. Der deutliche Wechsel von Hell und Dunkel steuert unmittelbar die innere Uhr eines jeden Menschen und vieler Wirbeltiere. Diese wiederum bewirkt, daß während der Aktivitätsphasen Nahrung aufgenommen und das Sozial- und Fortpflanzungsverhalten abläuft. Während der Ruheperioden wird die Nahrung verdaut und eine allgemeine Regeneration erfolgt durch den Schlaf. Sind die Steuerzeiten zu sehr verschoben, eingeengt oder gar ganz ausgefallen, etwa bei einer Dauerdämmerung, zu kurzer Nacht- oder zu langer Tagphase, muß das Tier auf eine eigene Notsteuerung zurückgreifen, da sonst z. B. die verkürzten Futteraufnahmezeiten für ein Überleben nicht mehr ausreichen würden. Wirken solche negativen Faktoren längere Zeit ein, treten durch Streß schwere Schäden auf, die sogar zum Tode führen können.

Wir müssen also im Terrarium für einen ausgewogenen, deutlichen Wechsel zwischen Licht und Dunkel sorgen, auch wenn wir nur nachtaktive Tiere pflegen. Technisch läßt sich dieses Problem am einfachsten durch Schaltuhren lösen, die mindestens zwei unabhängige Schaltkreise haben sollten. Kreis 1 übernimmt dann die Steuerung der Hauptbeleuchtung und evtl. der Heizung, während Kreis 2 je eine halbstündige Dämmerungsphase über Glühbirnen einschaltet, die die Schaltvorgänge im Kreis 1 überlappt. So sind die Tiere in der Lage, sich in aller Ruhe einen Schlafplatz zu suchen oder allmählich aufzuwachen. Diese Anordnung ist auch für Aquarien sehr empfehlenswert, da empfindliche Fische beim Lichtwechsel oft aus dem Becken springen. Ändert man die Steuerzeiten Monat für Monat entsprechend den natürlichen Bedingungen in der Heimat der Tiere (Sonnenaufgangs- und Untergangstabellen), lassen sich leicht jahreszeitliche Schwankungen simulieren, die für eine geregelte Fortpflanzungsperiode von größter Bedeutung sind. Allerdings sollte auch der Temperatur- und Feuchtigkeitsfaktor dabei mitberücksichtigt werden.

Wasser

Die Zusammensetzung des Wassers ist in der Natur je nach Biotop verschieden. Im Lebensraum von *Dendrobates silverstonei* haben wir z. B. einen pH-Wert von 5,9 bei einer Gesamthärte von 1,4 °dH und einer Leitfähigkeit von 18 µS. Dies entspricht einem Regenwasser mit hohem Huminsäureanteil aus der Pflanzenzersetzung. Afrikanische Steppengewässer können dage-

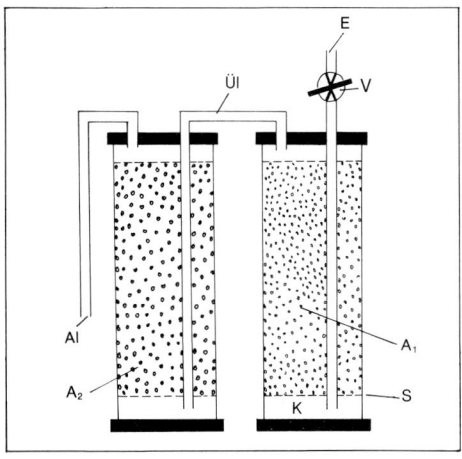

Abb. 9. Ionenaustauscher.
A_1 = Austauscherharz für Anionen. A_2 = Austauscherharz für Kationen. Al = Auslauf. E = Einlauf.
K = Kammern. S = Siebboden. Ül = Überlauf.
V = Ventil.

gen Härtegrade von über 20°dH aufweisen. Wir werden also Bewohnern feuchtwarmer Gebiete nach Möglichkeit im Terrarium sehr weiches und leicht saures Wasser bieten, das entweder als Regenwasser gesammelt oder aus Leitungswasser durch Ionenaustausch gewonnen wurde. Diese Teil- oder Vollentsalzeranlagen haben sich in der Aquaristik zur Aufbereitung von Zuchtwässern für Problemfische bewährt. In einigen Gegenden Deutschlands ist das Leitungswasser von Natur aus sehr weich, etwa im Schwarzwald. Die jeweiligen Wasserwerte für den Wohnort können bei den zuständigen Versorgungsunternehmen erfragt oder mit Reagenzien der Aquaristik selbst bestimmt werden.
Beim Regenwasser ist dessen Belastung durch Industrieabgase und Schmutz zu beachten; es sollte daher erst nach einer „Abregnungsfrist" von 15−20 min aufgefangen werden. In Ballungsgebieten greift

man besser auf Leitungswasser zurück, das man in einer Ionenaustauschanlage nach Abb. 9 aufbereitet. Die Ionenaustauscher-Harze sind mit einfachen Chemikalien regenerierbar, so daß die Unkosten im Rahmen bleiben. Für die Besitzer einer nachstehend beschriebenen automatischen Beregnungsanlage ist ein solcher Austauscher sehr hilfreich, da er vom Regenwasservorrat unabhängig macht. Eine Ansäuerung des Wassers ist über die Harze oder eine Torffilterung zu erreichen, man kann auch etwas Eichenrindenextrakt zugeben. Über die Heizung ist bereits in einem vorhergehenden Kapitel gesprochen worden, ich möchte hier aber noch auf die Filterung eingehen.
Bei geringen Wassermengen wird möglichst oft gewechselt, da die Frösche Urin und manchmal auch Parasiten darin absetzen. Hier wird entweder das Wassergefäß ganz herausgenommen oder mit einem Schlauch abgesaugt. Bei Wassermengen über 10 l lohnt sich ein Motorfilter, der gleichzeitig zum Betrieb eines künstlichen Baches verwendet werden kann (s.d.). Als Filtermassen kommen Keramikröllchen (Vorfilter), Perlonwatte, Torf oder Aktivkohle und Perlonwatte in der entsprechenden Reihenfolge in die Filterkammer (Abb. 10a). Bei Medikamentengaben ist die Schicht mit Aktivkohle durch Perlonwatte zu ersetzen. Kreiselpumpenfilter müssen stets tiefer als der Wasserspiegel des Terrariums angebracht werden. Ein Abflußrohr im Wasserteil wird am Boden installiert und mit Silikonmasse abgedichtet. Als Vorfilterchen kann man einen Ansaugkorb oder eine kleine Schaumgummipatrone verwenden. Eine Wasserumwälzungsanlage nach dem Luftheberprinzip (Abb. 10b) ist mit einer normalen Durchlüfterpumpe schnell installiert und wird

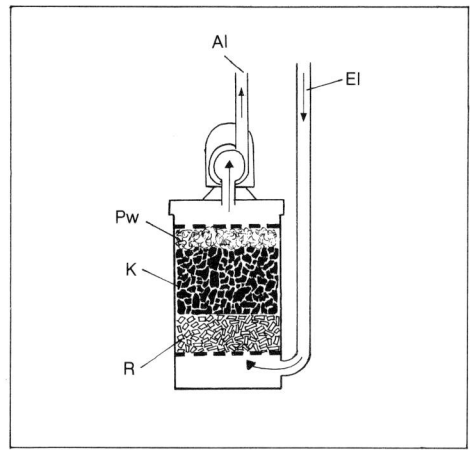

Abb. 10a. Filtermassen für Motorfilter.
Al = Frischwasserauslauf. El = Schmutzwassereinlauf. K = Aktivkohle. Pw = Perlonwatte. R = Keramikröllchen.

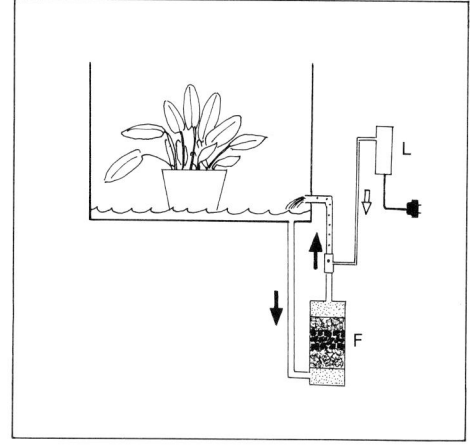

Abb. 10b. Flachwasserfilter nach dem Luftheberprinzip.
F = Filterkammer mit Filtermassen. L = Luftpumpe, höher als Wasserspiegel angebracht.

vor allem bei flachen Wasserständen eingesetzt. Die Pumpe ist hier etwa 20 cm über dem Wasserspiegel anzubringen. Über einen zwischengeschalteten Filtertopf ist eine Reinigung des Wassers wie beim Motorfilter möglich.

Luftfeuchtigkeit und Regen

Die einzelnen Froscharten haben jeweils einen verschiedenen Luftfeuchtigkeitsbedarf. Die derbhäutigen Steppenbewohner sind nicht so sehr von der Luftfeuchtigkeit abhängig, da sie zumeist im Boden leben. Viele *Hyperolius*-Arten vertragen überhaupt keine sehr hohe Luftfeuchtigkeit, die bei ihnen zu Hauterkrankungen führen kann. Bei Bewohnern des tropischen Regenwaldes sind jedoch hohe Werte notwendig. Beispielsweise laichen *Agalychnis*-Arten nur, wenn etwa 90–100% relative Feuchte erreicht ist. Bei den *Dendro-*

bates-Biotopen sind diese Werte in Bodennähe ähnlich: zwischen 85 und 95% relative Feuchte, je nach der Tageszeit.
Technisch erzeugen wir Luftfeuchtigkeit am einfachsten mit käuflichen Blumensprühern, die bis ca. 5 l Drucktankinhalt sehr praktisch sind. Aufwendiger, aber wirksamer, sind kleine selbstansaugende Hochdruckpumpen, die bei einem Druck von 6–8 bar das Wasser sehr fein vernebeln können. Die Stromaufnahme liegt je nach Ausführung zwischen 30 und 60 W, wobei die 30 W-Type sogar zwei Düsen betreiben kann (Bezugsquellen der Pumpen im Anhang). Es können auch Ölbrennerdüsen mit 80°-breitem Abstrahlwinkel und einer Öffnung von 0,8–1 mm eingesetzt werden. Normalerweise nimmt man Messing- oder Plastikdüsen von ausgeschlachteten Handblumensprühern, die mit einem speziellen Kunststoff-Hochdruckschlauch an die Pumpe angeschlossen werden. Der Strahlungswinkel richtet

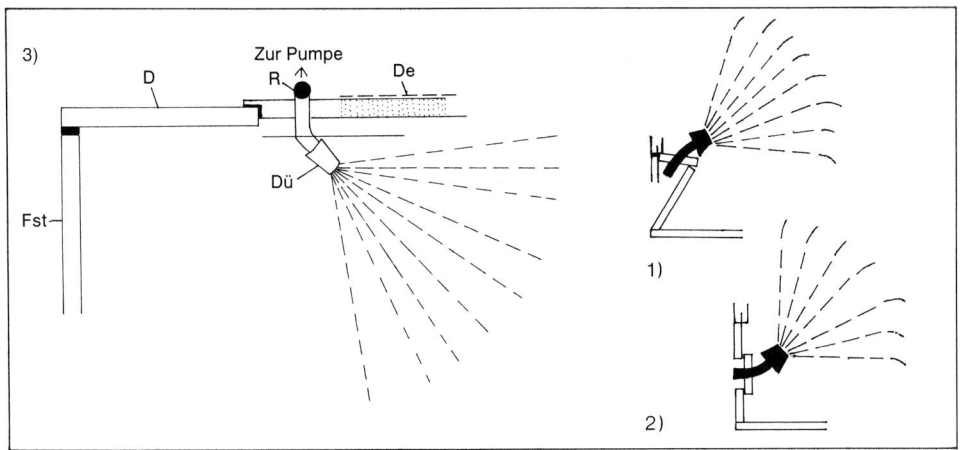

Abb. 11 a. Düsenanordnung für die Beregnung:
1) bei schräger Lüftung. 2) bei gerader Lüftung. 3) bei Beregnung durch Oberteil.
D = Deckelsteg (Glas). De = Deckelrahmen mit Gitter (Kunststoff). Dü = Düse. Fst = Fliegenrückhaltesteg.
R = Rohr. Zur Pumpe.

sich nach dem Terrarium (Abb. 11 a). Die Düsenöffnungen sollten im Durchmesser bei 0,5 – 1 mm liegen, andernfalls verbraucht man zuviel Gießwasser. Für alle Sprühanlagen ist nur entmineralisiertes Wasser oder Regenwasser zu verwenden, da sonst in kurzer Zeit die Düsen bzw. die Terrarienscheiben und Pflanzen mit einer Kalkschicht überzogen wären. (s. auch vorhergehendes Kapitel). Je nach Sprühdauer reichen 10 l Wasser bei der 30 W-Pumpe 10–20 Tage. Der Sprühregen wird bei mir über eine selbstentwickelte Elektronik ausgelöst, die von einer normalen Schaltuhr angesteuert wird (s. Abb. 11b). Die Regenhäufigkeit und die Startzeit stelle ich an der Schaltuhr ein, während sich am Gerät die individuelle Beregnungsdauer des Terrariums von ca. 3 sec bis zu mehreren min einstellen läßt. Die Schaltungsskizze ist in meinem Buch über Terrarientechnik enthalten. Selbstverständlich muß eine solche Elektronik äußerst störungsfrei

arbeiten, sonst könnte das Einschalten von starken Verbrauchern (Motoren, Neonlampen) die Beregnung im Terrarium auslösen, was schließlich zu einer Überschwemmung führen würde.
Im Wasser- und Landteil ist bei langer Regendauer eine Überlaufmöglichkeit vorzusehen, damit zuviel eingesprühtes Wasser abfließen kann. Normalerweise reicht aber eine Sprühdauer von 5 sec für eine gleichmäßige Befeuchtung des gesamten Terrariums aus. Die dabei versprühte Wassermenge entspricht etwa dem Teil, der tagsüber durch die Pflanzen und die Lüftung verdunstet wird. Notfalls kann man die Regendauer verändern, bis sich Sprühmenge und Wasserverlust etwa die Waage halten. Die Startzeiten der Beregnung sollten für feuchtwarme Terrarien um 12–14^h, 18–19^h und evtl. noch 3–4^h morgens liegen. Wenn nachts die Terrarienscheiben von selbst beschlagen, kann der 3^h-Termin auch entfallen. Bei Wüsten-

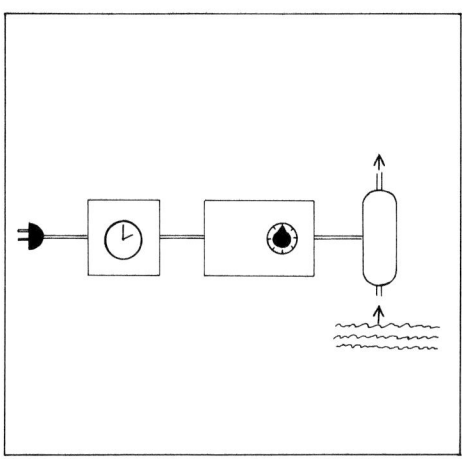

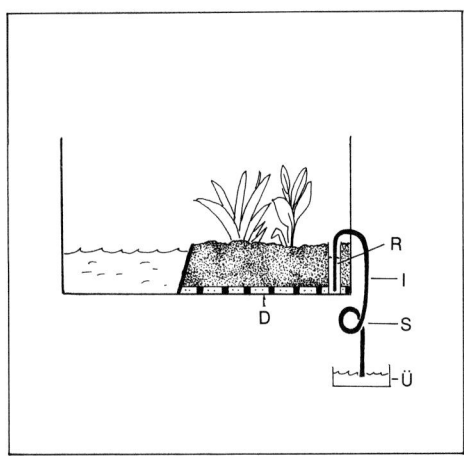

Abb. 11 b. Schaltschema der Hochdruckberegnung.

Abb. 12. Automatische Wasserabsaugung im Landteil.
D = Landteil-Drainage. I = Infusionsschlauch. R = Plastikrohr, im Landteil versenkt. S = Schlinge, verhindert Leerlauf. Ü = Auffanggefäß.

und Steppenbewohnern genügt ein Sprühvorgang abends zwischen 18–20^h. Soll die Laichbereitschaft durch „Regenzeiten" erhöht oder ausgelöst werden, ist eine häufigere und länger andauernde Beregnung erforderlich. Man achte dabei wieder auf guten Wasserablauf. Im Landteil kann das Absaugen des Wassers nach Abb. 12 erfolgen; dieses System arbeitet mit alten Infusionsschläuchen aus Krankenhäusern und reguliert sich selbsttätig.

Als Schaltuhr hat sich der Typ 02500000 der Firma Theben bewährt, da sich die Ein- und Ausschaltzeiten getrennt stecken lassen und die Außenabmessungen sehr gering sind.

Bodengrund und Bepflanzung

Die Wahl des Bodengrundes richtet sich nach dem Terrarientyp. Bei der sterilen Haltung besteht der Boden aus Glas- oder Hart-PVC-Platten mit einigen aufgelegten halbierten Tontöpfen oder Torfplatten als Versteck. Diese Einrichtung ist vor allem für Quarantänebecken oder eine Laborhaltung empfehlenswert. In den USA leben die Versuchsfrösche *(Ranas)* auf Plastikrosten über einem Wasserteil, dem ständig kühles Frischwasser zugeführt wird.

Die Mehrzahl der Terrarienfreunde wird aber auf eine ansprechende Bepflanzung des Zimmerterrariums Wert legen. Es soll ja einen kleinen Urwaldausschnitt darstellen, in den man sich nach Feierabend „hineinversenken" kann. Eine wichtige Vorbedingung für ein gut bepflanztes Becken ist neben reichlichem Licht eine Rückwand, an der Pflanzen entlangwachsen oder angeheftet werden können. Hier haben sich Korktafeln und Mexifarnplatten bestens bewährt, die sich mit Silikontupfern an der Rückwand befestigen lassen. Selbstverständlich gehört auch ein möglichst bizarrer Ast (Robinie) mit angehefteten Orchideen, Bromelien oder Tillandsien zur Einrichtung. Das Aufbinden der Epiphyten erfolgt am unauffälligsten mit Torfmoos *(Sphagnum)* und alten Perlonstrümpfen. Steht die Bodenfüllung des Terrariums mit dem Wasserteil in Verbindung, kann es leicht zu Fäulnisprozessen kommen. Man setzt dann die Pflanzen nach Möglichkeit in Töpfen ein und verwendet Kies oder Weißtorfziegel, um die Zwischenräume zu füllen. Bei getrenntem Boden- und Landteil ist im Landteil eine Drainageschicht aus Blähton oder Styroporschnitzeln einzuplanen, damit eingeschlepptes Wasser sich dort sammeln kann. Bei automatisch beregneten Terrarien ist diese Schicht von besonderer Bedeutung, da sich sonst ein Sumpf bildet. Ein Abfluß verhindert das Überfluten des Landteils. Abb. 13 g zeigt den schematischen Aufbau einer solchen Bodenwanne. In Froschterrarien können die Pflanzen auch frei in die Füllung der Bodenwanne gesetzt werden. Gut bewährt hat sich ein Orchideensubstrat (orchid barks), das auf einem Rost aufgefüllt wird. Mit jeglicher schlammiger Erdfüllung handelt man sich früher oder später schwere Infektionen der Frösche ein! Die Bodenschicht läßt sich durch etwas älteres Fallaub von Buchen, Kastanien usw. mit Kleinlebewesen „impfen", die dann selbständig die Aufarbeitung von Kotresten und Pflanzenabfällen übernehmen und zudem noch ein begehrtes Futter sind (Springschwänze).

Der Bodengrund stellt bei grabenden Froschlurchen *(Hemisus, Pleurodema, Breviceps, Rana adspera)* ein besonderes Problem dar. Wird Blumenerde genommen, kommt es sehr leicht zu Hautentzündungen, die sich schließlich bis auf die Knochen weiterfressen. Ein Grund dafür mag zuviel Feuchtigkeit im Substrat sein.

Daher verzichtet man besser auf einen Bodengrund und verwendet statt dessen eine Schicht aus Buchenlaub oder Torfmoos *(Sphagnum)*, die nur feucht gehalten wird. Manchmal müssen wir auch zur sterilen Haltung auf Glasboden mit Schaumgummiverstecken übergehen.

Die Pflanzen düngen wir sehr vorsichtig mit Nährsalzlösung, damit die Amphibien und deren Larven nicht mit dieser Lösung in Berührung kommen. Bei der Düngung von Bromelientrichtern sind die darin schlafenden Frösche und vorhandenen Kaulquappen zu entfernen. Anläßlich der etwa halbjährlichen Erneuerung und Auflockerung der Bodenfüllung können auch Nährstoff-Granulate in die unterste Bodenschicht gemischt werden. Es lassen sich auch flüssige Wasserpflanzendünger versprühen, die sich für empfindliche Gewächse wie Tillandsien und Bromelien eignen.

Faulende Pflanzenstöcke sind aus dem Terrarium zu entfernen, speziell sich auflösende Bromelien (Geruchsprobe des Trichterwassers), da sie eine Gefahr für die Tiere darstellen. Bromelien und Orchideen faulen sehr schnell, wenn sie dauernd zu feucht gehalten werden. Beim Einbau automatischer Sprühanlagen sollte man deshalb auf die Standorte einzelner Pflanzen Rücksicht nehmen.

Eine Hydrokultur von Terrarienpflanzen ist ebenfalls möglich, doch dürfen die Amphibien keinesfalls mit der Nährlösung in Kontakt kommen. Bei sorgfältiger Konstruktion der Bodenwanne ist eine Trennung leicht möglich (Blähtonabdeckung). Bei der Auswahl der Pflanzen sind ihre unterschiedlichen Bedürfnisse bezüglich des Lichts, der Feuchtigkeit und der Temperatur zu beachten. Man zieht am besten Spezialwerke über Terrarienpflanzen, Orchideen und Bromelien oder Warmhauspflanzen zu Rate (s. Literaturverzeichnis). Es ist im Rahmen dieses Buches nicht möglich, ausführlich auf dieses Thema einzugehen, doch möchte ich einige Standardpflanzen nennen, die überall erhältlich und sehr robust sind.

Für feuchte Gewässerränder oder für kommunizierende Wasser/Landteile:
Papyrus-Arten (für Riedfrösche), *Spatiphyllum, Ophiopogon, Kalmus*, (Töpfe mit Kies füllen und direkt in Wasserwanne stellen, einige Düngekugeln für Wasserpflanzen (Aquaristik) oder Lehmkugeln in die Kiesfüllung geben), emerse Formen der *Cryptocorynen*- und *Echinodorus*-Arten, *Aponogeton*.

Blattpflanzen für Landteil:
Maranthen, *Anthurium*-Arten, Aronstabgewächse, fast alle Philodendron-Arten (die teilweise nur wenig Licht brauchen), *Scindapsus*, Farne, *Ficus repens* usw.

Bromelien, speziell für *Dendrobates* und *Hyla*-Arten:
Vriesea splendens und ihre Verwandten. Manche Arten wollen es kühler, daher beim Kauf fragen. Die Blätter sollten nicht gezahnt oder beschuppt sein.

Orchideen und Tillandsien:
Alle Warmhausarten sind zum Aufbinden und Anheften auf Rückwand und Äste gut geeignet. Ideal ist es, wenn man sich von einer Reise aus den Originalbiotopen eine Auswahl derartiger Pflanzen als „Füllmaterial" mitbringen kann.

Für Rückwandbepflanzung:
Kork- oder Mexifarnrückwände lassen sich mit angehefteten Bromelien und Tillandsien verzieren, wobei *Sphagnum* als Substrat verwendet wird. Rankende Pflanzen z.B. *Ficus repens* oder *Scindapsus* heftet man mit U-Nägeln an.

Schwimmpflanzen für Wasserteile:
Sie brauchen sehr viel Licht. In Frage kommen: *Riccia, Pistia, Eichhornia* sowie treibende Stengel von Aquarienpflanzen.

Für Landschaftsterrarien und größere Behälter empfiehlt sich der Besuch in einer Spezialgärtnerei, wo man geeignete Pflanzen und entsprechende Pflegehinweise erhalten kann.

Das Terrarium

Terrarientypen

Die Terrarientypen sollten von der Konstruktion her den Bedürfnissen der zu pflegenden Froscharten entsprechen. Es wäre z.B. sinnlos, für grabende Bodenfrösche ein hohes Terrarium mit geringer Bodenfläche zu verwenden. Als Konstruktionshilfen sollen die Beispiele der Abb. 13 dienen. Für Versorgungsleitungen werden vor dem Zusammenkleben Ecken ausgeschnitten. Später setzt man hier mit Silikon die Rohre für den Ablauf oder den Filterrücklauf sowie Kabel für Heizung usw. ein. Terrarien, bei denen sich die Böden zum Ablauf hin neigen, lassen sich am schnellsten reinigen. Für Bachbewohner oder für die Aufzucht von Kaulquappen kann ein Normalterrarium durch Unterlegen von Styroporklötzchen schräggestellt werden, doch sind dann die Schiebescheiben zu sichern, damit sie sich nicht zufällig öffnen können.

Ich teste zur Zeit Terrarien mit doppeltem Boden und durchgehendem Wasserteil. Der obere Boden ist ein bündig abschließender Kunststoffeinsatz, in den Aussparungen für Blumentöpfe gesägt wurden.

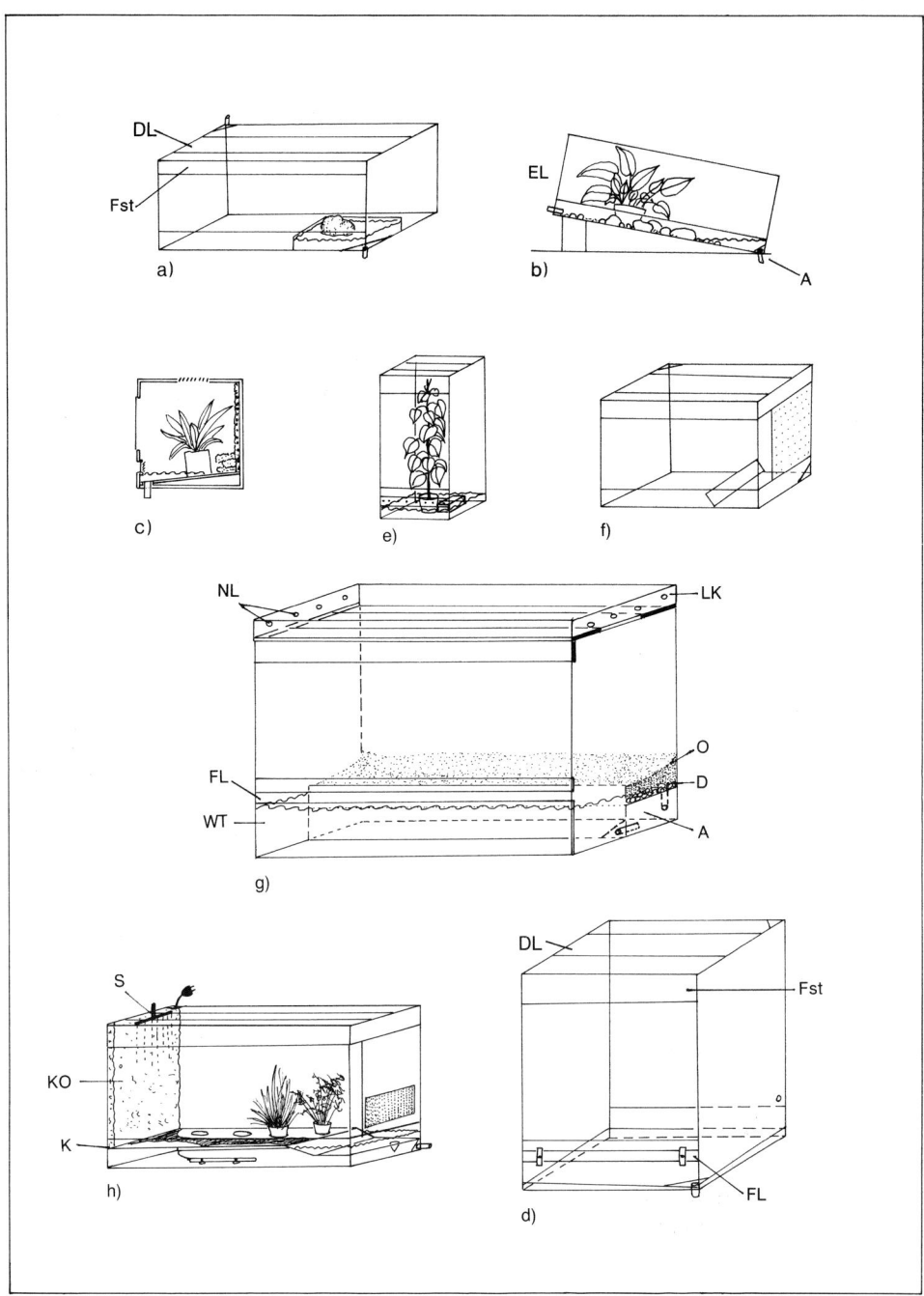

Abb. 13 a. Flaches Terrarium für Bodenfrösche. Im Wasserteil liegt ein Stein oder dergl., damit die Tiere besser an Land klettern können. Versorgungsleitungen werden durch ausgeschnittene Ecken geführt und mit Silikonkleber abgedichtet. Dl = Deckellüftung, Fst = Fliegenrückhaltesteg.

Abb. 13 b. Flaches Terrarium als Bachbecken mit großen Steinen und Pflanzen. Z. B. für Colostethus geeignet. A = Auslauf, EL = Einlauf des gereinigten Wassers.

Abb. 13 c. Kleinterrarium für Zucht (Dendrobatiden) oder bei steriler Einrichtung für Quarantäne. Der schräge Boden mit Abfluß erleichtert die Reinigung und den Wasserwechsel.

Abb. 13 d. Normalterrarium nach Schulte, Typ mit gerader Lüftung und Schiebescheiben. Wichtig ist vor allem der Fliegenrückhaltesteg (Fst). Die Bodenscheibe ist geneigt und zusammen mit einem Dreieck aus PVC-hart (mit der Abflußarmatur) verklebt. Die Rückwand besteht zu drei Vierteln aus Kunststoff. Frontlüftung (FL) abnehmbar.

Abb. 13 e. Hohes Zuchtterrarium für Agalychnis-Arten (nach Utke) mit durchgehendem Wasserteil und großer Kletterpflanze sowie Ziegelsteinen als Sitzplatz.

Abb. 13 f. Terrarium mit seitlicher Lüftung und Trennsteg (nach Schulte).

Abb. 13 g. Großterrarium, Bautyp Paludarium. Unter dem Landteil ist die Rückwand offen (A) für die Unterbringung von Pumpen oder Filtern. Im Lampenkasten (LK) befindet sich noch ein absaugender Querstromlüfter zur Wärmeabfuhr. Frontlüftung (FL) abnehmbar. Rückwand aus Kunststoff. Separate Abflüsse für Wasser- und Landteil. NL = Neonlampen (Anordnung skizziert); WT = Wasserteil; D = Drainageschicht; O = Füllung aus Orchid-Barks.

Abb. 13 h. Hydro-Terrarium nach Schulte. Über dem durchgehenden, gefilterten und geheizten Wasserteil befindet sich ein Kunststoffboden (K) mit aufgeklebtem Bachlauf und Ausschnitten für Blumentöpfe, die ca. 1–5 cm tief ins Wasserteil ragen. Im Wasserteilzwischenboden befindet sich ein versenktes Fischfuttersieb zur Vorfilterung. Der Bachlauf wird von einem Motorfilter gespeist, dessen Rücklauf oben links durch die Deckellüftung geführt und mit einem Strahlrohr (S) versehen wird, welches die Korkseitenwand (KO) berieselt. Ein Kleinlüfter sollte für gute Luftumwälzung und Absaugung sorgen. Der Zwischenboden ruht auf mehreren Joghurtbechern oder PVC-Rohrabschnitten (nicht gezeichnet). Die Pflanzen können auch in Blähton (Lecca) gepflanzt werden. Zur Abdeckung eignet sich *Ficus repens*.

Diese ragen später mit ihrem unteren Drittel in das durchgehende Wasserteil, das von einem Filter umgewälzt und gereinigt wird. Neben den Ausschnitten für die Töpfe lassen sich auch flache Bachläufe einbauen. Die Skizze eines derartigen Wasserkasten-Terrariums zeigt Abb. 13 h.

Materialhinweise und Werkzeuge

Vor dem Bau der Terrarien sollte man sich mit den verschiedenen Werkstoffen etwas näher befassen, sonst erlebt man später böse Überraschungen. Korrosionsfeste Feuchtterrarien sind mit heutigen Materialien kein Problem mehr. Es bieten sich folgende Möglichkeiten an: Glas, Asbestzement, graues und transparentes Hart-PVC, Silikon-Kautschuk, eloxierte Aluminiumprofile und PVC-Gewebe. Acrylglas (Plexiglas) ist problematisch, da es sich bei starker Feuchtigkeit zur nasseren Seite hin wölbt; dies ist bereits bei unterschiedlichem Luftfeuchtigkeitspegel der Fall! Es klaffen dann schnell Spalten, durch die Futtertiere und kleinere Frösche entweichen können. Will man dennoch Plexiglas verwenden, so muß es möglichst an allen Kanten in Aluminiumschienen geführt werden.

Asbestzement (Eternit) arbeitet wie Plexiglas unter Wärme und Feuchtigkeitseinfluß. Hier hilft ein Winkeleisenrahmen, in den die Platten elastisch eingekittet werden. Zusätzlich ist ein mehrmaliger Anstrich mit Spezialkunststoffen notwendig. Ich verwende fast ausschließlich Ganzglasterrarien oder kombinierte Typen mit Hart-PVC-Wänden oder -Böden. Da Hart-PVC-Platten flexibler sind als Glas, können nur Teilelemente des Behälters aus diesem Material hergestellt werden. Lüftungsgitterrahmen und Schiebescheiben-profile sind weitere Anwendungsbeispiele. Hart-PVC ist gegen Feuchtigkeit und Temperaturen bis etwa 60°C unempfind-lich und verzieht sich auch nicht. Es wird mit Silikonmassen nach Einpinseln mit ei-nem Primer verklebt sowie mit Laub- oder Stichsäge bearbeitet.

Von den Silikonkautschukmassen dürfen für aquaristische und terraristische Zwek-ke nur die auf Essigsäurebasis (Geruchs-probe!) entwickelten Arten verwendet werden (die auf Ammoniakbasis herge-stellten Massen sind zumindest in der Aus-härtezeit giftig).

Bei Verklebungen mit Silikonen sind die Herstellerangaben zu beachten; das gilt besonders für die Vorbereitung von Hart-PVC und Plexiglaselementen mit speziellen Reinigern und Primern. Nach Möglichkeit sollte man die technischen Merkblätter der entsprechenden Firma an-fordern. Für die Versiegelung von Asbest-zement haben sich Kunststoffe auf Epo-xidbasis bewährt (Krautoxin 1452 oder Epple-Plast-Streichmassen). In Zweifels-fällen macht man Probeklebungen oder Anstriche, um die Haftfestigkeit zu über-prüfen. Da Terrarien viel schwieriger her-zustellen sind als einfache Aquarien, brau-

Tab. 1. Die Werkstoffe und ihre Einsatzmöglichkeiten

Silikonkautschuk (Essigsäure-Basis)	Glasklebungen, mit Primer auch Kunststoffklebungen, Heften von Deko-Material, Spaltenabdichtung, Eter-niteinbettungen, nach Primern auch Eternitklebungen. Rohrabdichtungen von Kunststoff-, Alu- oder Edelstahl-rohren.
Glas (Dick- oder Kristallglas)	Behälterwände, Boden, Stege, Schiebescheiben. Durch-bohrungen sind möglich, aber teuer.
Hart-PVC (grau oder transparent)	Schiebescheibenprofile, Rückwände und Böden mit Ver-sorgungsbohrungen und Stutzen, seitliche Lüftungsgitter-träger, Rohre, Ablaßhähne usw. (aus Industriepro-gramm).
Asbestzement	Seitenwände und Böden in Winkeleisenterrarien, auch freitragende Behälter mit Direktklebung möglich. Ein-richtungen wie Uferkonstruktionen und Pflanzenwannen. Versiegelung notwendig!
Acrylglas	Lichtdurchlässige Deckel, auf allseitige Führung achten! Nach Primern auch mit Silikon verarbeitbar.
PVC-Fliegendraht (klar)	Mit Spezialklebstoff auf ausgesägte Trägerrahmen auf-kleben. (Acrifix 92 bei Plexiglas, Tangit bei Hart-PVC).
Alu-Gewebe (Material für Lautsprecherboxen)	Lichtdurchlässige seitliche oder untere Lüftungsgitter, auf Trägerrahmen oder direkt aufzukleben.
Alu-Profile (eloxiert!)	Behälterkonstruktionen, Schiebescheibenprofile, mit Sili-kon direkt zu verkleben.
Edelstahl	für Ablaßrohre, direkt mit Silikon zu verkleben, Winkel-rahmen für Terrarien.

chen wir einige Spezialwerkzeuge und Hilfsmittel, die in der folgenden Übersicht zusammengestellt sind:

– eine stufenlos rastende Pistole für 300 ml-Silikonkartuschen
– acht Spezialgehrungswinkel (s. Abb. 14), die auf Winkelhaltigkeit überprüft wurden, (Papierstreifen dazwischenlegen, wenn Glas eingespannt wird).
– mindestens vier Laubsägebrettklemmen oder kleinere Schraubzwingen
– Streichhölzer
– Glasreinigungsmittel auf Alkoholbasis
– Kittmesser (ehemaliger Schraubenzieher oder eingewachster Holzspatel)
– neue Rasierklingen
– Tesa-Krepp zum Abkleben der Fugenränder
– Stich- oder Laubsäge
– Bohrmaschine
– Napf mit entspanntem Wasser (Spülmittel zugeben) zur Entfernung von Silikonresten
– Silikonkartuschen auf Essigsäurebasis in der gewünschten Farbe (transparent oder grau), evtl. noch passenden Reiniger und Primer-Typ für Gemischtklebungen
– Plexiglas-Vierkantstücke (Reste) oder Holzleistchen, die mit Kerzenwachs als Trennmittel eingerieben werden
– Glasschneider, mit solider Stahlschiene zum Anlegen
– Schleifpapier (feinkörnig) auf Korundbasis, evtl. mit Schleifteller.

Glasterrarien

Diese Behälter gehören zu den schönsten Zimmerterrarien und bieten darüber hinaus eine Menge Vorteile. Sie sind mit etwas Geschick leicht selbst herzustellen und,

Abb. 14. Einsatz der Gehrungswinkel beim Kleben der Glasscheiben. Man beachte die untergelegten Pappstreifen, die verhindern, daß die Glasplatten springen.

was bei der Amphibienhaltung lebenswichtig ist, auch am hygienischsten. Die Silikonverklebung der Scheiben ist im Aquarienbau seit Jahren erprobt und hat bei der richtigen Vorreinigung und Wahl der Klebemasse eine enorme Haltbarkeit. Die ersten Silikone wurden noch von Algen unterwandert, doch ist diese Gefahr bei der Wahl einer modernen grauen Masse nicht mehr gegeben.

Im Gegensatz zu Aquarien brauchen wir auf den Wasserdruck kaum zu achten, so daß man Behälter schon aus 4 mm starkem Glas anfertigen kann. Ich verwende wegen der geringeren Bruchgefahr 5–6 mm starkes Kristallglas, das ein verzerrungsfreies Fotografieren ermöglicht. Alle freiliegenden Glaskanten müssen geschliffen werden. Dies kann man mit einer Bohrmaschine, Schleifteller und feinem Korundpapier selbst machen. In manchen Glasereien gibt es preiswertes Schaufensterbruchglas, meist in der Stärke von 8 mm; daraus las-

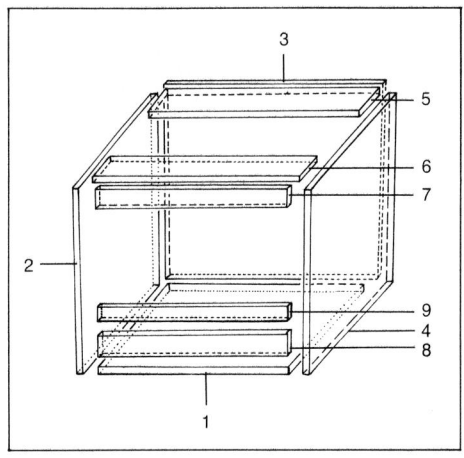

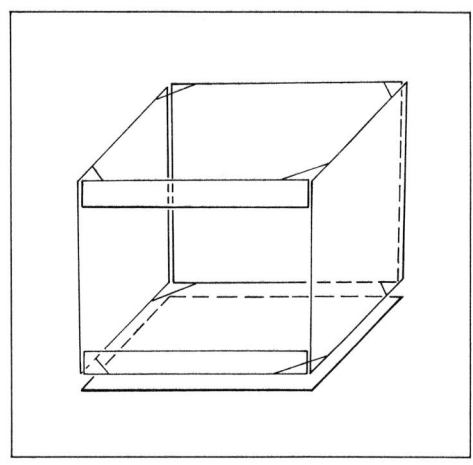

Abb. 15. Glasplattenanordnung beim freihändigen Kleben. 1–9 Reihenfolge der Scheiben.

Abb. 16. Kleben mit Gehrungswinkeln. Die Dreiecke kennzeichnen die Position der Gehrungswinkel.

sen sich auch größere Terrarien bauen. Bei Behältern von 1 m Länge braucht man etwa folgende Glasstärken: Boden und Rückwand 8–10 mm, Seitenteile 6 mm, Stege 6–8 mm. Man macht sich vor dem Bau eine Skizze mit allen Kittfugen und berechnet daraus die Scheibenabmessungen. Bei der Wahl der Behälterlänge richtet man sich nach den Neonröhren. Die Klebefugenränder können vor dem Ausspritzen mit Tesafilm eingefaßt werden. Das erspart später das lästige Silikonschaben mit der Rasierklinge. Alle Scheiben müssen vor dem Verkleben sorgfältig gereinigt werden (Glasrein, Tetrachlorkohlenstoff).

Es gibt zwei Möglichkeiten, die Rohform zusammenzustellen: erstens die freihändige und zweitens die Gehrungswinkelmethode. Bei dem freihändigen Zusammenstellen der an den Klebestellen mit Silikon bestrichenen Seiten- und Bodenscheiben braucht man einige Geschicklichkeit und einen Helfer. Durch die schmalen 1 mm

Fugen spart man Silikon; es muß aber sehr zügig gearbeitet werden. Die Reihenfolge ist: Boden, linke Seitenscheibe, Rückwand, rechte Seitenscheibe, Deckelstege, Fliegenrückhaltesteg. Wasserteil (s. Abb. 15). Dabei werden die Seitenscheiben und die Rückwand seitwärts gegen die Bodenscheibe geklebt. Die Stege sind einen Tag später anzusetzen, wenn der Rohbehälter schon etwas gehärtet ist. Beim Zusammenkleben ist auf gute Winkel- und Maßhaltigkeit sowie gleichbleibende Fugenbreite zu achten.

Die Gehrungswinkelmethode ist einfacher, dauert aber wesentlich länger, da die Scheiben bis zum Aushärten der Fugen eingespannt bleiben müssen. Die Reihenfolge spielt keine Rolle. Bei dem Terrarientyp von Abb. 16 klebe ich zuerst den Boden, die linke und rechte Seitenscheibe sowie die Deckelstege zusammen und setze später die Rückwand und die Frontstege ein. In die acht Gehrungswinkel legt man je ein Stück Papier, damit beim Andrehen der Schraubklemmen das Glas nicht springt. Keinesfalls die Klemmen „anknallen", sondern nur soweit anziehen, daß die Scheiben gerade festsitzen. Eine gleichmäßige Kittfugenbreite stellt man vor dem endgültigen Festklemmen der Scheiben ein, indem man ein Streichholz langsam den Spalt entlangführt. Die Silikonfugen müssen sofort mit einem Schraubenzieher oder Holzspatel geglättet werden, Reste entfernt man umgehend oder später mit einer Rasierklinge.

Die Kunststoffschienen für die Schiebescheiben werden mit einem Spezialprimer eingepinselt und nach dem Trocknen angeklebt, ebenso Hart-PVC-Rückwände oder Rohrstutzen. Die Herstellungszeit für ein Einzelterrarium liegt bei etwa einer Woche mit Aushärtefrist (1 Tag pro mm Fugentiefe) und den Nebenarbeiten für Deckel und Lüftung.

Eternitbehälter

Reine Asbeszementbehälter sind etwas schwieriger herzustellen, da ein 2-Komponenten-Klebstoff für die Montage der Einzelplatten verwendet wird. Außerdem sind noch umfangreiche Lackier- und Imprägnierarbeiten erforderlich, die ein Durchdrücken des Wassers verhindern sollen. Meist werden Eternitplatten in ein Winkeleisengestell eingekittet, da sie bei starker Feuchtigkeit arbeiten. Das Gewicht eines Eternitterrariums ist beträchtlich und erfordert einen stabilen Unterbau. Der Vorteil gegenüber Glasbecken ist der günstige Preis und die Durchbohrbarkeit. Lüftungsausschnitte können jederzeit nachträglich mit einem kleinen Trennschleifer unter beträchtlicher Staubentwicklung

(Atemmaske und Schutzbrille tragen) herausgeschnitten werden. Die Eternitbehälter sind für alle Froscharten notwendig, die sich nicht an Glaswände gewöhnen können. Leider sind die erhältlichen Asbeszementplatten meist erheblich durchgebogen, so daß eine winkelgerechte Terrarienkonstruktion mit ebenen Seiten nur schwer möglich ist. Hier helfen oft nur rohe Gewalt, Stahlrichtschienen und große Schraubzwingen sowie die schon erwähnten Gehrungswinkel. Großterrarien werden noch zusätzlich mit Metallschrauben verdübelt, da Klebenähte möglicherweise aufplatzen könnten.

Nach dem Zusammenbau wird das ganze Terrarium mit Krautoxin 1452 oder Epple-Plast auf Epoxidbasis gründlich versiegelt (3–4mal streichen) und die Außenwände mit Holzdekorfolie oder Keramikmosaik beklebt. Vor dem Einsetzen der Tiere ist der Wasserteil durch mehrmaligen Wasserwechsel zu entgiften.

Kombinierte Typen

Klebt man Glasterrarien mit Hart-PVC-Kunststoffböden oder Rückwänden, hat dies einige Vorteile. Im Boden können leicht Abflußbohrungen angebracht werden, und auf die Rückwand kann man Torfziegel, Korkeichenstücke oder ähnliches von der Rückseite her regelrecht anschrauben. Eternit-Glasbehälter sind nur über einen Winkeleisenrahmen sicher, obwohl das Silikon auch auf beschichtetem Eternit haftet (Krautoxin 1452). Winkeleisen-Glasbehälter, wie sie noch zu Zeiten Klingerhöffers üblich waren, sind heute überholt, da auch Ganzglasterrarien bis 1,50 m Länge und darüber hergestellt werden können. Außerdem rosten diese nicht und werden bei einem Umzug einfach auseinandergeschnitten. Eternit-Glas-Winkeleisen/Aluminium-Konstruktionen sind für „glasallergische" Frösche gut geeignet, da die Tiere sich nicht durch das Anspringen gegen die Scheiben verletzen können. Boden-, Rück- und Seitenwände sind dann auch aus Eternitplatten, die Frontseite bilden zweckmäßigerweise Schiebescheiben.

Sehr schnell, aber weniger schön, lassen sich Terrarien aus Alu-Winkelprofilen zusammennieten, die anschließend mit silikoneingebetteten Glasscheiben versehen werden. Die bei dieser Bauweise entstehenden Spalten müssen mit Silikon abgedichtet werden.

Deckel, Seitenteile und Schiebescheiben

Die Deckel fertigt man wegen der Lichtdurchlässigkeit aus Acrylglas oder klarem Hart-PVC. Die Ausschnitte für die Lüftungsgitter können mit einer Stich- oder Laubsäge leicht herausgesägt werden. Die Materialstärke richtet sich nach den Schiebeschienen und liegt bei 4–5 mm. Wegen der Verschmutzung durch Fliegen sind die Deckel in jedem Fall in Schienen zu führen, am besten lassen sie sich nach vorne herausziehen. Als Lüftungsgitter wird klares PVC-Fliegengewebe mit 0,8–1 mm Maschenweite besorgt, das mit dem UV-Lichthärtenden Plexiglaskleber Acrifix 92 vorsichtig Seite um Seite aufgeklebt wird. Auf genügend Spannung ist zu achten, sonst bilden sich durchhängende Beulen. Hier helfen Schienen, die mit einem Gewicht beschwert sind und die die Kleberänder fixieren.

Seitenteile und Rückwände können aus Hart-PVC nach dem Primern direkt mit Silikon verklebt werden. Als Materialstärke reichen etwa 3–5 mm, je nach der Wandfläche. Bohrungen und Ausschnitte sind möglichst vorher anzubringen. Wenn man den Lüftungsschacht des Terrariums nach hinten legt, kann das Gieß- und Sprühwasser an der Rückseite aus dem Behälter heraustropfen! Daher bringe ich die Lüftungsöffnungen an meinen Terrarien immer vorne oder seitlich an. Die Schiebescheiben werden am besten in handelsüblichen 14 mm breiten Doppel-U-Profilen (weiß oder grau) geführt, die auf die Trägerstege aufgeklebt werden. Diese Stege sollten wegen der Lastverteilung mindestens 8 mm stark und ausreichend breit sein, dies gilt besonders für die untere Scheibenführung. Vor dem Kleben sind die Schienen mit Primer zu behandeln.

Die Schiebescheiben können zwischen 3 und 4 mm stark sein, die Spalten in der Mitte bei der Überlappungsfläche werden einfach mit einem Streifen Tesa-Moll oder Athmer simpel abgedichtet. Noch ein Hinweis: die flache Schiene kommt auf den unteren Trägersteg, die hohe Schiene nach oben! Anders funktioniert der Schiebemechanismus nämlich nicht, und die Scheiben fallen ins Terrarium. Erst wenn die Schienen verklebt sind, legen wir die Scheibengröße fest. Das Metermaß wird in die vordere obere Führungsrille bis zum Anschlag eingeschoben, abgelesen wird dann an der oberen Kante der unteren Schiene.

Rückwände

Vor die Behälterrückwand, die wegen der technischen Versorgungsleitungen aus Kunststoff oder Eternit sein sollte, lassen sich die verschiedensten Verkleidungen anbringen. Einige seien hier erwähnt: dunkle Korktapeten, gestückelte Zierkorkflächen, angeklebte Steinplatten, Torf- und Mexifarnplatten, Felsaufbauten und Schaumgummirückwände. Vor allem für Glasterrarien sind Schaumgummirückwände geeignet, da sie ein geringes Gewicht haben und mit der Zeit, auch durch herausgerupftes Material, ganz natürlich aussehen. Leider sind diese Platten im Aquaristikhandel recht teuer. Sehr preiswert sind Rückwände aus dicken Styroporplatten, die mit einer Flamme (Lötbrenner) aufgerauht und angeschmolzen werden. Anschließend streicht man die Rückwand mit Dispersions-Abtönfarben (z.B. schwarz oder dunkelbraun). Wegen der Durchhärtung des Lackes sollte man etwa eine Woche mit der Einrichtung warten. Eine billige Lösung sind auch dunkelbraune Korktafeln im Format 100 × 50 cm, bei denen man die oberste Schicht durch Herausbrechen von Korkteilchen auflockert oder durch tieferes Ausbrechen und Ankleben von Bruchstücken Nester für Bromelien oder rankende Pflanzen gestaltet. Diese Tafeln sind in vielen Stärken im Baustoff- oder Gärtnereibedarfshandel erhältlich; sie werden sonst vorwiegend zur Wärmeisolation im Hausbau und zur Trittschalldämpfung unter Fußböden verlegt. An Glaswänden kann man diese Platten mit Silikontupfern befestigen, wobei zuvor noch die Heizkabel-Schlingen, die ebenfalls mit Silikon angeheftet werden, angebracht werden.

An die sonstigen Rückwände werden Platten und Torfziegel von hinten her angeschraubt oder mit Perlonschnur vernäht. Steine oder Platten lassen sich auch mit Silikon oder ähnlichen Spezialmassen (im Baustoffhandel erhältlich) ankleben, doch sollte man darauf achten, daß sie ungiftig sind.

Die fertigen Wände bepflanzt man mit rankenden Gewächsen (Philodendron), *Ficus repens* und Bromelien; sie sind in jedem Fall schöner als blanke Glasflächen. Bei Eternitbehältern können auch die Seitenwände zusätzlich auf diese Weise verkleidet werden, was insgesamt noch besser wirkt.

Bachläufe und Rieselsteine

Zu jedem Froschterrarium gehört ein mehr oder weniger großer Wasserteil. Noch reizvoller, und für manche Arten außerdem notwendig, ist jedoch ein kleiner Bachlauf mit einem Wasserfall. Viele *Dendrobates-*, *Phyllobates-*, *Colostethus-* und *Atelopus-*Arten sitzen gerne in fließendem Wasser oder auf Kieselsteinen im Bachbett, und manche Froscharten laichen nur in fließendem Wasser ab. Gestalten lassen sich solche Flüßchen aber erst dann, wenn die Terrarien eine Länge von 80–150 cm und eine ausreichende Tiefe haben. Diese Bäche haben einen sehr erwünschten Nebeneffekt, sie halten die Luftfeuchtigkeit auf hohen Werten. Das Bachbett stellen wir entweder aus silikongeklebten Glaswannen, oder besser noch aus handmodellierten Ton- oder Zementmassen (Mischungsverhältnis: 1 Teil Zement auf 3 Teile Sand oder Perlite) her, die man auf einen Styroporkern in Form einer Stufenwanne aufbringt und trocknen läßt. Zementbachläufe können mit dünnem Pigmentpulver-Zementbrei eingefärbt werden, dabei richtet man sich farblich nach der Umgebung. Ein Bepflastern des Zements vor dem Abhärten mit Kieselsteinen verschiedener Größe und Farbe ist ebenfalls möglich, wobei die Zwischenräume sofort oder später mit Aquarienkies gefüllt werden. Die Ränder der Bachläufe sind so hochzuziehen, daß kein Wasser in den Bodenteil des Terrariums überströmen und dort versickern kann. Am besten probiert man dies vorher aus.

Man plant einen Bach so, daß verschiedene Wassertiefen (Gumpen) und Strömungsgeschwindigkeiten entstehen. Er endet meist über einen Wasserfall im eigentlichen Wasserteil. Die aus Ton modellierten Bachläufe können nach dem Entfernen des Styropors gebrannt werden, die Zementmodelle müssen in der Badewanne mehrmals in täglichem Abstand gewässert werden, sonst sind sie für die Frösche giftig. Anstelle von Sand könnte auch das von Nietzke angewandte leichtere Perlite in verschiedenen Körnungen verwendet werden. Eine Oberflächenlackierung mit Chlorkautschuk- oder Epoxidversiegelung (Krautoxin, Epple-Plast) ist jedoch unumgänglich.

Wir können auch von einem guten Tonmodell einen Silikonabguß machen und anschließend den ganzen Bachlauf aus braunem oder schwarzem Silikon gießen. Dieses Material ist flexibler und paßt sich dadurch besser den Bodenunebenheiten an. Es läßt sich außerdem zerschneiden und beliebig oft zusammenkleben.

Bachläufe aus Polyester und Glasseide lassen sich ebenfalls leicht herstellen. Nach dem Aushärten sollte man sie abschmirgeln und lackieren oder auf eine frische Polyester-Schicht Sand oder Kies aufstreuen. Hohe Luftfeuchtigkeit erhalten wir in kleineren Terrarien durch „Rieselsteine". Dabei wird ein großer, länglicher Steinbrocken oder eine Platte schräg ins Wasserteil gestellt und von oben ständig mit Wasser berieselt.

Fließendes Wasser erzeugt man im Terrarium durch Kreiselpumpen, wie sie die Aquaristik verwenden. Die Saugfilteraggregate der Firma Eheim haben sich bei mir seit Jahren bewährt (Typ 2018-386), da sie das Wasser gleichzeitig reinigen. Im neuesten Typ ist eine elektronische Heizung eingebaut, die den häßlichen Heizstab im Wasserteil überflüssig macht und die Installation und das Reinigen des Terrariums vereinfacht. Die Lebensdauer der Aggregate ist enorm. Es sind Fälle bekannt, in denen die Pumpen 10 Jahre ununterbrochen ohne Defekte liefen, wenn man gelegentliches Ölen nicht vergaß. Ein Nachteil sei nicht verschwiegen: die Pumpen müssen sich unterhalb der Wasseroberfläche befinden, da sie nicht selbstansaugend sind und bei einem Stromausfall leerlaufen können. Es werden zur Zeit Flachwasser- und Vorfilter entwickelt, die auch bei geringem Wasserstand arbeiten. Je nach Tierbestand muß man etwa alle 4 Wochen oder später die Filtermassen waschen oder auswechseln. Die Schläuche reinigen wir mit flexiblen Rohrbürsten. Da die Frösche im Bach oder Wasserteil ablaichen könnten, ist vorsorglich ein feinporiges Vorfilter anzubringen.

Farbbilder 1–4. Verschiedene Farbvariationen von Dendrobates pumilio aus Panama. S. Seite 142.

Betrieb und Besatz eines Terrariums

Den Zeitaufwand, den ein Froschterrarium erfordert, darf man nicht zu gering ansetzen. Bei größeren Anlagen ist daher auf eine arbeitssparende Gesamtkonzeption zu achten, so beispielsweise auf zentrale Wasserablaßleitungen und einen Schlauchanschluß für Warmwasser zum Spülen sowie automatische Licht- und Feuchtigkeitssteuerung.

Bei Kleinterrarien muß man einschließlich Füttern und Reinigen etwa zwei Stunden Arbeit pro Woche rechnen. Die Scheiben sollten alle zwei bis drei Tage mit einem Schwamm abgewaschen und mit dem Zerstäuber abgespült werden. Die Algen in den Wasserteilen entfernen wir mit dem Rasierklingen-Scheibenreiniger. Die Pflanzen müssen von Kotresten befreit werden; man sprüht sie dazu mit einem scharfen Strahl aus dem Zerstäuber ab. In größeren Abständen sind die Pflanzen auszulichten und evtl. vorsichtig nachzudüngen.

Ob ein Feuchtterrarium „gesund" ist, erkennt man leicht daran, daß es in dem Behälter aromatisch nach „Urwald", also nach Pflanzen und feuchter Erde duftet. Riecht es dagegen schlecht, stimmt mit der Belüftung oder dem Bodengrund etwas

nicht. Vielleicht ist es auch ein toter Frosch, der in dem Pflanzengewirr nicht rechtzeitig entdeckt wurde. Die Blattrichter von Epiphyten sind regelmäßig mit leicht erwärmtem und enthärtetem Wasser sorgfältig durchzuspülen, sonst fault das Trichterwasser (Geruchsprobe!) und wirkt dann auf die Bromelienfrösche tödlich.

Bei Baumfröschen sind die Seitenwände des Terrariums durch das ständige Herumlaufen bald mit einer Schleimschicht und Hautresten überzogen. Man entfernt sie regelmäßig mit der Rasierklinge, da sie eine Infektionsquelle für unsere Frösche darstellen. Die Kalkausscheidungen am Wasserteil, die beim abendlichen „Tanken" der Frösche entstehen und bei denen man gelegentlich jede Pore der Bauchhaut erkennen kann, entfernen wir mit derselben Klinge. Die Tages- und Jahreszeitprogramme für das Licht, die Temperatur und die Feuchtigkeit müssen laufend kontrolliert und angepaßt werden. Zusätzliche „Arbeit" entsteht während der Zeit der Nachzucht. Der Aufwand für die Futterzuchten der Jungfrösche, das Wasserproblem und die Fütterung sowie höchste Sauberkeit der Aufzuchtbehälter und der Kaulquappenanlage ist so erheblich, daß man bei größeren Laichmengen sehr bald ins Schwitzen gerät.

Bei der Auswahl der Froschlurche, die man nach den Angaben der Artenbesprechung treffen kann, sollte berücksichtigt werden, daß wegen der Infektionsgefahr und Nahrungskonkurrenz nicht zuviele Tiere in einem Terrarium eingesetzt werden. In einem 60 cm langen Behälter läßt sich beispielsweise eine kleinere *Dendrobates*-Zuchtgruppe mit 4–8 Tieren unterbringen. Ein größeres Regenwaldterrarium kann man der Natur entsprechend mit Froschlurchen der verschiedenen Vegeta-

Oben links: Farbbild 5. Dendrobates lehmanni. S. Seite 140
Oben rechts: Farbbild 6. Dendrobates histrionicus. S. Seite 139
Unten links: Farbbild 7. Seltene braun-weiße Variante von Dendrobates auratus, Panama. S. Seite 133
Unten rechts: Farbbild 8. Dendrobates auratus von der Atlantikseite Panamas. S. Seite 133

tionsstufen (Bodenbewohner, Strauch- und Baumfrösche, Bromelienfrösche) und eventuell mit einigen Reptilien (Phelsumenpärchen, Geckos, Baumskinken) besetzen, jedoch nicht mit *Anolis*-Arten. Man achte auf die Verträglichkeit der Arten (Vergiftung, Freßfeinde) und halte sich an die Ratschläge im Quarantäne-Kapitel.

Die Ernährung der Froschlurche in Gefangenschaft

Grundsätzliches

Die Nahrung der Terrarientiere sollte allgemein so abwechslungsreich wie möglich sein. Soweit es die Jahreszeit erlaubt, gibt man frischgefangenes Lebendfutter wie Fliegen, Nachtfalter und Wiesenplankton, von unverseuchtem Gelände. Entsprechend den verschiedenen Lebensräumen der Froschlurche sind auch die Futterarten sehr unterschiedlich: sie reichen von kaum sichtbaren Springschwänzen bis hin zu ausgewachsenen Ratten. Angehörige der eigenen oder einer anderen Art sind oft ebenfalls Beutetiere. Aufgrund eigener Erfahrungen und vieler Hinweise konnte ich nachstehende Futtertabellen entwickeln, die es dem Pfleger von Froschlurchen erlauben, einen Speiseplan für seine Pfleglinge oder Versuchstiere zusammenzustellen, den man je nach der Saison oder entsprechend der geographischen Lage im einzelnen noch anpassen kann.

Etliche Frösche sind extreme Nahrungsspezialisten, die sich von bestimmten Ameisen-, Termiten- oder Milbenarten ernähren, die wir leider nicht durch anderes Futter ersetzen können. Es ist einleuchtend, daß beispielsweise Arten, deren genetisch festgelegte Enzymsysteme auf die Verarbeitung solcher Futtertiere zugeschnitten sind, sich nicht von einem Tag zum anderen auf Grillen oder Taufliegen umstellen können, denen der hohe Chitinanteil, die verschiedensten starken Säuren und andere Nährstoffe der ursprünglichen Hauptnahrung fehlen. Gerade die schönsten und beliebtesten Froschlurche, die Dendrobatiden, gehören zu diesen Spezialisten. Einige dieser Arten sind trotz aller Tricks nicht länger als wenige Wochen oder Monate am Leben zu erhalten, von einer Zucht ganz zu schweigen. Bei der Artbesprechung im speziellen Teil wird auf Nahrungsspezialisten und heikle Arten besonders hingewiesen. Die Froschliebhaber sollten sich beim Kauf dieser potentiellen Todeskandidaten zurückhalten.

Von der Verwendung folgender Futtertiere ist wegen einer Verseuchungsgefahr der Umgebung abzuraten: *Periplaneta americana* (Amerikanische Schabe), *Blatta orientalis* (schwarze Kakerlake und *Blattella germanica* (deutsche Schabe).

Bei der Pflege von Terrarientieren wird man in der Regel auf eigene Futterzuchten zurückgreifen müssen, um von Zufällen unabhängig zu sein. Betriebsferien der Geschäfte oder falsche Vorratshaltung bei Anglermaden sind zwei Beispiele. Durch ungünstige Witterung (Dauerregen) kann auch der Freilandfang manchmal längere Zeit nicht durchgeführt werden. In den nachfolgenden Kapiteln sind einige Zuchtmethoden dargestellt, doch sollte man sich auch durch die Lektüre von Fachzeitschriften über neue und geruchsneutrale Zuchtmethoden informieren. Die ältere Terraristiklitteratur enthält ebenfalls brauchbare Hinweise. Es wäre für die Zukunft sinnvoll, neue Futterquellen zu erschließen, so z.B. durch die Zucht tropischer Ameisen oder Milben, die eine Hauptnahrung der Dendrobatiden darstellen.

Tab. 2. Futterarten für Froschlurche, geordnet nach der Futtertiergröße

Code: K   Kauf im Abonnement oder in guten Fachgeschäften; fast immer erhältlich
      F   Futterfang im Freien mit Netz, Fliegenfalle, Lichtfalle; saisonbedingt
      Z   eigene Zucht leicht möglich, ganzjährig
      Zs eigene Zucht mit Schwierigkeiten oder Belästigungen verbunden

Jede Futterart ist mit einer Ziffer versehen, auf die bei der Besprechung der einzelnen Arten gelegentlich zurückgegriffen wird.

Z	1	Springschwänze (Collembolen)
Z, F	2	Taufliegen, flugfähig (*Drosophila*) oder flugunfähig (*D. vestigal*)
F	3	Blattläuse (verschiedene Arten)
F	4	Zikaden (kleine, grüne Obstbaumzikaden)
K, Zs	5	frischgeschlüpfte Heimchen/Grillen
Z	6	Enchyträen (kleine, weiße Würmchen in Blumenerde, sehr fettreich)
K	7	Mückenlarven (rot, schwarz, weiß, *Chironomus*)
F	8	Ameisen (schwarze und rote Gartenameisen (*Lasius*), aus Puppen schlüpfen lassen)
F	9	Kleinspinnen
F, Z	10	Mücken, (*Culex, Chironomus*)
Z	11	Mehlmotten/Dörrobstmotten
K, Zs	12	kleine Stubenfliegen (Anglermaden)
K, Zs	13	kleine Wanderheuschrecken (*Schistocerca*)
Zs, F, K	14	mittelgroße Fliegen (aus Anglermaden)
F	15	Fleischfliegen
K, Zs	16	halbwüchsige Heimchen/Grillen/Wanderheuschrecken
K, F	17	Regenwürmer, klein bis mittelgroß
K, Z	18	Wachsmaden (groß)
K, Z	19	Mehlwürmer (groß), sollten nur als Notfutter verwendet werden
Zs	20	Wachsmotten (große und kleine Art bzw. Hungerform)
F	21	Kohlschnaken = Schneider
F	22	Nachtfalter (verschiedene Größen)
F	23	Tagschmetterlinge (sollten aus Naturschutzgründen geschont werden)
F	24	Feldheuschrecken (verschiedene Größen, fressen Dekorationspflanzen an)
K, Zs	25	Heimchen/Grillen (ausgewachsen, *G. bimaculatus, Achaeta domesticus*)
F	26	Nacktschnecken
K, Zs	27	Wanderheuschrecken (ausgewachsen)
Z	28	Stabheuschrecken (gute Tarnung, nur von der Pinzette verfüttern)
F, Z	29	Regenwürmer (mittelgroß bis groß)
K	30	Fleischstücke (Leber, Herz usw.)
K, Zs	31	Mäuse (nestjunge)
K	32	Fischfleischstreifen oder Fische
K, Zs	33	Ratten (nestjung)
K, Zs	34	Mäuse (ausgewachsen)
K, Zs	35	Ratten (ausgewachsen)

Es ist dringend zu beachten, daß sich viele Amphibien von anderen Fröschen oder Echsen ernähren, die man aber aus Naturschutzgründen nicht verfüttern sollte.

Tab. 3. Futterarten für aquatile Froschlurche
(Xenopidae, Pipidae) und carnivore Kaulquappen

F, K	36	Cyclops (Hüpferlinge)
F, K	37	Wasserflöhe *(Daphnia)*
F, K	38	Tubifex (Bachröhrenwurm)
F, Z	39	Mückenlarven (schwarz, rot, weiß)
F	40	Bachflohkrebse *(Gammarus)*
K, Z	41	junge Guppys
Z, K	42	Guppys (ausgewachsen)
K	43	Fischfuttertabletten/Flockenfutter

Tab. 4. Futterarten für Kaulquappen
Anm.: Wegen der vielfältigen Ernährungsweise der Kaulquappen ist es notwendig, die Angaben bei den Artenbesprechungen zu beachten.

K	44	Eigelb, frisch, tropfenweise gereicht, besonders für *Dendrobates*-Larven
K, Z	45	Infusorien (Liquifry 1 + 2, Protogen Granulat)
F	46	Schwebealgen
F, Z	47	Algenrasen, auch zerrieben
K	48	Feinfuttertabletten (Sera Viformo)
K	49	Feinflockenfutter zum Aufstreuen (Tetra Mikro Min) besonders für Filtrierer
K	50	Wachstumsfutter (zum Aufstreuen: Tetra Ovin)
K	51	Trockenhefe-Präparate (zum Aufstreuen), sparsam verwenden.
K	52	Wachstumsfutter (Tablettenform: Tetra Tabi Min)
K	53	zerriebenes hartgekochtes Eigelb
K	54	Hauptfutter (zum Aufstreuen: Tetra Min, Sponda, Gvg-Mix, Tetra FD 4-f)
K	55	Hauptfutter (Tablettenform: Tetra Tips)
K, Z	56	überbrühter, giftfreier Salat
K	57	Hundefutter-Pellets: Doko
K	58	Hundefutter-Flocken: Matzinger
K	59	Fleischfutter (Hundefutter: HAP-Softfutter, zerriebene Leber)
K, Zs	60	nestjunge, abgetötete Mäuse

Warnung: Viele der oben genannten Futterarten bewirken eine erhebliche Wasserverschmutzung, die zum Absterben aller Kaulquappen führen kann. In jedem Fall sind die Hinweise im Frosch-zucht-Kapitel zu beachten. Kaulquappen können kannibalisch sein und ihre Artgenossen auf-fressen.

Tab. 5. Futterarten für landlebende frischverwandelte Jungfrösche

Anm.: Frischverwandelte Frösche und Kröten haben je nach Art unterschiedliche Größen und was noch wichtiger ist, ein differenziertes Futteraufnahmeverhalten. Nach Möglichkeit ist jede Froschart getrennt aufzuziehen, da sonst Nahrungskonkurrenz zu schweren Verlusten führt. Die Aufzuchtbehälter nicht überbelegen! (Kapitel Froschzucht)

Z, K	61	Taufliegen, flugfähig (*Drosophila*, verschiedene Arten mit unterschiedlichen Größen). Zielgruppe: Baumfrösche, kletternde Bodenfrösche)
Z, K	62	Taufliegen, flugunfähig (*D. vestigal*). Zielgruppe: bodenbewohnende Froschlurche, Krötchen
Z, K	63	frischgeschlüpfte Grillen/Heimchen. Zielgruppe: Baum- und Bodenfrösche
K, F	64	kleine Fliegen (aus kleinen Anglermaden oder Fliegenfalle) Zielgruppe: alle
F, Z	65	Mücken (Stechmücken *Culex*, Zuckmücken Chironomus) Zielgruppe: alle
Z	66	Mehlmotten und deren Larven (*Anagasta kuehniella*) weiterfüttern und ergänzen nach Tab. 1

Die Futtertiere nach Möglichkeit mit Mineralstoffen und Vitaminen füttern, einsprühen oder einstäuben.

In die Jungfroschfutterklasse fallen auch erwachsene Dendrobatiden (Pfeilgiftfrösche) sowie die kleinsten *Hyperolius*-Arten (*H. pusillus, H. nasutus*).

Futterzuchten (Kurzanleitung)

Fliegen (Stubenfliegen)

Sie werden nach der Fangmethode auf Seite 61 angelockt. Mit den verschiedenen Deckelgittersätzen auf dem Fangglas können diverse Fliegenarten gesammelt werden, doch muß bei Stubenfliegenansätzen das Eindringen von dicken Schmeißfliegen verhindert werden. Hat man genug kleine Larven in den Ködergläsern, muß man sie füttern, wenn das Fleisch aufgezehrt ist. Man verwendet dabei nach Oeser Kugeln aus frischem Quark (Magerkäse), der ohne Wasser mit Roggenkleie und etwas Vitaminpulver durchgeknetet und zu Bällchen geformt wird. Überzählige Klöße bewahrt man in der Tiefkühltruhe oder im Kühlschrank auf.

Über geruchlose Fliegenzuchten wurde viel geschrieben, doch erwiesen sich diese Rezepte als zu optimistisch. Sehr bald trat der Gestank von Ammoniak auf und verleidete einem das Züchten dieses wertvollen Futters. Erst die Zuchtanleitung von Stettler und Bartholdi erwies sich als wirklich geruchlos und überaus produktiv (Temperatur 22–25°C). Stettler verwendet spezielle Blechbehälter mit pyramidenförmigem Dach, an dem ein Futterentnahmeschieber angebracht ist. Wegen der häufigen Reinigung muß der Zuchtbehälter heißwasserfest sein. Ich habe in Abwandlung einige Kunststoffbehälter mit den Abmessungen 25 × 25 × 30 cm verwendet, deren Rückwand aus Perlongaze besteht. Auf dem Dach wird ein größerer Haushaltstrichter angebracht und mit einem Schaumgummistopfen verschlossen. Hier lassen sich später die Fliegen in Kunststoffröhrchen oder Plastiktüten abfüllen, indem man eine Tischlampe zu Hilfe nimmt, um die Fliegen im oberen Behälterteil und im Trichter zu konzentrieren. An der Behältervorderseite befindet sich eine senkrecht laufende Schiebetüre aus Plexiglas, die in Aluprofilen geführt wird. Die Türe reicht bis auf die Bodenplatte, damit vorne keine Stufe entsteht, die ein Auskehren toter Fliegen verhindert. Die Breite der Türe richtet sich nach den verwendeten Eiablageschalen. Wir nehmen für diesen Zweck Kühlschrank-Gefrierdosen (10 × 10 × 8 cm oder 10 × 20 × 8 cm). Bei der Füllung der Ablageschalen mit der Futtermischung sind einige Tricks zu beachten, um die Maden in der Schale zu halten und um zu verhindern, daß sie im ganzen Behälter herumkriechen. Wir füllen die Eiablageschale mit einer flachen Schicht aus Weizenkleie, darüber kommt eine flache Schicht Milchpulver, die mit einer dicken Kleieschicht abgedeckt wird. Auf diese Schicht kommt wieder etwas Milchpulver als Futter für die Zuchtfliegen. In einem separaten Gefäß werden ca. 100 ccm Wasser mit einem nußgroßen Stück Bäckerhefe, etwas Zukker und einem wasserlöslichen Vitaminkomplex verrührt und dieses dann vorsichtig über die Füllung der Eiablageschale gegossen. Diese stellen wir in den Zuchtbehälter, in dem sich frischgefangene oder gezüchtete Stubenfliegen befinden, die ihre Eier nach ein bis zwei Tagen in die Eiablageschale legen. Die Fliegen müssen ständig aus einer Tränke mit Wasser und Vitaminen versorgt werden, die aus einer flachen Petrischale mit Wattefüllung bestehen kann. Der Watte- oder Schaumgummieinsatz soll das Ertrinken der Fliegen verhindern. Die Eiablageschale muß ständig leicht feucht gehalten werden. Erst kurz

vor dem Verpuppen läßt man die Schale oben austrocknen, damit die Maden nicht auswandern und sich im Terrarium verpuppen. So sammeln sie sich am Boden der Schale an oder verpuppen sich dort.

Die Eiablageschalen sollten ständig gut mit Maden besetzt sein, damit kein störender Geruch entsteht. Im Laufe der Zeit wird der Nährboden dunkel und wir müssen gelegentlich mit Milchpulver nachfüttern oder frische Ablageschalen einstellen. Geschlüpfte Fliegen sterben nach einigen Tagen, daher sollten wir sie lieber gleich verfüttern oder zur Zucht in einem zweiten Behälter ansetzen. Sitzen die Maden zu dicht in den Ablageschalen, können sie mit einem Löffel auf andere Dosen verteilt werden. Auch eine Steuerung der Zucht ist dadurch möglich, daß wir die mit Maden gefüllten Schalen entweder in den Kühlschrank stellen, um ihre Entwicklung zu verzögern oder sie an einem wärmeren Ort (25–28 °C) zu schnellerer Entwicklung anregen. Die Produktivität dieser Zuchtmethode ist enorm und das Futter ist durch den hohen Vitamingehalt unübertroffen. Die Anglermaden lassen sich nach dem selben Prinzip anreichern.

Taufliegen (Essigfliegen)

Sie sind das wichtigste Aufzuchtfutter für alle Froscharten und Hauptfutter für *Dendrobatiden*. Es gibt verschiedene Arten, die unterschiedliche Größen haben und die sogar flugunfähig sind *(Drosophila vestigal)*. Bei einer Kultur flugunfähiger Taufliegen muß streng darauf geachtet werden, daß keine flugfähigen Exemplare in das Brutgefäß gelangen. Zur Zucht eignen sich Joghurtbecher, Marmeladegläser und spezielle Röhrchen, die aus der Forschung stammen. Als Verschluß der Gläser bieten sich Perlonstrümpfe, Schaumgummistopfen oder Perlonwattestopfen an. Für den Nährbrei gibt es viele Rezepte. Ich verwende z. B. Instant Kindergries mit Vitaminen, hinzu kommt Obst (Bananen, Äpfel, Birnen, Pflaumen) in zerkleinertem Zustand einschließlich etwas Osspulvit-Pulver und ein erbsengroßes Stück Bäckerhefe pro Zuchtglas. Der Brei wird, um die Vitamine zu erhalten, nicht gekocht, sondern mit Wasser oder Milch zu einer zähen Masse verrührt. Gegen Schimmel kann man eine Messerspitze Nipagin M zusetzen. Die Masse gibt man etwa 1,5–2 cm hoch in die Zuchtgläser ein, setzt das Hefestückchen zu und deckt den Brei mit Toilettenpapier oder ähnlichem leicht ab. Ein Bausch dieses Papiers soll den Fliegen als Sitzplatz dienen und beim Einlegen des Futterglases ins Terrarium einen Kontakt der Frösche mit dem Nährbrei verhindern. Das Zuchtglas wird nun mit 10–30 Taufliegen beschickt und bei 25 °C und hoher Luftfeuchtigkeit in einen geeigneten Raum gestellt. Nach etwa 1–2 Wochen schlüpfen bereits die ersten gezüchteten Fliegen. Man kann auch Nährbrei auf Agar-Agar-Basis verwenden (nach Stettler): 2 g Agar-Agar oder Gelatine + 5 g Bäckerhefe + 40 g Maisgries + 300 g Wasser, diese Mischung kurz aufkochen, dann in die Gläser einfüllen. Beim Erkalten geben wir noch ein Vitaminpräparat (Pulver) zu. Freifliegende Taufliegen kann man ebenfalls mit solchen Zuchtgläsern anködern, die man dann mit einem Perlonstrumpf blitzschnell verschließt. Es empfiehlt sich, wöchentlich neue Zuchten anzusetzen, damit kein Futterengpaß entsteht. *D. funebris* ist eine etwas größere Art, die mehr Eiweiß im Nährbrei braucht. Wir setzen für diese Zucht Roggenmehl, Milchpulver oder Quark dem Obstbrei zu.

Grillen und Heimchen

Sie werden in antistatischen Plastikwannen oder Glasterrarien gezüchtet. Einen Zuchtansatz kann man sich über die Grillenfarmen besorgen. Die Heimchen (helle Art) lassen sich bei ausreichender Wärme (26–28 °C) sehr gut züchten, während die Mittelmeergrillen *(Gryllus bimaculatus)* eine höhere Temperatur (bis etwa 30 °C) brauchen. Die Zuchtwannen sollten Versteckmöglichkeiten (Eierkartons, Pappröllchen) und ein Trinkgefäß mit Perlonwatte- oder Schaumgummifüllung und etwas Vitaminen im Wasser enthalten. Als Eiablagesubstrat werden längliche flache Kühlschrankdosen (20×20×8 cm) mit einem Sand/Torfgemisch (1:1) gefüllt, das leicht feucht gehalten wird. In diese Schalen legen die Grillenweibchen mit Hilfe ihres Legestachels die Eier etwa 1–1,5 cm tief in den Boden ab. Diese Zuchtschalen wechselt man nach einigen Tagen aus und versieht sie mit dem Datum, sie werden dann weiterhin leicht feucht gehalten und in einem separaten Terrarium zum Schlupf gebracht. Die winzigen Junggrillen und deren Eltern werden mit frischem ungespritztem Salat oder Löwenzahnblättern, Obst und Gemüseabfällen und einem Kükenaufzuchtfutter (Pellets) gefüttert. Gelegentlich gibt man Fischmehl oder Garnelenschrot in einer Petrischale als Zusatzfutter. Die Entwicklung dauert etwa 10 Tage, die Jungtiere sind nach rund 46 Tagen adult, die Lebensdauer beträgt 90–120 Tage (Wyniger).

Wachsmotten

Es gibt zwei Arten, *Galleria mellonella* (Größe bis 37 mm) und die kleinere *Achroea grisella*. Man setzt die Zucht am

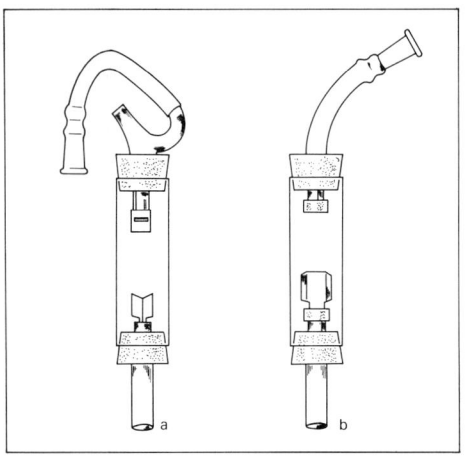

Abb. 17. a) Blas- und b) Saugexhaustor nach Wyniger.

besten in einem ehemaligen Plastik-Farbeimer mit Deckel an, in den ein 10 cm-Loch geschnitten wird, das man anschließend mit feinster Metallgaze abdichtet. Der Behälter muß warm stehen (25–28 °C). Der Verbrauch an alten Bienenwaben ist enorm, daher sollte man sich gleich zu Anfang einige kg als Reserve einlagern. Es muß darauf geachtet werden, daß die Waben nicht geschwefelt sind, andernfalls gelingt die Zucht nicht. Der Preis für 1 kg Waben liegt derzeit zwischen DM 5,– und 10,–. Man kann sich einen Zuchtansatz Wachsmotten schicken lassen oder in Bienenstöcken zusammenfangen. Der warmgestellte Zuchtbehälter wird mit 1–2 halbierten Waben bestückt, die allerdings wenig Honig enthalten sollen, da sonst die Falter festkleben und keine Eier mehr legen können. Man kann die Waben zum Abschwitzen des Honigs in Zeitungspapier einwickeln und auf die Heizung legen. Auf die Waben des Zuchteimers legt man einige Wollappen oder Wellpappe, in die sich die Maden später einspinnen. Wenn man den Lappen herausnimmt und auseinanderfaltet, reißen die Gespinste, die Maden kriechen heraus. Die Falter lassen sich nur mühsam fangen, evtl. ist der Eimer kühlzustellen, und außerdem ertrinken sie sehr leicht im Wasserteil. Besser ist die Verfütterung vom Futterdraht (s. Seite 65). Es kann nach Wyniger und Hydak anstelle der Waben auch eine künstliche Futtermischung verwendet werden: Maismehl (500 g) + Kükenmehl oder Hundefutter gemahlen (500 g) + 125 g Trockenhefe + 75 g gemahlene Weizenkeime + 125 g Honig + 125 g Glycerin.

Die beiden letzten, flüssigen Komponenten werden erst nach dem Mischen der Trockenmassen zugesetzt. Bei Nahrungsmangel führen die Wachsmotten Notverpuppungen durch; die schlüpfenden Falter sind dann wesentlich kleiner.

Mehlmotte *(Anagasta kuehniella)* und Dörrobstmotte *(Plodia interpunctella)*

Für 50–100 Falter verwendet man 750 g der obigen Futtermischung oder Haferflocken und Getreidekleie. Die 1 l-Zuchtgefäße werden dunkel gestellt. Als Substrat wird zusammengeknülltes Papier in die Zuchtgläser gegeben. Die Eier lassen sich auch abtrennen und sammeln, indem man die Falter in einen Metallgazekäfig (1 mm Maschenweite) sperrt und diesen in ein Einmachglas einhängt. Die Eier, die sich dabei auf dem Boden ansammeln, kann man dann in einen Brutbehälter mit dem Nährsubstrat geben. Die entwichenen Larven können Plastikmaterialien (Tüten, Dosen usw.) durchfressen. Wegen ihrer geringen Größe von 10–12 mm eignen sich die Mehlmotte und ihre Larven sehr gut für kleinere Froschlurche.

Die Dörrobstmotte läßt sich mit einer veränderten Futtermischung (nach Wyniger) bei einer Temperatur von 25–26 °C gut züchten: Haferflocken (3 Teile), getrocknetes Apfelpulver (1 Teil), Maisgrieß (1 Teil) und Trockenhefe 1/4 Teil.

Ich verwende mit Erfolg eine Dose Hundekuller (Ipevet), die auf die Hydak-Mischung gelegt werden. Das Umsetzen erfolgt, nachdem man den Zuchtbehälter kaltgestellt hat. Einzelne Motten lassen sich mit dem Exhaustor (Abb. 17) einfangen.

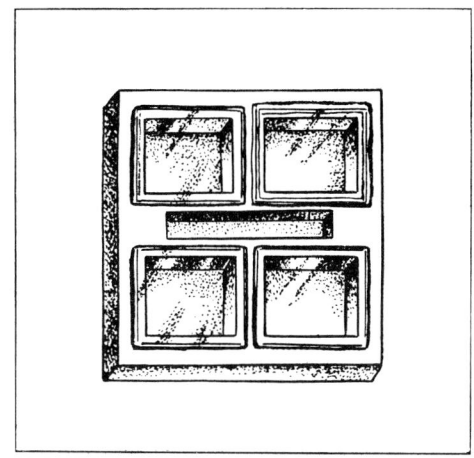

Abb. 18. Springschwanz-Zuchtkammer nach Wyniger.

Springschwänze

Kennzeichen: 0,5–10 mm lange Insekten, Hinterleib aus sechs Segmenten und einer Springgabel bestehend. Man findet sie im Laubstreu der Wälder oder auf Blumentöpfen (s. a. Kap. Insektenfang). Zur Zucht muß (nach Wyniger) eine hohe Luftfeuchtigkeit vorhanden sein, die Temperatur kann bis 28 °C betragen. Es werden Gipsblöcke mit Zuchtkammern und einer Wasserrinne (Abb. 18) verwendet, die etwa alle drei Tage mit neuem Wasser gefüllt werden muß. Es eignen sich auch PVC-Behälter (Eisboxen) mit Gipsboden, der ebenfalls feucht sein muß. Auf einer kleinen Glasplatte oder einem Dosendeckel werden Bohnenblätter, dünne rohe Kartoffel- oder Mohrrübenscheiben oder HH-Teig (Bienenhonig + Trockenhefe im Verhältnis 1:1 mischen und Überschuß im Kühlschrank aufbewahren) verfüttert. Es darf nur soviel Futter gegeben werden, wie die Tiere auffressen. Eine Generation braucht etwa 6–7 Wochen Entwicklungszeit.

Für weitere Futterzuchten wie z. B. Enchyträen, Wanderheuschrecken oder Regenwürmer kann man Hinweise in der Spezialliteratur finden. Empfehlenswert sind die Werke von Geyer und Wyniger oder die neueren Hinweise in den Fachzeitschriften.

Abogrillen und Anglermaden

Für Terrarianer, die für Futterzuchten keinen Platz oder keine Zeit haben, gibt es zwei Alternativen für die fehlende Eigenversorgung: die Abogrillen und Anglermaden. Beide Futtertypen sind bis auf eventuelle Betriebsferien das ganze Jahr über erhältlich. Ein Nachteil bei den Grillen sind die hohen Kosten, während bei den Anglermaden ein wenig Aufmerksamkeit notwendig ist.

Die Abogrillen kann man in verschiedenen Größen und Mengen bei speziellen Zuchtfarmen als Einzelportion oder im Abonnement bestellen. Ein Schweizer Unternehmen erwies sich in den letzten Jahren als sehr zuverlässig und kulant. Die auf dem Postweg ankommenden Grillen oder Heimchen sollten nach der Ankunft in Eisboxen oder ähnlichen Behältern mit Trinkwasser, Salatblättern und Kükenaufzuchtfutter (Pellets) versorgt werden, andernfalls würden sie bald sterben. Wichtig sind neben einer erhöhten Haltungstemperatur ausreichende Verstecke in den Futtervorratsbehältern, die aus Papierrollen oder Eierkartons angefertigt werden. Vor dem Verfüttern an die Terrarientiere bestäubt man die Grillen mit Vitamin- und Kalkpulver. Alle Vorratsbehälter und die Terrarien sollten absolut dicht schließen, sonst kann beispielsweise eine Heimchen-Invasion in der Wohnung stattfinden, während sich die schwarzen Grillen *(Gryllus bimaculatus)* nur bei sehr hohen Temperaturen (25–30°C) längere Zeit halten. Die Fliegen- oder Anglermaden haben den Vorteil, daß man sie in verschiedenen Größen fast das ganze Jahr über in guten Zoofachgeschäften oder in Läden mit Anglerbedarf erwerben kann. Wer wenige Frösche hält, kann die recht preiswerten Plastikdosen mit ca. 150–200 Maden kaufen, billiger ist aber die Liter- oder Kiloware, aus denen Unmengen Fliegen schlüpfen, falls man gewisse Tricks und Vorsichtsmaßnahmen kennt und beachtet. Es gibt nämlich eine 3–4 mm große Schlupfwespenart, die sich mit Vorliebe in die Fliegenzuchten oder Vorratsbehälter einschleicht und diese dann fast völlig vernichtet, indem die Wespenlarven die Puppen von innen her auffressen. Abhilfe schafft hier nur feinstes Messing- oder Edelstahlgewebe im Deckel der sonst hermetisch dichten Ansatzbehälter. Ich verwende die bewährten Eisboxen aus Plastik mit Deckel, in den entsprechende Ausschnitte für einen Entnahmeschieber und ein großflächiges Lüftungsgitter gesägt werden. Das Stahlgewebe wird mit dem Lötkolben angepunktet oder aufgeklebt (Greenit).

Die Maden selbst sind bei Reptilien und Amphibien nicht besonders beliebt, da sie möglicherweise schlecht schmecken und eine lederartige Haut haben. Vom Händler mit rotem Farbstoff versetzte Maden sollte man nicht verfüttern. Die gekauften Maden, die in Sägemehl herumkrabbeln, teilt man je nach Bedarf in Portionen auf. Ein Teil wandert in den Originaldosen in den Kühlschrank (Vorrat). Der Bedarf für die nächste oder übernächste Woche (so lange dauert die Verwandlungszeit von der Larve über die Puppe zur schlüpfenden Fliege) wird sofort in die Eisboxen gefüllt und möglichst warm gestellt (28–30°C). Bei Madenpackungen mit bereits längerer Lagerzeit, die schon Puppen enthalten, ist die Verwandlungszeit natürlich geringer (1–3 Tage). Damit sich kein Schwitzwasser im Substrat bilden kann, füllt man noch etwas Sägemehl oder Torfmull ein (nicht über 2–3 cm Dicke) und achtet auf große Lüftungsflächen im Dosendeckel. Auch eine Fütterung der Maden ist möglich (s. Kap. Futterzuchten). Damit die schlüpfenden Fliegen später einen Halt finden, den sie zur Entfaltung der Flügel brauchen, wird noch eine Handvoll Holzwolle locker in den Ansatzbehälter gestopft. Dann heißt es abwarten, bis sich die ersten weichen und flugfähigen Brummer zeigen. Diese kann man sofort verfüttern, da sie sehr reich an Inhaltsstoffen sind. Spätestens nach einigen Stunden müssen sie aber Futter bekommen. Dabei werden zugleich Zusatzstoffe verabreicht, die wieder unseren Fröschen zugute kommen (s. Kap. Futterzuchten).

Insektenfang

Frischgefangene Insekten aus dem Freiland waren früher ein ausgezeichnetes Futter. Heutzutage bergen sie aber bei andauernder Verfütterung Gefahren für die Terrarientiere in sich, die von den Giftstoffen aus Industrie, Landwirtschaft und den Hobbygärten herrühren, die die Tiere aufgenommen und gespeichert haben. Die sich allmählich über das Futter in unseren Pfleglingen angesammelten Gifte führen zu Stoffwechselstörungen, Unfruchtbarkeit und Defekten bei der Embryonalentwicklung. Bevor wir unsere Insektenfallen irgendwo aufstellen, sollten wir diesen Punkt besonders beachten. Nur wenn in der weiteren Umgebung der Falle keine Spritzmittel angewendet wurden, können wir sie in Betrieb nehmen. Unter weitfliegenden Insekten (Fliegen, Nachtfalter) können sich in jedem Fall verseuchte Tiere befinden. Nach Maikäferbekämpfungen, Obstbaumspritzungen oder ähnlichen Aktionen ist der Futterfang einzustellen. Blattläuse und Zikaden sollten nur von dauernd unbehandelten Pflanzen gesammelt werden.

Für den Insektenfang gibt es im Fachhandel viele Geräte wie Netze, Lampen- und Duftfallen. Ich möchte hier nur auf die wirklich bewährten Modelle und Techniken eingehen.

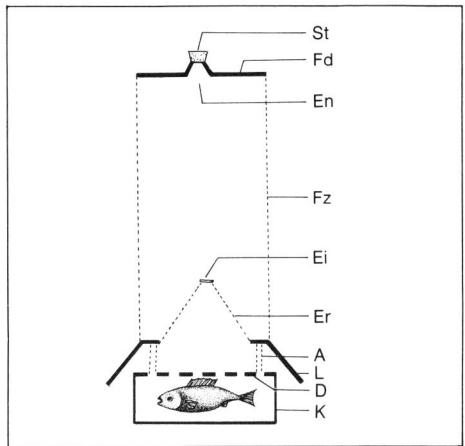

Abb. 19. Fliegenfalle (System Flyfix), schematisch. A = Abstandsbolzen. D = Deckel, perforiert. Ei = Einlaßöffnung. En = Entnahmeöffnung. Er = Einlaßreuse (Gitter hell). Fd = Fallendeckel. Fz = Fallenzylinder. K = Köderdose. L = Lichtschutztrichter. St = Stopfen.

Keschern

Mit einem feinmaschigen, tiefen Kescher mit etwa 30–40 cm Öffnung und einem etwa 1,50 m langen Stock fährt man über eine Wiese oder durch Gebüschränder in Form von 8er Bögen. Der Kescherinhalt wird dann im Netz nach unten geschüttelt und in Schraubgläser oder Plastikbeutel umgefüllt. Vorsicht vor Bienen und Wespen!

Exhaustor

Mit diesem Saugapparat lassen sich Spinnen, Taufliegen, Blattläuse und ähnliche Kleintiere fangen. Man fertigt ihn nach Abb. 17 an. Wichtig ist der Perlonstrumpf über dem Saugstutzen, sonst hat man die Tierchen im Mund. Der Exhaustorinhalt wird entweder in einem Glas gespeichert oder direkt ins Terrarium geschüttet.

Fliegenfalle

Sie ist käuflich zu erwerben (Flyfix), hat aber in den letzten Jahren durch falsche Wahl des Plastikmaterials etwas von ihrem

Gebrauchswert eingebüßt. Die Falle muß auf jeden Fall sturmsicher aufgestellt und möglichst angebunden werden, da das Plastikmaterial beim Umfallen schnell zerspringt. Als Köder haben sich Fischköpfe bewährt, während Fleischreste weniger wirkungsvoll sind. Im Selbstbau kann eine solche Falle für weniger als DM 5,– aus alten Fischfutterdosen hergestellt werden (s. Abb. 19). Die Fangerträge sind je nach Aufstellungsart beachtlich, und es muß teilweise mehrfach täglich geleert werden. Bei mir hat sich die Falle auf längeren Fangexpeditionen in Afrika bewährt; damit konnte ich Frösche und Echsen, die einige Wochen zwischengehältert wurden, problemlos versorgen.

Fanggerät für Stubenfliegen

Will man Stubenfliegen züchten, stellt man ein höheres Fangglas auf, das mit einem groben Gitter versehen nur die kleineren Stubenfliegen hineinläßt. Als Ködermischung hat sich etwas Tartar- oder Herzfleisch in einer Torfmullmischung mit einer senkrecht gestellten Papierrolle (Schlupfhilfe) bewährt. Sind genügend Fliegen im Glas, wird ein Deckel mit feinem Gewebe aufgeschraubt. Die Fliegen können dann in einige Zuchtbehälter nach der Anleitung auf Seite 55 umgesetzt und vermehrt werden.

Lichtfallen

Sie müssen selbst hergestellt werden und wirken auf Nachtfalter, Käfer, Blattläuse und Motten. Abb. 20 zeigt das Prinzip. Als Lampen werden spezielle Neonlampen (Schwarzlicht) vom Typ Philips TLA 20/05 verwendet. Die Drossel bringt man aus Platz- und Sicherheitsgründen getrennt unter. Die senkrecht aufgehängte Röhre

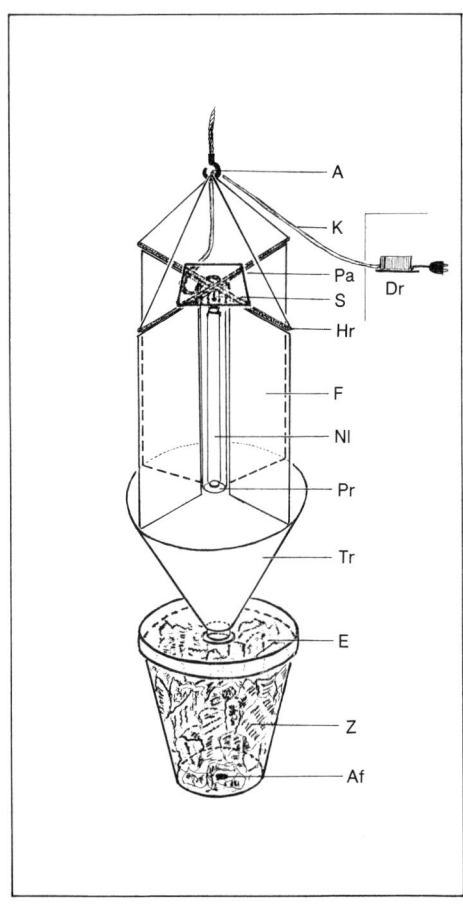

Abb. 20. Lichtfalle.
A = Aufhängung, sturmsicher. Af = Abfluß für Regenwasser. Dr = Im Haus angebrachte Drossel der Neonlampe. E = 10 l-Eimer mit Plastikdeckel. F = Plexiglasflügel. Hr = Aluminiumkreuz (Flügelhalterung). K = Lampenkabel. Nl = Neonröhre (Schwarzlicht). Pa = Plexiabdeckung. Pr = Plexiglasschutzrohr für Neonlampe. S = Starter. Tr = glatter Trichter mit großer Öffnung. Z = rundumgeschichtetes, zerknülltes Zeitungspapier (Faltersitzplatz).

und der Starter sollten wasserdicht ummantelt und mit Flügeln aus dünnem Plexiglas umgeben sein, die bewirken, daß anfliegende Nachtfalter nach unten in den Auffangtrichter abgelenkt werden. Dieser Trichter sollte einen großen Durchmesser (30–40 cm) besitzen und steilwandig sein. Unter dem Trichter befindet sich eine geschlossene Holzkiste oder ein Plastikeimer mit Deckel, die längs der Wände mit Zeitungspapierrollen aufgefüllt werden. Das Zeitungspapier dient den gefangenen Faltern als Versteck- und Sitzplatz. Ein Wasserablaufloch im Boden verhindert eine Überschwemmung der Falle bei Regen. Ein weißes Tuch hinter der Falle erhöht die Fangquote, die in mondlosen, leicht regnerischen Nächten besonders hoch ist. Der Ertrag meiner Falle ist pro Nacht etwa 30–60 Falter von 1–5 cm Länge. Diese müssen am nächsten Morgen sofort verfüttert werden, da sie sehr schnell sterben. Man stellt den Fangeimer vorher an einen kühlen Ort, damit die Falter bei der Entnahme nicht so lebhaft sind.

Kleininsektenfang

Kleininsekten kann man durch Wärme aus Fallaub austreiben und sie entweder mit dem Exhaustor einfangen oder sie in daruntergestellte glatte Plastikgefäße mit Zeitungspapiereinlagen treiben (s. Abb. 21). Bei allen Sortier- und Auslesearbeiten von Insekten hat sich eine vorherige Betäubung mit CO_2-Gas besser bewährt als das Einstellen der Fang- oder Zuchtgläser in Kühlschränke. Dieses Gas ist in Spraydosen im Aquaristikhandel (CO_2-Düngungsgeräte für Wasserpflanzen) oder in großen Stahlflaschen erhältlich. Da es schwerer ist als Luft, sinkt es in den Gläsern sofort ab und

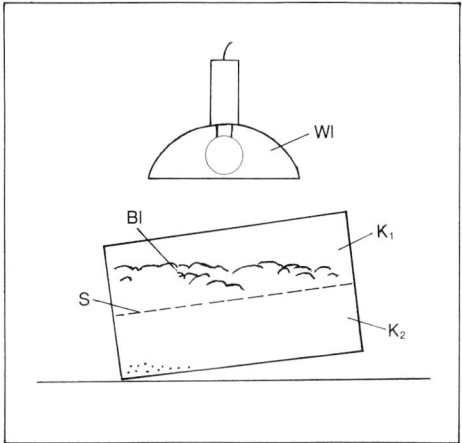

Abb. 21. Wärmefalle.
Bl = Blätter (Laubschicht aus Buchenblättern). K_1, K_2 = abnehmbare Kästen aus Glas, Blech oder Kunststoff (glattwandig!). S = Siebboden. Wl = Wärmelampe, nicht zu stark.

betäubt die Tiere zuverlässig. Amphibien können auf diese Weise ebenfalls für kurze Zeit zur Wundbehandlung ruhig gestellt werden.

Vitamine und Mineralstoffe

Über den Vitaminbedarf bei Froschlurchen ist bisher nur sehr wenig bekannt. Wie bei den Reptilien hat man festgestellt, daß der Vitaminbedarf oder die Eigensynthese der verschiedenen Vitamine jahreszeitlich und von Art zu Art unterschiedlich ist, so daß eine eingehende Darstellung hier nicht gegeben werden kann. Wichtig ist, daß neben einigen Vitaminen auch Mikronährstoffe zugeführt werden müssen, die zum Aufbau von Enzymen dringend notwendig sind.

Hierzu gehören bei den Amphibien Kobalt, Kupfer, Fluor, Eisen, Jod, Mangan, Molybdän und Zink, die zumeist als Ionen aufgenommen werden. Für den Skelettaufbau, das Nervensystem sowie die Muskelaktivität sind die klassischen Ionen wie Calcium, Kalium, Natrium, Chlor, Magnesium und Phosphor von größter Bedeutung.

Ein für die Amphibienhaltung recht brauchbares Präparat ist das Aquaristik-Vitamin Multi-VT-Min (Vitakraft), das im Wasser löslich ist und sich bisher gut bewährt hat. Ich wechsle teilweise noch mit Nekton S-Gaben ab. Für Froschzuchten empfiehlt sich ein gelegentlicher Zusatz von biologisch aufgeschlossenen Mineraltabletten (Hundefutter) ins Aufzuchtwasser, außerdem bestreut man die Futtertiere für die adulten Frösche mit Mineralpulver (Vitakalk, Osspulvit). Wer sich näher mit dem Vitamin-Problem befassen möchte, dem sei das Werk von Moore (1964) empfohlen. Auf das Zusammenwirken der UV-Strahlen des Sonnenlichts und der Vitaminsynthese wurde im Kap. Beleuchtung kurz eingegangen. Für die Aufzucht eignet sich die Vitamin- und Kalkmischung von Polder hervorragend (s. Tab. 9 Medikamente).

Fütterungszeiten und Methoden

Ein großer Teil der Froschlurche ist nachtaktiv, sie fressen aber nach einer Eingewöhnungszeit auch am Tage. Am besten füttert man abends etwa eine Stunde vor dem Abschalten des Lichtes. Einige Arten erscheinen aber erst bei völliger Dunkelheit. Sie würden im Gesellschaftsterrarium kaum noch Futter bekommen, weil die bei Licht fressenden Arten nichts mehr übrig gelassen hätten. In einem solchen Fall muß man kurz vor dem Lichtabschalten nachfüttern. Zu den extremen Nachtfressern gehören bspw. Rotaugenfrösche (*Agalychnis*) und die Bananenfrösche (*Afrixalus*) sowie die großen *Phyllomedusa*-Arten. Die farbenprächtigen Giftfrösche und deren Verwandte müssen tagsüber versorgt werden. Ich habe ein Taufliegen-Zuchtglas mit etwas Holzwolle locker gefüllt dauernd schräg im Terrarium stehen. Die Frösche versammeln sich dann vor dem Glas und schießen herauskriechende Fliegen und Maden ab. Bei Jungfröschen kletternder Arten können wir auch die Futtergläser senkrecht ins Terrarium stellen und oben mit einer durchbohrten Petrischale abdecken, die die Fliegen zwar hinaus, die Frösche aber nicht hineinläßt. Dies ist besonders wichtig, wenn man für einige Tage verreist und nicht füttern kann.

Auf keinen Fall dürfen wir offene und ohne Füllstoff (Holzwolle) versehene Futtergläser ins Terrarium stellen, da sie schon für zu viele Frösche und Kröten zur Todesfalle geworden sind. Die Tiere vertrockneten entweder in der Kleie oder ertranken in dem klebrigen Futterbrei. Kleine und kleinste Grillen und Heimchen reicht man in 10–15 cm breiten und bis zu 4 cm hohen Glasschalen. Größere Exemplare schüttelt man direkt ins Terrarium. Wanderheuschrecken, Heuhüpfer, Grillen und Heimchen fressen an den Terrarienpflanzen herum und können einem die schönsten Bromelien übel zurichten. Wir füttern daher immer nur so viele, wie die Frösche in wenigen Minuten fressen. Notfalls verwendet man die nachstehend beschriebene Futternadelmethode.

Bei abgemagerten und frischimportierten Fröschen empfiehlt sich eine etwas barbarisch anmutende Methode: das Aufspießen der Insekten auf einem Futterdraht. Dabei ist anzumerken, daß Insekten keine Schmerzempfindung haben, wie wir sie von den Wirbeltieren her kennen. In Futterzuchten läßt sich immer wieder beobachten, wie Wanderheuschrecken an einem Getreidesproß fressen, ohne zu bemerken, daß ihnen ihre Artgenossen schon den halben Hinterleib abgenagt haben. Wir verwenden als Futterdraht eine etwa 40 cm lange schwarze Ader aus einer Unterputz-Elektroleitung, die an der Spitze entgratet und auf einer Länge von 10–15 mm abisoliert wird. Auf diese freie Kupferseele werden die Futterinsekten aufgespießt und dann dem Frosch langsam genähert. Man wartet ab, ob der Frosch die Beute sieht, notfalls muß man ihn durch Antippen mit dem Futterinsekt erst aufwecken. Anschließend lassen wir das Futtertier etwa 5 cm vor dem Frosch hin- und herzappeln. Meist wird er dann zuschnappen, sonst können wir ihn noch mit dem Futtertier an der Schnauze kitzeln. Bei den weitsichtigen Rotaugenlaubfröschen muß man das Futter etwa 10 cm vor dem Tier bewegen, andernfalls wird es nur schlecht erkannt. Ist die Beute im Maul, ziehen wir den Futterdraht mit einem vorsichtigen Ruck heraus. Bald werden die Frösche so zahm, daß wir ihnen das Futter nur noch mit den Fingern vorzuhalten brauchen. Die Vorteile dieser Methode sind die genau kontrollierbare Futteraufnahme und die einfache Art, Vitamine und Mineralstoffe über präparierte Beutetiere zu verabreichen, sowie der Vorzug, daß man keine Futtertiere im Terrarium hat, die die Dekoration anfressen (Mäuse, Heuschrecken). Folgende Futtersorten lassen sich über die Drahtmethode verabreichen: Nachtschmetterlinge, Wachsmotten- und -maden, Heimchen/Grillen, Regenwürmer und Wanderheuschrecken. Bei kleinen Fröschen kann man auch einen dünneren unauffälligeren Draht nehmen.

Bei einer Nahrungsverweigerung, wie sie gelegentlich bei Frischimporten beobachtet wird, versucht man zuerst durch verschiedenartige und unterschiedlich große Futtertier-Angebote den Frosch zu einem Zuschnappen zu bewegen. Hilft dies nicht, muß man zur Zwangsfütterung übergehen. Man öffnet dem Frosch mit einem flachen und stumpfen Gegenstand das Maul und drückt einen Finger in den Mundwinkel einer Seite, um das Zuklappen zu verhindern. Dann steckt man ein Futtertier vorsichtig in den Schlund und läßt den Frosch los. Dieser Vorgang muß wiederholt werden, falls das Tier die Nahrung wieder auswürgt. Auf die Überhitzungsgefahr durch das Halten in der Hand möchte ich besonders hinweisen, daher hat die Zwangsfütterung so schnell wie möglich zu erfolgen. Bei kleinen oder sehr geschwächten Tieren füttern wir über eine Injektionsspritze mit Silikonschlauchsonde, die vorsichtig ins Maul eingeführt wird. Als Flüssignahrung empfiehlt Klingelhöffer steriles Normal-Rinderserum (Bovisterin) oder Pferdeserum (Equiserin). Da die Zwangsfütterung ein für das Tier unangenehmes Verfahren ist, sollte man sie nur im Notfall anwenden.

Magert ein Frosch innerhalb kurzer Zeit trotz reichlichem Nahrungsangebot ab, liegt meist ein Parasitenbefall mit Würmern vor. Es empfiehlt sich, eine Quarantäne durchzuführen und das erkrankte Tier von der Futternadel zu füttern.

Für Neuimporte in der Quarantäne oder für extreme Nachtfresser ist eine Pilotlampe empfehlenswert, die entweder aus einer Kühlschrankbirne in E 14-Fassung oder aus einer Taschenlampenbirne und einem Klingeltrafo besteht. Man montiert die Birne in etwa 10 cm Abstand vor eine Seitenscheibe oder vor die Frontscheibe, je nachdem wo man die Futtertiere konzentrieren möchte. Die Frösche lernen schnell, wo sich die Fliegen nachts versammeln und wo sie ohne Mühe den Bauch füllen können. Froschlurche sind nicht wie die Reptilien in der Lage, längere Zeit ohne Nahrung auszukommen. Wenige Tage ohne Futter bewirken eine rapide Abmagerung und baldigen Tod, wobei kleinere Arten besonders anfällig sind. Zeiten mit knappem Futterangebot sind in der freien Natur üblich, und es wäre grundfalsch, seine Pfleglinge bis zum Platzen zu „nudeln". Gerade Kröten und Laubfrösche sind sehr schnell überfüttert. Dies führt zu Leberverfettung und einer gestörten Fortpflanzungsbereitschaft. Fährt man in Urlaub, sollte man die Tiere nur erfahrenen Personen anvertrauen, die vorher entsprechend eingewiesen wurden. Aufkleber an jedem Terrarium mit kurzen Angaben über Futter, Temperatur und Wasserwechsel sind als Gedächtnisstütze empfehlenswert. In den Terrarienvereinen und Stadtgruppen der DGHT (Salamandra) gibt es oft erfahrene Mitglieder, die nicht zur selben Zeit im Urlaub sind und die die Wartung übernehmen könnten. Falls es nicht zu viele Tiere sind, können sie auch in gut geführten Zoohandlungen in Pflege gegeben werden, die die Tiere gegen Entgelt versorgen.

Ein großer Vorteil und eine Zeitersparnis ist eine weitgehend zusammengefaßte und automatisierte Anlage, die sich besonders zur Urlaubszeit für die schnelle Durchsicht und Pflege bewährt. In der ganzen Wohnung verteilte Becken machen erheblich mehr Arbeit als z.B. eine Regalanlage mit 8–20 Terrarien. Als wichtigste Grundlage ist eine zentrale Abwasserleitung aus PVC-Rohr vorzusehen, die das verbrauchte Wasser jedes Einzelterrariums aufnehmen kann. Man hüte sich aber bei Froschlurchen vor einer Durchlaufanlage für Frischwasser. Auf diese Weise verbreiten sich aufkommende Seuchen sehr schnell in der gesamten Anlage. Wenn nicht frisches enthärtetes Leitungswasser direkt zugeführt wird, gilt als Grundsatz: jedes Terrarium mit eigener, unabhängiger Wasserumwälzung, ob durch Kreiselpumpen oder nach dem Luftheberprinzip. Hinweise für die Automatisierung der Temperatur, des Lichtes und der Wasserumwälzung enthält mein in Vorbereitung befindlicher Band „Terrarientechnik".

Froschzucht

Die Entwicklung der Froschlurche

Die Krönung einer jeden Froschhaltung ist die gelungene Zucht. Diese sollte schon wegen des Naturschutzgedankens von jedem Froschpfleger angestrebt werden, da sie die Anzahl der Wildfänge bei bestimmten Arten vermindern hilft, wenn der Markt über hochwertige Nachzuchten ver-

Oben: Farbbild 9. Seltene blaue Mutation von Hyla arborea. S. Seite 226
Unten: Farbbild 10. Atelopus v. zeteki, Panama. S. Seite 111

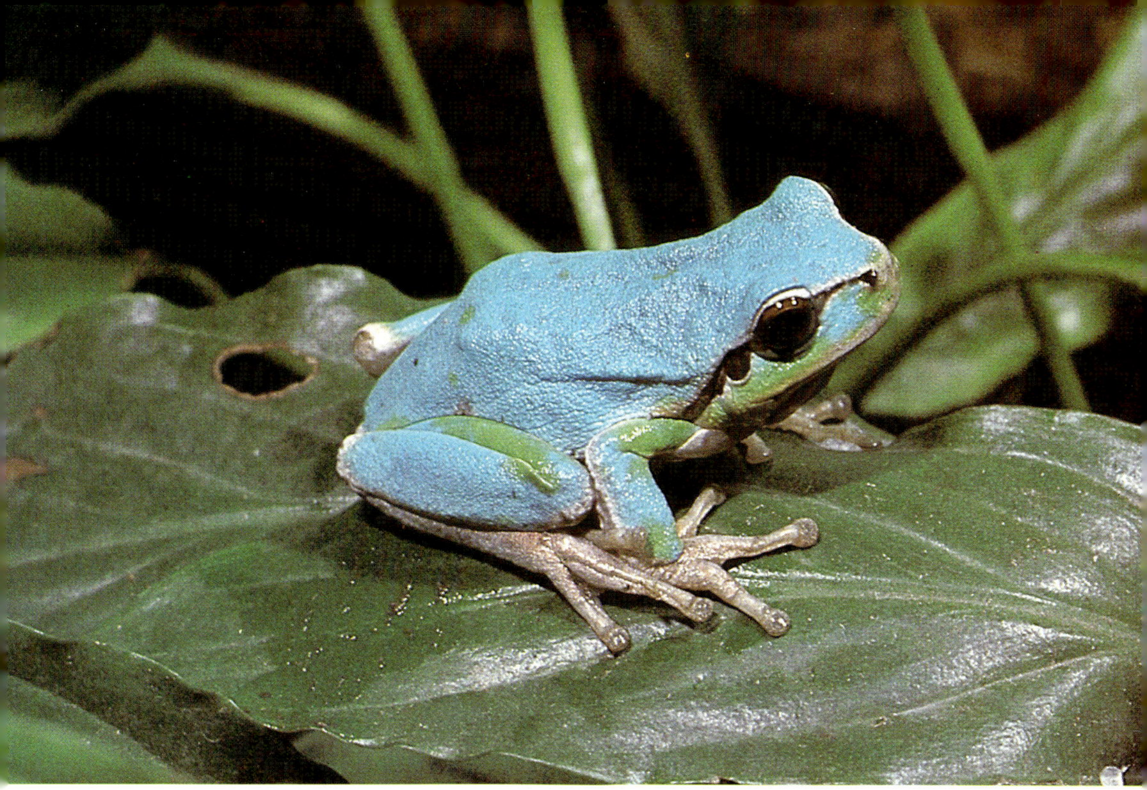

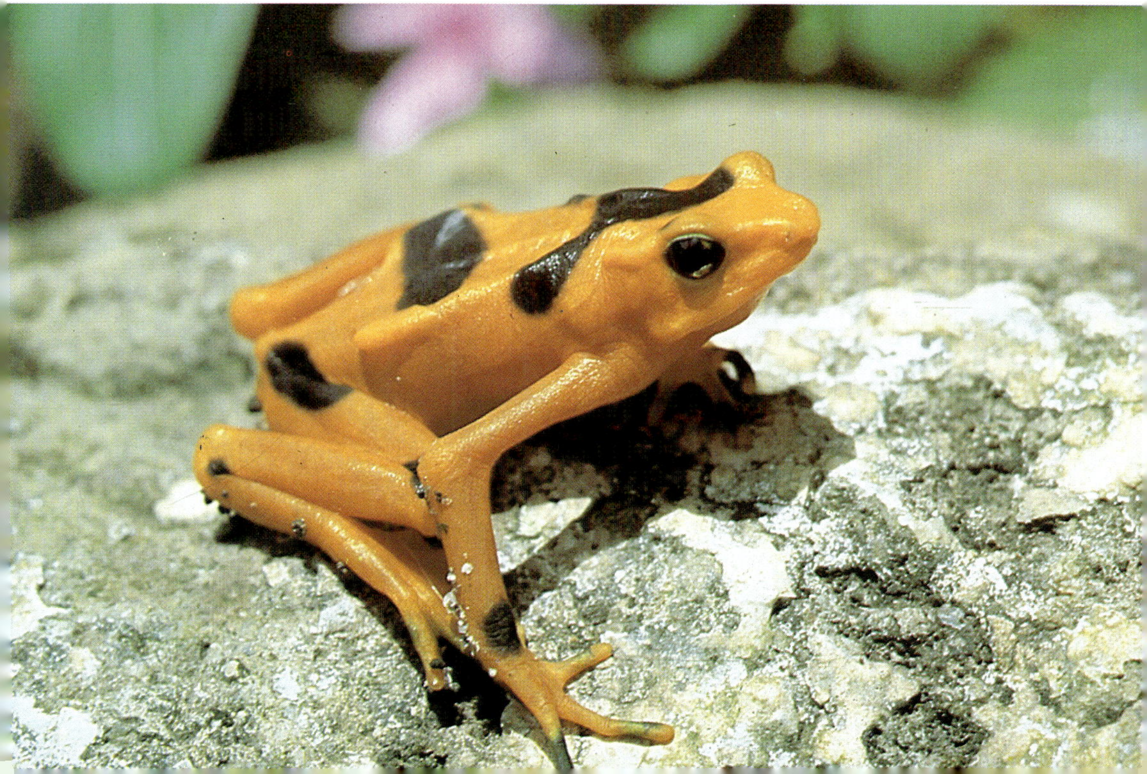

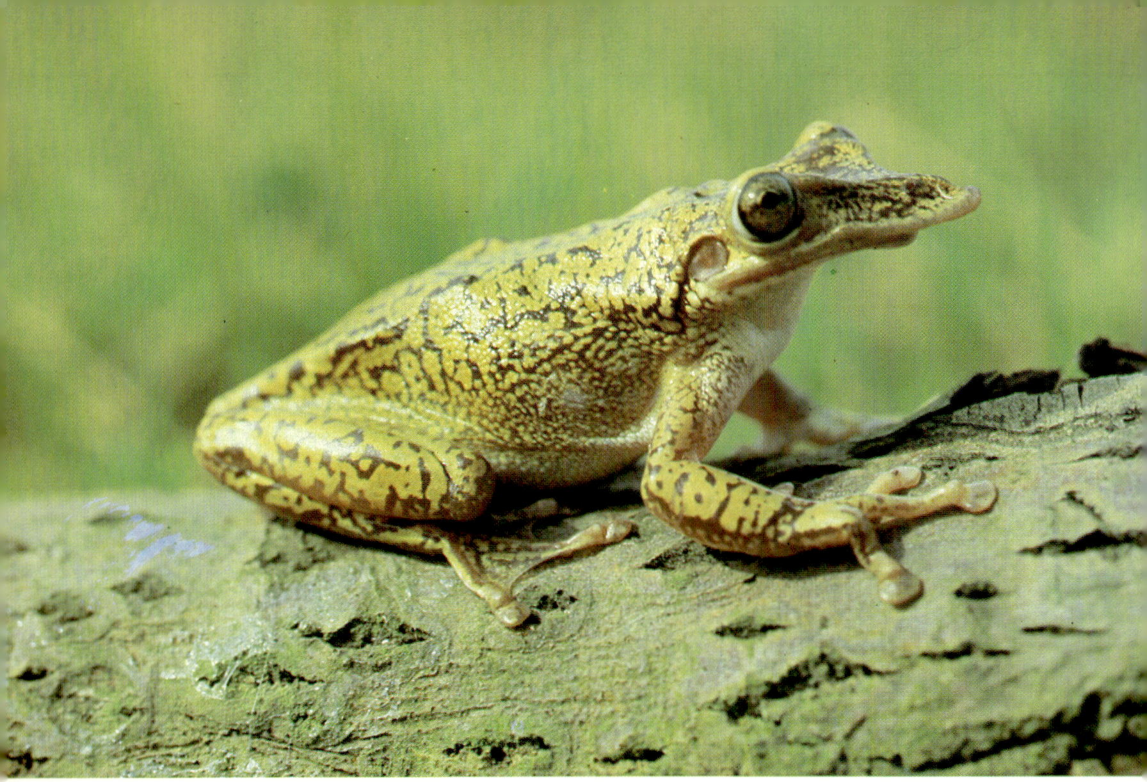
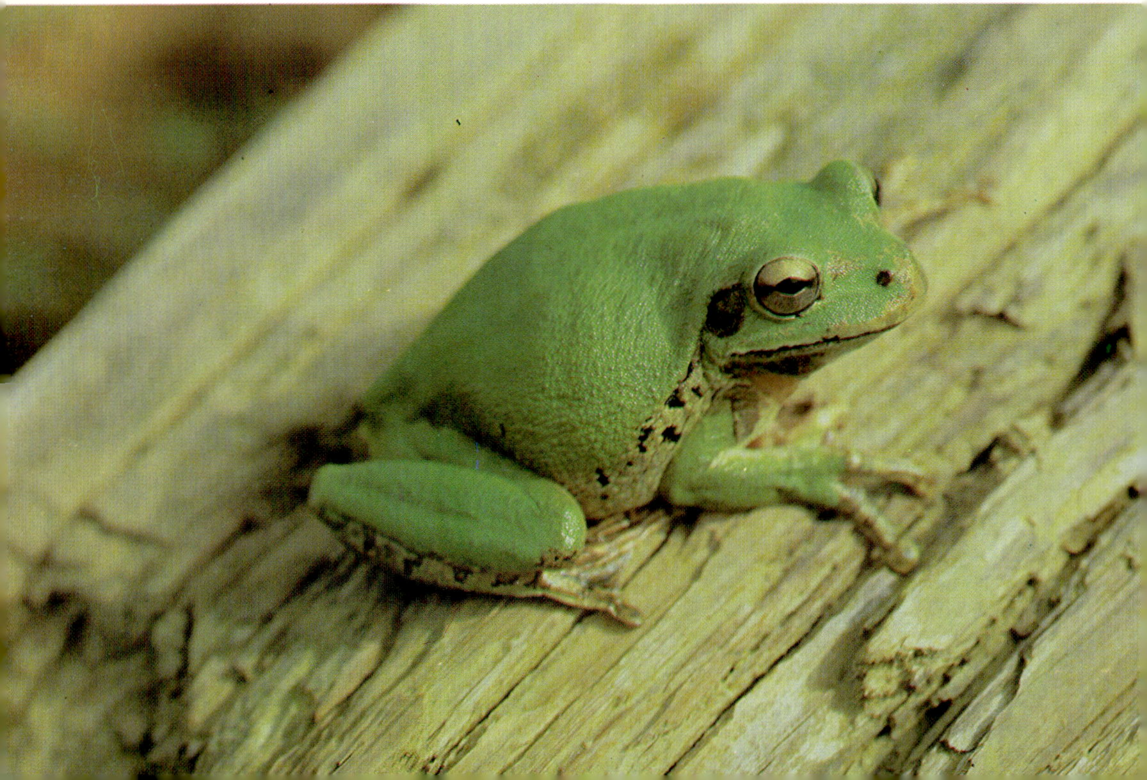

fügen kann. Diese sind unter bestimmten Voraussetzungen sogar parasitenfrei. Bei vielen Froscharten ist die Zucht heute Routine, bei anderen wiederum haben alle Bemühungen bisher noch zu keinem Erfolg geführt. Am häufigsten fehlen geeignete Geschlechtspartner, speziell Weibchen. Eine Kreuzung mit nahe verwandten Arten ist in einigen Fällen möglich (Hyperolius, Dendrobates) und führt auch für die Wissenschaft zu neuen Ergebnissen.

Während der Zeit vor der Metamorphose, die die Larven meist im Wasser verbringen, gelten für sie dieselben Grundsätze wie für Aquarienfische bezüglich der Wasserwerte (pH, Härte, Nitrit, Nitrat), der Vergiftungsmöglichkeit durch Chlor-, Schwermetall oder Kunststoffrückstände oder den von Art zu Art verschiedenen Verhaltensweisen und der Futteraufnahme. Diese Probleme sind im nachfolgenden Schaubild schematisch und sehr vereinfacht dargestellt worden. Tabelle 6 gibt erstmalig in übersichtlicher Form die verschiedenen Möglichkeiten der Laichabgabe wieder, wobei ich mich bei der Darstellung auf Arten beschränkt habe, die wohl jedem Froschpfleger zumindest von Abbildungen her bekannt sein müßten. Selbstverständlich gibt es bei der Vielfalt der tropischen Amphibien Spezialfälle, so z.B. eine kürzlich entdeckte echte Kröte,

die keine Laichschnüre, sondern terrestrische, einzelne Eiklumpen auf Blätter wie etwa die Dendrobatiden ablegt. Die Mehrzahl dieser äußerst interessanten Froschlurche sind leider nur Wissenschaftlern bekannt. Aber auch bei den gängigen Arten sind noch Entdeckungen zu machen, so z.B. der „Kopfamplexus" bei den Dendrobatiden. Ich möchte hier noch einmal dazu aufrufen, bei jeder Zucht die Daten zu erfassen und nach Möglichkeit alle Phasen zu fotografieren. Folgende Mindestpunkte sollten immer notiert werden: Daten der Eiablage, Uhrzeit, Temperatur, Luftfeuchtigkeit und Jahreszeit; Alter der Eltern oder Zeit, in der sie im Terrarium gehalten wurden, ferner die Zeiten der Larvenstadien (Eientwicklung, Außenkiemen, Haftstadium, Innenkiemen, Hinterbeindurchbruch, Vorderbeindurchbruch, Wasser-Land-Übergang) sowie die Zeit zwischen dem Aussteigen aus dem Wasser bis zur ersten Futteraufnahme. Dabei ist die Temperatur besonders zu berücksichtigen. Ferner sollten die Wuchsgeschwindigkeit und Farbveränderung sowie der Zeitpunkt der Geschlechtsreife notiert werden. Eventuelle Besonderheiten oder Probleme sind ebenfalls äußerst wichtig. Wenn alle diese Daten berücksichtigt sind, ist eine Veröffentlichung dringend zu empfehlen, damit auch andere Terrarianer am Erfolg der Methode teilhaben und z.T. Verluste bei ihren eigenen Zuchten vermeiden können. Es wäre ferner dringend notwendig, daß sich auch Fachwissenschaftler daran beteiligen, um z.B. Stoffwechsel- oder Mangelkrankheiten sowie die häufigen Bakterienseuchen zu untersuchen. Bei den Froschzuchten tut sich für jeden interessierten Terrarianer ein weites Betätigungsfeld auf, und er kann mithelfen, die Froschlurche besser zu erforschen.

Oben: Farbbild 11. Triprion spatulatus reticulatus, Mexiko. S. Seite 215
Unten: Farbbild 12. Smilisca baudinii, Mexiko. S. Seite 213

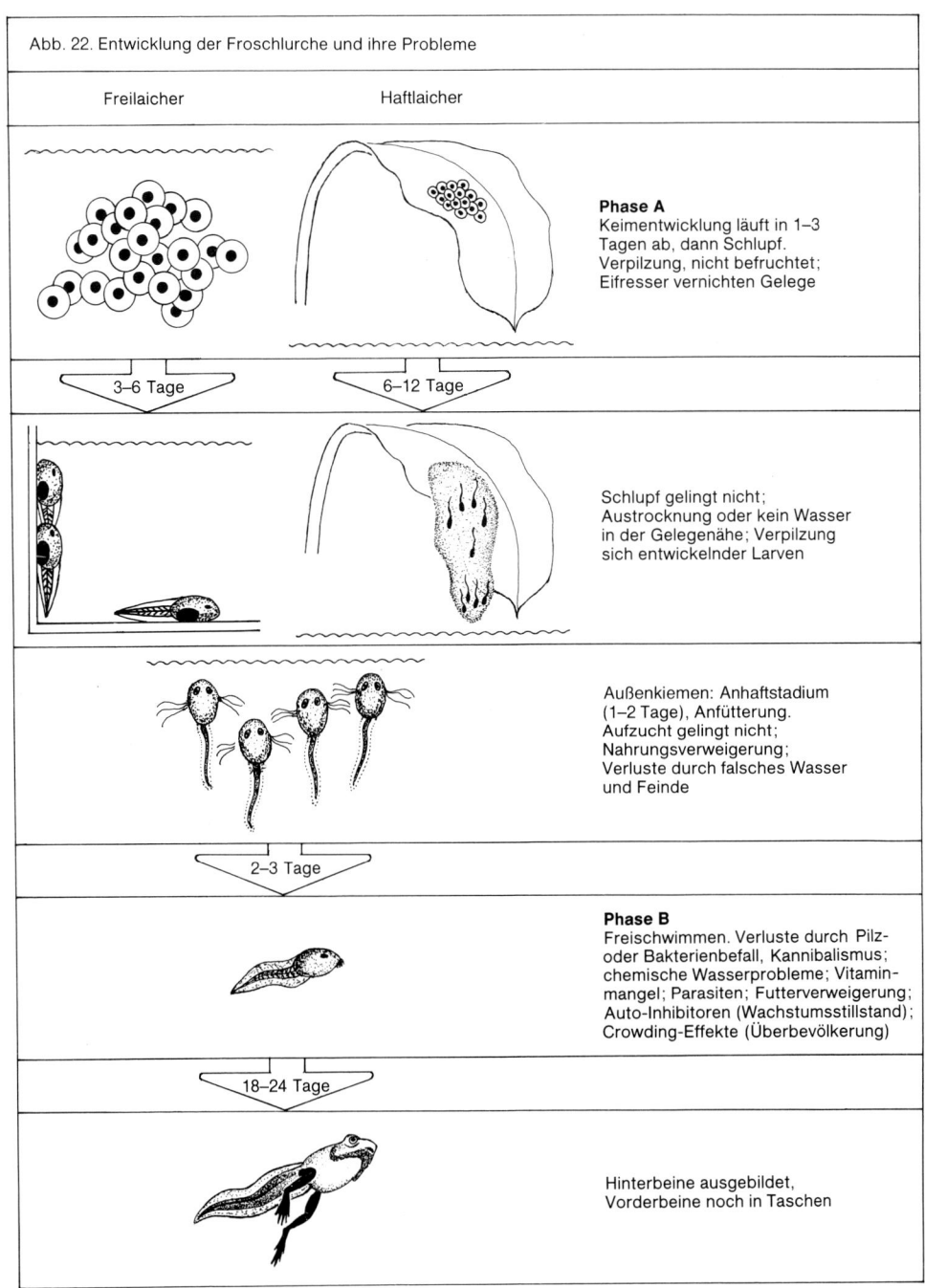

Abb. 22. Entwicklung der Froschlurche und ihre Probleme

Freilaicher   Haftlaicher

Phase A
Keimentwicklung läuft in 1–3
Tagen ab, dann Schlupf.
Verpilzung, nicht befruchtet;
Eifresser vernichten Gelege

3–6 Tage   6–12 Tage

Schlupf gelingt nicht;
Austrocknung oder kein Wasser
in der Gelegenähe; Verpilzung
sich entwickelnder Larven

Außenkiemen: Anhaftstadium
(1–2 Tage), Anfütterung.
Aufzucht gelingt nicht;
Nahrungsverweigerung;
Verluste durch falsches Wasser
und Feinde

2–3 Tage

Phase B
Freischwimmen. Verluste durch Pilz-
oder Bakterienbefall, Kannibalismus;
chemische Wasserprobleme; Vitamin-
mangel; Parasiten; Futterverweigerung;
Auto-Inhibitoren (Wachstumsstillstand);
Crowding-Effekte (Überbevölkerung)

18–24 Tage

Hinterbeine ausgebildet,
Vorderbeine noch in Taschen

10–15 Tage

Vorderbeine frei, Beginn der
Schwanzresorption.
Vorderbeine können nicht
befreit werden;
Extremitätenwachstum
ungleichmäßig; Gelenke nicht
beweglich, Ertrinken oder
Austrocknen

Phase C
Landübergang (Dauer 1–3
Tage), Schwanzresorption
beendet, anschließend
Ruhepause 2–4 Tage bis zur
ersten Futteraufnahme.
Ertrinken; kein geeignetes
Kleinfutter vorhanden –
Verhungern

Wachstumsperiode, Ablegen
der Jugendfärbung. Verluste
durch Futterprobleme
(Nahrungsengpaß oder falsche
Futtertiergröße); Vitamin- und
Mineralstoffmangel bewirkt
Schocksterben und Krämpfe;
Kannibalismus;
Crowding-Effekte

Phase D
Fortpflanzung in erster
Generation nach 150–450
Tagen. Verluste durch Seuchen;
Mangelkrankheiten; Verfettung;
fehlende Paarungsauslöser;
Farbstoffdefekte

71

Tab. 6. Laichergruppen der Froschlurche

Typ	Eizahlen	Gelegetyp	Brutpflege	Artenbeispiele
Freilaicher:	meist groß 200–3000 oder mehr	– Schnüre oder Klumpen, frei im Wasser schwimmend oder absinkend	– meist keine, Ausnahme *Hyla faber* = Bruttümpel	– viele *Ranas*, Kröten, *Hylas*, *Rhacophorus* (Bodenfrösche, Baumfrösche, gelegentlich Flußlaicher wie *Atelopus*)
Haftlaicher:	oft gering 20–300	– flächige Massen an Wasserpflanzen oder über Wasser an Vegetation. Eier z. T. gefärbt	– in der ersten Zeit Bewässerung des Geleges, z. T. auch Bewachung (*Eleutherodactylus*)	– *Hyla, Hyperolius, Rhacophorus, Agalychnis, Eleutherodactylus* (meist Baumfrösche, z. T. Flußlaicher)
Transportlaicher:	2–30 selten über 100	– Eier werden an feuchten Stellen oder in der Vegetation abgelegt, die schlüpfenden Larven werden von Männchen oder Weibchen eine Zeitlang auf dem Rücken herumgetragen, später in kleine Wasserstellen abgesetzt. Bei *Pipa* findet der Transport unter Wasser statt, bei *Gastrotheca* in einer Rückentasche, bei *Rhinoderma* im Kehlsack und bei *Hemiphractus* in Rückentaschen, Versorgung dabei über „Placenta"-ähnliche Ausbildung	– hoch entwickelt, Wässern, Transport, Bewachung, Ablösesignale bei Colostethus	– *Dendrobates, Colostethus, Pipa, Phyllobates, Gastrotheca, Rhinoderma, Hemiphractus*
Bodengrubenlaicher:	10–200	– Eier werden in selbstgegrabene Erdlöcher abgelegt, meist in Uferböschungen, z. T. sind die Gelege sehr dotterreich und die Larven durchlaufen die gesamte Entwicklung in der Erdhöhle	– Graben der Höhlen, z. T. Bewachung	– *Leptodactylus, Leptopelis, Hemisus, Breviceps* (meist steppen- oder bodenbewohnende Froschlurche)
Schaumnestlaicher:	20–500	– Eier werden in Schaum eingebettet, der ihnen Schutz vor Austrocknung und Feinden gibt. Das Schaumnest kann von Männchen und Weibchen vorgenommen werden. Die Schaumnester können sich im Geäst hoch über Wasserstellen befinden (*Rhacophorus, Chiromantis*), oder sie werden im Wasser zwischen Grashalmen verankert (*Limnodynastes*); gelegentlich auch nahe am Land (*Physalaemus*)		– *Rhacophorus, Chiromantis, Limnodynastes, Physalaemus*

Zuchtgruppenwahl und Laichbehandlung

Die Zuchtpartner sollten nach folgenden Merkmalen ausgesucht werden:

a) Parasitenfreiheit (gegebenenfalls vorher eine Wurmkur durchführen)
b) optimale Färbung
c) gesunder Wuchs (keine Tiere mit Rückgratverkrümmung oder Zwergwuchs verwenden).

Als Zuchtansatz nimmt man bei *Hyperolius*-Arten 2–4 Weibchen auf 1–3 Männchen, bei streitsüchtigen Arten je nach Reviergröße weniger Weibchen bzw. Männchen. Bei Rotaugenfröschen oder *Smilisca*-Arten sind Zuchtgruppen mit 5–10 Paaren sehr produktiv.

Einige Arten (*Dendrobates, Phyllobates* usw.) lassen sich in fast sterilen Terrarien, die nur eine oder zwei Schlaf- und Eiablagebromelien enthalten, problemlos züchten. In einem solchen Behälter ist die für jede Zucht erforderliche dauernde Sauberkeit sehr gut zu erreichen. Für die spätere Jungfroschaufzucht sind solche Behälter unentbehrlich. Sie können auch mit Plastikpflanzen bestückt sein. Wir brauchen etwa 2–4 solcher Terrarien, die eine ausreichende Lüftung haben müssen und die taufliegensicher sind. Größe etwa 35 × 35 × 40 cm. Damit eine Reinigung mit verdünnter Salzsäure möglich ist, sind Glasbecken besser geeignet. Eine geneigte Bodenscheibe und ein Abfluß sparen Zeit.

Der Zuchtgruppe geben wir Gelegenheit, sich in Ruhe an das Zuchtbecken zu gewöhnen. Die Dauer dieser Phase kann zwischen zwei Wochen und über einem Jahr liegen und ist bei den einzelnen Froscharten verschieden.

Bei Fröschen mit langanhaltender Umklammerung (Amplexus) sind die Eltern getrennt anzufüttern und erst zur Zucht zusammenzusetzen (*Atelopus, Agalychnis*). Dauert die Amplexus-Phase zu lange und kommt es zu keiner Laichabgabe, sind die Männchen vorsichtig von dem Weibchen zu entfernen, da sie sonst verhungern können. Dies gilt besonders für *Atelopus*-Arten. Der Beginn einer Fortpflanzungsperiode läßt sich durch vermehrte Ringkämpfe, Rufe und eine häufig auftretende Umklammerung erahnen. Mit Reizklima (künstlichen „Regenfälle", Temperaturänderungen) unterstützen wir die Laichbereitschaft. Je nach Froschart findet man dann eines Tages ein Gelege im Wasserteil, an Pflanzen oder an den Seitenscheiben. Mit dem Laich verfahren wir folgendermaßen:

Freilaicher: Die im Wasserteil frei oder an Pflanzen abgelegten Eier werden vorsichtig in ein kleines Aquarium überführt, das mit dem Zuchtbecken übereinstimmendes, chlorfreies Wasser enthalten muß. Etwas Antipilzmittel (Cilex, Salufit) in Wasser gelöst soll die gefürchtete Laichverpilzung eindämmen. Nach dem Schlupf und dem Verzehr des Dottersacks bringt man die meist großen Kaulquappenmengen in verschiedene Aufzuchtaquarien, die die erste Stufe kennzeichnen (Netz oder Teelöffel benutzen, nicht absaugen!).

Heft- und Transportlaicher. Die an Pflanzen, in Schalen oder an Scheiben angehefteten Gelege müssen nach der abgelaufenen Brutpflege (Abb. 22) oder auch schon vorher abgedeckt werden, da die Eltern vieler Froscharten dem Laich nachstellen (*Hyperolius, Dendrobates*). Falls dies mit einer luftdurchlässigen Petrischale nicht geht, muß man die Ablaichpflanzen oder Teile davon in einen separaten Schlupfbehälter überführen. Die Blätter oder Pflanzen mit dem Gelege sollten so angeordnet werden, daß herabfallende Kaulquappen in entsprechend vorbereitetes Wasser gelangen können. Ein Ausströmerstein sorgt für eine hohe Luftfeuchtigkeit über dem möglichst die ganze Bodenfläche des Terrariums einnehmenden Wasserteil. Das Gelege kann gegen Verpilzung mit leichter Salufit-Lösung eingesprüht werden. Sind die Kaulquappen in der Mehrzahl schlupfreif (bei *Hyperolius* nach 6 Tagen), sprühen wir das Gelege leicht ab, um den Abtropfvorgang abzukürzen; während der Brutzeit ist auf dieselbe Weise das Gelege vor dem Austrocknen zu schützen, falls Anzeichen dafür bestehen. Verfrüht ins Wasser gefallene Eier oder Gelege entwickeln sich zumindest bei *Hyperolius* normal weiter, doch ist gegen Verpilzung vorzubeugen.

Bei Gelegen an Scheiben spült man die schlupfreifen Quappen direkt in ein Plastikgefäß (Gefrierdose), dessen Kante dicht an der Scheibe anliegen muß und die zum Schaleninnern hin schräg angefeilt wird. Bis zum Freischwimmen können die Larven in dieser Schale verbleiben. Danach fängt man die Kaulquappen heraus und setzt die Tiere in die Aufzuchtanlage der Stufe 1. Bei *Dendrobates*-Arten treten wiederholt Schwierigkeiten bei der Brutpflege auf. So können Abschnitte des natürlichen Verhaltens in Gefangenschaft fehlen, beispielsweise das Transportieren der Kaulquappen auf dem Rücken zu einer geeigneten Wasserstelle. Hier muß dann der Pfleger helfend eingreifen.

Bei Beutelfröschen und Wabenkröten setzt man die eiertragenden Elternteile einzeln in entsprechend gestaltete Terrarien oder Aquarien. Sobald die Kaulquappen frei schwimmen, sind die Eltern jedoch zu entfernen, da sonst durch Kannibalismus Verluste auftreten. Bei meinen *Hyperolius concolor* hatten die Eltern gelernt, mit einem Sprung ins Wasserteil jeweils eine schon größere Kaulquappe zu erbeuten und zu verschlingen. Bei *Agalychnis*-Arten ist der Laich sofort aus dem Zuchtterrarium zu entfernen, damit die Jungfrösche nicht die Lungenwürmer ihrer Eltern aufnehmen, außerdem ist hier die Verpilzungsgefahr bei Temperaturen über 24°C beträchtlich höher. Nach meinen Erfahrungen gilt dies auch für *Phyllomedusa lemur*.

Dendrobates-Kaulquappen dürfen niemals zusammengesetzt werden, da sie sich meist gegenseitig auffressen. Nach dem Schlupf überführt man sie in flache Gefrierdosen. Diese Methode ist etwas aufwendig. Bringt man die einzelnen Kaulquappen in kleinen schwimmenden trichterförmigen Fischfutterringen auf der Wasserfläche eines biologisch gut eingefahrenen Aquariums unter, umgeht man die Gefahr, daß die Kaulquappen an einer Wasservergiftung eingehen. Eventuell müssen die Fischfutterringe mit einem Gitterchen abgedeckt werden, damit die Larven sie nicht überspringen. Spätestens beim Durchbruch der Vorderbeine müssen wir die Fröschchen in flacheres Wasser umsetzen, hier helfen ebenfalls Fischablaichkästen, die oft sogar mit einem Deckel versehen sind. Man kann sie auch an Drahtbügeln schräg einhängen. Die Heizung bei der Unterbringung in Einzelschalen muß improvisiert werden (Heizkabel). Fast in jedem Gelege befinden sich unbefruchtete Eier, von denen eine Verpilzung ausgeht, die schnell das Gelege samt Kaulquappen vernichten kann. Solche Eier sind aber in den seltensten Fällen zu entfernen, ohne daß man dabei auch gesunde Teile des Geleges verletzt; so beschränkt man sich auf das Sprühen oder Auflösen von Antipilzmitteln. Einige Präparate der Aquaristik sind hier geeignet, so beispielsweise Cilex, PS Typ D,F und Salufit. Bei Dendrobatiden-Gelegen müssen wir unbedingt verpilzte Eier entfernen. Mit einer Pinzette und einer Nagelschere lassen sich defekte Eier herauslösen. Notfalls müssen gute Eier geöffnet und die fast fertigen Larven (Außenkiemenstadium) ins freie Wasser entlassen werden. Sie sinken zwar anfangs zu Boden, entwickeln sich dann aber normal weiter.

Die Vorbereitung des Zuchtwassers ist mit den Hilfsmitteln der Aquaristik ebenfalls möglich. Hier nehmen wir Aqua Safe, Stellacoryn und Faktor S. Auf die Einhaltung des pH-Bereichs, der Härte und der Temperatur ist besonders zu achten. Rückstände von Desinfektions- oder Waschmitteln können die empfindlichen Kaulquappen innerhalb kurzer Zeit vernichten.

Bei überwiegender Verfütterung von Trockenhefe traten bei *Agalychnis*-Kaulquappen pilzartige Wucherungen innerhalb der Hautsäume des Schwanzes auf, die die Larven schließlich schwer schädigten. Bei solchen weißlichen Belägen ist die Hefeverfütterung sofort einzustellen.

Zum Wasserwechsel nehmen wir aus einem eingefahrenen, gut bepflanzten Aquarium entsprechende Wassermengen. Es dürfen wegen der Krankheitsübertragung keine Wasserschnecken oder Fische darin leben.

Das Aquarium wird anschließend mit Leitungswasser wieder aufgefüllt. Regenwasser ist wegen des Giftstoffgehalts und der in den Sammelgefäßen vorhandenen Schädlinge nicht geeignet. Weiches Wasser stellen wir aus Leitungswasser durch Ionenaustausch her; es wird bis zur Erlangung der gewünschten Härte mit dem Ausgangswasser gemischt. Für Froschaufzuchten sollte die Enthärtung aber nicht zu weit getrieben werden, da die Kaulquappen oder Jungfrösche Mineralien zum Skelettaufbau brauchen. Die Härte ertragen viele Arten eher als falsche pH-Bereiche und Chlorrückstände. Ein leicht saures und gerbstoffhaltiges Wasser kann bei schwierigen Zuchten die Verpilzungsgefahr herabsetzen.

Manche Terrarianer halten Apfelschnecken in ihren Aufzuchtbecken, die die Reste des Kaulquappenfutters sehr schnell aufarbeiten. Bei parasitenfreien Froschbeständen ist dies eine gute Methode, doch würde ich sie nicht bei Neuimporten und erst recht nicht dann anwenden, wenn sich die Kaulquappen im selben Terrarium wie die Eltern befinden.

Mit einer Wassertemperatur zwischen 22 und 26 °C dürften wir den Ansprüchen der Larven der meisten tropischen Tieflandfrösche genügen, bei Gebirgsbewohnern ist die Temperatur entsprechend niedriger zu wählen. Froschlarven, die in kleinen Wassermengen untergebracht sind, dürfen bei einem vollständigen Wasserwechsel nur mit Aquarienwasser oder 24 Stunden lang abgestandenem Frischwasser in Berührung kommen. Andernfalls treten Kiemenverätzungen durch das im Leitungswasser enthaltene Chlor auf, und die Larven können sterben.

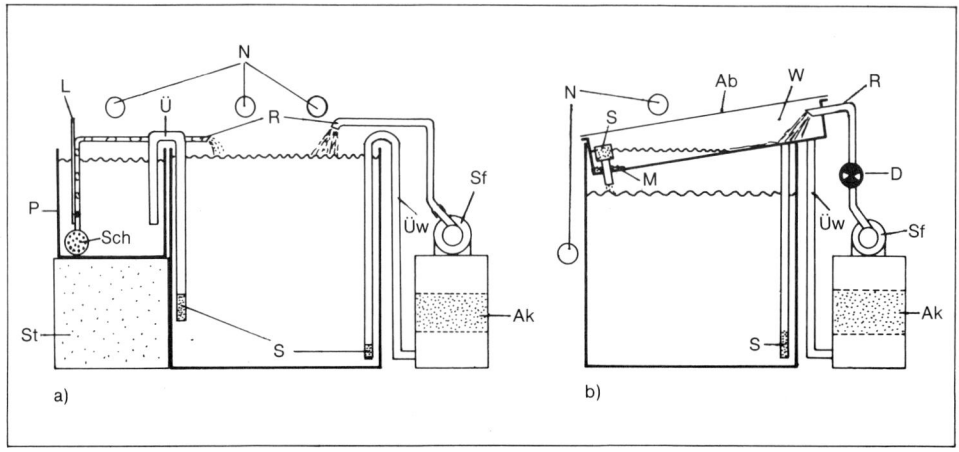

Abb. 23. Kaulquappenaufzuchtanlage.
a) Stufe 1 (bis Hinterbeindurchbruch). b) Stufe 2 (Wannenmethode von Hinterbeinbildung bis Ende Metamorphose).
Ab = Glas- und Gitterabdeckung. Ak = Aktivkohle. D = Dosierventil. L = Luftzufuhr. M = Mulmansammlung. N = Neonröhre: P = Plastikaquarium. R = Rücklauf. S = Siebaufsätze. Sch = Schaumgummifilter. Sf = Saugfilter (Eheim usw.). St = Styroporsockel. Ü = Überlauf. Üw = Überlauf Aquarium. W = Kunststoffwanne (Fa. Weis, Nr. H7).

Kaulquappen-Aufzucht

Nach vielen Versuchen habe ich ein Verfahren gefunden, wie man mittlere und große Kaulquappenmengen fast ohne Verluste bis zur Metamorphose bringen kann. Ich bezeichne diese Technik als Wannenmethode.
Als Ausrüstung braucht man:
— ein großes Aquarium mit 100–300 l Inhalt und starker Beleuchtung
— ein oder mehrere Aquarienheizer für das große Aquarium
— mehrere Plastikaquarien in Sätzen mit gleichem Inhalt (3,5–25 l)
— Styroporsockel für die Plastikbecken
— 20 mm Hart-PVC-Rohr mit Winkelstücken und Klebstoff für Überlauf
— einige kleine Schaumgummifilter (Billi-Filter)
— Deckscheiben für die Plastikbecken
— Ansaug- und Rückhaltegitter für den Überlauf
— ein Kreiselpumpen-Saugfilter für 250–300 l (Eheim) mit Aktivkohlefüllung
— wahlweise ein biologischer Mehrkammerfilter (Eigenbau) oder eine Rieselfilteranlage
— zwei Plastikwannen 60 × 40 × 12 cm (Meerschweinchenkäfig-Unterteil, Fa. Weis/Schale H7)
— div. Schläuche und Absperrhähne sowie Schnelltrennkupplungen.
Das Prinzip der Anlage beruht auf einer großen Wassermenge, an die die Kaulquappenbehälter wie kleine Außenfilter angeschlossen sind. Später, wenn die Vorderbeine der Larven durchbrechen, werden die Kleinaquarien gegen große, schräggestellte Wannen mit Zu- und Ab-

Abb. 24. Massenzucht von Smilisca phaeota nach der Wannenmethode.

fluß und einer Abdeckung ersetzt. Konstruktionshinweise geben die Abb. 23 und 24.

Kaulquappen sind gegen verschmutztes Wasser mehr oder weniger empfindlich und scheiden außerdem bei zu dichtem Besatz wuchshemmende Faktoren (PLF = Population limiting factors) aus, die auf andere Kaulquappen schädigend einwirken können. Über die große und gut gefilterte Hauptwassermenge können sich diese Faktoren kaum auf die einzelnen Larven auswirken; diese sind durch die Unterbringung in relativ kleinen Behältern gut zu überwachen und zu füttern. Alle zwei Tage saugt man den Boden der Larvenbecken mit einem 5 mm-Schlauch (Luftschlauch) vorsichtig ab, ohne dabei Quappen zu erwischen. Die Hauptwassermenge im großen Aquarium wird etwa zweimal in der Woche zu einem Drittel abgelassen und durch abgestandenes Frischwasser ersetzt. Zur Ermittlung des notwendigen Zeitpunkts für den Wasserwechsel dient ein Nitrit-Test. Die Aktivkohle im Saugfilter sollte alle zwei Wochen erneuert werden. Man kann im großen Aquarium Wasserpflanzen in Töpfen kultivieren, doch dürfen keine Fische eingesetzt werden. Ein dichter Algenwuchs trägt ebenfalls zur Entgiftung des Wassers bei.

Da die Kaulquappenbecken über langsam laufende Schaumgummifilter an die Hauptwassermenge angeschlossen sind, tritt auch kein Streß durch ständiges Umherschwimmen der Larven ein, das beim direkten Anschluß eines Saugfilters durch die starke Strömung hervorgerufen wird. Wie schon erwähnt, setzen wir die Larven beim Durchbrechen der Vorderbeine in die gut abgedeckten und schräg gestellten Wannen, denn nicht alle Jungfrösche haben so gute Haftscheiben, daß sie an den senkrechten Wänden der Aufzuchtbehälter emporklettern können. Styroporstückchen dienen den wieder ins Wasser gefallenen Jungfröschen als zusätzliche Rettungsinseln.

Die aus dem Wasser gestiegenen Hüpfer werden so bald wie möglich in steril eingerichtete Aufzuchtterrarien gesetzt, die schon eingangs besprochen wurden. Dabei sollte die Anzahl der Jungtiere pro Behälter 20–30 Stück nicht überschreiten, da sonst durch die Nahrungskonkurrenz Ausfälle auftreten.

Die gesamte Entwicklungsdauer hängt von der Froschart, dem Nahrungsangebot und der Wassertemperatur ab. Als Minimum sind etwa 4 Wochen bei *Hyliden* und mehrere Monate bei *Hyperolius* und manchmal auch bei *Dendrobates* möglich.

Die Jungfrösche schnellwüchsiger Arten erreichen die Geschlechtsreife bei optimaler Fütterung nach 6–12 Monaten, andere brauchen wesentlich länger.

Tritt ein Massensterben auf, so ist die Ursache zu ermitteln. Bei bakteriellen Seuchen wendet man Antibiotika (Bactrim, Furanace s. Tab. 9) an. Zur Vorbeugung ist ein leichter Salufit-Zusatz bei schwierigen Zuchten ratsam. Durch Wasserpflanzen oder das Futter (Tubifex, Mückenlarven) können sehr leicht Ektoparasiten und Bakterienseuchen eingeschleppt werden. Bei Ektoparasiten empfiehlt es sich, Aquarienmedikamente einzusetzen (evtl. Malachitgrün). Massensterben können auch durch falsche Fütterung (Vitamin-Mineralstoffmangel) entstehen. Man gibt dem Zuchtwasser regelmäßig Multi-VT-Min zu, eventuell noch Kalktabletten (Hundezubehör) oder Kalkpulver. Der Aktivkohlefilter ist bei Medikamenten- und Vitamingaben für einige Zeit abzustellen.

Der Zeitaufwand für eine Froschzucht ist enorm. Durch die Arbeit mit den Futterzuchten, dem Wasserwechsel und Absaugen sowie dem Sortieren der Kaulquappen und Jungfrösche einschließlich der Behälterreinigung ist täglich mindestens eine Stunde einzuplanen. An Urlaub oder dergleichen darf man in dieser Zeit nicht denken, da sonst innerhalb weniger Stunden die ganze bisherige Mühe umsonst war. Durch den Verkauf von Jungfröschen kann man selbst bei rationellen Anlagen gerade die Unkosten decken. Bei 500–1000 Jungfröschen einer Art, die bei mehreren Zuchtpaaren leicht erreicht werden, treten aber enorme Absatzschwierigkeiten auf. Dem Anfänger erscheint der Aufwand der beschriebenen Zweistufenmethode gewiß zu hoch. Wenn man aber bedenkt, daß bei der üblichen Unterbringung in kleinen Normalaquarien mit rund 100 Kaulquappen ein zweimaliger täglicher Wasserwechsel bei starker Fütterung notwendig wird (Nitrit-Test!) und die geringste Nachlässigkeit zum Totalverlust der Tiere führt, ist er sicher angemessen.

Futterhinweise für Kaulquappen und Jungfrösche

Die Ernährung der Kaulquappen bereitet nur bei manchen Arten Schwierigkeiten, so beispielsweise bei *Dendrobates pumilio*-Larven, die früher trotz aller Tricks nur schwer zum Fressen und Wachsen zu bringen waren und die meist nach etwa 4 Wochen abstarben (s. Gruppenbesprechung der Dendrobatiden). Im allgemeinen fressen die Quappen alles, was ihnen vor die Raspelzähnchen und Hornkiefer kommt. Bei einigen Arten sind die Larven Filtrierer, die mikroskopisch kleine Algen (Diatomeen) und Einzeller aus dem umgebenden Wasser aussieben. Die sogenannten Trichtermund-Larven, z.B. die von *Kaloula*, sind in der Lage, diese Kleinpartikel auch von der Wasseroberfläche in ihren Schlund zu strudeln. Die verschiedenen Kaulquappentypen sind, soweit über sie Hinweise zu erfahren waren, im speziellen Teil bei den einzelnen Froscharten aufgeführt.

Bei Neuimporten kann durch die Untersuchung des Mundfeldes unbekannter Larven auf ihre Ernährung geschlossen werden: fehlende Papillen und Hornleisten deuten auf Filtrierer hin, die außerdem oft noch spezielle Trichterapparate besitzen. Mit etwas Farbstoff (Tusche) im Wasser kann man die Filterfunktion anhand der Strömungsbilder nachweisen. Zumeist scheinen solche Larven im Wasser frei zu schweben, was durch schnelle Wellenbewegung der Hautsäume des Schwanzes erreicht wird. Der Trichterapparat kann sich später zurückbilden und einer normalen Bezahnung weichen. Dann ist eine Futterumstellung auf mehr animalische Kost angeraten. Bei carnivoren (fleischfressenden) Quappen sind die Zahnreihen reduziert, die verbliebenen Zähne dagegen meist vergrößert. Außerdem sind die Hornscheiden des Ober- und Unterkiefers stark gesägt. Zu diesem Typ gehören beispielsweise die Larven von *Dendrobates histrionicus* und *D. pumilio*. Ein großer Teil der *Dendrobates*-Larven wächst in der freien Natur in Bromelientrichtern heran, daher ernähren sie sich von Insekten, Spinnen und Schnecken, die in den Trichter gefallen sind. Daneben herrscht in dem Trichterwasser ein reges Leben: Infusorien, Würmchen, Bakterien und Algen bilden ein ideales Nährstoffangebot. Untersuchungen haben 250 verschiedene Arten von Organismen in einem einzigen Bromelientrichter ergeben. Man soll auf jeden Fall versuchen, Larven in den Bromelien heranzuziehen, da die separate Aufzucht bei vielen Dendrobatiden nicht gut gelingt. Auch die Eigelb-Methode von Bechter ist nur eine Notlösung, wie man am schleppenden Wachstum der Kaulquappen erkennt. Bei der Zucht in Bromelien kommen zwar nur wenige Jungtiere hoch, diese sind aber dann in hervorragendem Zustand. Es eignen sich natürlich nicht alle Bromelien, man greift besser auf die im Originalbiotop vorkommenden Arten zurück. Speziell bei Dendrobatiden (*Pumilio*-Gruppe) haben sich die etwas stacheligen *Aechmea*-Arten bewährt, die sehr steile Blätter und große Wasserreservoire haben.

Kaulquappen, die ihre Nahrung durch Abweiden von Aufwuchs gewinnen, haben neben vielen Reihen von Hilfszähnen wenig gesägte Hornkiefer. Die Anzahl der Tastpapillen um das Mundfeld ist erhöht. Neben Algen und Protozoen nehmen sie auch gerne einmal Fleischnahrung (zerriebene Leber, Insekten, Regenwürmer, Tubifex) auf, besonders in der letzten Phase ihrer Entwicklung.

Unter den vielen Froscharten gibt es eine ganze Anzahl weiterer Larven-Typen, die wegen ihres ausgefallenen Körperbaus oft nicht als solche erkannt wurden. Hier seien die Kaulquappen der Krallenfrösche erwähnt, die Glaswelsen ähneln. Von einigen Arten sind überhaupt noch keine Larven gefunden worden, ebenso fehlen vielfach Angaben über die Brutbiologie. Man sollte sich daher bei der Auswahl des Futters nicht festlegen, sondern durch Versuche ermitteln, welche Nahrung bevorzugt wird.

Die Futterarten findet man in Tab. 4 und 5. Ich fange in der Regel mit feinem Futter (Tabletten) an und steigere die Partikelgröße mit zunehmendem Larvenalter. Einige Trichtermundlarven nehmen nur Partikel einer bestimmten Größe auf, andernfalls kann sich der Reusenapparat verstopfen. Durch Beobachtung läßt sich die ideale Größe leicht ermitteln. Hervorragende Ergebnisse werden beim Verfüttern geringer Mengen von Trockenhefepräparaten erzielt: Die Kaulquappen werden kräftiger und gesünder, die Jungfrösche sind größer und vitaler. Schon die Altmeister der Froschterraristik verwendeten eine Reihe von speziellen Futtermitteln: zerriebene Frischalgen und Brennesselkraut *(Herba urticae)*, Miragest-Trockenhefe, zerriebene Leber von Fischen und Trockenfutter.

Bei der Anfütterung von Jungfröschen ist bei manchen Arten Kleinstfutter wie Springschwänze (Collembolen), Milben und Blattläuse notwendig, so bei den winzigen Jungtieren von *Mantella cowani*. Später geht man dann auf Essigfliegenfütterung über. Von den großen Baumfröschen *(Agalychnis)* sind die Jungtiere normalerweise schon so groß, daß sie sofort kleine Stubenfliegen fressen. Notfalls genügt auch eine große Essigfliegenart *(Drosophila hydei)*. Da die Jungfrösche bei der Futteraufnahme sich unterschiedlich verhalten, sind die Arten in getrennten Aufzuchtbehältern unterzubringen. Meine sehr behenden *Hyperolius*-Jungen fraßen den anfangs im selben Behälter untergebrachten Nachzuchten von *Smilisca phaeota* dauernd das Futter weg. *Smilisca* sind genau wie die *Agalychnis* sehr langsame Fresser, weil sie sich vor dem Zupacken erst gründlich orientieren müssen. Ein gutes Aufzuchtfutter sind vitaminisierte frischgeschlüpfte Grillen und Heimchen sowie *Drosophila*-Maden, die einen hohen Nährwert haben.

Die benötigten Futtermengen für eine kleine Jungfroschgruppe sind enorm, da die Tiere buchstäblich im Futter stehen müssen. Bei 500–1000 Tierchen erfordert die reibungslose Versorgung einiges an organisatorischem Talent.

Die Krankheiten der Froschlurche

Diagnose und Symptome

Die Amphibien sind durch ihre sehr durchlässige Haut und wenig schlagkräftige Abwehrmechanismen im Blut- und Lymphsystem sehr anfällig gegenüber Parasiten, Bakterien und Pilzen. Bei Untersuchungen stellt man immer wieder fest, daß in den Fröschen und Kröten ein gewisses Potential an Keimen ständig vorhanden ist und ohne äußerlich erkennbare Krankheitssymptome toleriert wird. Bei für den Wirt ungünstigen Lebensbedingungen kann sich jedoch das Gleichgewicht zugunsten der Parasiten verschieben und damit die tödliche Krankheit des Frosches auslösen. Unsauberkeit im Terrarium und eine falsch gewählte Temperatur sind oft der Nährboden für seuchenartige bakterielle und mykotische Infektionen vor allem dann, wenn die Tiere zusätzlich durch Transport oder Hunger geschwächt sind. Die Möglichkeit, daß Parasiten über Wasser, Einrichtungsgegenstände und Futtertiere (Wiesenplankton, Tubifex, Blutegel, Fliegen, Schnecken, Fische, Mücken usw.) eingeschleppt werden können, ist ebenfalls in Betracht zu ziehen.

Fast jeder, der sich schon mit der Haltung und Zucht größerer Froschgruppen befaßt hat, kann von unerklärlichen Massensterben berichten, die z. T. wertvolle Bestände innerhalb weniger Tage lichteten. Aber auch im schwachbesetzten Liebhaberterrarium treten immer wieder Todesfälle auf, deren Ursache mangels entsprechender Geräte und Erfahrungen bei der Untersuchung und Diagnose für den Terrarianer nicht erkennbar ist. Meist endeckt man die Leichen erst, wenn sie schon halb verwest sind oder als aufgequollene „Ertrunkene" im Wasserteil liegen. An solchem Sektionsmaterial wird selbst ein Fachwissenschaftler verzweifeln.

Für diejenigen, die wertvolle Frösche pflegen oder sich berufsmäßig mit der Amphibienhaltung befassen müssen, ist ein gutes Mikroskop mit mindestens 800facher Vergrößerung und das Werk von Reichenbach-Klinke empfehlenswert, denn nur bei sofortigen Sektionen an frischtotem Material ist eine Vordiagnose möglich. So läßt sich ein Wurmbefall, eine Bakterien- oder Pilzinfektion mit etwas Übung leicht feststellen und vorbeugende und eindämmende Maßnahmen können schon eingeleitet werden, wenn weiteres Material noch auf dem Weg zur Untersuchungsstelle ist. Leider sind die Erfahrungen mit diesen Stellen nicht immer positiv, da auch dort das Wissen auf dem relativ jungen Gebiet der Amphibienpathologie noch nicht ausreicht und oft auch eine Überlastung zu ungenauen Diagnosen führt. Viele Wurmarten und bakterielle Krankheitserreger der Frösche können auch vom hochqualifizierten Fachwissenschaftler nur durch komplizierte Testreihen genauer bestimmt werden, die nur selten möglich sind. Stoffwechselerkrankungen entziehen sich bis auf wenige Ausnahmen (Knochenerweichung) jeglicher Untersuchungsmöglichkeit. Das gilt besonders für die gefürchteten Krämpfe und das Schocksterben. Für eine Schnelldiagnose entnimmt man von flächigen Hautwunden lebender Tiere Abstriche und untersucht sie bei mindestens 800facher Vergrößerung auf Bakterien und Pilzfäden. Bei verendeten Fröschen sind, falls äußere Symptome fehlen, folgende Organe oder Körperstellen schrittweise zu untersuchen (s. a. Reichenbach-Klinke):

Knoten (in der Haut oder in Organen): Inhalt kurz auf Milben oder abgekapselte Wurmlarven untersuchen (es kann sich auch um Tuberkulose oder krebsartige Wucherungen handeln). Zusätzlich ist ein histologisches Präparat anzufertigen, das man an eine Untersuchungsstelle einsendet.

Muskulatur: Quetschpräparat. Suche nach Knötchen oder Zysten. Histologisches Präparat.

Herz: dto.

Verdauungsorgane: öffnen und mit Pipette vom Inhalt Abstriche machen. Suche nach Würmern, deren Larven und Eiern, Amöben, Einzellern (Opalina und Balantiden z. B. gehören zum normalen Darminhalt und sind nicht pathogen).

Leber: Prüfen auf Verfärbung und Zysten. Quetschpräparat. Bakterienbefall?

Gallenblase: Inhalt abpipettieren und Abstrich machen, evtl. Quetschpräparat.

Harnblase: dto. Suche nach Würmern und Einzellern.

Geschlechtsorgane: Abstriche, Quetschpräparat.

Lunge: Quetschpräparat. Suche nach Würmern und Larven wird fast immer erfolgreich sein (z. B. bei *Agalychnis* und *Hyperolius*). Auch Milben sind hier manchmal anzutreffen (*Phyllomedusa lemur* und *Dendrobates*).

Gehirn und Rückenmark: Besonders bei Verhaltens- und Bewegungsstörungen des verstorbenen Frosches können Erreger ins Zentralnervensystem eingedrungen sein (Tetrahymena usw.). Abstriche, Quetschpräparate.

Blut: Mit Pipette entnehmen, Abstrich. Suche nach Bakterien (z. B. Pseudomonas), Mikrofilarien, Trypanosomen. Sind in den roten Blutkörperchen Erreger feststellbar? Nach Möglichkeit (Arztpraxis) kann ein Blutbild erstellt werden. Rote Blutkörperchen (Erythrozyten) sind bei Amphibien kernhaltig, Anzahl bei Froschlurchen 400–600 000 pro mm³. Leukozytenanteil etwa 18 000 pro mm³.

Augen: Werden oft von Wurmlarven befallen und erblinden.

Eingehendere Arbeits- und Bestimmungshinweise sind der Fachliteratur zu entnehmen. Nach Möglichkeit Gewebeproben (Tierarzt fragen) und isolierte Parasiten an Untersuchungsstellen einsenden und Protokoll beifügen.

Im Wasserteil ertrunkene Frösche sind fast immer krank gewesen, nur in wenigen Fällen lag das an schlecht konstruierten Wasserbecken (Kletterstein einlegen).

Zur Erleichterung einer Diagnose und einer Behandlung sind die wichtigsten Krankheitssymptome und entsprechende Behandlungshinweise in den folgenden Tabellen dargestellt. Sie sind vor allem für eine Schnelldiagnose und rechtzeitige Vorbeugungsmaßnahmen gedacht, an die sich in der Regel eine gründliche Untersuchung des Krankheitsfalles anschließen sollte. Bei Bakterienseuchen, die in letzter Zeit zu verheerenden Verlusten geführt haben, sind Ärzte bzw. Bakteriologen um Rat zu fragen. Gelegentlich können sie Kulturen der Erreger anlegen und einen Immun-Test gegenüber Antibiotika durchführen, der eine Aussicht auf Erfolg bei der Behandlung der Seuche verspricht. Ich bitte alle Froschpfleger bei Behandlungserfolgen oder Identifizierung der Erreger sich mit mir in Verbindung zu setzen oder die Daten baldmöglichst in der DATZ, der Herpetofauna oder im Aquarien-Magazin zu veröffentlichen. Nur so können die gewaltigen jährlichen Verluste verhindert werden, die bei manchen Arten in die Tausende gehen.

Tab. 7. Äußerlich erkennbare Symptome von Froscherkrankungen und deren mögliche Ursachen

Ort	Symptome	Ursachen; Kommentar	Behandlung
Haut:	–Blutunterlaufene Stellen (Hämorrhagien), vorzugsweise am Bauch und an den Schenkelinnenseiten, evtl. auch an Schleimhäuten oder am Rücken. Öfters als Seuche auftretend.	–Vergiftung durch andere Lurche, Verätzungen (Wasser), Pseudomonas-Infektion: „Red leg" oder „Frühjahrsseuche".	A
	–offene Schnauzen, Augendeckel, Kniegelenke.	–Transportschäden durch Scheuern an falscher Verpackung, Verletzungen durch falsche Deckel- oder Seitengitter (Drahtgaze) am Terrarium. Zu kleine Behälter: „Scheibenspringen".	B
	–schwärzliche Punkte, die sich zu offenen Hautwunden vergrößern.	–Unsaubere Umweltbedingungen (Haltung, Transport), bei Hyperolius z.T. zu hohe Luftfeuchtigkeit. Seuchengefahr!	C
	–Pusteln, Knötchen auf oder in der Haut.	–Ektoparasiten (Einzeller), Wurmlarven (Cercarien), Milben! Evtl. „Molchpest" oder krebs-/tuberkuloseartige Geschwüre.	D
	–größere, nässende und offene Wunden mit weißlichem Grund (Entzündungen).	–Sprungverletzungen, fortgeschrittene bakterielle Herde.	E
	–größere, nässende und offene Wunden, die darunterliegenden Knochen werden ebenfalls zerstört (Dendrobates), vorzugsweise am Schädel oder an den Gliedmaßen (seuchenartiger Charakter) der Infektion).	–häufig bei Dendrobates und Verwandten beobachtet. Evtl. durch Verätzungen und Scheuerstellen ausgelöste Infektion, vermutlich bakterieller Art? Sehr gefährlich!	F
	–Nässen, Eitern der gesamten Haut (grünlich-gelber schleimiger Überzug).	–Pseudomonas-Infektion, Häutungsdefekte durch negative Umweltbedingungen (Vitaminmangel, Transport). Evtl. seuchenartige Ausbreitung.	G
	–Verpilzungen: wattearrig oder als Mischinfektion bei Bakterienbefall. Auch in inneren Organen möglich, z.T. nach Verfüttern von Trockenhefe bei Larven beobachtet (Abschmelzen der Hautsäume).	–bei wasserlebenden Arten Befall mit Saprolegniacea, gefürchtet bei Kaulquappen oder Gelegen. Innere Mykosen sind sehr gefährlich und haben z.T. lange Latenzzeit.	H
	–Hautverfärbungen wie Ausbleichen oder Fleckigwerden.	–Bakterien oder Pilzbefall. Evtl. auch Hinweise auf innere Defekte.	I

Fortsetzung: Tab. 7. Äußerlich erkennbare Symptome von Froscherkrankungen und deren mögliche Ursachen

Ort	Symptome	Ursachen; Kommentar	Behandlung
	–Häutungsschwierigkeiten, z. T. nach Medikamenten-Behandlung. –Albinismus, Melanismus	–Vitaminmangel (B 2), Stoffwechselstörung, Transportnachwirkung. –Erblich bedingt, Tiere sind meist steril und kaum lebensfähig.	J
Augen:	–weißbläuliche Verfärbung der Hornhaut oder des Augenhintergrundes.	–Häutungsdefekt, Pilz- oder Bakterienbefall (Oberfläche), Stoffwechselstörung. Bei Veränderung des Augeninhaltes Befall mit Wurmlarven (Trematoden).	K

Tab. 8. Krankhafte Veränderungen an Körperteilen oder des Verhaltens bei Froschlurchen und mögliche Ursachen

Ort	Symptome	Ursachen; Kommentar	Behandlung
Gliedmaßen:	–Schwellung von Gliedmaßen oder Teilen davon, (Ödeme), die mit seröser Flüssigkeit gefüllt sind.	–meist Defekte im Stoffwechselsystem (Mangelerkrankung). Evtl. auch Entzündung oder Quetschung, Punktieren und Abstrich machen. Besonderer Verdacht auf Pseudomonas-Infektion.	L
	–Wirbelsäulen- oder Gliedmaßenverkrümmung, „Gummiknochen", abklappender, schwacher Unterkiefer bei NZ.	–manchmal erblich bedingt (Nachzuchtdegeneration), meist aber Stoffwechselerkrankung, die entweder auf Mineral- oder Vitaminmangel (D-Komplex) beruht. Fehlen von UV-Licht bewirkt rachitische Mißbildungen. Überdosierung von Vitamin D gleichfalls schädlich!	M
Verhalten:	–Rapides Abmagern, Nahrungsaufnahme normal oder eingeschränkt.	–meist auf Wurmbefall (Darm und Lunge) zurückzuführen. Verbreitet bei *Agalychnis* und manchen *Hyperolius*-Arten. Ohne Behandlung oft tödlich verlaufend. Hohe Übertragungs- und Ansteckungsgefahr für andere Frösche. Abmagerung tritt oft bei *D. histrionicus* und *D. lehmanni* auf, dort vermutlich Stoffwechselstörung.	N

Fortsetzung: Tab. 8. **Krankhafte Veränderungen an Körperteilen oder des Verhaltens bei Froschlurchen und mögliche Ursachen**

–Untypisches Aufsuchen und längeres Verweilen in oder am Wasserteil, oft in charakteristischen Stellungen. Die Verstecke werden teilweise nicht mehr aufgesucht (*Agalychnis*). Bewegungen bei *Dendrobates* torkelnd, gelegentlich blasiger Darmvorfall und Gähnen. Tiere suchen immer wieder das Wasser auf und ertrinken schließlich.	–Neben dem Hinweis auf beginnende Laichbereitschaft (Rufe) ist eine Wurmerkrankung möglich, besonders bei *Agalychnis* und *Hyperolius*. Es kann sich aber auch nur um „wassertankende" Frösche handeln, die irgendwo ein Gelege zu versorgen haben (*Hyperolius, Dendrobates*). Bei *Dendrobates*-Todesfällen ist der Verdacht auf Pseudomonas-Infektion gegeben; wenn gleichzeitig der Körper aufgebläht erscheint und das Tier öfters „gähnt". Es sind zumeist keine direkten Anzeichen wie blutunterlaufene Stellen oder dergl. erkennbar.	O
–Gliedmaßenlähmungen; Bewegungsstörungen; Taumeln.	–meist Stoffwechselerkrankungen (Mangelkrankheiten des Vitamin-, Spurenelemente- oder Mineralstoffbereiches und/oder UV-Licht-Mangel). Evtl. Parasiten im zentralen Nervensystem (Tetrahymena). Insektizidvergiftung, Tumore. Bei *Dendrobates* deutet Taumeln auf innere Infektion mit Bakterien hin, s. dann unter A.	P
–Krämpfe.	–Vitamin- oder Mineralstoffmangel. Vergiftungen, evtl. Parasiten im ZNS, Schockzustand oder Überhitzung, z.B. durch Handwärme.	Q
–Schocksterben, oft von Krämpfen des gesamten Körpers begleitet.	–endogene Ursachen unbekannt (Neuromuskulärer Block?). Bei vielen Froschgruppen beobachtet (*Mantella, Hyla, Hyperolius, Dendrobates*). Kann zu erheblichen Verlusten führen.	R
Darmvorfall: –*Hyla*-Arten, *Agalychnis, Hyperolius*.	–ungeeignetes Futter, zu einseitige Ernährung, Vitamin- oder Bewegungsmangel. Bei *Agalychnis* Anzeichen für Wurmbefall (s. N). Bildet sich z. T. von selbst zurück bei Futterumstellung. Bei *Dendrobates* Verdacht auf Pseudomonas-Infektion (s. A und Gruppe Verhalten).	S

Behandlungshinweise

Erkrankte Tiere sofort in Quarantäne! Bei Seuchen Desinfektion des gesamten Terrariums und Erneuern der Einrichtung. Medikamente s. Tab. 9.

Die Behandlungsmethoden im einzelnen:

A Sofortige Quarantäne, Seuchengefahr. Bei Vergiftungsverdacht Spülen des Tieres mit fließend lauwarmem Wasser (mindestens 10–15 min). Bei Bakterien (Pseudonomas) evtl. Injektionen oder Verfüttern von Antibiotika (z. B. Penbritin) und gleichzeitige Bäder in Antibiotika- oder Salufit-Lösung. Das Terrarium ist zu leeren und alle Einrichtungsgegenstände sind wegzuwerfen oder mit Chinosol-Lösung oder Sagrotan bzw. Forma-Vetyl abzuspülen. Nach längerer Einwirkungszeit (mindestens 1 Tag) kann man den Behälter wieder neu bepflanzen. Ins Wasserbecken wird eine leichte Kaliumpermanganat- oder besser Salufit-Lösung gegeben. Erreger können über Einrichtungsgegenstände (Moos, Steine, Wurzeln, Wasserpflanzen) eingeschleppt werden. Weitere Hinweise hierzu s. unter „Red-leg"-Seuche.

B Beseitigen der Mängel am Terrarium. Quarantäne unter möglichst sterilen Bedingungen (Glasterrarien). Pflege der Hautwunden mit stark haftenden, antibakteriellen und antimykotischen Salben (Terracortril/Pfitzer, Locacorten-Vioform L.V./Ciba, Neo-Cortiderm, Aureomycin-Salbe) oder Puder (Fungiplex-Puder/Hermal Chemie, Orgasepton). Optimale Fütterung wichtig. Zusätzlich Vitamin B_2 reichen.

C Terrariumdesinfektion. Behandlung wie bei B (Locacorten-Salbe). Luftfeuchtigkeit absenken bei *Hyperolius*. Auf Sauberkeit achten.

D Sind in den Knötchen Milben festgestellt worden, diese nach Betäubung des Tieres (Äthylurethan, MS 222-Lösung) unter einem Stereomikroskop entfernen. Tiere isoliert halten, da aus Eiern noch Milben nachschlüpfen können. Operationswunden nach B versorgen. Evtl. lassen sich so auch eingekapselte Wurmlarven (Cercarien) entfernen (Tierarzt bzw. Untersuchungsstelle). Ektoparasiten werden mit entsprechenden Lösungen bekämpft (s. Tab. 9). Tiere mit Geschwüren sollten eingeschickt werden.

E Behandlung wie unter B. Bei großflächigen Hautwunden ist eine Heilung meist nicht mehr möglich.

F Bisher kaum Behandlungserfolge erzielt. Eine Möglichkeit wäre der Einsatz von Antibiotika-Salben oder Puder mit Breitbandwirkung, vorher sollte aber die Ursache genauer untersucht werden. Hauptsächlich bei *Dendrobates* und *Phyllobates*-Arten beobachtet, die Schädelknochen werden angegriffen und aufgelöst. Behandlungsversuch mit Terracortrilgel/Pfitzer, Stellen 2 x täglich mit dem Gel betupfen (Wattestäbchen verwenden). Evtl. noch zusätzlich Penbritin verfüttern.

G Bäder in Salufit-Lösung, evtl. Pinseln mit Chinosol-Lösung. Bei Pseudomonas-Infektionsverdacht s. dort. Vitaminpräparate (B-Komplex) (s. auch I) geben. True-Lite-Beleuchtung installieren.

H Dem Schwimm- oder Badewasser Cilex- oder Salufit-Lösung zusetzen oder Laichklumpen damit besprühen. Bei Verdacht auf innere Mykosen ist eine

Heilung noch nicht möglich. Die Ansteckungsgefahr ist groß. Todesfälle müssen aber nicht immer auftreten. Hefepräparate absetzen!

I s. G

J Isolation. Bei Infektionsverdacht Bäder nach G. Luftfeuchtigkeit erhöhen durch häufiges Sprühen. Multi-VT-Min oder einen B_2-Vitaminkomplex dem Badewasser zusetzen. Nach Behandlung mit Antibiotika oder dgl. verweigern die Frösche die Häutung, d. h. sie vermögen die Haut wegen eines abstoßenden Geschmacks nicht abzuziehen und zu fressen. Hier helfen Bäder in temperiertem Frischwasser. Ein Häutungsvorgang sollte dann aber überwacht werden. Gut bewährt hat sich auch ein kurzes Salzbad, dessen Dosierung in der Medikamentenliste aufgeführt wird.

K Nur bei Oberflächendefekten Heilung möglich, meist ansteckend! Pinseln mit Salufitlösung, Einreiben mit Augensalbe (Irgamid, Neo-Cortiderm) Vitamin-Komplex geben (Behandlungsdauer etwa 10–15 Tage). Bei Befall mit Wurmlarven Heilung bisher unmöglich. Quarantäne!

L Vitaminkomplex füttern. Bei Infektionsverdacht Behandlung nach K.

M Bei gehäuftem Auftreten in Zuchten Vitamin- und Mineralstoffkomplex füttern (Osspulvit, Multi-VT-Min, Polder-Mischung), zusätzlich True-Lite-Röhren installieren. Bei Verdacht auf Überdosierung von Vitamin D dieses sofort absetzen. Futter abwechslungsreicher!

N Sorgfältige Quarantäne. Behandlung mit Panacur/Hoechst (2,5%ige wäßrige Suspension) über Injektionsspritze und Silikonschlauch oral einflößen.

Menge bei *Agalychnis* etwa 0,5–1 ml pro Behandlung, Jungtiere etwa 1 Tropfen, nach einiger Zeit wiederholen. Eine Verwendung von Concurat L 10%ig/Bayer ist auch möglich, doch sollte das Präparat stärker mit Wasser verdünnt werden. Evtl. ist ein Zusatz des Mittels im Badewasser sinnvoll. Bei Unverträglichkeit ist eine Dosierung nach dem Körpergewicht hilfreich. Kotproben auf Würmer, Larven und Eier untersuchen. Bei Verdacht auf Stoffwechselstörung (*Dendrobates*) dem Badewasser Vitamine (Multi-VT-Min) zusetzen.

O Sollte sich der Verdacht auf Wurmerkrankungen erhärten, s. unter N. Bei Infektionsverdacht (*Dendrobates*) s. unter A. Penbritin verfüttern!

P Vitamin- und/oder Mineralstoffkomplex verabreichen. UV-Lichtröhren (True-Lite) installieren. Vergiftungen sind durch Pflanzenschutzmittel oder Futterinsekten (Wiesenplankton) möglich. Klingelhöffer empfiehlt etwas milchsauren (löslichen) Kalk ins Wasser zu geben. Tier einsenden oder untersuchen. Bei Parasitenverdacht auch unter A.

Q Wie bei P. Kreislaufstützende Injektion (Tierarzt) s. auch P und R (Vorbeugung durch Polder-Mischung).

R Wird meist durch starken Streß ausgelöst (Herausfangen, Jagen, Transport), in seltenen Fällen erholen sich die Tiere wieder. Es könnte sich um eine plötzliche Blockade der Nervenleitung mit Krampfzuständen der Muskulatur (Tetanus) handeln. Sofortige Wiederbelebungsversuche durch krampflösende und kreislaufstärkende Injektionen mit Eukraton/Nordmark-Werke, Cardiazol/Knoll; Lobelin „Ingelheim"/Boehringer; Vandid/Lentia; Dosierungen müssen experimentell ermittelt werden, da bisher keine Erfahrungen vorhanden. Tiere nach Möglichkeit in sauerstoffreichem Frischwasser schwenken. Achtung: Frösche können in bewußtlosem Zustand leicht ertrinken! (s. auch **P**) Vorbeugung durch Polder-Mischung.

S Bei Darmvorfall Behandlung mit Concurat oder Panacur nach **N**, wäßrige Lösung oral eingeben. Fütterung abwechslungsreicher gestalten, mehr Bewegungsfreiheit ermöglichen. Vitaminkomplex zufüttern. Evtl. auch Anzeichen für Pseudomonas-Infektion, wenn der Körper gleichzeitig aufgebläht oder dick erscheint *(Dendrobates)*, s. dann unter **A** und „Red leg."

Tab. 9. Desinfektionsmittel und Medikamente

Desinfektion:	Anwendung, Dosierung	Wirkungsbereich
Sagrotan Forma-Vetyl Primasept	Behälter- und Gerätedesinfektion, Handreinigung. Im leeren Terrarium mindestens 1 h einwirken lassen. Anschließend gut spülen, sonst Vergiftungserscheinungen	Bakterien und Pilze, teilweise auch Viren
Chinosol	wäßrige Lösung 1:4000–5000 (einpinseln)	Hautdesinfektion
Jodjodalkohol	10%ige Lösung (einpinseln)	Hautdesinfektion
Kalium-Permanganat	leicht rosafarbene Lösung herstellen, als Badewasser oder Kurzbäder verwenden	Hautdesinfektion, Vorbeugung
Kochsalz Ektozon	10–15 g auf 1 l (Bad), Tiere beobachten	Hautdesinfektion, Hautparasiten
Salzbad	1 l künstliches Meerwasser, Dichte 1,023–1,025 auf 9 l Süßwasser	Bei Härtungsschwierig- keiten, zur Quarantäne. Behandlung: Baden in flachem Wasser unter ständiger Beobachtung. Dauer 1–3 min.
Kupfersulfat	Stammlösung: 1 g auf 1 l, davon 2 ml auf 1 l Wasser. Bad, Tiere beobachten	Hautdesinfektion, Parasiten (Oodinium)
Cilex	Laichbehandlung, Froschzucht, Quarantänebad (s. d.)	Verpilzung
Kamillentee	Bäder bei Hautwunden, auch zur Vorbeugung im Wasserteil, öfters erneuern	Hautdesinfektion, mild wirkend
Antibiotika-Präparate:		
Salufit (gelbe Tabl.) Vitakraft	bestes Präparat für Froschkrankheiten, leider aus dem Handel genommen. Neue Form nicht so wirksam. Wasserdesinfektion, Quarantäne, Wunddesinfektion (Einpinseln), Froschzucht, Laichbehandlung. Breitband- wirkung. 1 Tabl. auf 4 l Wasser, in schweren Fällen 1 Tabl. auf 2 l Wasser (gelbe Tabl.)	Bakterien, Pilze, Viren, Ektoparasiten

Tab. 9. Desinfektionsmittel und Medikamente (Fortsetzung)

	Anwendung, Dosierung	Wirkungsbereich
Penbritin (Pulver, Paste engl. Präparat)	Penicillin-Präparat zum Verfüttern. Bei Seuchen oder Hautwunden mit Sonde verfüttern. Bei *Dendrobates*-Knochenfraß gelegentlich Erfolge erzielt	Bakterien-Infektionen, Wirkung über die Verdauungsorgane
Aureomycin (Kapsel, Salbe, Tropfen)	über Futter verabreichen oder als Salbe auftragen. Vollbad in wässriger Lösung machen	innere bakterielle Infektionen, Hautschäden durch Kokken
Chloramphenicol (physiol. Lösung)	nach Körpergewicht berechnen (100 mg/kg) und in Rückenlymphsack injizieren. 3 Tage lang mit langsam verminderter Dosis wiederholen	innere bakterielle Infektionen
Bactrim (Tabletten, Kapseln)	Lösung ca. 3 mg/l oder 1 Tabl. auf 60 l Wasser	bei bakteriellen Seuchen
Tetracyclin	Lösung herstellen (Körpergewicht-Berechnung) und 1 × täglich Tiere darin einige Minuten baden. Für die Dosis noch keine sicheren Angaben	Transportschäden, Hautdefekte
Bayrena (flüssig) Durenat	Sulfonamid-Basis. Nach Körpergewicht die Dosis berechnen. Einpinseln oder über Sonde eingeben. Depotwirkung	Hautschäden, innere bakterielle Infektionen
Sulfanilamid	500 mg auf 1 l Wasser; Vollbäder, z. T. über Sonde eingeben	blutige Darmentzündung (Colitis)
Neo-Cortiderm (Salbe, holländ. Präparat)	bei äußerlichen Augentrübungen (weißlicher Belag) aufstreichen. Behandlungs-Dauer bis 14 Tage. Empfehlenswert ist zusätzlich Antibiotikagabe über die Verdauungsorgane	Hautbakterien, Augentrübung (DATZ 1978, 10)
Terracortril-Gel (enthält Polymyxin B!)	nur das Gel hat hohe Haftfähigkeit! Gegen Hautwunden, auch bei *Dendrobates*, z. T. gute Erfolge erzielt. Behandlungs-Dauer 10–28 Tage Aufstreichen auf die Wunde, z. T. täglich	Hautwunden, Knochenfraß bei *Dendrobates*
Moronal-Salbe	mykostatisches Antibiotikum. Haftfähigkeit ausreichend. Tägl. einreiben	Hautpilze
Locacorten-Salbe (Creme, Paste)	Haftfähigkeit der Creme ausreichend. Täglich einreiben	Hautinfektionen vom Mischtyp (Bakterien, Pilze)
Polymyxin B, E (Colestine)	50 mg-Ampulle (Pulver). Lösen in 2 ccm Aq. bidest; davon 2 ccm auf 100 ml Wasser. Ganzbäder, tägl. 1–2 × einige Minuten. Lösung ist 14 Tage im Kühlschrank haltbar. Unterstützung der Behandlung durch Salufit im Wasserteil des Terrariums	gegen Pseudomonas aeruginosa-*Dendrobates*-Seuche und „Red leg"
Furoxan W (Geflügelmedikament)	20 mg/10 l Wasser (DATZ 1967,7), bei Infektionen an Molchen verwendet	Hautinfektionen, „Molchpest"
Furanace P (Aquaristikpräparat)	in Aquariendosierung als Bad anwenden. Bisher wenig Erfahrung bei Amphibien, bei Fischen z. T. gut wirksam	bakterielle Infektionen
Orgasepton	Sulfonamid-Puder. Auf befallene oder verletzte Hautstellen streuen. Öfters wiederholen (Polder)	Hautdefekte (DATZ 1973, 12)

Tab. 9. Desinfektionsmittel und Medikamente (Fortsetzung)

	Anwendung, Dosierung	Wirkungsbereich
Kreislauf- und atmungsstützende Mittel:		
Eukraton/Nordmark	Keine eigene Erfahrung	gegen Krämpfe
Cardiazol/Knoll	über die Anwendung (s. Bonath)	
Lobelin „Ingelheim"/Boehringer	Verabreichung meist durch	
Vandid/Lentia	Injektion in Lymphräume	
Calciumchlorid (Ca Cl$_2$)	Bad bei Krämpfen: etwas Ca Cl$_2$ in Wasser lösen und Vitamine zugeben, löslicher ist milchsaurer Kalk)	gegen Schockkrämpfe
Wurmmittel:		
Concurat L (Pulver, 10%ig) Panacur (Pulver, 4%ig)	Geflügelwert auf Körpergewicht des Frosches umrechnen und wäßrige Lösung herstellen. Überdosierungen scheinen unschädlich zu sein (?). Lösung ins Maul spritzen (Injektionsspritze mit Schlauch oder Spritzflasche, 1–2 ccm)	
Panacur (2,5%ige wäßrige Lösung)	direkt ins Maul spritzen, etwa 1–2 ccm bei größeren Fröschen wie *Agalychnis*. Ob diese starke Dosis Nebenwirkungen zeigt, bedarf noch eingehender Beobachtungen. Bisher traten aber keine Todesfälle auf. Richtwerte: Concurat 100–300 mg Wirkstoff auf 1 kg Körpergewicht; Panacur 30–50 mg auf 1 kg Körpergewicht.	
Nematolyt vet.	Keine Angaben über Eignung bei Amphibien (gegen Nematoden)	
Mineralstoff- und Vitaminkomplexe:		
Osspulvit flüssig, Pulver	Mineralstoff- (Kalk-) Präparat, ins Maul pipettieren oder Futtertiere einpudern	
Nekton S	Vitamin- und Spurenelementkomplex, wasserlöslich	
Pervinal-Pulver	Vitamine, Spurenelemente und Mineralstoffe (sehr gut!)	
Multibionta	Vitaminkomplex, wasserlöslich	
Multi-VT-Min (Vitakraft)	bestes Präparat für Dauergaben im Badewasser und Zucht, evtl. im Wechsel mit Nekton S	
Vitamin B$_2$	Lactoflavin (Hautschutzvitamin) schlecht wasserlöslich, evtl. mit Pipette reichen	
Vitamin B-Komplex	Polybion, Polyvital, wasserlöslich	
Trockenhefe, Sanal-Nederma, Miragest	Aufbaufutter für Kaulquappen. Wenig aufs Wasser streuen, nicht zuviel geben.	
Davitamon C und D/Organon + Gistocal/Brocades (holländische Präparate) „Polder-Mischung"	Diese pulvrige Mischung wird zur Vorbeugung gegen Krämpfe und Vitaminmangel über Futterinsekten gereicht. Davitamon wird staubfein zerkleinert (Kaffeemühle) und mit der 3-fachen Menge Gistocal vermischt	

Die Antibiotika-Anwendung kann bei Amphibien, speziell bei *Dendrobates*, zu Todesfällen führen, daher genaue Dosierung nach Körpergewicht empfehlenswert. Die Behandlung sollte mit höchstmöglichen Dosen einsetzen und bis zum Abklingen der Infektion leicht vermindert beibehalten werden. Bei vorzeitigem Abbruch der Behandlung können die Erreger resistent werden. Bei Aquarienfischen hat sich eine Antibiotikaanwendung (z. B. Chloramphenicol) auf die Fortpflanzungsfähigkeit negativ ausgewirkt. Über die Befunde bei Amphibien liegen noch keine Beobachtungen vor.

Gefährliche Erkrankungen

„Red leg"-Seuche. Die Symptome sind eine Rötung der Haut, speziell der Bauchpartien und der Schenkelinnenseiten, evtl. auch der Schleimhäute im Maul. Die befallenen Stellen können aufbrechen. Die Lymphsäcke sind teilweise mit seröser Flüssigkeit gefüllt, daher erscheinen die Tiere aufgebläht. Außerdem sind die Tiere apathisch, taumeln und reagieren kaum auf Außenreize. Es ist mit hohen Verlustquoten zu rechnen, da die Krankheit sich schnell seuchenartig ausbreitet. Das gesamte Terrarium muß sofort geräumt und desinfiziert werden, die Frösche werden wenn möglich einzeln in Quarantäne behandelt. Die Erreger gehören zur Pseudomonas-Gruppe, die in der Natur überall anzutreffen sind: z. B. im Wasser, in Pflanzen, in der Erde und der Luft. Die einheimischen Froschlurche werden besonders im September und Oktober davon befallen *(P. hydrophila)*. Eine Behandlung ist nur über das Badewasser und Futter durch Antibiotika möglich (während 1–2 Wochen).

Zwei weitere **froschpathogene Pseudomonas-Erreger** sind bekannt geworden. Sie rufen Mattigkeit, Blutungen in Haut und Muskeln, Darmkanal und Blase sowie Erbrechen hervor, denen Schwellungen der Lymphräume und der Leibeshöhle folgen. Im fortgeschrittenen Stadium treten irreversible Leber-, Milz-, Nieren- und Darmschäden auf. Eine Heilung ist auch hier nur durch massiven Antibiotika-Einsatz erfolgversprechend.

Ps. aeruginosa = Bact. pyocyaneum ist höchstwahrscheinlich für einen Teil der *Dendrobates*-Massensterben *(D. histrionicus, D. lehmanni)* verantwortlich (DATZ). In mindestens zwei Fällen konnte eine Ausbreitung der Seuche durch Salu-fit-Dauerbäder zum Stillstand gebracht werden. Dabei hält man die Frösche steril und relativ trocken, das Wasserteil wird mit einer Lösung von 1 gelben Tablette Salufit auf 2–4 l Wasser gefüllt. Die Behandlung sollte mindestens eine Woche durchgeführt werden. Das Präparat Polymyxin B oder E/Pfitzer wirkt sehr gut gegen obige Erreger. Man badet befallene Frösche 1 × täglich in einer Lösung von 2 ccm des Präparates auf 100 ccm Wasser (s. Medikamenten-Tabelle). Behandlungsdauer etwa 1–2 Wochen. Bei Verdacht auf bakterielle Erkrankungen sollte man Bakteriologen oder Ärzte um Rat fragen, die vielleicht Erregerkulturen und Immuntests durchführen könnten. Solange wir aber nicht wissen, welche Bakterien oder Viren normalerweise auf und in Fröschen leben, ist eine Bestimmung pathogener Arten fast nicht möglich.

Vor einer gleichzeitigen Unterbringung von Reptilien, speziell von tropischen *Anolis*-Arten mit Fröschen muß gewarnt werden, da sich bei mir kürzlich eine Ansteckung der Frösche *(D. histrionicus)* mit einer Bakterienseuche (Pocken) von *Anolis*-Arten aus Panama ereignet hat. Während die *Anolis* nach Ramseier durch Verfüttern von Penbritin in dreimaliger Dosis im Abstand von je einer Woche geheilt werden konnten, kam die Behandlung der drei Frösche zu spät. Sie hatten hauptsächlich an den Füßen, Zehen und Schenkeln offene weißliche Wunden, die an den „Knochenfraß" erinnerten. Lediglich ein Frosch, der immer relativ abgelegene und trockene Stellen bevorzugte, die die *Anolis* nicht aufsuchen konnten, überlebte ohne Krankheitsanzeichen. Die Erreger wurden vermutlich über den Kot oder Eiterreste der Pocken der *Anolis* an Pflanzen usw. übertragen.

Froschfotografie

Viele Terrarianer verfügen heute über eine gute Fotoausrüstung und möchten ihre Tiere gerne im Bild festhalten, sei es für das eigene Archiv, für Veröffentlichungen oder Vorträge. Bei seltenen Arten und bei besonderen Verhaltensweisen (Amplexus, Laichabgabe, Quaken) ist diese Fotodokumentation für eine wissenschaftliche Auswertung sehr wichtig.

Folgende Geräte haben sich als Grundausrüstung bewährt:
- eine gute Spiegelreflexkamera (24 × 36 mm), möglichst in schwarz
- ein Ersatzgehäuse für Schwarz-Weiß-Filme
- ein gutes, lichtstarkes Normalobjektiv, Brennweite ca. 50 mm
- ein Satz Zwischenringe oder ein Balgengerät (dies ist etwas unhandlich)
- ein Polarisationsfilter für das Normalobjektiv (wichtig!)
- eine Sonnenblende (vermeidet Blitzreflexe)
- ein Belichtungsmesser
- zwei Elektronenblitzgeräte, akkubetrieben, eventuell computergesteuert, koppelbar, Leitzahl sollte hoch sein.
- zwei bis drei Stative für Kamera und Blitze
- diverses Zubehör wie Blitzkabel, Streuscheiben, Hintergrundkarton in verschiedenen Farben, Fototerrarium mit abnehmbaren Frontscheiben, Blumenkübel mit tropischen Blattpflanzen usw.
- Filmmaterial nach Wahl, da hier jeder seine Geheimtips hat. Die DIN-Zahl sollte nicht über 23 liegen, für Vergrößerungen oder Druckvorlagen nimmt man feinkörnige Filme von 15 bis 19 DIN.

Ratschläge für Frosch-Nahaufnahmen

Arbeiten Sie nur mit ungestörten Tieren! Sehr gut hat sich ein Fototerrarium mit verschiedenen Blattpflanzen und Gräsern bewährt, bei dem die Frontschiebescheiben entfernt wurden. Manchmal muß man aber im Originalterrarium fotografieren (Laichabgabe, Paarung); hier bewährt sich eine entsprechend geplante Behälterkonstruktion. Bei Glasterrarien müssen die Rückwand und oft auch die Seitenscheiben durch Karton oder Korktapeten entspiegelt werden, sonst erhalten wir Blitzreflexe auf dem Film. Bei bodenbewohnenden Fröschen und Kröten sind dem Biotop entsprechend gestaltete Fotowannen praktisch. Sie verhindern ein Entkommen der Tiere und lassen sich farblich gut abstimmen, etwa durch wechselnde Untergründe wie Torfziegel, Mexifarnplatten, Kies, Sand oder Gesteine. Kleine Baumfrösche fotografieren wir auf einzelnen Pflanzen, die keine spiegelnden Blätter haben sollten. Man kann dann sogar im Freien bei Sonnenlicht arbeiten und erreicht so eine optimale Ausleuchtung und Farbwiedergabe. Bei Verwendung von Blitzgeräten in der Nahfotografie sind mindestens zwei Geräte erforderlich. Ein Blitz wird etwa im Winkel von 45−70° schräg von oben eingesetzt (Sonnenimitation), der zweite soll die Schlagschatten aufhellen, die sich meist unter der Kehle oder an den Flanken bilden. Die Blitzrichtungen sollte man sich vorher gründlich überlegen, eventuell mit Hilfe von Einstellampen; das erspart Ärger und Filmmaterial. Wenn man durch Glasscheiben blitzen muß (bei Gelegen), ist zu beachten, daß der Blitzeinfallwinkel gleich dem Ausfallwinkel (Reflexionswinkel) ist; bei ungünstiger Blitzposition haben Sie statt des Frosches den eigenen Blitz abgelichtet! Für die Einarbeitung in die „Glas-fotografie" möchte ich auf die Werke über Blitztechniken und Aquarienfotografie hinweisen, die im Literaturverzeichnis enthalten sind.

Ein gutes Hilfsmittel stellt ein Ringblitz dar, der kleine Objekte hervorragend aus-leuchtet. Durch die fehlenden Schatten wirken diese Aufnahmen manchmal etwas flach. Bei einigen Motiven, wie etwa Gelegen, ist der Ringblitz ungeeignet, da er sich in jeder Gallertkugel spiegelt. Hier hilft nur indirektes Blitzen gegen weißen Karton oder Goldfolie (wenn möglich durch eine Streuscheibe), wobei die gesamte Umgebung mit weichem Licht aufgehellt wird. Der Hintergrund wird beim Einsatz des Ringblitzes oft schwarz (Nachteffekt), was bei Amphibienaufnahmen nicht immer wünschenswert ist. Man hellt in solchen Fällen mit einem zweiten Blitz die Gegenstände hinter dem Objekt auf. Ein Polarisationsfilter ist unerläßlich bei Aufnahmen von feuchten und daher spiegelnden Objekten, zu denen auch die Amphibien zu zählen sind. Der Filter arbeitet optimal bei Tages- und Sonnenlicht, er bringt aber auch im Terrarium beim Blitzen Vorteile. Die günstigste Einstellung des Filters ist durch Versuche zu ermitteln.

Ein großes Problem bei Kleinbildkameras ist die Tiefenschärfe, die bei Nahaufnahmen nur wenige Millimeter beträgt. Wir fotografieren daher immer mit kleinstmöglicher Blende (16–22), was wiederum viel Licht und starke Blitzgeräte erfordert. Die Schärfe ist das wichtigste bei Nahaufnahmen. Sitzt das Objekt parallel zur Objektivlinse, kann sich die Tiefenschärfe voll auswirken. Das Auge des Objektes muß immer scharf sein.

Wenn man sich einmal die Bilder in den Vivarienzeitschriften anschaut, stellt man fest, daß nur sehr wenige wirklich gelungen sind. Der Rest ist entweder unscharf, falsch ausgelichtet oder zu schlecht komponiert. Dies ist ein wichtiger Punkt: gestalten Sie Ihre Bilder! Ein dunkelgrüner Frosch auf einem dunkelgrünen Blatt ist nur für Mimikry-Forscher interessant. Ich habe stets eine ganze Kollektion von Fotopflanzen und Untergründen in Reserve, die den Kontrast gegenüber dem Frosch verstärken und seine Farbe erst richtig zur Geltung bringen.

Gelungene Froschfotos erfordern viel Geduld und Filmmaterial, nicht nur im Freiland. Jede verunglückte Aufnahme ist ein Schritt zum Erfolg, wenn man aus den Fehlern lernt.

Für den Einsatz von Filmkameras (Schmalfilm- und 16 mm-Format) möchte ich folgende Hinweise geben: die Filmerei erfordert mehr Licht und Platz als die Einzelbild-Nahfotografie. Man wird sich daher in erster Linie mit Freilandaufnahmen unter natürlichen Lichtverhältnissen befassen. Im Studio muß das fehlende Licht mit Fotolampen und Halogenbrennern erzeugt werden, die eine ungeheure Wärme abstrahlen und die Amphibien innerhalb weniger Minuten austrocknen oder dem Hitzetod nahebringen. Nur sehr teure Stroboskopblitzgeräte, die mit der Kamerablende synchronisiert werden, können da weiterhelfen. In neuerer Zeit ist es durch das Licht der gewendelten True-Lite-Neonröhren möglich geworden, mit normalem Tageslichtfilm zu arbeiten. Es müssen aber etliche Röhren über dem Objekt angebracht sein, damit die Lichtintensität ausreicht. Wir verwenden nur neue Röhren, deren Farbtemperatur (5500° K) sich noch nicht durch das Altern verändert hat.

Bei Freilandaufnahmen ist eine Makroeinrichtung nützlich, die heute in fast allen

Schmalfilmkameras eingebaut ist. Für die Aufnahme von entfernten Objekten ist ein 10fach Zoom empfehlenswert, doch sollte man dann auf ein gutes Stativ und ruhigen Bildstand achten.

Tonbandaufnahmen

Bandgeräte

Für Freilandarbeiten – z.B. das Anlocken oder Auslösen eines Chors – reicht ein gutes Kassetten-Tonbandgerät mit automatischer Aussteuerung. Sollen wissenschaftliche Untersuchungen durchgeführt werden, ist man auf ein tragbares, schnellaufendes (19,5 cm/sec) Spulengerät angewiesen. Für Studio- oder Terrarienaufnahmen gehen neben dem tragbaren Gerät auch hochwertige Hifi-Stereo-Maschinen, die in der Lage sind, die notwendige Bandgeschwindigkeit mit geringsten Gleichlaufschwankungen einzuhalten, und die über eine Fernsteuermöglichkeit verfügen.

Bandmaterial

Hier sollten nur hochwertige Bänder mit geringem Störpegel (low noise) oder Chromdioxidkassetten verwendet werden.

Mikrofone

Für Freilandbeobachtungen gibt es verschiedene Möglichkeiten, die Rufe selbst weit entfernter Frösche mit ausreichender Trennschärfe aufzunehmen. Die wichtigsten Hilfsmittel sind zwei Typen von Richtmikrofonen: das Röhren- und das Parabolrichtmikrofon. Das Röhrenmikro ist in bewachsenem Gelände handlicher als der etwa einen halben Meter durchmessende Parabolreflektor. Beide Typen kann ein geschickter Bastler selbst herstellen.

Das Röhrenrichtmikro, auch Resonanzröhren-Richtmikrofon genannt, besteht aus einem Bündel von 20–50 Alu- oder Kunststoffrohren mit 10 mm Durchmesser, wobei die Rohre in der Länge abgestuft sind und mit bestimmten Frequenzen in Resonanz stehen. Das längste Rohr soll 1500 mm lang sein, es überträgt Frequenzen um 110 Hz. Alle weiteren Rohre werden um jeweils 20–30 mm gekürzt, bis wir bei einer Rohrlänge von 100–180 mm angelangt sind, deren Resonanz bei etwa 9000 Hz liegt. Über das gerade Ende des Röhrenbündels wird ein unten verschlossener Trichter mit einem darin eingebauten Mikrofon gestülpt. Die Anlagen montiert man mit einer stabilen Halterung auf einem Stativ. Dieser Mikrofontyp ist wesentlich empfindlicher als das Parabolmikro. Das Parabolmikrofon hat den Vorteil, daß es für ca. 120 DM im Handel fertig erhältlich ist. Es verfügt über einen leichten Kunststoffreflektor, ein empfindliches Kondensatormikrofon mit einem abtrennbaren Vorverstärker sowie einem Fotostativanschluß. Ein Selbstbau ist möglich, da in der Zeitschrift „Hobby" eine Bauanleitung erschien, die im Literaturverzeichnis enthalten ist.

In die selbstgebauten Richtmikros werden preiswerte kleine Electret-Kondensatormikrofonkapseln mit kugel- oder keulenförmiger Charakteristik, integriertem Vorverstärker und einer 1,5 V-Stromversorgung (Babyzelle) eingebaut und mit abgeschirmtem Kabel sowie einem 5-Pol-Normstecker an das Bandgerät angeschlossen. Der Frequenzgang dieser Mikrofonkapseln ist bis 18 oder 20 kHz geradlinig. Wenn die Empfindlichkeit noch nicht ausreicht, kann man einen kleinen rauscharmen Vorverstärker zwischenschalten, dessen Bau in guten Elektronikbastelbüchern (s. Literaturverzeichnis) öfters beschrieben wird. Die oben erwähnten Mikrofone können Entfernungen bis zu mehreren hundert Metern überbrücken und ermöglichen eine gute Ausblendung von störenden Nebengeräuschen.

Für den Einsatz im Terrarium verwendet man bessere Studiomikrofone mit geradlinigem Frequenzgang bis etwa 16 kHz. Störende Nebengeräusche von Schaltuhren, Pumpen, Radiomusik, das Quaken einer anderen Froschart und Körperschall müssen bei hochwertigen Aufnahmen vermieden werden. Bei solchen Versuchen ist das Bandgerät über eine Fernsteuerung zu bedienen, dabei werden die Frösche nicht erschreckt. Hilfreich sind auch akustischelektronische Schalter, die das Bandgerät automatisch bei einem Schallereignis starten und danach mit einer gewissen Verzögerung wieder abschalten. Man kann ein derart gesteuertes Tonband die ganze Nacht laufen lassen, ohne auf die Nachtruhe verzichten zu müssen. Braucht man zu den Rufen Verhaltensprotokolle, muß die Nacht über bei Rotlicht beobachtet und aufgenommen werden.

Für eine spätere Auswertung sind in einem Protokollheft folgende Angaben festzuhalten oder direkt vor dem Versuch auf Band zu sprechen: Datum, Bandstelle, Uhrzeit, Froschart, Entfernung des Objektes vom Mikro, Art des Rufes (soweit bekannt) und sonstige Verhaltensbeobachtungen, Luftfeuchtigkeit, Wetterlage (Barometerstand) und Temperatur (wichtig!).

Fertige Aufnahmen schickt man an Forschungsinstitute (Adressen im Anhang), die eine graphische Auswertung mit modernsten und sehr teuren Frequenzanalysatoren durchführen können und die einem gerne Kopien der Ergebnisse überlassen. Auf dem Gebiet der Bioakustik sind noch viele überraschende Entdeckungen zu machen, die sicher manche Tonbandamateure und Terrarianer zu eigenen Versuchen anregen könnten.

Konservierung von Amphibien und Amphibienlarven

Für wissenschaftliche Zwecke können Froschlurche direkt in 70%igem Alkohol (Äthanol, Isopropylalk.) oder in 10%igem Formalin konserviert werden. Der Nachteil ist, daß ein schneller Tod nur unter Verkrampfungen eintritt und eine weitere Auswertung erschwert ist.

Eine Betäubung mit Äther oder Chloroform bewirkt eine Erschlaffung der Muskulatur, so daß der Frosch in einer kleinen flachen Präparationswanne mit ausgestreckten Hinterbeinen und gespreizten Zehen zurechtgerückt werden kann. Es geht aber auch eine etwas gespreizte Sitzstellung. Anschließend wird das Tier mit Alkohol überschichtet und bis zur Erstarrung so belassen. Danach überführt man das fertige Präparat in Plastik- oder Glasgefäße mit dichtschließendem Deckel und füllt mit frischem Alkohol auf. Ist die Art und der Fundort bekannt, wird das Tier mit einem Zettel versehen, auf dem diese Daten mit Bleistift oder einer alkoholfesten Tusche vermerkt sind.

In den Tropen ist es wegen der hohen Verdunstung und Explosionsgefahr nicht empfehlenswert, Äther und Chloroform mitzuführen. Man nimmt hier wenige Chlorbutanol-Kriställchen die man dem Tier auf den Rücken streut und es so betäubt. Chlorbutanol ist für den Menschen unschädlich.

Ein weiteres Narkose-Mittel ist Äthylurethan; eine halbe bis eine Messerspitze wird auf den Froschrücken gestreut. Nach etwa acht Minuten wirkt die Narkose, die Kristalle werden dann sofort abgespült. Die Dauer der Betäubung kann bis zu drei Stunden betragen; um die Betäubung zu beenden oder abzukürzen wäscht man das Tier unter fließendem Wasser ab. Kaulquappen gibt man in 4–6%ige Formalinlösung. Jegliche Konservierung bewirkt eine Veränderung am Tier: die Farben verblassen und die Körpermaße schrumpfen. Die Tiere sollten daher auf jeden Fall vorher fotografiert und vermessen werden. Der Versand konservierten Materials erfolgt am besten in verschweißten Plastiktüten, wobei man auf die Konservierungsflüssigkeit verzichtet, solange keine Austrocknungsgefahr besteht. Die Plastiktüten werden mit Füllstoff (Styroporkügelchen, Holzwolle, Zeitungspapier) umgeben in einem Karton verpackt und zum Versand gebracht. Folgende Institute nehmen mit Fundorten versehenes Material zur wissenschaftlichen Weiterbearbeitung gerne entgegen:

— Afrika-, Mittel- sowie Südamerika-Material; ferner alle Krötenarten: Forschungsinstitut und Museum Alexander Koenig, Adenauer Allee 150–164, 5300 Bonn
— anderes Material: Senckenberg-Museum, Senckenberg Anlage 25, Frankfurt/M.

Wissenschaftliche Auswertung

Jeder Froschhalter möchte früher oder später anläßlich einer gelungenen Nachzucht seine Beobachtungen veröffentlichen. Dies kann in den Vivarienzeitschriften, wie etwa der DATZ oder in wissenschaftlichem Rahmen in der Salamandra erfolgen. Dabei sollen alle technischen Angaben so deutlich beschrieben sein, daß sie für den Leser nachvollziehbar sind. Eine gute Fotodokumentation ist unbedingt notwendig. In Vivarienzeitschriften besteht diese aus Farbdias (Duplikate einsenden!). In wissenschaftlichen Werken kann der Druck aus Kostengründen fast immer nur in Schwarz-Weiß erfolgen; die Vorlagen sind dann qualitativ hochwertige SW-Abzüge (Mittelformat). Die Beobachtungen sollten möglichst umfassend sein: Verhalten, Amplexus, Paarungsrufe mit Sonogramm, Gelege, Entwicklungsdauer, Kaulquappen, Wuchsgeschwindigkeit, Erreichen der Geschlechtsreife der Nachzucht mit den verschiedenen Färbungsphasen usw. Die äußeren Faktoren wie Klima und Licht sind besonders sorgfältig zu messen und wiederzugeben. Ein Nachteil der wissenschaftlichen Veröffentlichung sei hier nicht verschwiegen: Honorar wird dort für Manuskripte nicht bezahlt. Viele Liebhaber bevorzugen deshalb die Vivarienzeitschriften, bei denen die Unkosten durch das Honorar gerade gedeckt werden. Nachteilig sind die langen Wartezeiten bis zur Veröffentlichung, die bis zu einem Jahr betragen können.

Pflegt jemand seltenere Frösche oder Kröten, wäre es ratsam, eine Blutserumanalyse und eine Genbestimmung an einem Forschungsinstitut durchführen zu lassen. Diese kann den Wissenschaftlern bei der Klärung systematischer Fragen helfen. Dem Tier wird an der Kieferwinkelvene eine sehr geringe Menge Blut entnommen, die anschließend mit verschiedenen Geräten analysiert wird. Die Blutentnahme ist für das Tier fast schmerzlos und bleibt ohne Folgen, oft fressen die Frösche sogar unmittelbar danach.

Tropische und Einheimische Froschlurche

Verzeichnis der beschriebenen Gattungen und Arten

Gattung	Arten
Acris (Grillenlaubfrösche)	A. creptians
Afrixalus (Stachelfrösche)	A. dorsalis
Agalychnis (Rotaugen-Laubfrösche)	A. callidryas, A. saltator
Anotheca (Kronenlaubfrösche)	A. spinosa
Arthroleptis (Quiekfrösche)	A. cornutus
Ascaphus (Schwanzfrösche)	A. truei
Atelopus (Stummelfüße)	A. varius
Bombina (Unken)	B. orientalis
Brachycephalus (Sattelkröten)	B. ephippium
Breviceps (Kurzkopffrösche)	B. adspersus
Bufo (Kröten)	B. blombergi, B. mauritanicus
Centrolenella (Glasfrösche)	C. fleischmanni
Ceratophrys (Schildfrösche)	C. ornata
Chiromantis (Graue Baumfrösche)	C. rufescens, C. xerampelina
Colostethus (Falsche Giftfrösche)	C. inguinalis, C. nubicola, C. talamancae, C. trinitatis
Dendrobates (Pfeilgiftfrösche)	D. auratus, D. azureus, D. granuliferus, D. histrionicus, D. lehmanni, D. leucomelas, D. minutus, D. pumilio, D. silverstonei, D. speciosus, D. tinctorius, D. tricolor, D. trivittatus
Discophus (Taubfrösche)	D. antongilli
Eleutherodactylus (Antillenfrösche)	E. ricordii
Engystomops	s. u. Physalaemus
Gastrotheca (Beutelfrösche)	G. marsupiata
Hemiphractus (Helmkopffrösche)	H. fasciatus
Hemisus (Schaufelnasenfrösche)	H. marmoratum
Hyla (Echte Laubfrösche)	H. cinerea, H. leucophyllata-Gruppe, H. regilla
Hylambates (Fleckenfrösche)	s. u. Kassina

Gattung	Arten
Hyperolius (Riedfrösche)	H. concolor, H. horstocki, H. marmoratus-Gruppe, H. nasutus, H. pusillus, H. tuberilinguis
Kaloula (Indische Ochsenfrösche)	K. pulchra
Kassina (Rennfrösche)	K. maculatus, K. senegalensis, K. weali
Leptodactylus (Pfeiffrösche)	L. pentadactylus
Leptopelis (Waldsteigerfrösche)	L. concolor, L. macrotis
Limnodynastes (Australische Sumpffrösche)	L. tasmaniensis
Litoria (Australische Laubfrösche)	L. caerulea, L. infrafrenata
Mantella (Madagaskar-Buntfrösche)	M. aurantiaca, M. madagascariensis
Megophrys (Asiatische Zipfelfrösche)	M. monticola nasuta
Melanophryniscus (Schwarzkrötchen)	M. stelzneri
Microhyla (Engmaulfrösche)	M. caroliensis, M. pulchra
Pachymedusa (Gespenstfrösche)	P. dacnicolor
Phlyctimantis (Gelbschenkelfrösche)	P. leonardi
Phrynobatrachus (Springfrösche)	P. natalensis
Phrynohyas (Krötenlaubfrösche)	P. venulosa
Phrynomerus (Wendehalsfrösche)	P. bifasciatus
Phyllobates (Pfeilgiftfrösche)	P. bicolor, P. femoralis, P. lugubris, P. terribilis, P. vittatus
Phyllomedusa (Makifrösche)	P. lemur
Physalaemus	P. pustulosus
Pleurodema (Augenkröten)	P. bibroni, P. brachyops
Rana (Echte Frösche)	R. adspersa, R. erythrea
Rhacophorus (Flugfrösche)	R. leucomystax
Rhinoderma (Nasenfrösche)	R. darwini
Scaphiopus (Schaufelfrösche)	S. couchi
Smilisca (Baumfrösche)	S. phaeota, S. sila
Trichobatrachus (Haarfrösche)	T. robustus
Triprion (Panzerkopflaubfrösche)	T. spatulatus

Aquatile Froschlurche:

Hymenochirus (Zwergkrallenfrösche)	H. boettgeri, H. curtipes
Pipa (Wabenkröten)	P. carvalhoi, P. pipa
Xenopus (Krallenfrösche)	X. laevis

Tropische Froschlurche

Gattung Acris
Grillenlaubfrösche

Diese Gattung wird zu den Hyliden gerechnet und enthält zumeist kleine Frösche, die aber durch ihr häufiges Auftreten und eine Chorbildung recht auffällig sind.

Acris creptians
Grillenlaubfrosch

Kennzeichen: 16−35 mm. Ein kleiner, schlanker Frosch mit Spannhäuten zwischen den Zehen und einer Triangel-Zeichnung auf dem Kopf, die gelegentlich fehlen kann. Haut leicht höckrig. Keine Haftscheiben! Die Farbe des Rückens ist hellbraun oder grau mit dunkler Zeichnung und schwarzen Bändern an den Beinen. Weißer Streifen vom Auge zum Ansatz des Vorderarmes. Ein dunkler Streifen auf der Rückseite der Oberschenkel. Farbwechsel ist ausgeprägt. Beim Männchen ist die Kehle schwärzlich oder gelblich; außerdem ist die Bauchseite stärker gefleckt. Schallblase kehlständig und unpaar.

Verbreitung: Michigan bis Nordost-Mexiko, Long Island über östliches Colorado und südöstliches Neu-Mexiko.

Lebensweise: Weit verbreiteter Frosch, der entlang den Flüssen bis in die Kurzgrassteppen eindringt. Die Tiere sitzen an den Ufern flacher Tümpel und sonnen sich, oft in größeren Gruppen. Bei Störungen springen sie nach allen Seiten davon, auch über die Wasseroberfläche (wie Basilisken). Die Rufe sind metallisch-durchdringend: „gick-gick-gick". Chorbildung. Die Aktivitätszeit und Brutzeit erstreckt sich über das ganze Jahr mit Ausnahme des tiefen Winters im Norden. Die Tiere können sich bei Störungen totstellen.

Haltung: Mittelgroßes Terrarium: Nachbildung eines schlammigen Seeufers, große Wasserfläche. Wegen der Geselligkeit sollte man mehrere Tiere zusammenhalten. Die Fröschchen sind tagaktiv und sehr gefräßig. Eine Zucht dürfte nicht schwerfallen. Im Sommer wäre eine Freilandhaltung möglich.

Abb. 25. Der kleine Afrixalus spinifrons auf einem Blatt.

Gattung Afrixalus
Stachel- oder Bananenfrösche

Diese Vertreter der Rhacophoriden bewohnen das tropische Afrika und leben in Biotopen, die die Süd- und Mittelamerikanischen Hyliden der *Hyla leucophyllata*-Gruppe in ähnlicher Form besetzt haben: die Blattachseln von Epiphyten, Bananenstauden und ähnlichen Pflanzen. Auch in der Färbung bestehen gewisse Übereinstimmungen, doch sind die *Afrixalus*-Arten extreme Nachttiere, während die *Hyla* auch am Tage nach Regenschauern aktiv sind. Die Stachelfrösche haben ihren deutschen Namen wegen der winzigen schwarzen Hautstacheln erhalten, die vor allem beim Männchen auf kleinen Erhebungen über den ganzen Rücken verteilt sind. Diese Gattung ist durch die senkrechten Pupillen gut von *Hyperolius*-Arten zu unterscheiden. Leider gelangen fast nur Männchen nach Deutschland, so daß die Beschaffung von Zuchtgruppen sehr schwierig ist.

Die Tiere sind auch nach längerer Eingewöhnung sehr lichtscheu, lassen sich aber sonst sehr gut halten und bei entsprechender Bepflanzung auch züchten, da die meisten Arten Blattrichter zusammenkleben und diese mit Laich füllen.

Da alle in Afrika vorkommenden Arten etwa dieselben Ansprüche stellen, möchte ich mich auf die Besprechung einer Art beschränken, die gelegentlich von Westafrika mitgebracht oder importiert wird.

oder hellbrauner Rücken mit hellerer Zeichnung in Form einer Triangel-Figur auf der Schnauze, die in zwei breite, nicht immer vorhandene Dorsolateral-Streifen übergeht. Der Körper erscheint langgestreckt und der Kopf ziemlich breit. Die Pupillen sind senkrecht, die Gliedmaßen verhältnismäßig kurz. Ein Trommelfell ist vorhanden, aber nicht immer deutlich sichtbar. Spannhäute: rudimentär zwischen 3. und 4. Finger, am Hinterfuß gut entwickelt.

Die Iris ist dunkel-goldfarben. Die Triangel- und die Streifenzeichnung schimmert golden. Der Bauch ist weiß, die Kehle der Männchen ist orangefarben, die der Weibchen weiß. Die Männchen haben auf Kopf, Körper und den Hinterbeinen verstreute Stacheln auf hornigen Erhebungen.

Verbreitung: Im Waldgürtel und dessen Randgebieten in der Feuchtsavanne Westafrikas. Westgrenze scheint das östliche Sierra Leone zu sein, die Ostgrenze soll nach Mertens im ehemaligen Britsch-Kamerun liegen. Weitere fünf Formen sind in Westafrika vorhanden.

Lebensweise: Baumbewohner, extrem nachtaktiv. Nach Schiøtz der „farmbush"-Vegetation zugeordnet. In spärlichen Stückzahlen weit verbreitet, sobald Wasserlöcher oder Gräben vorhanden sind. Die Tiere quaken von niederen Blättern um Wasseransammlungen. Die Rufe können aus zwei Motiven bestehen, einer davon ist ein Territorialsignal. Zur Fortpflanzungszeit wird ein kleiner Klumpen

Afrixalus dorsalis
Bananenfrosch

Kennzeichen: Eine mittelgroße Froschart ♂ 25–28 mm, ♀ 26–35 mm). Dunkel-

Farbbild 13. Atelopus flavescens, Surinam.
S. Seite 110

unpigmentierter Eier zwischen Blättern über Wasserflächen abgelegt, die die Frösche dann mit Gallerte zu einer Art Tüte zusammenkleben. Die Larven lassen sich später ins Wasser fallen oder werden abgespült. Die größeren Kaulquappen sind stromlinienförmig und haben gelegentlich längsstreifenartige Flecken.

Haltung: Die Tiere sind sehr gut zu halten, nur die Beschaffung der Weibchen bereitet Schwierigkeiten. Man hält die Art am besten in einem Paludarium, dessen großes Wasserteil mit den verschiedenartigsten Sumpfpflanzen bestückt ist, die bis zu einem halben Meter aus dem Wasser ragen können. Die Temperatur kann zwischen 22 und 29 °C liegen, die Luftfeuchtigkeit sollte hoch sein. Als Futter reicht man Stubenfliegen, große Taufliegen und für adulte Frösche auch die großen Fliegen aus Anglermaden. Kleine Nachtschmetterlinge und Motten fressen die Tiere ebenfalls gerne. Die Fütterungszeit ist in die Abendstunden zu legen.

Die Zucht gelingt am besten, wenn weiche längliche Blätter, wie etwa die von Cryptocorynen, über das Wasserteil ragen. Das Weibchen sucht mit dem Männchen auf dem Rücken geeignete Blätter zum Ablaichen aus; das Falten des Blattes und die gleichzeitige Befruchtung übernimmt das Männchen. Nach etwa 5 cm Klebestrecke wird ein neues Blatt gesucht. Die Eizahl pro Gelege beträgt nach van Berkom 20–30 Stück. Es empfiehlt sich, das Blatt kurz vor dem Schlupf abzuschneiden und in einen separaten Brutbehälter mit Altwasser so aufzuhängen, daß die Larven ungehindert ins etwa 3–5 cm hohe Wasser fallen können. Das Abgleiten erfolgt nach etwa 10 Tagen, der Dottersack ist nach etwa 2 Tagen aufgebraucht, und wir beginnen dann mit der Fütterung. Zuerst gibt man zerriebene Algen oder Plankton-Futter, dann folgen Futtertabletten (s. a. Tab. 4). Auf sauberes Wasser ist zu achten, nicht überfüttern! Zwischen dem 8. und 12. Tag muß das Futter auf animalische Kost umgestellt werden, andernfalls treten nach van Berkom Verluste auf. Man beginnt mit gehacktem Tubifex, dann folgen Wasserflöhe und Mückenlarven. Ergänzende Futterarten Tab. 4. Nach 4–6 Wochen brechen die Hinterbeine durch. Nach etwa zweieinhalb Monaten verlassen die punktierten Jungtiere das Wasser und nehmen nach einigen Tagen die Farbe der Adulten an. Die Jungfrösche brauchen große Mengen Taufliegen zur weiteren Aufzucht.

Gattung Agalychnis
Rotaugen-Laubfrösche
(Abbildungen Seite 156 und 192)

Diese inzwischen im Handel weit verbreitete Froschgruppe, die zu den Hyliden gehört, umfaßt zur Zeit etwa 8 Arten. Sie sind alle sehr langsame, nachtaktive Baum- oder Gebüschbewohner, deren Farben man tagsüber selten zu sehen bekommt. Bei manchen Arten *(A. calcarifer, A. spurelli, A. saltator)* ist die Haltung schwierig. Da fast alle *Agalychnis* von Würmern befallen sind, von denen die Lungenwürmer (Nematoden) am gefährlichsten sind, muß unter allen Umständen eine sorgfältige Quarantäne durchgeführt werden, die mindestens sechs Monate dauern sollte.

Farbbild 14. Dendrobates silverstonei, Peru.
S. Seite 143

Eine vorbeugende Behandlung mit Concurat oder Panacur ist zu empfehlen. Beim rapiden Abmagern liegt ein begründeter Verdacht auf Wurmbefall vor. Man sollte daher anfangs abwechslungsreich und viel füttern, am besten mit Nachtfaltern. Manchmal lernen die Tiere auch das Futter vom Draht anzunehmen.

Für alle Arten brauchen wir Terrarien, die etwa 1,5−2 m Höhe erreichen sollten. Die Grundfläche kann etwa 60×60 cm oder mehr betragen und besteht aus einem einzigen geheizten Wasserteil von etwa 15 cm Tiefe, das die Tiere nachts zum „Wassertanken" aufsuchen. Auf zwei bis drei Ziegelsteine stellen wir einen großblättrigen Philodendron, der bis in die Spitze des Terrariums reichen kann. Jegliche Gitter und Lüftungsflächen müssen aus PVC-Gewebe und so angebracht sein, daß sich die Tiere daran nicht aufscheuern können. Die Futter- und Kotmengen sind enorm, so daß das Wasserteil öfters gereinigt werden muß, auch im Hinblick auf darin abgesetzte Würmer.

Eine Zucht ist möglich, sie ist aber schwierig (s. *A. callidryas*). Beim Kauf sollte man auf gute Qualität achten, stark abgemagerte und aufgescheuerte Tiere sind meist nicht mehr zu retten. Zur Zucht braucht man mindestens 6−10 Paare; die Geschlechter lassen sich durch die Größe gut unterscheiden. Im Freiland haben die Männchen Rufreviere, wie ich in Panama feststellen konnte. Andere Männchen werden durch Rufduelle und Verfolgungsjagden vertrieben. Der Territorialruf ist ein kurzes „Schnarren", das man in Panama von Bananenstauden oder aus hohem Schilf vernimmt. Ich fand einige Männchen auch nachts auf feuchten Straßen. In Costa Rica und Panama ist eine Laichzeit vorhanden, auf der feuchteren Atlantik-seite mag sie nicht so ausgeprägt sein. Wegen des Parasitenbefalls sind alle *Agalychnis*-Arten nur für erfahrene Terrarianer geeignet, der Anfänger sollte sich nur lang eingewöhnte und parasitenfreie Tiere beschaffen. Nach bisherigen Erfahrungen brauchen verschiedene Arten auch bestimmte Mindesttemperaturen, andernfalls sterben sie bald. Über die hier nicht erwähnten Arten kann man sich bei Duellman informieren.

Agalychnis callidryas
Rotaugenlaubfrosch
(Abbildung Seite 120)

Kennzeichen: ♂ 56 mm, ♀ 71 mm. Diese Art unterscheidet sich von allen anderen durch ihre dunklen Körperseiten, die mit hellen Querbändern versehen sind. Flanken gewöhnlich blau oder braun, Querbänder weiß oder gelb, Rücken grün, Bauch weiß oder gelblich, Hände und Füße sind orange, Augen rot. Die Weibchen unterscheiden sich außer den fehlenden Haftkissen am Daumen durch die kleineren Trommelfelle von den Männchen.

Verbreitung: Die zum Atlantik abfallenden Berghänge und Tiefländer des südlichen Veracruz und des nördlichen Oaxaca (Mexiko), dann südostwärts bis zum nördlichen Honduras und entlang den Karibikhängen bis zur Kanalzone (Panama). Östlich davon findet man sie auch auf der Pazifikseite. Eine weitere Population an der Pazifikküste lebt von Esparta und San Ramón (Costa Rica) südostwärts bis zur westlichen Chiriqui-Provinz in Panama. Höhenlagen: 8−960 m.

Lebensweise: Die Tiere bewohnen zwar feuchte Tieflandregenwälder, sie kommen aber auch an den anschließenden Hängen der Bergketten vor. In Gebieten mit einer Trockenzeit leben sie verborgen in Trichtern von Palmen oder Bananenstauden. Tagsüber sind alle Tiere hoch in den Bäumen, sie beginnen mit den Rufen kurz nach der Abenddämmerung. Nach einer Weile steigen sie zu temporären oder dauernden Gewässern hinab und rufen auch von dort. Gegen Morgen klettern sie wieder auf die Bäume zurück, was ebenfalls mit Quaken verbunden sein kann. Die Brutbiologie läuft folgendermaßen ab: Ein Weibchen bewegt sich auf ein quakendes Männchen zu und wird von ihm umklammert. Dann begibt sich das Weibchen mit dem anhängenden Männchen zuerst auf die Suche nach Wasser, um aufzutanken. Erst dann sucht sie einen geeigneten Ablaichplatz aus. Das Weibchen heftet die Eier mit viel Gallertmasse an die Unterseite von großen Blättern (*Philodendron* oder dergl.), gelegentlich auch an Stämme. Die Eizahl pro Gallerte beträgt etwa 26–78 Stück, ein Weibchen kann mehrere Klumpen ablegen. Die Eier sind hellgrün, die Gallerte ist klar. Bis zum Abtropfen der Larven vergehen etwa 6–8 Tage (nach Utke). Etwa 80 Tage nach dem Schlupf ist die Metamorphose abgeschlossen und lilafarbene Jungfrösche mit roten Augen und einer weißen Flankenlinie sowie einem Schwanzrest verlassen das Wasser. Sie färben sich nach einigen Wochen um. Die Geschlechtsreife erreichen sie nach etwa 2 Jahren.

Abb. 26. Gelege von Agalychnis callidryas an der Unterseite eines Philodendron-Blattes.

Haltung: Terrarium wie oben erwähnt. Temperatur 24–28°C (Luft), je nach Herkunft. Zur Zucht darf die Luft- und Wassertemperatur nicht über 24°C liegen, da sonst die Gelege sehr schnell verpilzen. Will man die Zucht vorbereiten oder stoppen, senkt man die hohe Luftfeuchtigkeit leicht und läßt den Wasserteil ab. Statt dessen wird eine Kühlschrankdose als Wasserbecken eingesetzt. Nach einer solchen längeren Ruheperiode läßt sich die Brutbiologie durch Erhöhung der Luftfeuchtigkeit und Auffüllen des Wasserteils sowie einer verstärkten Fütterung und öfterem Überbrausen gut auslösen. Eine dauernde Luftfeuchtigkeit von 85–98% ist dann unbedingt notwendig. Bei parasitenfreien Nachzuchten schneidet man das Blatt mit dem Gelege ab und bringt es in einem separaten Aquarium zum Schlupf. Dabei wird das Blatt über etwa 5 cm tiefes Wasser (24°C) gehängt. Das Aquarium wird oben mit Glas abgedeckt und ein Ausströmer angebracht. Läßt man die Gelege im Terrarium, besteht die Gefahr, daß sich die Larven von den adulten Fröschen eine Wurminfektion zuziehen.

Die herabfallenden Larven füttert man nach einer Ruhepause (Verdauen des Dotters) mit feinstem Staubfutter, da sie Filtrierer sind. Später stehen die Kaulquappen in ihrer typischen Schräglage (Kopf nach oben) im Wasser und warten auf Futter wie Tetra-Min-Flocken, Tabi-Min-Tabletten oder Hundefutterpellets. Es sollte keine oder nur wenig Trockenhefe gegeben werden, da sonst eine Infektion der Larven mit Hefezellen möglich ist! Besser sind Gaben von Multi-VT-Min in Aquariendosis. Die frischverwandelten Jungfrösche sind bereits recht groß und fressen Taufliegen (*D. funebris*) sowie Stubenfliegen (selbst züchten und vitaminisieren). Kleine Anglermadenfliegen sollte man nicht verfüttern, da sie sich als ungeeignet erwiesen haben. Die Jungfrösche sind langsame und ungeschickte Fresser, sie müssen im Futter stehen! Außerdem sollte man die Tiere in kleine Gruppen zu 10–20 Stück in Aufzuchtterrarien aufteilen, die ein kleines, flaches Wasserteil und Kletterpflanzen haben. Auf genügend Frischluftzufuhr und eine hohe Luftfeuchtigkeit ist zu achten. Trotzdem ist die Sterblichkeit der Jungfrösche noch sehr hoch, und eine Massenzucht ist bisher nicht einwandfrei gelungen. Ursachen dafür waren Wurmerkrankungen der Jungfrösche und Befall mit Pilzen bei den Larven.

Eine weitere Möglichkeit ist die Aufzucht der Kaulquappen in großen, gut eingefahrenen und dicht bepflanzten Aquarien, die etwa zu zwei Drittel gefüllt sind und über einige Styroporinseln und eine dichte Abdeckung verfügen. Die geschlüpften Jungfrösche müssen dann regelmäßig eingesammelt und in die Aufzuchtbecken umgesetzt werden, da sie sonst ertrinken können. Das Futter der adulten Frösche: vitaminisierte Fliegen (Anglermaden), Grillen, Nachtfalter. Diese Art ist heikel (Parasiten, Transportschäden). Dem Anfänger kann man nur futterfeste und eingewöhnte Tiere (mindestens ein Jahr in Pflege) empfehlen. Die Quarantäne soll 6 Monate betragen, wobei man auf Würmer und deren Eier untersucht.

Ähnliche Haltung: *A. annae* und *A. moreletti* (etwas kühler), *A. calcarifer* und *A. spurelli* (etwas wärmer, Luft 27–28°C).

Agalychnis saltator
Kleiner Rotaugenlaubfrosch

Kennzeichen: Kleinste *Agalychnis*-Art: ♂ 47 mm, ♀ 61 mm. Farbe des Rückens am Tage grün mit dunkleren schmalen Querbändern, nachts ist er rotbraun mit braunen Linien. Flanken und Oberschenkel einfarbig dunkelblau oder purpurfarben. Augen dunkelrot. Finger zu einem Drittel, die Zehen zur Hälfte mit Spannhäuten versehen. Kehle und Bauch weiß oder cremefarben. Gelegentlich treten gelbe, schwarzumrandete Tupfen auf dem Rücken auf.

Verbreitung: Karibische Tiefländer vom östlichen Nicaragua bis zum nordöstlichen Costa Rica. Bis in 780 m Höhe.

Lebensweise: Die Tiere bewohnen im tropischen Tiefland Regenwälder, wo sie über temporären Tümpeln oder dauernden Gewässern ablaichen. Sie kommen in den Biotopen zusammen mit *A. callidryas* vor.

Haltung: Terrarien wie in der Einleitung beschrieben. Temperaturen um 24–26°C (Luft) und nicht über 24°C beim Wasser. Futter wie bei *A. callidryas*. Über eine Zucht im Terrarium ist bisher nichts bekannt, die Tiere sind sehr heikel.

Abb. 27. Anotheca spinosa, der Kronenlaubfrosch.

Gattung Anotheca
Kronenlaubfrösche

Diese Gattung besteht nur aus einer einzigen Art, die sich vermutlich aus einem *Gastrotheca*-Relikt in Zentralpanama entwickelt hat. Von den Beutelfröschen unterscheidet sich diese Gruppe durch das Fehlen der Rückentasche (daher auch der Gattungsname).

Anotheca spinosa
Kronenlaubfrosch

Kennzeichen: ♂ um 68,5 mm, ♀ etwa 73 mm. Diese Art unterscheidet sich von allen mittelamerikanischen Hyliden durch die starken, dornartigen Knochenauswüchse am gesamten Schädeloberteil, die gelegentlich sogar die Haut durchstoßen können. Farbe braun bis rotbraun, Bauch schwarz, Flanken weiß gesäumt (Jungtiere). Bei Jungfröschen fehlen die Verknöcherungen noch, die sich ab einer Körperlänge von 40–50 mm entwickeln. Haftscheiben vorhanden. Schallblase fehlt vermutlich, ein Ruf ist noch nicht sicher nachgewiesen (Duellman).

Verbreitung: In Mexiko an den Atlantikhängen der Sierra Madre Oriental (Veracruz) und dem nördlichen Oaxaca, sowie der Sierra de los Tuxtlas (südliches Veracruz), jeweils in Höhen von 800–1800 m;

außerdem an den karibischen Hängen von Costa Rica und West-Panama. Ein Exemplar ist auch von El Valle (Panama) bekannt. 300–1200 m.

Lebensweise: Diese Baumbewohner leben im Nebelwald, wo sie das ganze Jahr über aktiv sind. Jungtiere findet man im März und August. Die Larven werden in Bromelien und Wasserlöchern in Bäumen abgesetzt. Nach Taylor sollen die Larven sich zeitweise von Froscheiern ernähren, gelegentlich fand man auch Moskitolarven im Darm. Es ist möglich, daß sich die Kaulquappen entweder von den Eiern anderer Bromelienlaicher ernähren, oder daß sie Eier ihrer eigenen Art fressen und so die Populationsdichte regulieren. Manche Larven fand Duellman in sehr wenig Wasser, das durch organische Abfallprodukte der Bromelien sehr viskös war.

Haltung: Bisher gelangten Tiere dieser Art selten nach Deutschland, doch hoffe ich, in nächster Zeit einige aus Mittelamerika mitzubringen. Da die Frösche den Nebelwald bewohnen, brauchen sie ein hohes und kühles Terrarium, dessen Temperatur 24 °C nicht übersteigen sollte und das nachts auf 18–20 °C abkühlen kann. Die ideale Tagestemperatur wäre 22 °C. Auf eine hohe Luftfeuchtigkeit ist zu achten. Die Einrichtung besteht aus Kletterästen und großen Bromelien, die auch an der Rückwand befestigt werden können. Die Tiere sollten nur mit gleichgroßen Fröschen zusammengehalten werden. Als Futter nehmen sie Insekten an (Grillen/Heimchen, Nachtfalter, Fliegen). Die genauere Brutbiologie und die Rufe sind noch ziemlich unerforscht, daher tut sich hier ein weites Feld für die Terrarianer auf.

Gattung Arthroleptis
Quiekfrösche

Diese in Afrika weit verbreitete Froschgruppe zeichnet sich durch ihre pfeifenden und zirpenden Rufe und ihre ans Land gebundene Brutbiologie aus, wobei die Metamorphose bei den meisten Arten in der Eikapsel vollendet wird. Die Trennung der Unterarten ist sehr schwierig. Anatomische Kennzeichen sind die verlängerten dritten Finger und das Fehlen von Spannhäuten. Das Trommelfell ist unter einer Längsfalte sichtbar, die Pupillen sind waagrecht. Stammesgeschichtlich wird diese Gattung zu den Microhyliden gestellt.

Arthroleptis cornutus
Dorn-Quiekfrosch

Kennzeichen: um 15 mm. Farbe braun, Hautdorn auf dem Oberlid. Weibchen doppelt so groß wie Männchen.

Verbreitung: Zentralafrika, Kamerun.

Lebensweise: Oeser fand die Tiere an etwas trockeneren Stellen auf feuchten Lichtungen in Kakaoplantagen, 500 m hoch. Das größere Weibchen wird durch zirpende Rufe des Männchens angelockt. Das Pärchen klettert dann auf einen schattigen Stengel oder Zweig über Wasserflächen und legt 5–10 große Eier ab. Die schlüpfenden Kaulquappen werden – anders als bei vielen *Arthroleptis*-Arten – nach 5–10 Tagen vom Regen ins Wasser geschwemmt. Die Metamorphose ist in vier Wochen beendet, die Jungfrösche sind dann 5 mm lang.

Haltung: Kleine bis mittelgroße Terrarien, Temperatur um 22–25 °C. Pflanzenumstandenes Wasserteil vorsehen. Verstecke durch geschichtete Korkplatten oder Torfstücke schaffen. Futter: Taufliegen und deren Maden, kleinste Stubenfliegen und Grillen/Heimchen.

Achtung: Andere *Arthroleptis*-Arten legen ihre wenigen, großen Eier an Land in der Erde ab, aus denen dann fertige Jungfrösche schlüpfen. Man bietet daher auch feuchte Verstecke an Land an, in denen kleine, feuchte Höhlungen zur Eiablage vorhanden sind.

Gattung Ascaphus
Schwanz- oder Urfrösche

Diese Art ist hier aufgenommen, weil es sich um urtümliche Froschlurche handelt. Die zweite Gruppe der Urfrösche, die Leiopelmatiden aus Neuseeland, sind inzwischen vom Aussterben bedroht. Die Verantwortlichen sollten schnellstens versuchen, die Ökologie dieser Frösche gründlich zu erforschen, damit die Art durch gezielte Nachzuchten vermehrt werden kann.

Die Gattung *Ascaphus* ist stellenweise noch häufig anzutreffen, wenn auch vielfach in isolierten Biotopen, die durch menschliche Eingriffe ebenfalls rasch gefährdet sein können. Besonders interessant ist die einmalige innere Befruchtung der Weibchen mittels eines speziellen Kopulationsorgans, das den Tieren den Namen „Schwanzfrösche" eingebracht hat. Diese Art der Befruchtung ist notwendig, da die Tiere in schnellfließendem Wasser leben und ablaichen. Die Kaulquappen sind mit großen Haftscheiben versehen, die das Verdriften durch Wasserströmungen verhindern.

Ascaphus truei
Schwanzfrosch

Kennzeichen: 25–50 mm, Oberseite oliv, braun, grau oder rötlich, gewöhnlich mit einer hellen Triangelzeichnung über der Schnauze. Dunkler Augenstreifen. Körper flach und krötenartig. Haut etwas rauh. Pupille senkrecht. Das Männchen hat ein schwanzähnliches Begattungsorgan, der Bauch endet in einer Spitze. Zur Brutzeit mit Haftkissen in der Brustregion, die einen Amplexus im strömenden Wasser erleichtern.

Verbreitung: Westlich des Rückens der Cascade Mountains vom südwestlichen Britisch-Kolumbien bis in die Nähe von Albion, Mendocino, Kalifornien. In den Rocky Mountains von Idaho und Montana, äußerst südöstliches Washington und nordöstliches Oregon. 0–2200 m. Wermuth weist auf ein Vorkommen in stehendem Gewässer, und zwar im Lake Concordia bei Vancouver hin.

Lebensweise: Die Tiere bewohnen kalte, klare und felsige Ströme in feuchten Waldgebieten, die aus Douglass-Fichten, Kiefern oder Redwood bestehen. Gelegentlich können in den Biotopen auch die Bäume fehlen. Bei trockenem Wetter findet man die Frösche auf Sandbänken oder unter Steinen auf dem Grund der Ströme. Nachts kann man die Tiere mit der Kopflampe durch die aufleuchtenden Augen am Ufer entdecken. Gewöhnlich sind die Frösche sehr ans Wasser gebunden, aber nach Regenfällen sind sie auch im feuchten Wald anzutreffen. Die adulten Frösche sind von April bis in den frühen September aktiv. Die Eier werden vom späten Juni bis Anfang August abgelegt, die Metamorphose findet im August und September statt (Idaho, Washington). Die Eier sind unpigmentiert und werden in perlschnurartigen Strängen unter Steinen abgelegt. Die Schwanzfrösche sollen stumm sein.

Haltung: Da man dieser Art ein Flußbiotop anbieten muß, sind nur große Terrarien ab 80 cm Länge geeignet. Die Einrichtung des Flußbettes ist mit großen, runden, herausragenden Bachkieseln und hohl liegenden Steinplatten möglich, die Uferränder werden aus Korktafeln gebildet und mit Moos belegt. Im Sommer ist eine Wasserkühlung notwendig, da die Temperatur des Bachlaufs um 8–15°C liegen sollte, je nach Herkunft der Tiere. Eine starke Strömung läßt sich durch Kreiselpumpen oder Turbellen erreichen, eine Filterung über Perlonwatte, Kies oder Aktivkohle ist zu empfehlen. Als Futter eignen sich Fliegen, Grillen, Wasserinsekten und Würmer.

Gattung Atelopus
Stummelfüße
(Abbildungen Seite 67 u. 101)

Diese farbenprächtigen, giftigen Frösche aus Süd- und Mittelamerika gehören zu den schwierigsten Arten, bezogen auf die Haltung in Gefangenschaft. Der früher viel beschriebene und auch gelegentlich gezüchtete *Atelopus stelzneri* gehört zu einer anderen Froschgruppe, er heißt heute *Melanophryniscus stelzneri*. Die Angaben in der Literatur über Haltung und Zucht von *A. stelzneri* sind deshalb für die eigentlichen *Atelopus*-Arten unbrauchbar! Es gibt nur sehr wenige Terrarianer, die es fertigbrachten, einzelne *Atelopus* länger als 6–12 Monate am Leben zu erhalten. Daran änderten auch die Massenimporte von *A. varius* nichts. Von einer regelmäßigen Zucht sind wir ebenfalls noch weit entfernt. Solange man über die Biologie und

Ökologie dieser Arten so wenig Bescheid weiß, ist vor dem Ankauf dieser Todeskandidaten zu warnen, nicht zuletzt, um weitere sinnlose Massenimporte zu stoppen.

Meine Mittelamerika- und Peru-Expedition sollte Anhaltspunkte liefern, warum diese Arten so schlecht zu halten sind. Ich stellte dabei fest: die meisten *Atelopus*-Arten bewohnen Gebirgsregionen, sie brauchen also recht kühle Temperaturen um 15–22°C oder tiefer, bei manchen Arten ist sogar eine erhebliche Nachtabsenkung notwendig. Die Tiere leben sehr verstreut und versteckt am Boden oder in niederem Bewuchs in und um Schluchten, wobei die Wahl des Biotops geschlechtsgebunden erfolgt. Von der Lebensweise her erinnern diese Frösche außerordentlich stark an Kröten, zu denen man sie auch stammesgeschichtlich stellt. Wie die Kröten kommen sie nur während einer kurzen Laichzeit in größeren Mengen vor und auch nur in oder um schnellfließende Bäche oder Flüsse. Man findet dann oft Einzeltiere oder Paare auf großen, bemoosten Steinen im Fließwasser sitzend. Man hat Laichwanderungen von hunderten von Tieren beobachtet. Der Laich wird wie bei Kröten in Schnüren abgelegt, die die Weibchen meist in fließendem Wasser an Pflanzen oder an Steinen anheften, das Männchen umklammert dabei dauernd seine Partnerin (oft wochenlang!). Es sind regelrechte Laichzüge stromauf oder stromabwärts beobachtet worden. Nach der Eiablage verlassen alle Tiere wieder den Fluß, bis auf einige wenige Männchen, die dort ihre Reviere haben, jedoch meist nicht am Laichgeschäft teilnehmen. Wohin die laichenden Paare verschwinden oder woher sie kommen, ist bis heute ungeklärt. Ich habe den Verdacht, daß es sich hier wie bei den Kröten um Traditionslaicher handelt, die aus der Umgebung zu „ihrem" Geburtsfluß zurückkehren, um dort wiederum ihren Laich abzusetzen. Nach meinen Beobachtungen wird die Nahrungsaufnahme während der Brutzeit (dies ist auch die Zeit der Massenimporte) eingeschränkt, besonders bei klammernden Männchen. Da die Tiere im Terrarium nur in den seltensten Fällen ablaichen können und daher wochenlang im Amplexus umherwandern, verhungern sie langsam. Der Klammergriff der Männchen ist so fest, daß manche Weibchen dabei erdrosselt werden *(A. varius)*. Die Suche nach Geschlechtspartnern geschieht auf optischem Wege (Hochstellen und Umsehen), weniger durch akustisches Anlocken, obwohl viele Arten leise trillernde oder zirpende Rufe ausstoßen.

In Gefangenschaft müssen die Tiere daher baldmöglichst voneinander getrennt und je nach Geschlecht in eigenen Terrarien gehalten werden (möglichst einzeln). Vorher sollte man vielleicht einen Ablaichversuch machen: Ein Glasaquarium wird etwa 10–15 cm hoch mit Wasser gefüllt und je nach Herkunft der Tiere auf 18–24 °C gebracht. Ein Eheim-Filter (Perlonwattefüllung) mit Schaumgummipatrone am Ansaugrohr sorgt für die ständige Umwälzung des Wassers (Flußsimulation). Ins Wasser legt man größere runde Bachkiesel, die vereinzelt auch leicht über den Wasserspiegel ragen dürfen. Im Wasserteil werden außerdem Wasserpest, *Ophiopogon* (Gras) und Kalmus in Töpfen eingesetzt. Das Gras sollte über die Wasseroberfläche hinausragen. Eine kleine Korkinsel bringen wir als Rettungsfloß an. Dem Wasser wird ein Anti-Pilzmittel in geringstmöglicher Dosis zugesetzt (Cilex, Salufit). Das Aquarium deckt man mit einer Glasscheibe ab, die Seitenwände sind mit Papier abzuschatten. Nun setzt man 1–2 klammernde Pärchen ein, die nach 2–3 Tagen ablaichen sollten. Tun sie dies nicht, sind die Geschlechter zu trennen und bei guter Fütterung und Vitamingaben nach einigen Tagen erneut im Aquarium zusammenzusetzen. Mit viel Glück erhalten wir Laichschnüre, die jedoch sehr schnell verpilzen und auch teilweise unbefruchtet bleiben und sich deshalb nicht entwickeln. Sollten Kaulquappen schlüpfen, sind diese mit Aufwuchsalgen, Fischfutter und ähnlichem anzufüttern. Terrarianer haben es bisher nicht geschafft, über die Ablage von Laichschnüren hinauszukommen.

Durch den Einsatz von Geschlechtshormonen (z. B. Prolan) bei der Zucht dieser Arten könnten die Probleme vielleicht gelöst werden.

Atelopus-Arten sind langsame Fresser, die vor dem Zungenschuß erst sorgfältig und bedächtig zielen. Sie können nur kleine Beutetiere schlucken. Als Futter reicht man Taufliegen und deren Maden, kleine Wachsmaden und eventuell Mehlmotten sowie rote Mückenlarven, die fast trocken auf einer Schale angeboten werden. Da die eingeführten Arten ähnliche Ansprüche stellen, beschränke ich mich auf die Besprechung von *A. varius*. Manche *Atelopus*-Arten leben z. T. in Höhen über 3500 m (Peru), deshalb ist bei neuimportierten Arten unbedingt die Höhenlage und das Biotop zu erfragen, andernfalls sind die Tiere durch falsche Haltung sichere Todeskandidaten.

In einem Ausflugshotel in El Valle (Panama) konnte ich einige „Golden Frogs" *(Atelopus v. zeteki)* in einem Freilandterrarium beobachten und fotografieren. *A. v. zeteki* (Abb. Seite 67) ist der größte *Atelopus*, den ich bisher sah. Er ist etwa doppelt so groß wie *D. auratus*. Neben einfarbig gelben Tieren kommen auch schwarz gefleckte vor. Dieser Frosch ist inzwischen auf Liste 1 des Artenschutz-Abkommens aufgetaucht. Weil man diesen Frosch in großer Zahl für touristische Zwecke gefangen hat und ihn außerdem in Amerika zur Gewinnung seines Hautgiftes in der Pharmazie „verarbeitete", ist er vom Aussterben bedroht. Brauchbare, aber spärliche Informationen über *Atelopus* findet man bei Peters; Cochran und McDiarmid.

Atelopus varius
Variabler Stummelfuß

Kennzeichen: ♂ 25–38 mm, ♀ bis 45 mm. Grundfarbe des Rückens schwarz, die Zeichnung besteht aus gelben und roten mäanderförmigen, verschlungenen Linien oder einer hellgrünen Strichzeichnung. Der Bauch ist meist hell oder gelb. Es läßt sich jedoch kein allgemein gültiges Farbmuster angeben, da die Tiere in jedem Flußtal völlig anders aussehen können. Die Haut ist glatt, die Gliedmaßen sind lang und dünn, die ersten Finger und Zehen sind weitgehend zurückgebildet. Brustgürtel starr.
Verbreitung: Costa Rica, Panama; weitere Unterarten in Kolumbien und Ecuador.
Lebensweise: Flußtäler und die angrenzenden Urwaldhänge bilden den Biotop dieser tagaktiven Art. Während sie in Costa Rica auch im Tiefland vorkommen sollen, findet man die Tiere in Panama vor allem in höheren und kühleren Lagen, die sich durch eine sehr hohe Luftfeuchtigkeit auszeichnen. In der Freiheit besteht die Nahrung aus Kleininsekten, Ameisen und Termiten. Die Rufe sind schnarrend. Abgelaicht wird in Bächen und Flüssen.
Haltung: Mittelgroße, flache Terrarien mit Bachimitation. Eine sterile Haltung auf

Schaumgummi ist ebenfalls möglich. Temperaturen je nach Herkunft. Hohe Luftfeuchtigkeit. Die Geschlechter sollte man getrennt halten, da sonst die Männchen verhungern oder die Weibchen erdrosseln. Futter und Zucht s. Einleitung. Im Terrarium ist diese Art nicht ausdauernd, doch lebte sie bei Oeser jahrelang frei im Glashaus. Nicht für Anfänger geeignet, aber auch erfahrene Pfleger haben erhebliche Probleme mit *A. varius*. Eine Zucht ist bisher nicht gelungen.

Gattung Bombina
Unken

Diese etwas urtümliche Gruppe dürfte wohl jedem Froschpfleger bekannt sein, da zwei Arten auch bei uns vorkommen *(B. varigeata* und *B. bombina)*, die sich durch ihre – nicht immer eindeutige – Bauchzeichnung unterscheiden. Die Unken werden im Kapitel über einheimische Froschlurche kurz behandelt. Sie sind hier nochmals aufgeführt, weil sie sich nicht nur untereinander, sondern auch mit der Orientalischen- oder Chinesischen Rotbauchunke *(B. orientalis)* kreuzen lassen. Es wäre erfreulich, wenn man gelegentlich die größte Unke der Welt *(Bombina maxima)*, die etwa 13 cm lang ist, aus China einführen könnte. Da eine Unken-Nachzucht im Terrarium leicht gelingt, wären nur wenige Exemplare erforderlich. Alle bisher bekannten Unken leben halb aquatil und können einen giftigen und typisch riechenden Schleim absondern. Außerdem verfügen sie über eine spezifische Schreckreaktion (Kahnstellung), bei der sie die Warnfarben ihrer Unterseite dem Feind entgegenstrecken.

Abb. 28. Bombina orientalis.

Bombina orientalis
Chinesische Rotbauchunke
(Abbildung oben)

Kennzeichen: um 60 mm. Oberseite braun
oder leuchtend grün mit schwarzen Tupfen
und Flecken. Die Bauchseite ist rot mit
schwarzen Flecken. Die Männchen haben
zur Brutzeit Haftpolster an der Innenseite
der Vorderbeine.
Verbreitung: Asien.
Lebensweise: Gleiche Lebensweise wie unsere Unken; halb aquatil und wärmelie-
bend.
Haltung: Für diese wasserliebenden Tiere
eignen sich neben mittelgroßen Terrarien
mit ausgedehntem Wasserteil auch Aquarien, die einige Inseln aus Korkplatten oder
eine Ufernachbildung aufweisen. Ich halte
meine Tiere bei Zimmertemperatur
(22–24°C), wobei auch das Wasserteil ge-
heizt wird (24°C). Im Sommer lassen sich
die sehr lebhaften und verfressenen Unken
auch im Freiland oder auf einem sonnigen
Balkon halten und züchten. Im Wasserteil
sollten sich einige Aquarienpflanzen befinden, die das Ablaichen erleichtern. Eine
Kreuzung mit *Bombina varigeata* (Gelb-
bauchunke) ist möglich, die Bastarde zeigen eine dauernd gelbe Bauchseite. Die Gelege werden entweder als Ballen frei abgelegt oder wie bei der Rotbauchunke (*B.
bombina*) an Pflanzen geheftet. Die Aufzucht der Larven bereitet keine Probleme,
doch zieht man sie wegen des Kannibalismus der Eltern getrennt auf. Im Gegensatz

113

zu den Literaturangaben, nach denen Unken drei Jahre bis zur Geschlechtsreife brauchen, erreichen die Tiere diese in Gefangenschaft bereits nach etwa einem Jahr, und die Nachzuchten lassen sich in zweiter und folgender Generation weiterzüchten. Bei allen Jungtieren von *B. orientalis* trat dabei die schöne Rotfärbung der Unterseite nicht mehr auf, was durch Mängel in der Ernährung bedingt sein kann. Auch im Freiland aufgezogene Unken zeigten diesen Effekt. Wenn man jedoch einen bestimmten Farbstoff verabreicht, der auch bei der Vogelzucht angewandt wird und der dem Vitamin A ähnelt, läßt sich der Mangel innerhalb weniger Wochen beheben (Steinicke, Raehmel). Bei diesem Farbstoff handelt es sich um Rodoxan von der Firma Brandt AG, Bern. Er enthält neben einer Traubenzuckerbase den schwerlöslichen Wirkstoff Diketo-β-Carotin (Canthaxanthin), der sich durch Lösen und Abtrennung des Zuckers durch Filtration auch rein gewinnen läßt. Man gibt den reinen Farbstoff folgendermaßen über das Futter:

– direkt: lösen des Canthaxanthins in wenig heißem Wasser und Einspritzen der kalten Lösung in eine Mehlkäferlarve, die von Hand verfüttert wird. Alle zwei Tage wird dies über einen Zeitraum von drei Wochen durchgeführt (Steinicke). Danach ist die Rotfärbung bleibend im Gewebe fixiert und die Farbstoffgaben können abgesetzt werden. Nach Raehmel kann man die Futtertiere wie Tubifex, Mückenlarven usw. auch im Originalpräparat wälzen und von der Pinzette verfüttern.

– indirekt: Rodoxan wird in geringen Dosen dem Nährbrei von Fliegen oder Taufliegen zugesetzt, die den Farbstoff dann aufnehmen und beim Verfüttern an die Unken weitergeben.

Es sollten noch Versuche über die genaue Dosierung, die Behandlungsdauer und die Langzeitwirkung der Behandlung gemacht werden, da die bisherigen Tests nur Anhaltspunkte ergaben. Eine Überdosis von Vitamin A ist schädlich, die Toleranzgrenzen müssen daher unbedingt ermittelt werden. Gelbbauchunken lassen sich mit dieser Methode nicht umfärben, ebensowenig wie die Jungtiere der Kreuzung *B. orientalis × B. varigeata*. Dies beweist einen auf *B. orientalis* beschränkten Mangeleffekt. Weitere Untersuchungen über die Futterzusammensetzung in den Originalbiotopen sowie die Verabreichung des Farbstoffes im Larvenalter sollten unternommen werden, da sie auch für andere Froschlurche wichtige Erkenntnisse bringen könnten.

Zur Terrarienhaltung sei noch anzumerken, daß Unken sehr viel Futter verschlingen (Mehlwürmer, Regenwürmer, Grillen, Fliegen usw.), in ihrer Gier aber auch den Mitinsassen schwere Verletzungen zufügen können. Ausgerissene Beine oder Verletzungen in der Kopfgegend sind nicht selten. Man sollte daher nicht zu viele Tiere einsetzen und nur gleichgroße Froschlurche mit ihnen vergesellschaften (z. B. *Discoglossus*). Die Futtergaben verteilt man gleichzeitig auf mehrere Stellen im Terrarium, so daß jedes Tier etwas bekommt.

Gattung Brachycephalus
Sattelkröten

Brachycephalus ephippium
Gelbe Sattelkröte

Kennzeichen: bis 20 mm. Die Tiere haben ein knöchernes Rückenschild und sind stammesgeschichtlich mit den *Atelopus-*

Arten verwandt. Die Farbe ist ein leuchtendes Gelb (s. Abb. in Klingelhöffer). Das Biddersche Organ fehlt.

Verbreitung: östliches Südamerika, angeblich auch im Stadtbezirk von Rio de Janeiro vorkommend.

Lebensweise: Diese winzigen Krötchen leben unter moderndem Laub und in niederen Bromelien. Sie sind frühmorgens auch bei Sonnenlicht aktiv.

Haltung: Nach Lang dürfen die Tiere nicht zu warm gehalten werden (um 22–24 °C). Er gibt als Futter Blattläuse an, doch eignen sich ebenfalls *Drosophila*-Arten und deren Maden. Über eine Zucht ist noch nichts bekannt.

Gattung Breviceps
Kurzkopffrösche

Diese auf den ersten Blick „anziehenden" Frösche sehen wie kleine Walzen auf vier Beinchen aus. In ihrer Heimat im mittleren und südlichen Afrika sieht man von diesen Tieren jedoch nur sehr wenig, da sie fast ständig im Untergrund leben und sich dort auch in selbst gegrabenen Höhlen fortpflanzen. Daher sind von den meisten der etwa 16 Arten noch nie Eier und Kaulquappen beschrieben worden. Die Männchen bleiben oft kleiner und unterscheiden sich durch ihre Kehlfärbung von den Weibchen. Die Biotope erstrecken sich vom Waldland *(B. verrucosus)* über Gebirgsregionen, felsige Abhänge mit Wiesen *(B. montanus, B. maculatus)* bis hin zur Steppe *(B. rosei, B. gibbosus)* und Sanddünen *(B. macrops)*. Die Bruthöhlen werden im Boden in Wurzelstocknähe oder unter Steinen, Holzresten oder ähnlichem angelegt. Die Eizahlen betragen bei 20–60

Stück, wobei zusätzliche Gallerte ohne Eier als Nahrungsquelle der schlüpfenden Larven beigegeben ist. Dauer der Metamorphose 4–6 Wochen, Größe der Jungfrösche etwa 6 mm. Einige Arten betreiben Brutpflege: das Weibchen wacht in einem Tunnel neben der Nesthöhle; falls diese zugeschüttet wird, gräbt sie die Eier aus *(B. sylvestris)*. *Breviceps*-Arten haben an ihren Hinterbeinen hornige „Schaufeln", ähnlich den amerikanischen Grabfröschen *(Scaphiopus)*.

In Freiheit ernähren sich die Kurzkopffrösche von Ameisen und Termiten, gelegentlich erbeuten sie bei nächtlichen oberirdischen Ausflügen, die vor allem die Männchen durchführen, auch kleine Insekten und Würmer. Nach heftigen Regenfällen kommen die Frösche nachts an die Oberfläche, manchmal in riesiger Zahl.

Im Terrarium erweisen sich die Tiere als heikel, sofern man nasse Erde als Bodengrund verwendet. Es zeigten sich bei meinen Fröschen bald großflächige Hautwunden am Hinterleib und an den Beinen. Dies läßt sich bei einer möglichst sterilen Haltung in Schaumgummischnitzeln oder Orchideensubstrat (Orchid-Barks) umgehen, doch sollte man auch hier auf regelmäßige Behälterreinigung und Desinfektion achten. Das Substrat wird leicht feucht gehalten, doch sind auch trockenere Ecken einzurichten. Ein kleiner, sehr flacher Wassernapf ist gleichfalls erforderlich. Als Futter reicht man nicht zu schnelle Beutetiere wie Wachsmaden, kleine Regenwürmer, Stubenfliegen, Mehlwürmer. Als Zusatznahrung kann man frisch geschlüpfte Ameisen verwenden.

Abb. 29. Breviceps adspersus, die „Walzen mit Beinchen".

Breviceps adspersus
Regenfrosch

Kennzeichen: 38–57 mm (♀), die Männchen bleiben etwa 8 mm kleiner. Farbe gelb oder orange, auf dem Rücken dunkelbraun gesprenkelt oder gefleckt, dunkles Band vom Auge zum Armansatz. Gelegentlich tritt ein weißer Streifen entlang der Rückenmitte auf. Der Bauch ist weiß, beim Männchen ist die Kehle dunkler. Grabfortsätze an den Hinterbeinen.

Verbreitung: Nordöstliches Kapland, Natal, Zululand, Transvaal, Betschuanaland, Südwestafrika bis Rhodesien.

Lebensweise: Die Frösche leben fast immer im Untergrund, gelegentlich treten sie nachts oder nach Regenfälle massenweise auf; daher haben die Tiere auch ihren Namen. Sie ernähren sich von Bodeninsekten und Termiten. Die Rufe der Männchen ertönen in langsamen Folgen, sie klingen wie „ick". Rufzeit in Natal: ab Mitte September bis Dezember. Die 26–46 Eier werden in einem Erdloch abgelegt, dessen Wände geglättet wurden. Es liegt etwa 15 cm unter dem Erdboden und hat einen Durchmesser von 7 cm. Gelegentlich werden die Nester auch unter Holz oder Steinen angelegt. Die Eier sind cremeweiß und 4,5 mm im Durchmesser, umgeben von einer 8 mm starken Gallerthülle; alle Eier kleben als kugelförmige Masse zusammen. Gegen ein Austrocknen und für Nahrungszwecke ist noch zusätzliche Gallerte ohne Eier vorhanden, da die gesamte Entwicklung im Ei stattfindet. Etwa eine Woche nach der Eiablage erkennt man die Kaulquappe, an der sich nun vier Beinstummel zeigen. Erst wenn die Hinterbeine voll entwickelt sind, wechselt die bis dahin weiße Larve bis auf den Schwanz ihre Farbe. Sobald die Vorderbeine durchbrechen, wird der Schwanz eingeschmolzen und die etwa 6 mm großen Fröschchen graben sich aus dem Nest heraus. Die gesamte Entwicklung dauert 4–6 Wochen.

Haltung: Kleineres flaches Artenterrarium, Einrichtung und Futter wie in der Einleitung besprochen. Man sollte die Tiere wöchentlich auf Hautwunden kontrollieren, die sofort behandelt werden müssen (Terracortril). Temperatur 22–29°C, Nachtabsenkung um 5°C. Über eine Zucht in Gefangenschaft ist noch nichts bekannt.

Gattung Bufo
Echte Kröten

Diese Gattung ist wohl eine der nützlichsten überhaupt, was schon im Altertum bekannt war. Neben der Schädlingsvertilgung regulieren Kröten auch den Bestand anderer Froschlurche, wie wir dies in Panama an Aga-Kröten *(Bufo marinus)* beobachten konnten, die sich immer dort zahlreich einfanden, wo andere Frösche gerade beim Brutgeschäft waren. Unvorsichtige Quaker verschwanden sehr schnell im riesigen Rachen der Kröten. Stellenweise breitete sich die Aga-Kröte so stark aus, daß sie zu einer Landplage wurde, vor allem in gewissen Teilen Australiens und Neuguineas.

Die Kröten sind überwiegend nachtaktiv und haben gewaltige Giftdrüsen, die bei Gefahr ein weißliches Sekret absondern, das Schutzfunktion ausüben soll. Viele Schlangen und selbst einige Kröten stören sich jedoch überhaupt nicht an diesem Hautgift. Darüber hinaus sind Kröten wohl die „intelligentesten" Froschlurche überhaupt, sie passen sich neuen Umwelt- und Futtersituationen in erstaunlich kurzer Zeit an. So liefen in meinem Froschlabor einige *Bufo mauritanicus* frei herum. Zum „Tanken" und Koten suchten sie eine eigens dafür bereitgestellte Schale auf. Jedes Tier hatte nach einigen Eingewöhnungstagen seinen festen Stammplatz. Bald lernten die Kröten die Mehlwurmdose kennen, die etwa 70 cm hoch auf einem Tisch stand. Sie fanden schnell heraus, daß man an einigen Kabeln und der Zentralheizung hochklettern konnte und saßen dann behäbig mitten im Mehlwurmnapf, nun unabhängig von Fütterungszeiten. Abdecken oder Wegstellen war sinnlos, da die Kröten ihn nach spätestens einem Tag wieder ausgemacht hatten und den Deckel einfach wegstießen.

Alle Kröten werden sehr zahm, und es gibt etliche Terrarianer, die sich auf die Haltung dieser munteren Gesellen spezialisiert haben. Doch die Zucht ist äußerst schwierig oder gar unmöglich, besonders bei paläarktischen (nördlichen) Arten, da die Tiere Traditionslaicher sind und zur Fortpflanzung immer ihre Geburtsgewässer aufsuchen müssen (Ausnahme *Bufo melanostictus* und *B. blombergi*). Ein sehr großer Teil der bedrohten Froscharten besteht aus Angehörigen der Gattung *Bufo*, wie man im Artenschutzkapitel nachlesen konnte. Die Tiere reagieren einfach nicht so flexibel bei der Wahl ihrer Brutstätten, wie dies andere Frösche tun. Jegliche Biotopstörung hat daher direkten Einfluß auf die Krötenpopulation. Eine Neueinbürgerung gelingt nur über frisch entnommenen Laich, der bei Kröten meist aus Schnüren besteht. Bei der Besiedelung neuer Teichanlagen und Landschaften sowie bei der Umsiedelung bedrohter Populationen durch den Straßenbau wurden in der Schweiz mit dieser Methode sehr gute Erfolge erzielt. Man sollte bei den bedrohten Arten schnellstens Ersatzbiotope schaffen und Laich (solange es ihn noch gibt) umsetzen. Es genügt meiner Ansicht nach auch nicht, die Originalbiotope zum Schutz anzukaufen (z. B. bei *Bufo periglenes*), da Veränderungen oder Naturkatastrophen wie Waldbrände selbst diese Rückzugsgebiete sehr schnell vernichten können. Eine weitere Möglichkeit wäre die chemische Beeinflussung beider Geschlechtspartner, wie sie beispielsweise bei den Krallenfröschen erfolgreich angewandt wurde, um in Gefangenschaft oder in Farmen noch Laich zu erhalten.

Kröten besiedeln die verschiedensten Lebensräume wie Gebirge, Urwälder, Moore und Wüsten, doch sind sie bis auf wenige Ausnahmen Bodenbewohner geblieben. Lediglich in einigen Untergruppen gibt es hochspezialisierte Arten, wie etwa die lebendgebärenden afrikanischen Baumkröten *(Nectophryne)* oder die Bachkröten *(Ansonia)*. Einige Arten werden in diesem Buch gesondert besprochen.

Im Terrarium bereiten Kröten kaum Probleme, es sei denn, man pflegt große Arten wie *B. blombergi* oder *B. marinus*, die bei ihrem gewaltigen Appetit auch entsprechende Kot- und Harnmengen absetzen, die wöchentlich mindestens eine Generalreinigung des Terrariums erfordern (Geruchsprobe). Vergißt man diese Reinigung, breitet sich bald ein entsetzlicher Ammoniak-Gestank aus, und die Tiere können Hautdefekte bekommen. Große Arten hält man daher in fast sterilen Terrarien mit Abfluß, die sich durch Ausspritzen mit einem Schlauch schnell reinigen lassen. Als Dekoration greift man auf rankende Pflanzen zurück, die entlang den Behälterwänden geführt werden (z. B. *Philodendron*). Für Wüstenkröten wie *B. mauritanicus* (Berberkröte) oder *B. brongersmai* (Anti-Atlas-Kröte) richtet man das Terrarium mit Kies und Steinaufbauten ein. Für die meisten anderen Arten eignet sich ein mittelgroßes Terrarium ab 70 cm Länge und einer Einrichtung aus Kies oder Torfmull, Moorwurzeln, stabilen Pflanzen sowie einigen Verstecken unter Moospolstern, Steinplatten oder ähnlichem. Ein kleineres Wasserbecken (20 × 15 cm) reicht aus. Die Temperaturansprüche richten sich nach der Herkunft der gepflegten Kröten. Bei Bewohnern von Trockenlandschaften achten wir auf einen Tag-Nacht-Temperaturunterschied. Viele nördlichen Arten sollten darüber hinaus einen Winter mit kühlen und einen Sommer mit höheren Temperaturen bekommen. Bei der folgenden Einzelbesprechung möchte ich mich auf einige typische Arten beschränken.

Farbbild 15. Dendrobates histrionicus. Kolumbien. S. Seite 139. S. auch Abb. S. 50.

Bufo blombergi
Kolumbische Riesenkröte

Kennzeichen: 23–24 cm. Helles Lederbraun auf der Oberseite, die Flanken sind dunkelbraun. Die Bauchseite ist hell.
Verbreitung: Kolumbien.
Lebensweise: Die Tiere bewohnen feuchte Waldgebiete.
Haltung: Größere, sterile und flache Terrarien, die schnell zu reinigen sind. Die Einrichtung kann aus grobem Kies, Moorwurzeln und ein oder zwei stabilen Pflanzen *(Philodendron)* bestehen. Das Wasserteil sollte mindestens 10 cm tief sein. Will man züchten, sind die Abmessungen ca. 60 × 60 cm groß zu wählen, da mit sehr langen Laichschnüren und Eimengen bis zu 50 000 (!) Stück gerechnet werden muß. Das Ablaichen funktioniert am besten mit frischimportierten Kröten, die Auslösung erfolgt durch Wasserwechsel. Haltungstemperatur 23–27°C, Wasser 24°C. Hohe Luftfeuchtigkeit (85%). Sollte es zu einer Laichabgabe kommen, werden nach Schmid die Laichschnüre auf viele Kleinaquarien (6 l Inhalt) mit Durchlüftung aufgeteilt, in die abgestandenes Frischwasser oder Wasser aus einem eingefahrenen Aquarium gefüllt wird. Da viele Eier verpilzen, kommt es darauf an, wer den Wettlauf gewinnt: die sich entwickelnden Larven oder der Pilz. Die geschlüpften Larven werden schnellstmöglich und vorsichtig in größere Aufzuchtanlagen (Wannenmethode) umgeschüttet! (sie dürfen keinesfalls abgesaugt werden!). Die Larven werden erst nach Aufzehrung des Dottersackes mit feinstem Staubfutter versorgt (Tetra Min, Tetra Ovin usw.). Nach etwa einer Woche schwimmen die Larven frei. Man muß sehr gut durchlüften und im Aufzuchtwasser öfters und regelmäßig den Nitritgehalt überwachen. Die Metamorphose erfolgt nach 6–7 Wochen, die Jungkrötchen sind marmoriert. Der Landübergang wird durch Absenken des Wasserspiegels und Einlegen von Rettungsinseln aus Kork- oder Styroporstückchen erleichtert. Die fertigen Jungfrösche werden in breite und flache, mit Glas und Gittern abgedeckten Wannen mit Schaumgummiboden, Korkverstecken und einem sehr flachen Wasserteil überführt. Als Futter gibt man kleine Heimchen/Grillen, Essigfliegen und rote Mückenlarven. Der Schaumgummiboden ist öfters auszuwaschen. Die weitere Aufzucht der Kröten bereitet bei Sauberkeit und vitaminisiertem Futter keine Probleme. In der Wilhelma (Stuttgart) wurde *B. blombergi* schon mit *Bufo marinus* (Aga-Kröte) gekreuzt. Als Futter gebe ich meinen erwachsenen Blomberg-Kröten vor allem Mäuse und junge Ratten, gelegentlich Grillen. Zur Eingewöhnung kann man es auch mit Fleisch vom Futterdraht versuchen. Das Terrarium muß sehr oft gereinigt werden. Ähnliche Haltung: *Bufo marinus* und *Bufo melanostictus*.

Farbbild 16. Pärchen von Agalychnis callidryas, Costa Rica. S. Seite 104

Abb. 30. Die Berberkröte (Bufo mauritanicus).

Bufo mauritanicus
Berberkröte

Kennzeichen: um 120 mm. Grünlich gelbe, rote oder rotbraune Marmorierung oder Flecken auf dem Rücken. Die Zwischenräume sind heller, ebenso die Unterseite. Die dunklen Flecken können noch von feinen, schwarzen Rändern umgeben sein. Die Weibchen sind wie bei der Wechselkröte *(B. viridis)* schöner und kräftiger gefärbt, außerdem bleiben die Männchen der Berberkröte kleiner. Sie haben eine dunklere, kehlständige Schallblase und zur Brutzeit Brunftschwielen an den ersten drei Fingern. Der Ruf ist abgehackt und schnarrend.

Verbreitung: Marokko, Algerien und Tunesien.
Lebensweise: Bewohner der Steppen, Flußtäler, Oasen und Gebirge Nordafrikas. Die Tiere trifft man nachts in großer Zahl in Oasen oder Flußdünengebieten an. Tagsüber verbergen sie sich in selbstgegrabenen Löchern. Die Nahrung besteht in Freiheit aus Froschlurchen, Nagern, Echsen und Insekten (Käfern, Schaben). Sie laichen im Freiland in günstigen Gebieten das ganze Jahr über ab, bei Agadir bevorzugt in Gartenteichen.
Haltung: Mittelgroße, flache Terrarien mit Kies oder Kies/Sand- oder Sand/Torf-Mischung als Bodengrund. Die Tiere sollten eine leicht feuchte Stelle zum Eingraben

bekommen. Der Wasserteil darf in der Trockenzeit klein sein (20 × 20 × 8 cm). Eine Zucht ist meines Wissens noch nicht gelungen. Zur Brutauslösung gehört eine kühlere und etwas feuchtere Haltung mit Regensimulation über den Winter, während der Sommer warm und trocken sein kann. Den Wasserteil muß man zur Brutzeit vergrößern. Temperaturen: Sommer 25–28°C, Winter 15–22°C. Wassertemperaturen: 20–24°C.

Die Berberkröten werden wie alle Kröten sehr zahm. Ich füttere meine Tiere mit nackten Mäusen und großen Grillen. Ebenso sind Regenwürmer, Wanderheuschrecken und Mehlwürmer geeignet. Ausgezeichnet haltbar.

Gattung Centrolenella
Glasfrösche
(Abbildung Seite 174)

Die Glasfroschfamilie besteht aus zwei Gattungen: *Centrolene* und *Centrolenella*. Es sind zur Zeit etwa 40 Arten bekannt, Glasfrösche sind zumeist kleine bis mittelgroße Arten, die sich durch eine glasartig-grünliche, selten braune, Färbung von anderen Fröschen unterscheiden. Eine schwarze, weiße oder gelbe Tüpfelzeichnung ist bei manchen Arten typisch. Die Unterseite einiger Arten ist völlig durchsichtig: es können fast alle Organe, die Ovarien und das Herz von außen beobachtet werden (daher der Name). Teilweise sind die Knochen grünlich eingefärbt. Die Männchen mancher Arten haben als weitere Besonderheit zwei dornartige Fortsätze an der Innenseite der Oberarme, die vermutlich Hilfsorgane für den Amplexus darstellen. Die Rufe der Glasfrösche sind metallisch hell und glockenartig „ping-ping" mit Pausen zwischendurch. Ich fand in Mittelamerika drei Arten auf der Vegetation direkt über und neben Bach- oder Flußläufen. Die Tiere saßen nachts stets auf schilfartigen Pflanzen, deren lanzettartige, etwa 5 cm breite Blätter sich direkt über dem schnellströmendem Wasser befanden. Zum Teil rufen sie auch aus hohen Bäumen am Ufer. Einige Pärchen konnten beim Amplexus beobachtet werden. Ein Territorialverhalten (Wegschubsen fremder Männchen) gibt es ebenfalls. Ich fand Gelege auf der Oberseite der Blätter, zumeist am herabhängenden Ende etwa 1–1,5 m über der Wasserfläche. Die Eier (40–60) waren sehr hartschalig mit 2–3 mm im Durchmesser. Die Gelegefläche betrug etwa 8–10 cm². Die Gallerthülle war dünn, die einzeln nebeneinander angehefteten Eier weiß bis grünlich. Die Larven scheinen vom Regen in den Bach gespült zu werden, z.T. konnten sie sich auch selbst aus der Hülle winden und in den Bach fallen lassen. Frisch gefangene Glasfrösche setzten in den Plastikbeuteln Gelege ab, die aber wegen der mangelnden Hygiene verpilzten. Es gibt unter den Glasfröschen Arten, die an Gebirgsbächen leben und nur geringe Temperaturansprüche stellen. Als Nahrung werden in der Natur Fliegen, Nachtfalter oder Motten gefressen. Die Aktivitätszeit liegt in der Nacht.

Im Terrarium erwiesen sich die bisher importierten Arten als heikel, so daß die Glasfrösche sich nur für erfahrene Pfleger eignen.

Centrolenella fleischmanni

Kennzeichen: um 20 mm. Rücken hellgrün mit kleinen gelbweißen Tupfen. Keine Zähnchen auf dem Vomer.

Abb. 31. Ein Schildfrosch (Ceratophrys) aus Kolumbien.

Verbreitung: Mexiko, Costa Rica, Panama, Venezuela, Ecuador, Surinam, Kolumbien.

Lebensweise: Wir fanden unsere Tiere in El Valle (Panama) stets in unmittelbarer Nähe von schnellfließenden Bächen, wo sie sich entweder auf 2 m hohen Pflanzen oder Bäumen aufhielten, die das Wasser überragten. Zusammen mit dieser Art fingen wir noch *C. euknemos.* Die Gelege waren an der Oberseite der Blätter befestigt. Die Eier sind hartschalig und enthalten relativ wenig Dotter. Die Rufe bestehen aus einem metallischen „ping" mit größeren Abständen dazwischen. Ein Amplexus ist vorhanden.

Haltung: Auch diese Art hielt sich im Terrarium nicht gut. Mein Rekord lag bei etwa drei Monaten, wobei die Tiere mit vitaminisierten Fliegen gefüttert wurden. Das Terrarium muß höher als breit sein und einen schnellfließenden Bachlauf von mindestens 10–20 cm Breite und 3–5 cm Tiefe aufweisen (Wassertemperatur 22 °C). Die Bepflanzung sollte dicht sein

und die Gewässerränder überragen *(Spatiphyllum).* Es dürfen keine Bromelien eingepflanzt werden, da deren verunreinigtes und „umkippendes" Trichterwasser die Tiere gefährdet. Die Lufttemperatur im Terrarium darf bei Hochlandtieren nicht über 24–25 °C hinausgehen und eine gute Lüftung ist wesentlich. Relative Luftfeuchtigkeit etwa 80–88 %, öfters sprühen. Fütterung mit großen Taufliegen (*D. funebris*), Stubenfliegen, Mücken, kleinen Nachtfaltern (Motten). Die Tiere sind nachtaktiv und bei Unsauberkeit anfällig für Bakterienseuchen. Terrarianer, die ein Kleingewächshaus mit eingebautem Bachlauf besitzen, sollten es einmal mit der freilebenden Haltung der Centroleniden versuchen, vielleicht überleben sie dann besser. Für Anfänger nicht zu empfehlen.

Gattung Ceratophrys
Schild- oder Hornfrösche

Angehörige dieser Gattung kann man als Maul mit Beinen oder als lebende Schnappfalle bezeichnen. Die Körpergröße ist enorm: bis zu 20 cm. Den Beinamen Hornfrösche bekamen sie wegen der Hautzipfel über den Augen. Eine Art (*C. appendiculata*) gleicht sogar dem asiatischen Zipfelfrosch *Megophrys.* Das Kopfskelett ist verstärkt, der Oberkiefer ist mit spitzen Zähnen besetzt. Das Maul ist überaus geräumig. Die Farben sind herrlich leuchtend: Grau, Grün, Rot, Braun; sie sollen die Körper- und Maulumrisse durch bizarre Muster auflösen. Leider sieht man im Freiland oder im Terrarium wenig von dieser Farbigkeit, da die Tiere fast nur eingegraben auf vorbeilaufende Beute warten, dabei schauen oft nur die

Augen mit ihren Zipfeln aus dem Versteck. Die Tiere sind sehr angriffslustig gegenüber Feinden, die wesentlich größer sind als sie selbst. Die Männchen bleiben kleiner. Haben sie etwas mit ihren Zähnen gepackt, lassen sie nicht so schnell los. Stammesgeschichtlich gehören sie zu den Südfröschen (Leptodactylidae).

Ceratophrys ornata
Schmuckhornfrosch

Kennzeichen: um 10–12 cm. Grundfarbe leuchtend grün mit rötlichschwarzen Flecken, die gelb gesäumt sein können. Dazwischen ziehen noch rote Linien hindurch.
Verbreitung: Brasilien, Argentinien.
Lebensweise: Die tagaktiven Tiere leben verborgen am Waldboden. Sie sind bis auf den Beutefang und die Feindabwehr sehr phlegmatisch, aber überaus verfressen. Die Hauptnahrung besteht in Freiheit aus Fröschen, Reptilien, Kleinsäugern und Insekten. Zur Brutzeit kommen sie aus dem Bodenversteck heraus und versammeln sich in oder um Tümpel. Die Eier werden im Wasser abgelegt, sie enthalten nur wenig Gallerte und haben eine hohe Verlustquote.
Haltung: Mittelgroße flache Artenterrarien mit einer Füllung aus feuchtem Torfmull oder Orchid Barks. Die Temperatur sollte hoch liegen: 25–28°C. Die Bepflanzung muß stabil sein. Als Unterschlupf bietet man auch flache Korkrindenstücke an. Zur Brutzeit ist ein abgetrenntes Wasserteil zu fluten. Die Nahrung kann neben den bereits erwähnten Futtertieren auch Fleisch- und Fischstücke umfassen. Wegen der Angriffslust der Tiere sollte man immer nur wenige gleichgroße Hornfrösche in einem großen Behälter pflegen, dessen Bo-

Abb. 32. Der Westliche Graue Baumfrosch (Chiromantis rufescens).

dengrund wegen der regen Verdauung öfters ausgewechselt werden muß. Die Tiere können einem blutige Wunden zufügen, wenn man sich beißen läßt. Normalerweise ist die Art gut haltbar und ausdauernd, doch kann es auf den Transporten oder bei zu dichter Haltung zu Bißwunden kommen, die bei einer Infektion zum Tode der Tiere führen können. Für die Haltung der anderen Arten aus Südamerika wie *C. varia* oder *C. dorsata* gelten bis auf die Temperaturansprüche dieselben Bedingungen wie für die obige Art.

Gattung Chiromantis
Graue Baumfrösche

Diese afrikanischen Angehörigen der Rhacophoriden-Gruppe sind durch ihre weißen Schaumnester über Gewässern bekannt geworden. Von den drei wichtigsten Arten wie *Ch. rufescens* (West- und Zentralafrika), *Ch. xerampelina* (Süd- und

Ostafrika) und *Ch. petersii* (Somalia) tauchen die beiden ersten Arten gelegentlich im Handel auf. *Ch. rufescens* ist eine Waldform (high forest), während *Ch. xerampelina* mehr ein Steppenbewohner ist. Alle *Chiromantis* sind Baumbewohner, die selten auf den Boden herabkommen, es sei denn, sie müssen Feuchtigkeit aufnehmen. Die Schaumnester werden hoch über Gewässern an Vegetation angeheftet, die Larven fallen von selbst oder nach einem Regen in den Tümpel darunter. Das Hautsekret ist giftig, daher sollte man die Tiere über längere Zeiträume einzeln transportieren. Die Eingewöhnung von Frischimporten ist gelegentlich schwierig, besonders die Männchen sind sehr anfällig. Ich beobachtete im Auge der Frösche öfters Wurmlarven, die schließlich zum Tode der befallenen Tiere führten.

Chiromantis rufescens
Westlicher Grauer Baumfrosch

Kennzeichen: um 90 mm, ♂♂ wesentlich kleiner. Schlankere Art als *Ch. xerampelina*. Farbe grau, graubraun, graugrün, weiß oder bläulich. Unterseite weißlich, an den Gliedmaßen oft hellblau bis blaugrün. Maulinnenseite ebenfalls blaugrün. Bei den Männchen ist keine Kehltasche vorhanden. Füße mit kompletten Spannhäuten, die nur das erste Glied der vierten Zehe auslassen. Haftscheiben vorhanden.
Verbreitung: Von Nimba durch West- und Zentralafrika bis Uganda.
Lebensweise: Eine Regenwaldform (high forest), die von Ästen oder Blättern über Wasserflächen ruft. Stellenweise treten sie häufig auf, normalerweise sind die Frösche aber seltener zu finden, was mit ihrem leisen und schlecht lokalisierbaren Ruf zu-

sammenhängen mag. Dieser besteht ähnlich wie bei *Ch. xerampelina* aus einer Serie von „clicks" und einem Schnarren (Schiøtz).
Haltung: Hohe Terrarien mit größerem Wasserteil. Ernährung wie bei *Ch. xerampelina*, ebenso die Brutbiologie. Die Männchen sind etwas anfälliger und oft von Würmern und deren Larven befallen. Eingewöhnt halten die Tiere jahrelang. Sie sind sehr recht standorttreu.

Chriomantis xerampelina
Grauer Baumfrosch

Kennzeichen: ♀ bis etwa 90 mm, ♂ kleiner. Kräftige Art, grau gefleckt, hell oder dunkel bis schwarz mit schnellem Farbwechselvermögen. Unterseite weißlich, Kehle bräunlich. Pupille waagrecht. Haftscheiben vorhanden, die beiden inneren Finger sind den äußeren gegenübergestellt. Haut warzig und drüsenreich.
Verbreitung: Zululand bis Kenya.
Lebensweise: Die Frösche bewohnen das offene Flachland, wobei sie sich tagsüber auf Ästen der Bäume und Büsche aufhalten. In Ruhestellung werden die Beine untergeschlagen, so daß die Tiere einem Stück Rinde gleichen. Zur Fortpflanzungszeit versammeln sich die Frösche um Tümpel. Nachts ertönt der Ruf, der aus einer Folge von „chick-chick-chick" zusammengesetzt ist. Das Gelege besteht aus einem Schaumnest, das bis zu 150 Eier enthalten kann; sie sind um 2 mm groß und weiß. Das Gelege wird an Stämmen, Pflanzen oder Ästen angebracht, die über Wasserflächen ragen, in einer Höhe von einigen cm bis zu 16 m über dem Boden. Eine Brutpflege soll stattfinden, dabei wässert in trockenen Zeiten das Weibchen das Ge-

lege. (Wager zweifelt dies jedoch an). Die Eier entwickeln sich nach 3–4 Tagen zu weißen Kaulquappen mit großen äußeren Kiemen. Nach zwei weiteren Tagen tropfen sie aus dem oft krustig gewordenen Schaumnest ins darunterliegende Gewässer, wo sie ihre Entwicklung vollenden. Die Larven werden bis 50 mm lang. Die Tiere sind mitunter sehr standorttreu und erreichen ein hohes Alter (6–8 Jahre).

Haltung: Große, hohe Terrarien mit Kletterästen und stabilen Pflanzen. Will man züchten, hält man die Tiere zuerst in einer simulierten Trockenzeit mit wenig Wasser. Zur Brutzeit baut man den Terrarienboden zu einem kleinen Tümpel um, so daß genügend Äste über dem Wasserteil hängen. Durch häufiges Sprühen wird eine Regenzeit nachgebildet. Im Terrarium ist der Graue Baumfrosch bei nicht zu großer Luftfeuchtigkeit jahrelang haltbar. Bei Importen gab es durch Unsauberkeit und Vergiftungen schon öfters Todesfälle. Gelegentlich werden die Augen von Wurmlarven oder Pilzinfektionen befallen. Die Ernährung bereitet mit großen Grillen/Heimchen, Fliegen und Nachtfaltern keine Probleme.

Gattung Colostethus
Falsche Giftfrösche

Diese Gattung gehört zur Familie der Dendrobatiden, von denen sie sich durch die zumeist braune, unscheinbare Färbung und das Fehlen der hochwirksamen Hautgifte unterscheidet. Es besteht eine enge Verwandtschaft zu den *Phyllobates*-Arten. Auch die Brutpflege verläuft ähnlich: Es werden etwa 15–35 Eier gelegt. Die schlüpfenden Larven transportiert ein El-

terntier eine zeitlang auf dem Rücken, ehe sie ins Wasser abgesetzt werden. Sie ähneln oft Fluß-Kaulquappen und bilden regelrechte Saugapparate aus, um sich an Steinen festzuklammern. Sämtliche *Colostethus*-Arten leben in Mittel- und Südamerika, meist in der näheren oder weiteren Umgebung von Rinnsalen, Bächen und Flüßchen. Teilweise sind dies schnellströmende und klare Gebirgsbäche mit 22 °C oder weniger Wassertemperatur. Alle Arten sind tagaktiv und überaus lebhaft, deshalb bekamen sie von den Terrarianern den Beinamen „Raketenfrösche". Die Geschlechter lassen sich teilweise an der unterschiedlichen Kehlfärbung oder dem verbreiterten dritten Finger (Männchen) erkennen.

Auf der Panama-Expedition lernte ich die Lebensräume einiger Arten kennen. Die Tiere haben in geeigneten Biotopen eine recht hohe Siedlungsdichte, doch ist bei den einzelnen Arten jedes Rufrevier eines Männchens etwa 1 m² groß. Der Rufplatz befindet sich auf einem herausragenden Stein oder einer Wurzel im Bach, von wo aus der Frosch Eindringlinge sofort erkennt. Am selben Gewässer können verschiedene Arten zusammenleben; man kann sie durch ihre Rufe unterscheiden. Auch eine Höhenabstufung konnte beobachtet werden. Auf einer Bachlänge von 60 m fanden wir etwa 15–20 rufende Männchen *(C. inguinalis)*, aber nur zwei Weibchen, deren gesamter Rücken mit 7 mm langen Larven bedeckt war (Oktober 1978). Die Temperaturen betrugen in der Luft 25 °C und im Wasser 22 °C (Halbschatten). Im selben Biotop lebten viele Süßwasserkrabben, eine *Fundulus*-Art und unmittelbar am Bach auch Wasseranolis *(A. aquaticus)*. Das Wasser war sehr weich. Während des Tages verteilten sich

Abb. 33. Der „Raketenfrosch" (Colostethus inguinalis) aus Panama auf seinem Territorialstein.

Abb. 34. Gelege von C. inguinalis am Rande eines Bergbaches in Panama. Die das Gelege bedeckende Steinplatte ist entfernt.

die Tiere im Dickicht der Gewässerränder, um Nahrung zu suchen (Spinnen, Asseln, Milben, Tausendfüßler, Fliegen). Gegen Nachmittag und Abend nahmen die Männchen ihre Plätze wieder ein, und die Bachschluchten hallten von den Rufen, die aus einer oft wiederholten, kurzen melodischen Tonfolge bestehen. Bei Gefahr flüchteten manche Arten ins Wasser, andere versuchten an den Uferrändern unter Steinen ein Versteck zu finden *(C. nubicola)*. Bei ihrer guten Reaktion und ihrem beachtlichen Sprungvermögen, war es nicht gerade leicht, diese Frösche zu fangen.

Als Terrarium richtet man ein Flußbecken her, ähnlich einem Schwarzwaldbach. Über Steinterrassen lassen wir klares, über Kohle gefiltertes Wasser strömen (Eheim-Pumpe), und runde, herausragende Bachkiesel bilden dann die Rufplätze, die nicht zu dicht liegen sollten. Man bietet feuchte Uferhöhlen an, in die sich die larventragenden Eltern gerne zurückziehen. Die meisten Arten sind sehr gut haltbar und züchten willig, wie z.B. *C. trinitatis*. Als Futter wird fast alles genommen: Grillen, Fliegen, Wachsmaden, Mehlwürmer. Eine Zuchtgruppe sollte aus 1–2 Männchen und 3 Weibchen bestehen. Ein Behälter von 1 m Länge, 50–70 cm Tiefe und einer Höhe von 40 cm ist für die meisten Arten ausreichend, da die Tiere praktisch nur in Bachnähe auf dem Boden oder in niederer Vegetation leben. Man kann das Terrarium auch schräg stellen, um ein Gefälle für den Bach zu erhalten. In Südamerika gibt es eine große Anzahl weiterer *Colostethus*, etwa *C. boulengeri* und *C. subpunctatus*, deren Ökologie und Brutbiologie aber den besprochenen Arten ähnlich sein dürfte. Spezialliteratur bei Savage (1968). *C. subpunctatus* soll eine sehr komplizierte Brutpflege betreiben. Es wurden z. B. Ablösesignale beim Wachwechsel an den Eiern beobachtet. Ob dies für die anderen Arten ebenfalls zutrifft, ist noch unsicher.

Colostethus inguinalis
(s. nebenstehende Abbildungen)

Kennzeichen: ♂ 30 mm, ♀ 33 mm. Dritter Finger des Männchens verbreitert. Farbe: braun, rotbraun, goldbraun oder grau, Bauch hell. Kurzer Flankenstreifen, Zehen an der Basis mit Spannhäuten, Oberschenkel mit Querbändern. Kehle beider Geschlechter teilweise dunkel getupft. Oft mit gelben Flecken an den Außenseiten der Hinterbeine. Eine der häufigsten Arten in Mittelamerika.

Verbreitung: Panama bis Kolumbien. 100−850 m.

Lebensweise: Sehr an kleine Fließgewässer gebunden. Männchen sitzen oft im Bach auf herausragenden Steinen oder Wurzeln der Uferböschung und rufen von dort. Ausgeprägtes Revier- und Brutverhalten (Rufen, Anspringen, Drücken, Verfolgen usw.). Kaulquappentragende Weibchen (bis zu 30 Larven) halten sich bevorzugt unter Steinen an kleinen Wasserfällen auf, wo die Larven eine hohe Luftfeuchtigkeit vorfinden. Es treten neben kurzen, recht lauten Territorialrufen auch längere Paarungsrufe auf (Trillern). Das Rufrevier der zahlenmäßig überlegenen Männchen ist je 1 m² groß. Sehr gewandte Springer, die bei Gefahr immer ins Wasser flüchten. Nahrung in Freiheit: Bodeninsekten, Fliegen, Würmer, Spinnen usw. Natürliche Feinde: Süßwasserkrabben, Fische (Larven) und Schlangen (z. B. *Leptodeira*).

Haltung: Breites, flaches Flußterrarium ab 80 cm Länge, auch steril. Viele runde Kieselsteine im Bachlauf, Klettermöglichkeiten werden selten benutzt. Dunkle Höhlen aus geschichteten Kork- oder Torfplatten in Wassernähe anbieten. Umgestülpte, halbierte Kokosnußschalen als Eiablageplatz vorsehen. Temperatur je nach Her-

Abb. 35. Larventragendes Weibchen von C. inguinalis am Rande eines Bergbaches in Panama.

kunft: Gebirgsarten bei 24 °C Luft, 22 °C Wasser; Tieflandarten 27 °C Luft, 25 °C Wasser. Futter: Fliegen, Grillen, Wachsmaden, kleine Regenwürmer. Die Tiere nehmen große Futtertiere mit in den Bach, um sie dort unter Wasser einzuweichen und zu schlucken. Nicht zu viele Tiere für eine Zuchtgruppe zusammensetzen, da die Reviere in der Natur recht groß sind. 1 Männchen auf 2 Weibchen wäre günstig. In Großterrarien auch 2 Männchen auf 4 Weibchen. Lebhafte und tagaktive Frösche, die sehr gut für Anfänger geeignet sind. Über eine Zucht ist bisher nichts bekannt, doch dürfte sie wie bei C. *trinitatis* ablaufen. Die ersten Gelege wurden in meinen sterilen Versuchsterrarien relativ offen auf den Glasboden und in ein lamellenartiges Kunststoffversteck abgelegt. Durch die Kämpfe der Männchen wurden die Eier aber im ganzen Terrarium verteilt und verpilzten. Als Eiablagesubstrat verwende ich zur Zeit halbierte Ziegelsteine mit größeren Rippenabständen; damit dürfte das Problem lösbar sein. Bei geringen Wassermengen ist ein öfteres Wechseln sehr empfehlenswert und regt die Laichbereitschaft an. Man sollte aber nur abgestandenes (24 Stunden) Frischwasser verwenden, wobei Regenwasser ideal wäre.

Colostethus nubicola

Kennzeichen: ♂21 mm, ♀22 mm. Kehle der Männchen schwarz oder braun bis braunschwarz getupft. Bauch hell. Ein seitlicher, weißer Streifen, der vom Schenkelansatz zum Kopf zieht. Bauchkante ebenfalls weißlich. Keine Dorsolateralstreifen. Keine Spannhäute. Dritter Finger adulter Männchen geschwollen. Einzelne Populationen zeigen eine große Variabilität in Färbung und Größe.

Verbreitung: Costa Rica, Panama. 0–1800 m.

Lebensweise: Eine zierliche, kleinbleibende *Colostethus*-Art. In El Valle fing ich die Frösche neben Bächen, jedoch meist einige Meter vom Wasser entfernt. Die Tiere flohen selten ins Wasser, sondern fast immer zu den Talwänden, wo sie sich in Löchern oder unter Blättern verstecken wollten. Bevorzugtes Biotop waren die Oberläufe der Bäche, wo *C. inguinalis* nicht mehr so häufig vorkam. Rufe schnarrend. Die Nahrung besteht in Freiheit aus kleinen Insekten, Spinnen, Milben und Fliegen. Kaulquappen mit Saugmaul.

Haltung: Terrarien mit Bach und breiten Ufern, Klettermöglichkeiten werden angenommen. Für feuchte und dunkle Verstecke sorgen. Bromelien einsetzen. Diese Art erwies sich beim Fang und Transport etwas heikel. Wenn sie sich eingewöhnt

hat, hält sie sehr gut. Die Temperatur muß je nach Herkunft gewählt werden. 1800 m-Tiere sind recht kühl zu halten, Flachland-Populationen bei 24–28 °C (Wasser 22–25 °C). Das Futter muß klein sein: Taufliegen und Maden, Mückenlarven, Mücken, kleinste Grillen. Eine Zucht gelang mir kürzlich. Die Eizahlen sind gering (1–4 Stück). Die Larven sind schlank, hellgrau und mit dunklen Tupfen versehen, der Schwanz ist sehr lang und flach. Die Eiablage erfolgte in einer Schale, über die eine Kokosnuß gestülpt war. Die weitere Aufzucht ist ähnlich wie bei *Ph. vittatus.*

Im Terrarium und im Freiland beobachtete ich ein regelmäßiges „Gähnen", welches vermutlich zum besseren Luftaustausch bei der Atmung dient. Keine der untersuchten anderen *Colostethus*-Arten zeigte bisher ein ähnliches Verhalten.

Bei Herausfangen von Tieren aus dem Terrarium ist höchste Vorsicht geboten, da sie sehr schnell an einem Schock sterben! Daher besser in ein Glas hüpfen lassen als mit der Hand fangen.

Colostethus talamancae

Kennzeichen: ♂22 mm, ♀24 mm. Braun, Bauch hell. Ein Paar Dorsolateralstreifen ziehen sich vom Kopf bis oberhalb der Hinterschenkel. Keine Spannhäute zwischen den Zehen. Kehle und Brust der Männchen schwarz, bei Weibchen weiß bis gelblich.

Verbreitung: Costa Rica, Panama, Kolumbien, Ecuador. 0–750 m.

Lebensweise: Die Tiere leben in der Nähe von Wasserläufen, teilweise auch in verhältnismäßig kühlen Gebirsregionen ab 600 m. Frösche aus dem Flachland vertragen Temperaturen bis 27°C. Die Nahrung besteht in Freiheit aus Bodeninsekten, Spinnen, Ameisen usw. Nicht so sehr ans Wasser gebunden wie *C. inguinalis*. Die Larven sollen in kleine Wasserlöcher in Stämmen oder Bromelientrichter abgesetzt werden.

Haltung: Flußterrarium mit breiten Uferbezirken und Klettermöglichkeiten. Temperatur um 24°C, je nach Herkunft (sehr empfindlich gegen Überhitzung!). Dunkle, feuchte Höhlen, Kokosnußschalen mit Wasser und Bromelien zur Eiablage vorsehen. Futter: Stubenfliegen, Wachsmaden, Motten, Grillen, Heimchen. Über eine Zucht bisher nichts bekannt. Versuche dazu werden derzeit von mir durchgeführt.

Colostethus trinitatis
Gelbkehl-Colostethus

Kennzeichen: Größe: ♂20–25 mm, ♀30–35 mm. Braun, Bauch weiß, Männchen bleiben kleiner und haben eine schwarze Kehle, Weibchen eine leuchtend gelbe mit schwarzem Querbalken.

Verbreitung: Nördliches Südamerika (Venezuela).

Lebensweise: Eine große *Colostethus*-Art, die sehr robust ist. In Venezuela leben die Tiere sehr zahlreich in breiten, flachen Flüssen auf herausragenden Steinen. Ausgeprägtes Revier- und Brutverhalten (Drücken, Verfolgen usw.). Nahrung: Wasserinsekten, Fliegen, Würmer. Große Beutetiere werden vor dem Verschlucken unter Wasser eingeweicht.

Haltung: Breites Flußterrarium mit Uferzonen. Einrichtung wie eingangs beschrieben. Temperatur: Luft bis 27°C, Wasser 25°C. Futter: Fliegen, Grillen, Wachsmaden usw. Eine Zucht ist Kneller mehrfach

gelungen, doch liegen bisher keine genaueren Angaben vor, da die Tiere sehr versteckt ablaichen. Die Paarungsrufe im Terrarium werden von exponiert sitzenden Männchen erzeugt und sind ein minutenlanges „Trillern" ohne Unterbrechung. Die Männchen von *C. trinitatis* verfärben sich dabei fast schwarz. Die Eier (20–35 Stück) werden ähnlich wie bei *Phyllobates* auf glatte Flächen in feuchter Umgebung abgelegt und vermutlich von einem Elterntier bewacht, bewässert und später getragen sowie nach einiger Zeit im Wasser abgesetzt. Nicht alle Larven werden auf einmal transportiert oder entlassen, die Dauer richtet sich vermutlich nach unterschiedlichen Entwicklungsstadien der Kaulquappen. Die Ernährung freilebender Larven ist nicht so schwierig wie bei *Dendrobates*. Sie bekommen normale Kaulquappenkost nach Tab. 4 sowie zusätzlich Aufwuchsalgen an Steinen, Aquarienscheiben oder ähnlichem. Das Wasser sollte leicht strömen und einen hohen Sauerstoffgehalt aufweisen. Die Larvenentwicklung dauert je nach Wassertemperatur 1–3 Monate, nach etwa 1–2 Jahren sind die Jungfrösche geschlechtsreif (von der Fütterung abhängig). *C. trinitatis* ist für Anfänger geeignet, gelegentlich konnten bei „unsauberen" Importen Verluste auftreten. Eine Quarantäne, sorgfältige Beobachtung sowie Fütterung ist daher empfehlenswert. Eingewöhnte Tiere sind sehr schwer aus dem Terrarium herauszufangen, da sie ungeheuer sprunggewandt und reaktionsschnell sind. Wir lassen die Tiere am besten in ein Glas oder einen vorgehaltenen Plastikbeutel hüpfen.

Gattung Dendrobates
Pfeilgiftfrösche oder Baumsteiger

Angesichts der Bedeutung, die die Gattung *Dendrobates* für die Terraristik besitzt, gehe ich etwas ausführlicher auf diese Gruppe ein. Von den 19 bisher bekannten Arten der farbenprächtigen Gattung *Dendrobates* wurden in den letzten Jahren einige regelmäßig durch Massenimporte eingeführt. Manche Arten erwiesen sich dabei als sehr gut haltbar und ließen sich regelmäßig nachzüchten, andere starben dagegen schon auf dem Transport oder nach einigen Monaten bei den Terrarianern. Es gibt wohl keine Froschgattung, die in derart großen Mengen auf der Welt gehandelt wird, von den Raniden einmal abgesehen. Von den wichtigsten Arten gelangen jährlich allein aus Costa Rica mindestens 2000–5000 Exemplare nach Europa. Angesichts dieses „Massenexodus" von wildlebenden Tieren kommen einem doch ernste Bedenken, zumal inzwischen auch bei den haltbaren Arten *(D. auratus, D. pumilio, Ph. vittatus)* erschreckend hohe Verluste auftreten, bedingt durch falsche Haltung und Unsauberkeit der Anlagen beim Fänger oder Zwischenhändler. Jedem *Dendrobates*-Pfleger dürfte der „Knochenfraß" bei *D. auratus* und *Ph. vittatus* inzwischen bekannt sein. Die Ausfälle durch Verwurmung, Verpilzung und Bakterienseuchen nehmen ebenfalls zu. Zum Teil werden die Tiere gleich nach dem Einfangen mit Antibiotika behandelt; eine weitere Ursache für die wachsenden Schwierigkeiten bei der Eingewöhnung. Sicher kommen einige Arten in den Ursprungsländern überaus zahlreich vor, doch ist dies noch kein Freibrief für die Massenmorde infolge Unsauberkeit und Sorglosigkeit, falscher Verpackung und fehlender Ausbildung der Fänger und Händler. Hier werden entsprechende Gesetze zur Kontigentierung und Einfuhrkontrolle dringend erforderlich, auch eine hygienische Überwachung der „Zwischenstationen" wäre im Interesse aller Käufer. Es ist logisch, daß Tiere eines Frischimports, die in einem Terrarium beim Händler untergebracht sind, in dem noch die Leichen der vorletzten Sendung liegen, bereits infiziert zum Endverbraucher gelangen. Das Wort „Verbraucher" ist hier wörtlich zu nehmen, da solche Tiere nur bei sorgfältigster Pflege die ersten drei Monate überleben. Wer Gelegenheit hatte, z. B. 1978 die Massenimporte von *D. histrionicus* und *D. lehmanni* zu sehen, die zu 80–98% krank und tot eintrafen, versteht meine Bedenken.

In Freiheit sind die Dendrobatiden Nahrungsspezialisten, die sich vorwiegend von Milben und Kleinameisen ernähren, wobei je nach Biotop noch Taufliegen, Kleinstschmetterlinge und Springschwänze dazukommen. Vielleicht ist daher eines der Probleme der Haltung in Gefangenschaft das Fehlen bestimmter, hochaktiver Inhaltsstoffe der Ameisen, Milben und Termiten. Eine Fütterung mit einheimischen Ameisen ist bisher noch nicht zufriedenstellend gelungen (Ameiseneier ausschlüpfen lassen und frisch verfüttern).

Das Hautsekret einiger Arten ist hochgiftig (s. a. Kap. Giftfrösche) und bewirkt beim Transport oder Streß Massensterben. Bei einer gemeinschaftlichen Haltung mit anderen Fröschen ist Vorsicht geboten, da bei mir Todesfälle *(Hyperolius)* auftraten. Auch in der Literatur wird von derartigen Vergiftungen bei Mitinsassen des gleichen Terrariums berichtet, während andere Froschhalter dagegen keinerlei negative Auswirkungen feststellen konnten. Nach

Untersuchungen von Myers kann sich die Wirkung des Giftes unter Terrarienbedingungen sehr stark vermindern *(Ph. terribilis)*.

Da sich die tagaktiven und farbigen Tiere schon in kleinen Behältern halten und züchten lassen, sind sie bei Terrarianern weit verbreitet und beliebt. Neben den folgenden Artenbesprechungen können Informationen aus den Werken von Silverstone, Daly und Myers entnommen werden. Bei der Pflege sind einige Besonderheiten zu beachten, die ich kurz streifen möchte. Viele Arten lieben es, auf erhöhten Steinen oder Wurzeln neben oder in langsam fließenden, klaren und weichen Gewässern zu sitzen. Dorthin bringen auch einige Arten ihre Kaulquappen. Solche Landschaftsausschnitte lassen sich nur in Terrarien ab 80 cm Länge verwirklichen. Wichtig ist dabei, daß man den Tieren feuchte und ganz trockene Plätze anbietet. In Großbehältern muß für die *Dendrobates* das Futter auf mehrere Stellen verteilt werden, da die Frösche sonst verhungern. Man erreicht dies durch Fütterung mit Heimchen/Grillen in Glasschalen, der Anköderung von Taufliegen durch Obststückchen (Apfelscheiben).

Einen wesentlichen Fortschritt bei der Zucht schwieriger Arten *(D. pumilio, D. histrionicus, D. spec.)* verdanken wir Bechter (AM 6/78). Durch Fütterungsexperimente konnte er herausfinden, daß gewisse *Dendrobates*-Larven, die bisher immer verhungerten, auf Gaben von flüssigem Eigelb reagierten. Dieses wurde den Kleinstaquarien, in denen sich die Kaulquappen in „Einzelhaft" befanden, als Tropfen von einem Zahnstocher oder ähnlichem Hilfsmittel zugesetzt. Nach etwa einem halben Tag ist das Wasser jedoch zu wechseln, da es sonst für die Larven giftig wird. Die Nahrungsaufnahme kann man an den gelben Bäuchlein der Kaulquappen kontrolliern. Diese Fütterungsmethode ist aber noch nicht optimal, da das Larvenwachstum (z. B. bei *D. pumilio*) äußerst schleppend verläuft. Eine Aufzucht mit Liquifry (rot) ist ebenfalls möglich. Ich bin inzwischen für eine biologische Aufzucht ohne menschliches Eingreifen in natürlich und dicht bepflanzten Terrarien. Mit dieser Methode lassen sich zwar keine Massenzuchten durchführen, aber die wenigen hochkommenden Jungfrösche sind von hervorragender Qualität. Bei allen *Dendrobates*-Arten ist aus den oben genannten Gründen eine sorgfältige Quarantäne mit einer Dauer von midestens 2–3 Monaten, besser jedoch von 6 Monaten einzuhalten. Die Eingewöhnung in die Gefangenschaft kann bis zur komplett ablaufenden Brutbiologie ein Jahr dauern, gelegentlich werden aber schon nach 6 Wochen Eier abgesetzt.

Inzwischen wurden etliche Phyllobatiden von Myers et al. wieder zu den Dendrobatiden gestellt, so z.B. *P. tricolor, P. trivittatus, P. pictus, P. bassleri* und andere; die systematische Verwirrung ist hier ähnlich wie auf dem Killifisch-Sektor oder bei den Mittelmeereidechsen.

Dendrobates auratus
Goldbaumsteiger
(Abbildung Seite 50)

Kennzeichen: 25–42 mm. Farbe schwarz, bronze oder braun mit Streifen, Bändern oder Flecken in Blau, Blaugrün, Grün, Gelbgrün, selten Weiß und nie in Rot oder Orange. Die Geschlechtsunterschiede sind kaum zu erkennen und nicht immer vorhanden. Beim Männchen sollen die Schei-

ben des 2., 3. und 4. Fingers breiter sein. Ich hatte den Eindruck, daß manchmal auch der Kopf spitzer zuläuft und die Männchen kleiner bleiben (Taboga-Tiere).
Verbreitung: Beide Küsten von Mittelamerika. Karibische Seite: südliches Nicaragua, Costa Rica, Panama bis zum Golf von Urabá in Kolumbien. Pazifik-Seite: Costa Rica, Panama, über die West-Atrato-Drainage und bis zur Bandó-Drainage in Kolumbien. Ausgesetzt im Manoa-Valley auf Oahu, Hawaii. 0–800 m.
Lebensweise: Die tagaktiven Tiere bewohnen tiefergelegene Regenwälder und Feuchtgebiete. In Costa-Rica findet man sie in Kakao-Pflanzungen und im Sekundärbewuchs. Sie bevorzugen schattige Stellen und leben überwiegend in Bodennähe, obwohl sie Oostveen auch auf einem Baum in 3 m Höhe fand. Die Hauptnahrung bilden Bodenameisen und Milben, seltener Käfer, Springschwänze, Raupen und Kleinschmetterlinge. Bei Untersuchungen ihres Biotops in Panama fiel mir auf, daß sich etliche Populationen in ihrem jeweils typischen Farbmuster kaum unterschieden und daher aus einem relativ stabilen Genpool stammten. Diese Tiergruppen waren außerdem standorttreu; aufgeschreckte oder gejagte Exemplare kehrten wieder in ihr Revier zurück, sobald die Störung beseitigt war. Auf der kleinen Pazifikinsel Taboga sind die Frösche während der Trockenzeit sehr zahlreich unter Blechstücken und Holzbrettern zu finden, wo sie sich dichtgedrängt vor Feuchtigkeitsverlust zu schützen suchen. In den Festlandpopulationen Zentralpanamas treten sehr selten Farbmutanten auf, die anstelle der sonst schwarzen Grundfarbe schokoladenbraun sind und deren grüne Zeichnung durch weiße oder silbergraue Bänder ersetzt ist (Abb. Seite 50). Viele der Fundorte an der Pazifikseite Panamas sind inzwischen durch Rodung und Beweidung zerstört worden.

Die Rufe von *D. auratus* – ein leises Schnarren – sind im Gelände auch bei hoher Besiedlungsdichte kaum zu hören (jahreszeitlich bedingt?), ganz im Gegensatz zu *D. pumilio*.

Die Weibchen tragen untereinander Ringkämpfe aus (Senfft). Während der Paarungszeit wird das Männchen vom Weibchen verfolgt, aber es tritt kein üblicher Amplexus auf. Die von einer großen Gallerthülle umgebenen 5–23 Eier legt das Weibchen auf glatten Blättern (Bromelien) oder anderen Flächen ab. Das Männchen befruchtet sie anschließend und scheint das Gelege während der ersten Entwicklungstage zu wässern und zu bewachen. In Freiheit übernimmt das Männchen auch den Transport der Larven auf seinem Rücken zum Wasser; es kann gleichzeitig 1–3 Kaulquappen tragen. Die aus den Eiern schlüpfenden Larven sind kannibalisch und ernähren sich von Protozoen und ertrunkenen Insekten.

Frischgefangene *D. auratus* der Karibikseite zeigen bei Störungen ein typisches Abwehrverhalten: sie ziehen die Beine an und strecken dem Feind den „Buckel" entgegen.

Haltung: Terrarien ab 50–60 cm Länge und 50 cm Höhe. Einrichtung mit Korkrückwänden, Kletterstämmen, Bromelien und *Philodendron.* Lufttemperaturen für Costa Rica-Tiere um 24–26°C, für Tieflandexemplare aus Panama um 27–29°C. Das Terrarium kann auch Morgensonne bekommen. Die Luftfeuchtigkeit sollte so hoch wie möglich gehalten werden, Minimum ist 80–98% relative Feuchte. Zuchtgruppen aus 1,2 oder 2,4 Exemplaren bilden. Als Futter gibt man Taufliegen, deren

Maden, Stubenfliegenmaden, kleine Grillen und Heimchen. Zur Zucht braucht man glatte Bromelien (*Vriesea*-Arten) als Substrat für die Eiablage. Die Blätter mit Gelegen sollte man entfernen oder die ganze Pflanze in ein Brutterrarium stellen, damit keine Eier gefressen werden. In Gefangenschaft unterbleibt der Transport der Larven oft, so daß wir uns auf das rechtzeitige Einsammeln der Larven durch ein Elternteil nicht verlassen dürfen. Zur Aufzucht verwenden wir die „Einzelhaft-Schalenmethode", wobei der Wasserstand in den Kleinstaquarien entsprechend dem Wachstum der Larven langsam erhöht wird. Eine Endtiefe von 5–6 cm sollte man aber nicht überschreiten (Wassertemperatur 23–24 °C). Als Futter eignen sich außer der Eigelb-Verfütterung auch schon zerhackte Tubifex, Leber oder Mückenlarven, die durch ein feines Sieb oder Tuch gepreßt werden. Später kann man ganze Tubifex anbieten. Ich habe aber auch schon Larven ausschließlich mit Tetra Min großgezogen. Die gesamte Entwicklung dauert unter Gefangenschaftsbedingungen 76–120 Tage. Die Geschlechtsreife ist etwa 6–7 Monate nach der Metamorphose erreicht. Zur Aufzucht der Jungfrösche aller *Dendrobates*-Arten ist die Mischung von Polder empfehlenswert (s. Kap. Froschkrankheiten). Die Massenimporte aus Costa Rica waren in letzter Zeit in sehr schlechtem Zustand: Knochenfraß und Verpilzungen der Haut und Augen sind dabei noch die harmloseren Seuchen. Eine sorgfältige, persönliche Auswahl der Tiere ist in jedem Fall vorzuziehen; ein Kauf auf dem Versandwege ist zu vermeiden! Eine Aufteilung der Tiere und eine sechsmonatige Quarantäne sind Pflicht, andernfalls vernichten Sie ihren Froschbestand in kurzer Zeit. Die Quaran-tänebecken sollten unbedingt in einem anderen Raum untergebracht werden, damit keine entweichenden Futterinsekten die Seuchen ausbreiten.

Dendrobates azureus
Blauer Pfeilgiftfrosch

Kennzeichen: Etwas kleiner als *D. tinctorius*. Größe 38,5–45 mm. Die Haut ist glatt mit Ausnahme der Außenseite der Gliedmaßen. Fersenhöcker fehlt. Die Nominatform weist auf schwarzer Grundfarbe eine engmaschige, strahlend blaue Netzzeichnung auf, die die Grundfarbe gelegentlich bis auf kleine dunkle Flecken verdrängen kann. Bei den Männchen sind die Fingerscheiben verbreitert.
Verbreitung: Surinam, Sipaliwini-Savanne bei Nickerie. 315–430 m.
Lebensweise: Die Tiere sind ausschließlich aus ihrem speziellen Biotop bekannt, das aus kleinen Urwaldresten besteht, die von der Savanne eingeschlossen sind. Die Frösche leben hauptsächlich auf dem Boden. In den Waldinseln muß außerdem ein Bach vorhanden sein, der über moosbewachsene Steine fließt. Neben diesen Steinen lebt *D. azureus*, wobei sich die Tiere nachts in den Höhlungen der Baumwurzeln und Steine verstecken. Die Lufttemperatur der Waldinseln liegt am Tage bei 22–27 °C und sinkt nachts auf 20 °C ab (Hoogmoed). Die Populationen von *D. azureus* haben sich höchstwahrscheinlich aus von der Savanne isolierten Gruppen von *D. tinctorius* entwickelt, mit denen sie sich auch kreuzen lassen. Durch die relativ kleinen Biotope wäre die Art bei Eingriffen in den Lebensraum wie Abholzung, Brandrodung und Massenfang vom Aussterben bedroht. Hoogmoed fand auf dem Rücken eines

Männchens zwei 10 mm lange Larven. Polder beobachtete in Gefangenschaft eine Ablage von befruchteten Eiern, ohne daß ein Männchen in der Nähe war und das Gelege befruchtet hätte. Eine ähnliche Beobachtung machte Senfft (1936) bei *D. auratus*. Das Gelege von *D. azureus* bestand aus nur 2 Eiern (!). Von der Ablage bis zum Schlupf vergingen 18 Tage, dann trug ein Weibchen (!) eine Larve auf dem Rücken. Ein Revierverhalten wurde bei erwachsenen Tieren beobachtet (Ringkämpfe). In Freiheit besteht die Nahrung aus Ameisen (Formicidae) und Termiten.

Haltung: Mit diesen seltenen Juwelen unter den Fröschen sollten sich nur erfahrene Pfleger befassen, die die Tiere auch unter schwierigen Bedingungen am Leben halten können und für die eine Zucht das Hauptziel ist. Eine Quarantäne ist notwendig. Bei einer bestmöglichen Haltung sollte das Terrarium einen langsam fließenden flachen Bach aufweisen, der von runden Granitsteinen umgeben ist. Bepflanzung mit *Philodendron*-Ranken und Bromelien, die man auch an der Rückwand befestigen kann. Die Heizung ist entsprechend den angegebenen Bedingungen des natürlichen Lebensraums einzustellen, eine Nachtabsenkung kann man durch Abschalten der Heizkabel und der Wasserheizung erreichen.

Die Tiere lassen sich in Gefangenschaft außer mit *D. tinctorius* auch mit *D. auratus* kreuzen. Ob diese Bastarde sich untereinander vermehren können, ist noch offen. Die Kaulquappen von *D. azureus* sollten wie die aller *Dendrobates*-Arten einzeln aufgezogen werden. Die Larven sind anfällig gegenüber Bakterien und Pilzen. Man hält sie am besten in Kleinstaquarien, die in ein gut eingefahrenes Aquarium gehängt werden. Als Futter kann man nach Polder schon feinzerriebene Tubifex geben, doch fressen die Tiere später auch ertrunkene Taufliegen und Wachsmaden. Die Larven werden 4 cm lang, die gesamte Entwicklung dauert etwa 90–110 Tage. Bei den Elterntieren konnte nachlassende Paarungsbereitschaft und Degeneration, bei Jungfröschen Zwergwuchs beobachtet werden. Polder meint, daß sich die Tiere aufgrund solcher Schwierigkeiten wohl noch nicht als „Dauergäste" in unseren Terrarien eignen.

Dendrobates granuliferus
Granulierter Pfeilgiftfrosch
(Abbildung Seite 137)

Kennzeichen: 19–22 mm. Der Rücken ist normalerweise rot, selten gelb-olive; ohne schwarze Tupfen oder Flecken. Die Gliedmaßen und der Bauch sind grün oder blaugrün. Die Haut ist im Gegensatz zu anderen *Dendrobates*-Arten stark granuliert, ähnlich wie bei den Kröten.
Verbreitung: Nasse und feuchte, relativ kleine Tieflandwaldzone der Golfo Dulce-Region an der Pazifik-Küste von Costa Rica. 0–700 m.

Oben links: Farbbild 17. Phyllobates terribilis, Kolumbien. S. Seite 199
Oben rechts: Farbbild 18. Dendrobates trivittatus, Surinam. S. Seite 147
Unten links: Farbbild 19. Dendrobates granuliferus, Costa Rica. S. Seite 136
Unten rechts: Farbbild 20. Dendrobates leucomelas, Venezuela. S. Seite 141

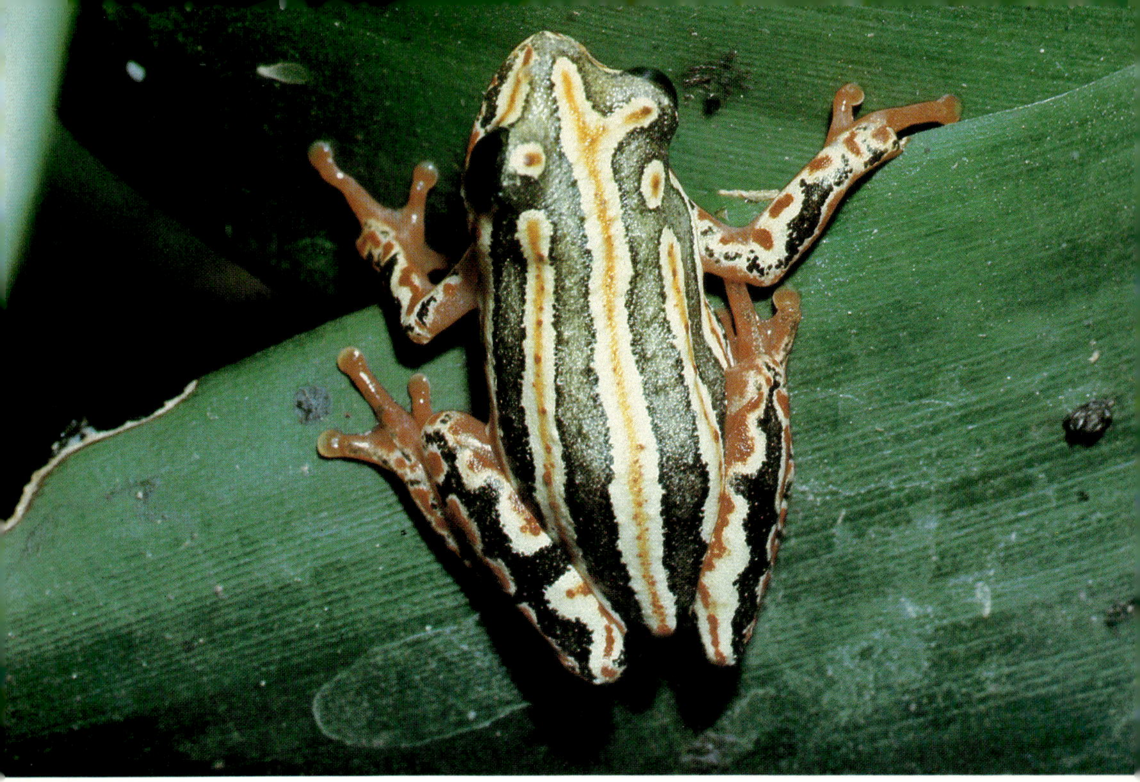

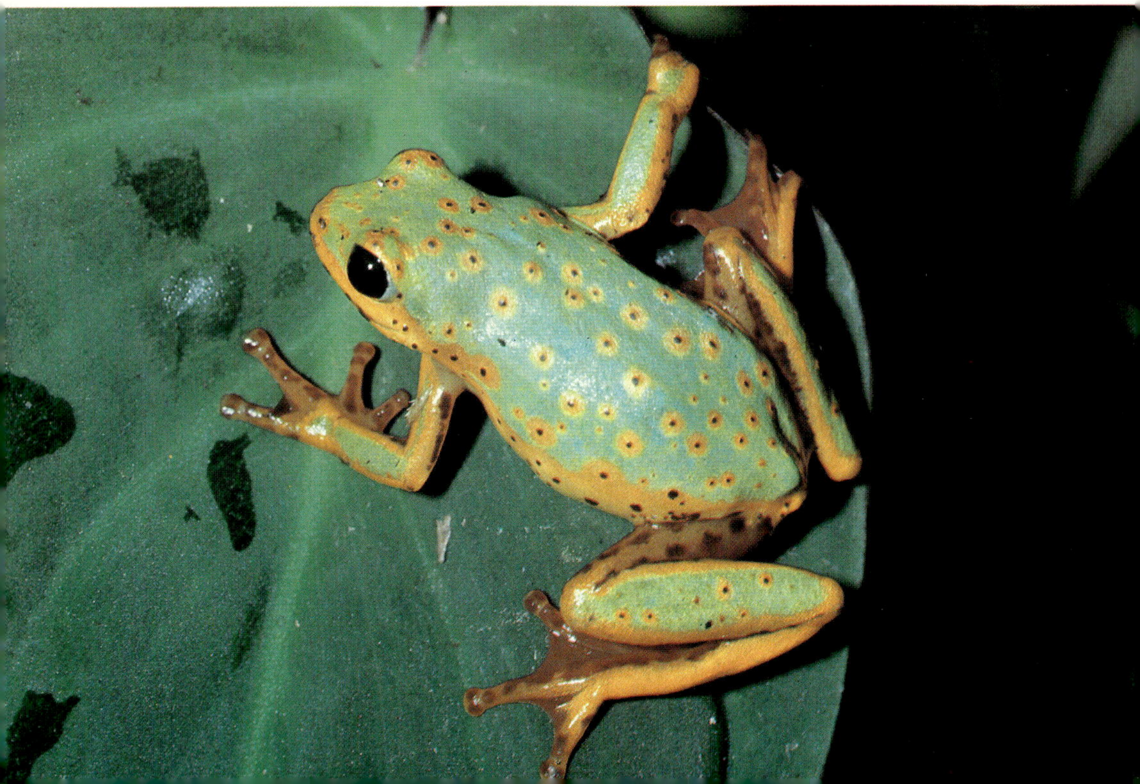

Lebensweise: In Freiheit besteht die Nahrung aus Ameisen (*Pheidole*, Myrmicinae) und Milben. Geschlechtsunterschiede sind nicht bekannt. Die Männchen zeigen Aggressiv-Verhalten (Goodman 1971; Crump 1972). Das Männchen führt das Weibchen zu einem Eiablageplatz. Kein Amplexus.

Haltung: Diese häufig importierte Froschart ist im Terrarium sehr ausdauernd und klettert gerne. Terrarium mit den Ausmaßen 50 × 40 × 60 cm oder größer bei Futtertierkonzentration. Rückwand mit Korkplatten zum Klettern einrichten und Bromelien daran befestigen. Die Tiere schlafen in den Blattachseln der Bromelien. Temperatur bis 24 °C, nachts leichte Abkühlung. Futter sehr klein: Springschwänze und Taufliegen. Über eine kontinuierliche Zucht ist noch nichts bekannt. Die Gelege umfassen nur wenige Eier. Aus Gründen des Naturschutzes sollte man alle Anstrengungen für eine regelmäßige Zucht unternehmen, da der Biotop dieser Art relativ klein ist und durch die bisherigen Massenfänge eine Ausrottung möglich ist.

Oben: Farbbild 21, Hyperolius marmoratus taeniatus, Südafrika. S. Seite 163
Unten: Farbbild 22. Hyperolius marmoratus marginatus, Kenia. S. Seite 162

Dendrobates histrionicus
Punktierter Pfeilgiftfrosch
(Abbildung Seite 50 und 119)

Kennzeichen: 24–38 mm. Grundfarbe schwarz, hell- oder dunkelbraun, weiß, orange mit roten, rot-orangen, gelb-orangen, gelben oder weißen Flecken oder Bändern. Keine Längsstreifung oder Netzzeichnung, nie grün oder blau.

Verbreitung: Choco-Region in West-Kolumbien und Nordwest-Ecuador, westlich bis zur Pazifik-Küste und ostwärts bis zu den Anden-Vorbergen. 18–1070 m.

Lebensweise: Die tagaktiven Frösche bewohnen den tropischen Tiefland-Regenwald und montane Feuchtwaldgebiete. Die feuchtesten Gebiete innerhalb des Vorkommens haben keine Trockenzeit und hohe Niederschlagsmengen. Die Tiere leben am schattigen Waldboden und im buschigem Sekundärbewuchs von Rodungen. Sie sind Nahrungsspezialisten und ernähren sich in Freiheit von Ameisen und Milben, selten von Käfern, Fliegenmaden und Kleinschmetterlingen.

Keine sicheren Geschlechtsunterschiede bekannt. Die Männchen haben nach meinen Beobachtungen dunklere Kehlen (getupfte Form). Der Laichruf ähnelt einem Schnarren, das bis zu dreimal pro Sekunde wiederholt wird und bis zu 4, seltener 5 Minuten andauert. Einzelrufe ähneln einem Entenquaken. Die Rufplätze sind nach Silverstone herabgefallene Äste, Baumstümpfe, Gras- oder Palmblätter in einer Höhe von 56 cm (max. 163 cm) über dem Boden. Er beobachtete auch das Klammern und Rufen bei kämpfenden Männchen. Zur Paarungszeit (April/Mai) können die Männchen die Weibchen verfolgen und umgekehrt. Kaulquappen fand Silverstone im August am Alto del Buey und im Juni am Camino de Yupe, ebenso ein Gelege mit drei Eiern auf einer Bromelie. Die ältesten Kaulquappen zeigen die Färbung der Eltern.

Haltung: Im Terrarium bereitet uns diese Froschart zur Zeit größte Probleme. Bei Massenimporten dieser Art gibt es Verlustquoten von fast 95%. Diese negativen Erfahrungen wurden mir von allen erreichbaren Haltern dieser Farbform bestätigt. Die braune Variante mit den schönen weißen, roten oder orangefarbenen Flekken ist ebenfalls heikel.

Über geglückte Nachzuchten von *D. histrionicus* ist bisher wenig bekannt. Zimmermann ist die Nachzucht gelungen; die Fütterung erfolgte mit flüssigem Eigelb. Meine Tiere beginnen jetzt ebenfalls regelmäßig zu laichen. Da die sehr kleinen Eier fast keine Gallerthülle haben, trocknen sie schnell an und verpilzen. Eine sehr hohe Luftfeuchtigkeit ist deshalb wichtig. Bei den Importen sind die Männchen in der Überzahl. Die Verluste bei den Importen sind vermutlich auf eine Mykose in der Lunge, Pseudomonas- und Wurm Infektionen zurückzuführen. Bei Terrarienverlusten magerten die vorher gut genährten Tiere plötzlich ab und starben, oft lagen sie auch ohne äußerlich erkennbare Anzeichen tot im Behälter. Eine Analyse in Holland ergab einen Befall mit *Pseudomonas aeruginosa*; dieser Erreger ist vermutlich auch für andere *Dendrobates*-Seuchen verantwortlich. Ich möchte allen Terrarianern raten, beim Ankauf von *D. histrionicus* und *D. lehmanni* sehr zurückhaltend und vorsichtig zu sein, bis eindeutige Befunde vorliegen. Dadurch kann erreicht werden, daß die sinnlosen Massenimporte dieser Froschart eingeschränkt werden. Terrariengröße 60 × 40 × 50 cm oder größer. Eventuell Einzelhaltung unter Quarantänebedingungen. Die Tiere vertragen anscheinend keine Dauertemperaturen über 24°C und verlangen eine hohe Luftfeuchtigkeit (80–100%). Sie können beim Fang oder unter Streß giftiges Sekret ausscheiden, daß auf Angehörige derselben Art tödlich wirkt und zu plötzlichen Massensterben führt. Die Nahrung darf etwas größer sein als bei den anderen Dendrobatiden. Eine Fütterung mit einheimischen Ameisen (*Lasius niger, L. flavus*, Mycmicidae) brachte keinen sichtbaren Erfolg. Frischgeschlüpfte Ameisen aus Puppen sind geeigneter. Dauerversuche mit Milben und stachellosen Ameisenarten fanden bisher noch nicht statt. Wichtig sind häufigere „Regenfälle" im Terrarium, nach denen die Tiere erst ihre ganze Aktivität zeigen. Ein flaches (1 cm) Wasserteil (öfters wechseln) und Steinaufbauten mit bemoosten Ästen und Bromelien vervollständigen die Einrichtung. Die Frösche sitzen gerne in der Morgensonne und klettern sehr gern. Die Schlafplätze sind zwischen Bromelienblättern. Unterdrückte Tiere kommen nicht ans Futter, daher abmagernde Exemplare trennen und gesondert anfüttern, am besten in kleinen Kühlschrankdosen (20 × 20 × 8 cm) mit einem Styroporlandteil.

Dendrobates lehmanni
Rotgeringelter Pfeilgiftfrosch
(Abbildung Seite 50)

Kennzeichen: Größe 25–35,5 mm. Farbe rot, orange oder gelblich mit breiten schwarzen oder braunen Querbinden. Zehen teilweise weiß oder bläulich. Die Männchen scheinen kleiner zu bleiben und haben verbreiterte Zehen. Diese neue Art wurde früher zu *D. histrionicus* gestellt, eine Hautgiftanalyse brachte jedoch die Eigenständigkeit dieser Art zutage.

Verbreitung: Kolumbien, oberes Anchicayá-Tal. 850–1200 m.

Lebensweise: Die Tiere bewohnen höhergelegene Biotope (Montanwald), sie brauchen viel Feuchtigkeit (Bachlauf) und klettern gelegentlich bis zu 2 m hoch.

Haltung: Diese Art erwies sich als sehr heikel, da sich die Tiere, die teilweise wochenlang in Kolumbien auf Märkten angeboten werden, vermutlich schon dort mit Parasiten (Pseudomonas, Würmern) infizieren. Die Todesrate bei Importen muß mit 98% angegeben werden, meist sind nach 6 Monaten alle Tiere gestorben. Nur erfahrene Pfleger, die eine sofortige Behandlung und eine sorgfältige Quarantäne durchziehen, haben etwas mehr Freude an diesen farbenprächtigen Fröschen. Bechter konnte sie bereits nachzüchten und auch mit der gelben Form kreuzen, doch verstarben alle Tiere an einer Seuche. Die Ernährung der Kaulquappen gelingt nur nach seiner Eigelb-Methode. Anfänger seien jedoch vor dieser Art gewarnt! Es wäre eine eigene Fangexpedition in die Originalbiotope sinnvoll, um unverseuchtes Zuchtmaterial zu erhalten. Je nach Herkunft sollte man die Haltungstemperaturen auswählen, bei *D. lehmanni* dürfte der Bereich zwischen 18 und 22°C mit einer Nachtabsenkung um 2–3°C richtig sein; höhere Temperaturen sind für die Tiere tödlich.

Dendrobates leucomelas
Gelbgebänderter Pfeilgiftfrosch
(Abbildung Seite 137)

Kennzeichen: 30,5–37,5 mm. Schwarz mit drei gelben, gelb-orangen oder orangen Querbändern auf dem Rücken, die mit schwarzen Einschlüssen oder Flecken gefüllt sind.

Verbreitung: Einzugsgebiet des Orinoco in Venezuela, östlich bis zum Essequibo-River in Guyana, südwärts bis ins nördliche Brasilien und vielleicht bis ins östliche Kolumbien. 50–800 m.

Lebensweise: Diese zum *histrionicus*-Komplex gehörende Art wurde von Terrarianern in geringer Stückzahl importiert. Äußere Geschlechtsunterschiede sind nicht vorhanden. In Freiheit besteht die Nahrung aus Ameisen (Formicidae, Myrmicinae). Das Biotop ist feuchter und nasser Tieflandwald. Die Tiere leben an schattigen Stellen im Wald auf feuchten Steinen oder Wurzeln (Rivero, 1961).

Haltung: Ein Terrarium von 60 × 60 × 40 cm oder größer. Futtertiergröße wie *Dendrobates histrionicus*. Temperaturansprüche: 26–30°C. Diese gut haltbare Art ist züchtbar, falls man ausreichende Zuchtgruppen beschaffen kann (in Venezuela und überall in Mittel- und Südamerika besteht Ausfuhrverbot). Zum Ablaichen stülpt man eine halbe Kokosnußschale um und stellt einen Schraubdeckel von einer Orangensaftflasche darunter. Die Eier verpilzen sehr leicht; Vorbeugung s. Medikamentenliste. Von allen Dendrobatiden braucht diese Art am meisten Futter!

Dendrobates minutus
Zwergbaumsteiger

Kennzeichen: Bildet eine Artengruppe innerhalb der Dendrobatiden. Größe: 12–15,5 mm. Rücken leicht granuliert. Fersenhöcker fehlt. Farbe: schwarz oder braun mit orange, goldenen oder gelben durchgehenden Dorsolateralstreifen sowie einen unterbrochenen Seitenstreifen. Gewöhnlich keine Mittel- oder Rückenstreifung. Auf der Bauchseite Flecken oder blaue bis weiße Marmorierung, kein Gelb. Fingerscheiben der Männchen leicht größer, doch ist dies nicht immer ein sicheres Merkmal. Bei meinem Aufenthalt in Panama wurde gleichzeitig auf der unzugänglichen Atlantikseite eine neue Unterart mit fehlenden Streifen und großen Flecken auf Rücken und Bauch entdeckt, deren Erstbeschreibung vermutlich Myers oder Jaslow vornehmen.

Verbreitung: Zentralpanama bis Kolumbien, vermutlich auch weiter südlich, und nördlich bis Costa Rica. 25–1098 m.

Lebensweise: Die kleinen Frösche bewohnen die feuchten und nassen Tiefländer und Regenwälder. In der Darien-Region von Panama besteht eine Lücke in der Verbreitung; vielleicht wurde dort aber noch nicht gesammelt. Die Tiere leben am Boden, vor allem in der Blätterschicht. Man kann sie aber auch auf Pflanzen oder gestürzten Bäumen in einiger Höhe finden, wo sie Bromelien bewohnen. Da die Tiere sehr klein sind, lassen sie sich nur sehr schwierig finden und fangen. Der oberflächliche Betrachter verwechselt sie leicht mit jungen *Phyllobates lugubris*, die im gleichen Biotop vorkommen können, denen aber der Flankenstreifen fehlt.

Haltung: Die Tiere sollen im Terrarium angeblich schlecht haltbar sein, doch mag dies auf falsch konstruierte Terrarien, zu kühle Haltung und Futtermangel zurückzuführen sein. Für diese Art sind dicht schließende Kleinbehälter geeignet, die eine Temperatur von 24–28°C und eine hohe Luftfeuchtigkeit haben sollten. Als Futter sind Taufliegen und deren Maden geeignet. Bei Tieren aus Höhen um 500 m sollte die Höchsttemperatur 24–25°C (Luft) nicht übersteigen. Es bilden sich pro Gelege höchstens zwei Eier aus, die Larven werden in Bromelien abgesetzt. Nach Lee sollen die Kaulquappen auch Moskitolarven fressen. Ich würde eine Anfütterung nach Bechter versuchen. Die Nahrung der adulten Frösche besteht nach Beobachtungen von Lee ebenfalls aus Moskitos (*Culex*). Eine von ihm gefangene und aufgezogene Larve brauchte zur Metamorphose 47 Tage, wobei ich noch 10–15 Tage von der Eiablage hinzurechnen würde. Nach meinen Erfahrungen ist es möglich, daß die Tiere auf Streß und Unsauberkeit empfindlich reagieren, die zwangsläufig auf den Transporten auftreten, doch dürften sich diese Probleme lösen lassen.

Dendrobates pumilio
Kleiner Erdbeerfrosch
(früher D. typographicus)
(Abbildungen Seite 49)

Kennzeichen: 17,5–24 mm. Rücken rot, oft mit schwarzen Tupfen oder Flecken. Bauch und Gliedmaßen rot, teilweise oder völlig blau oder schwarz. Tiere vom westlichen Panama: Rücken rot, rot-orange, blau, grün oder oliv-grün; Bauch rot, gelb, blau, weiß. Rückentüpfelung kann fehlen. Gewöhnlich gibt es in jeder Population nur eine Farbform. Die Haut ist teilweise leicht granuliert. Die größte Farbenvielfalt zeigen die Tiere auf den Inseln der Bocas-Provinz in Panama. Ein Geschlechtsunterschied ist hier vorhanden: die Kehle der Männchen ist dunkler als die der Weibchen (Kitasako).

Verbreitung: Flachlandwälder der Karibischen Drainage Mittelamerikas, vom nördlichen Nicaragua über Costa Rica bis West-Panama. 0–960 m.

Lebensweise: Diese ebenfalls häufig importierten Frösche sind gut haltbar und bilden eine Gruppe innerhalb der Dendrobatiden, zu der *D. granuliferus, D. pumilio* und *D. speciosus* gehören. In Costa Rica und Panama leben die Tiere in Kakaoplantagen zwischen herabgefallenen Blättern, Bromelien, und Steinen auf relativ sonnigen, aber eng begrenzten Flächen, nach Oostveen auf gras- und farnumstandenen Steinen an langsam fließenden Gewässern. Das Biotop kann jedoch auch nasser und feuchter Praemontan-Wald sein. Tiere aus Panama wollen es trockener und wärmer. Die Rufe sind insektenartig und ähneln denen von *D. granuliferus.* Sie klingen etwa wie „buzz-buzz-buzz" (engl. Aussprache) mit einer Pause und anschließender Wiederholung (Savage, 1968). Es kann aber auch ein schneller werdendes Rasseln oder ein Trillern auftreten (Oertter, Trapido). Der Rufplatz ist ein isolierter Stein oder ein herabgefallener Ast. Ein Revierverhalten ist bei den Männchen vorhanden (Ringen und Rufen). Das paarungsbereite Weibchen verfolgt das Männchen, aber nicht so dicht wie bei *D. auratus.* Die Tiere legen ihre 6–16 Eier auf Bromelien oder glatten Flächen ab. Die Weibchen tragen die Kaulquappen meistens einzeln auf ihrem Rücken zum Wasser in Bromelientrichtern. Die Entwicklungsdauer beträgt bis zum Schlupf 8–10 Tage bei 19–21 °C (Oertter).

Haltung: Terrarien 50 × 40 × 60 cm, bei Futtertierkonzentration größer. Einrichtung wie bei *D. granuliferus,* die man auch mit *D. pumilio* zusammenhalten kann. Höchsttemperatur 23–24 °C (Costa Rica) und 27 °C (Panama), nachts leichte Abkühlung; Morgensonne. Kleine Futtertiere. Zur Eiablage im Terrarium bevorzugen die Frösche aus Costa Rica Eichenblätter. Eine Aufzucht der Kaulquappen war bisher schwierig, da die Larven aus unbekannten Gründen keine Nahrung aufnahmen und nach einigen Wochen starben, doch mit der Eigelb-Methode von Bechter ist die Zucht möglich, stellt aber eine Notlösung dar. Besser ist die biologische Methode (s. Einleitung) mit Bromelien (*Aechmaea*-Arten). Auf die regelmäßige Teilerneuerung des Trichterwassers durch Sprühen ist zu achten. In gut eingerichteten Terrarien vermehren sich die *D. pumilio* völlig selbständig. Man sieht dann plötzlich 6–8 mm große fertige Jungfrösche herumhüpfen. Pro Jahr sind sogar mehrere Gelege (8–10) möglich. Die frisch verwandelten Jungfrösche sind nur mit allerkleinsten Insekten (Springschwänzen, frischgeschlüpften Grillen/Heimchen) anzufüttern, Taufliegen sind zu groß! Als Krankheiten bei adulten Tieren treten Augenverpilzungen und Knochenfraß auf, besonders bei Tieren, die über den Handel gehen.

Dendrobates silverstonei
Roter Prachtgiftfrosch
(Abbildung Seite 102)

Kennzeichen: Sehr große Art, 36,5–42,5 mm. Die Männchen bleiben etwas kleiner. Grundfarbe Rot oder Orange. Eine schwarze Rückenzeichnung ist meist vorhanden und besteht aus unregelmäßigen Flecken. Hinterbeine schwarz, Oberschenkel schwarz oder rot. Vorderbeine rot. Bauch weißlichgelb oder rötlich mit schwarzen Flächen, selten ganz schwarz. Dunkler Streifen vom Auge über das Tympanum zum Ansatz der Vorderbeine ziehend. Haut stark granuliert. Jugendzeichnung abweichend: Jungfrösche sind schwarzgrau mit silbrigem Schimmer und besitzen eine kupferfarbene Schnauzenspitze, die später flächig und rot wird.

Verbreitung: Cordilliera Azul (Ostanden), Peru. 1300–1800 m.

Lebensweise: Die prachtvollen Frösche bewohnen kühlen und feuchten Montanwald. Sie leben am Waldboden oder auf frischen Rodungsstellen. Die Tiere haben nach meinen Beobachtungen große Reviere. Sie sind bei vorsichtiger Annäherung nicht scheu. Die Rufe bestehen im Freiland aus einem langsamen Trillern und dauern 20 sec. Die Frösche sitzen gerne in Strahlen der Morgen- oder Abendsonne. Die Temperaturansprüche sind wegen der Höhe gering. Ich habe im Biotop im April 22°C Luft- und 18°C Wassertemperatur (Bach) gemessen. Das Maximum dürfte bei 28°C liegen, darüber hinaus kann Schocksterben auftreten. Das Futter darf groß sein; in Freiheit werden Käfer, Schmetterlinge, Raupen und Ameisen gefressen. Das Hautgift dieser Art ist nicht sehr stark.

D. silverstonei hat eine der höchsten Larvenzahlen in der *Dendrobates*-Gruppe. Über 30 Eier (65, Schulte) werden nach Myers und Daly auf trockene Blätter am Waldboden gelegt und vom Männchen bewacht. Dieses übernimmt auch den Transport der Larven. Nach meinen Beobachtungen und Literaturangaben werden dabei alle Larven (rund 40 Stück) auf dem Rücken zu stehenden oder langsam fließenden Gewässern getragen. Diese weisen eine Temperatur von 17–22°C auf. Die anfangs dunklen Jungfrösche färben sich nach ca. 3 Monaten um und erreichen die Geschlechtsreife nach einem Jahr.

Haltung: Im April 1979 konnte ich einige Zuchtgruppen von Südamerika mitbringen, mit denen zur Zeit gearbeitet wird. Auf dem Transport erwiesen sich die Tiere als anfällig für Häutungsprobleme, die durch Salzbäder behoben werden konnten. Als Terrarien eignen sich große Behälter ab 80 cm Seitenlänge. Die Haltungstemperatur muß um 25°C liegen. Bei tieferen Werten fressen die Tiere nicht einwandfrei, bei höheren tritt Schocksterben auf. Eine Nachtabsenkung auf 20°C ist zu empfehlen. Es dürfen nur wenige Tiere zusammengehalten werden, da sonst die Verhaltensweisen nicht beobachtet werden können. Als Zuchtgruppe empfehle ich maximal zwei Männchen und zwei Weibchen. Im Terrarium klettern die Frösche im Gegensatz zum Freiland recht gerne, man kann große, bewachsene Äste und Rückwände einbauen. Als Ablaichsubstrat sind halbierte Kokosnüsse mit untergestellter Schale am besten geeignet. Als Verstecke bieten wir geschichtete Mexifarnplatten oder Torfziegel an. Die Höhlen sollen so hoch sein, daß der Frosch darin aufrecht sitzen kann. Es muß öfters gesprüht werden, da im Biotop mindestens täglich ein leichter Regen fällt und die Bergkette dann in den Wolken liegt. Die Frösche werden recht zahm und bereiten bei der Fütterung keine Probleme. Ich gebe als Hauptfutter Heimchen und Wiesenplankton. Fliegen aus Anglermaden und Grillen werden nicht gerne gefressen. Als ideales Futter sind kleine Nachtfalter zu empfehlen. Alle Futtertiere sollten mit einer Vitamin- und Mineralstoffmischung eingestäubt werden. An der Klärung der Zucht und des Verhaltens arbeiten wir gerade. Die ersten NZ-Gelege sind inzwischen in der Aufzucht begriffen. Da die adulten Frösche gewaltige Sätze machen können und nach dem Fang ungestüm an die Behälterwände springen, ist auf äußerst glattwandige Transportbehälter oder Terrarien zu achten! Bei meinen Eigenimporten konnten bisher keine Krankheiten festgestellt werden, den Häutungsproblemen beugt man durch öftere Wasserwechsel und Duschen der Frösche mit dem Zerstäuber vor.

Bei der Aufzucht unter Terrarienbedingungen ergab sich bei Myers und Lüling, daß die Jungtiere ihre Geschlechtsreife zwar erreichten, in Färbung und Größe aber hinter den Eltern zurückblieben. Ich würde daher Fütterungsversuche mit Karotinoiden empfehlen, wie dies in ähnlicher Form bei *Bombina orientalis* mit gutem Erfolg durchgeführt wurde. Die Größendifferenz ließe sich wohl nur durch Haltung in sehr geräumigen Terrarien beheben, wo die Tiere aber auch nur einen Bruchteil der Bewegungsfreiheit wie in freier Natur hätten. Eine Haltung in Gewächshäusern wäre da schon günstiger. Doch die beiden letzten Probleme bedürfen noch eingehender Erforschung, um allgemeingültige Aussagen zu machen. Bei unseren Nachzuchten traten teilweise Probleme bei der Jungfroschentwicklung auf (Wachstumsstillstand und Nahrungsverweigerung). Die Jungfrösche sprechen sonst vor allem auf kleine, helle Futtertiere an, vermutlich fressen sie in der Natur Termiten oder Ameisen. Ich versuche die Probleme durch neue Freilandbeobachtungen zu lösen. Diese Art ist sonst von allen Dendrobatiden am problemlosesten zu halten und zu füttern.

Dendrobates speciosus
Glänzender Pfeilgiftfrosch

Kennzeichen: 27,5–30 mm. Farbe einförmig rot, Haut glatt (Ausnahme Bauchseite der Gliedmaßen).

Verbreitung: Gebirge im nordwestlichen Panama (zwischen Bocas und Boquete) 1100–1580 m.

Lebensweise: Diese Art ist 6 mm größer als *D. granuliferus* und *D. pumilio*. Die Tiere werden gelegentlich eingeführt und sind haltbar. Sie bewohnen den nassen Bergwald; in dieser Vegetationsstufe sind die Temperaturansprüche nicht so hoch und eine nächtliche Abkühlung ist daher empfehlenswert.

Die Hauptnahrung besteht aus Milben, gelegentlich Ameisen (Formicidae) und kleinsten Käfern. Bei Importen wird *D. pumilio* oft mit *D. speciosus* verwechselt, doch ist letzterer wesentlich größer.

Haltung: Mittelgroße hohe Terrarien. Temperatur 22–24 °C, Nachtabsenkung. Im Terrarium bekommen die Frösche Taufliegen, kleine Grillen/Heimchen sowie Wachsmaden. Eine Zucht ist möglich, das Futter der Larven ist anfangs flüssiges Eigelb, später nach Tab. 4 ergänzen.

Dendrobates tinctorius
Färberfrosch

Kennzeichen: Dies ist die größte bisher bekannte *Dendrobates*-Art. ♂ 34–41 mm, ♀ 39–46 mm (Mittelwerte). Manche Tiere erreichen 50 mm Gesamtlänge. Haut des Rückens glatt, an der Unterseite der Gliedmaßen granuliert. Fingerscheiben der Männchen größer. Rücken schwarz mit gelben, gelb-orangen oder weißlichen Dorsolateralstreifen, die gelegentlich mit einem Querband verbunden sein können. Manchmal tritt eine Streifung oder Netzzeichnung in Gelb oder Blau auf. Der Rücken kann auch einfarbig gelb oder schwarz mit wenigen gelben Tupfen sein. Der Bauch ist schwarz (gelegentlich fast völlig gelb) und gewöhnlich mit einer gelben oder blauen Netzzeichnung versehen. *D. tinctorius* bildet nach Silverstone eine Artengruppe, zu der *D. azureus, D. auratus, D. galactonotus* und *D. truncatus* gehören.

Verbreitung: In allen drei Guayanas, Surinam und dem daran anschließenden Teil Brasiliens. Bisher ist die Art südlich des Amazonas noch nicht sicher nachgewiesen. 0–300 m (610 m?).

Lebensweise: Die sehr großen und auffällig dasitzenden tagaktiven Frösche bewohnen die Tieflandwälder. Silverstone fing sie im schattigen Wald auf herabgefallenen Palmblättern, Ästen und Stämmen, außerdem in etwa 1–2 m Höhe auf Stämmen oder in wildem Wein. *D. tinctorius* soll die Gefiederfarbe von Papageien verändern (tapirage), doch ist dies bisher in keinem einzigen Fall bewiesen. In Freiheit besteht die Hauptnahrung aus Ameisen und Käfern. Das Hautgift kann auch beim Fang als milchige Flüssigkeit ausgeschieden werden. Da die Tiere nicht scheu sind und über sehr auffällige Farben verfügen, dürfte das Gift gegenüber Feinden sehr wirksam sein, außerdem scheint die Färbung bei der Revierabgrenzung oder -behauptung eine Rolle zu spielen.

Die Zahl der Kaulquappen ist sehr hoch; Silverstone fand Ende Juni 25 Stück in einem halbierten, wassergefüllten Ölfaß. Die älteste Larve zeigte schon die Erwachsenenfärbung. Ein adultes Männchen wurde beim Tragen einer Larve beobachtet. Die Tiere waren öfters von Nematoden parasitiert, die in den Bauchmuskeln, der Magenwand und der Leber eingekapselt waren, außerdem lebten sie frei in der Körperhöhle. Nach Martin soll *D. tinctorius* einen Zwischenwirt für diese Nematodenart darstellen. *D. tinctorius* läßt sich mit dem sehr nahe verwandten *D. azureus* kreuzen (Hoogmoed, Polder).

Haltung: Mittelgroße bis große Terrarien, Einrichtung als Urwaldausschnitt mit *Phi-lodendron* und Bromelien. Einen kleineren Wasserteil und eventuell einen Bach einbauen. Lufttemperatur 24–28 °C, hohe Luftfeuchtigkeit. Als Futter reicht man große *Drosophila*-Arten, Stubenfliegen und deren Maden sowie kleine Grillen/Heimchen. Quarantäne einhalten! Die Frösche sind eingewöhnt gut zu halten und zu züchten. Wie bei allen *Dendrobates*-Arten werden dazu wenigstens etwa 4–6 Tiere benötigt.

Dendrobates tricolor
Dreifarbiger Giftfrosch
(Abbildung Seite 191)

Kennzeichen: 19–26,5 mm groß. Die Weibchen sind größer als die Männchen. Rücken schwarz oder braun mit einem gelben, grünen oder weißen Mittelstreifen. Ein gelber, weißer oder grünlicher Seitenstreifen ist vorhanden. Bauch gelb oder weiß, gelegentlich mit schwarzer oder brauner Marmorierung. Zähne vorhanden, keine Schwimmhäute an der Basis der Zehen. Eine Jugendzeichnung tritt auf, die aus grünen oder hellgrünen Streifen besteht, die später weiß werden. *D. tricolor* hat grüne Knochen. Die Weibchen sind etwas größer.

Verbreitung: Abhänge an der Pazifikseite der Anden in Südwest-Ecuador. 1250–1769 m.

Lebensweise: Die Frösche leben in Wassernähe an kleinen Flüssen. J. A. Peters fing seine Tiere an einer trockenen Stelle mit hohem Gras und Pfeffersträuchern.

Haltung: Sehr flinke und gut haltbare Art. Die Tiere springen einem beim Öffnen des Terrariums entgegen, daher ist Vorsicht geboten. Man fängt die Tiere, indem man sie in größere Plastikdosen hüpfen läßt.

Wenn man sie mit der Hand greift, verletzt man sie leicht (Knochenbrüche). Die Zucht ist sehr produktiv. In dichtbepflanzten Terrarien sind die Tiere nicht so scheu wie in kahlen Behältern. Als Zuchtterrarium eignet sich ein Glasaquarium, in das ca. 5 cm hoch Wasser eingefüllt wird. Als Landteil quetscht man eine Styroporplatte zwischen die Scheiben und steckt einige Scindapsus-Ranken durch diese Insel. Die Temperatur soll um 22–24 °C liegen. Die Tiere sind empfindlich gegenüber Wasserverschmutzung. Als Futter gebe ich kleine Grillen und Heimchen sowie Taufliegen und deren Maden, die in blitzschnellem Sprung erbeutet werden.

Die Art zählte früher zu der Gattung *Phyllobates*, sie wurde von Myers et al. den Dendrobatiden zugeordnet.

Dendrobates trivittatus
Grüner Riesengiftfrosch
(Abbildung Seite 137)

Kennzeichen: Diese Art bildet mit *D. silverstonei* und *D. bassleri* eine Gruppe. Wie die anderen beiden Arten, ist auch *D. trivittatus* (früher *Phyllobates t.*) sehr groß. Silverstone gibt an: 31,5–49,5 mm, wobei die Weibchen deutlich größer sind. Rücken schwarz, mit oder ohne gelbem, gelbgrünem oder hellgrünem durchgehenden oder unterbrochenem Mittelstreifen. Manchmal ist der Rücken schwarz mit grüner Marmorierung, selten einfarbig grün; gelber, gelbgrüner oder orangefarbener Streifen entlang der Seite. Bauch schwarz mit grünen, blaugrünen oder blauen Flecken oder Marmorierung. Die Rückenhaut ist granuliert. Zähne fehlen. Der erste Finger ist länger als der zweite. Keine Spannhäute vorhanden.

Verbreitung: Tieflandwälder von Guayana, Surinam, des Amazonas-Beckens bis Kolumbien, Ecuador, Peru und Brasilien. 20–700 m.

Lebensweise: Ähnlich wie *D. silverstonei*, nur leben diese Frösche eine Höhenstufe tiefer. Der Ruf und die Brutbiologie ist fast identisch. Es werden ebenfalls große Eizahlen abgelegt. Ablageort ähnlich wie bei *D. silverstonei*.

Die Tiere sind aber wesentlich scheuer und wegen der Tarnfarbe schwer zu entdecken. Sie leben am Waldboden bevorzugt zwischen Palm- oder Brettwurzeln oder im Dickicht umgestürzter Bäume. Die Männchen rufen von erhöhten Standorten auf liegenden Baumstämmen oder dergl. In Surinam bevorzugen die Frösche Straßen oder Waldränder, wo sie relativ häufig sind. Es existieren vermutlich noch weitere ähnliche Arten, z. B. in Peru.

Haltung: Große Terrarien mit dichter Bepflanzung und querliegenden Ästen. Temperatur um 25–28 °C. Sehr ungestüme Springer. Futter: Grillen und Heimchen sowie Fliegen und Nachtfalter. Eine Zucht gelang Kneller. Vitamin- und Mineralstoffgaben sind bei dieser Art wichtig.

Gattung Discophus
Taubfrösche

Diese zu den Microhyliden gestellte Gattung wurde vor allem durch die leuchtend roten Tomatenfrösche *(D. antongilli)* in Liebhaberkreisen bekannt. Über die Lebensweise und die Fortpflanzung weiß man sehr wenig. Das Hauptverbreitungsgebiet ist Madagaskar. Hier finden wir neben der oben erwähnten Art noch *D. guineti* und *D. insularis*. Eine weitere nahverwandte Gattung lebt in Südasien.

Discophus antongilli
Tomatenfrosch
(Abbildung auf dem Einband)

Kennzeichen: Größe: ♂ 65 mm, ♀ 90 mm. Farbe auf der Oberseite rot, rostrot oder rotbraun. Die Unterseite ist weißlich. Das Männchen besitzt eine innere Schallblase, deren Öffnungen sich rechts und links der Zunge befinden. Nuptial-Polster an der Innenseite der dritten Finger und auf der Innenfläche der Vorderbeine.
Verbreitung: Madagaskar: Baie d'Antongil (Moroantsetra, Foianza) und südlich von Tamatave (Andevoranto).
Lebensweise: Die großen Frösche führen eine versteckte Lebensweise und graben sich gerne ein. Zur Laichzeit sollen sie sich um und in größeren Tümpeln aufhalten. Die Eier werden anscheinend im freien Wasser abgegeben.
Haltung: Als Bodenbewohner im Terrarium sehr gut haltbar, da die großen Tiere keine Nahrungsspezialisten sind und willig Regenwürmer, Grillen, kleine Mäuse, Fleischstücke und falls vorhanden, auch andere Frösche fressen. Daher nur mit gleich großen Arten (Kröten usw.) zusammensetzen. Die Frösche werden ähnlich wie Kröten schnell zahm. Die Zucht ist bisher noch nicht gelungen, doch sind nach unseren Beobachtungen nur große Terrarien mit ausgedehntem und mindestens 15–20 cm tiefem Wasserteil geeignet. Es sollten mehrere Pärchen angesetzt werden. In der Wilhelma (Stuttgart) ergab sich ein Klammern, als die Tiere zufällig zusammen in eine größere Wasserwanne gesetzt wurden. Wahrscheinlich wird die Zucht wegen des großen Platzbedarfs am ehesten in einem Gewächshaus gelingen.

Gattung Eleutherodactylus
Antillenfrösche

Die nach der Insel Eleuthera benannte Froschgattung hat sich in ihrer Fortpflanzung weitgehend unabhängig von Gewässern gemacht. Sie sind durch Schiffsladungen oder durch Verschleppung mit Pflanzen (Gewächshausfrösche) weit verbreitet worden.
Die wenigen großen Eier mit viel Dottervorrat werden an Land an feuchten Stellen abgelegt, beispielsweise zwischen Laubschichten, auf Blättern oder unter Holzstücken. Die Larvenentwicklung läuft komplett im Ei ab; ein fertiger Jungfrosch verläßt schließlich die Eihülle. Teilweise tritt eine Brutpflege auf: das Weibchen beschützt die Eier vor Feinden oder vor dem Austrocknen. *Eleutherodactylus*-Arten haben glatte Zehen mit weitgehend rückgebildeten Haftscheiben und Schwimmhäuten. Man muß auch hier auf die Herkunft der Tiere achten, da einige Arten höhergelegene, feuchte und kühle Nebelwälder bewohnen (*E. caryophyllaceus, E. vocator, E. cruentus, E. diastema* in Panama).

Eleutherodactylus ricordii
Kuba-Pfeiffrosch

Kennzeichen: Bis 30 mm. Oberseite rötlich braun mit zwei helleren Längslinien und gelegentlich eine Rückenfleckung.
Verbreitung: Kuba, eingeschleppt nach Florida und Mittelamerika.
Lebensweise: Boden- bis Gebüschbewohner, die sich nachts an Gewässern oder feuchten Stellen versammeln können. Die Eiablage erfolgt unabhängig von Gewäs-

Abb. 36. Ein Eleutherodactylus aus der Cordilliera Azul, Peru.

sern an feuchten Stellen zwischen Laub, Holz oder Pflanzenteilen. Die 3–26 Eier sind sehr dotterreich, die gesamte Entwicklung läuft im Ei ab. Das Jungfröschchen befreit sich nach etwa 2–3 Wochen mit Hilfe eines Knochenfortsatzes am Oberkiefer aus der zähen Eihülle. Der Zahn bricht dann ab und wächst nicht nach. Die Jungfrösche sind sofort in der Lage, Nahrung zu erbeuten.

Haltung: Kleine bis mittelgroße Terrarien mit kleinem Wasserteil und dichter Bepflanzung. Das Klima sollte feucht und warm sein (24–28°C). Futter: Grillen, Heimchen, Fliegen. Über eine Zucht in Gefangenschaft ist noch nichts bekannt.

Gattung Physalaemus

Diese unscheinbaren, krötenähnlichen Fröschchen fand ich häufig in Mittelamerika, wo sie mir nachts durch ihre Rufe stehende und langsam fließende Gewässer anzeigten. Sie drangen aber auch bis ins Amazonas-Gebiet und weiter vor.

Physalaemus pustulosus
(früher *Engystomops p.*)

Kennzeichen: Bis 3 cm, Oberseite braun mit helleren Mustern. Haut granuliert. Bauch hellgrau, mit schwarzen Tupfen in der Kehlregion, die einen weißen Mittel-

149

Abb. 37. Schaumnest von Physalaemus pustulosus an einem Pfützenrand in Panama.

strich umgeben, der besonders bei den kleineren Männchen hervortritt. In der hinteren Rückenmitte ist meist ein orange-farbener Strich vorhanden. Die Männchen können auch Längsstreifen haben. Die Nahrung wird mit einem Zungenschuß er-beutet.

Verbreitung: Mittelamerika (Panama, Costa Rica), 5–700 m.

Lebensweise: Die Tiere leben tagsüber ver-steckt am Boden, wo sie sich auch eingra-ben können. Zur Laichzeit, die in Panama im Oktober beginnt, hört man die Tier aus allen stehenden Gewässern wie Pfützen oder überfluteten Reifenspuren rufen. Da sich die Männchen aufblasen und den gan-zen Leib als Resonanzkörper einsetzen, sind die Rufe weithin vernehmbar. Sie set-zen sich aus einem langen und kurzen Ton zusammen. Die Rufer halten sich oft im Wasser zwischen Grashalmen an den Pfüt-zenrändern verborgen. Die Wassertempe-ratur kann sehr hoch liegen, bis 28 °C. Die Pärchen bauen beim Amplexus Schaumne-ster, wobei das Männchen das Schaum-schlagen übernimmt. Die weißen, faust-großen Nester liegen am Uferrand in fla-chem Wasser zwischen Grashalmen und ähnlichem verankert. Der weiße Schaum ist überaus zäh und klebrig. Die Eier sind zwischen den Schaumbläschen eingebettet. Nach etwa drei Tagen schlüpfen die etwa 4 mm langen Kaulquappen, bei der Ver-wandlung sind die Jungfrösche etwa so groß wie Stubenfliegen. Anzahl der Eier pro Gelege rund 50–150 Stück.

Haltung: Im Terrarium nach Eingewöh-nung und bei ausreichender Wärme gut haltbar. Uferterrarium mit Flachwasserbe-reich und einigen trockenen Stellen mit Laubstreu. Futter: Taufliegen, kleinste Wachsmottenlarven und kleinste Grillen, da die Tiere nur verhältnismäßig winzige Futtertiere schießen und schlucken kön-nen. Bei mir laichten die Tiere teilweise schon in den Transportdosen ab, doch brauchen die Larven zur ungestörten Ent-wicklung sauberes, weiches Wasser. Die Laichbereitschaft wird durch warme, hef-tige Regengüsse gefördert. Wegen der in-teressanten Brutpflege auch für Anfänger zu empfehlen.

Gattung Gastrotheca
Beutelfrösche

Die Angehörigen dieser Gattung gehören zu den Hyliden und haben sich vermutlich aus dem Stamm der Schüsselrückenlaub-

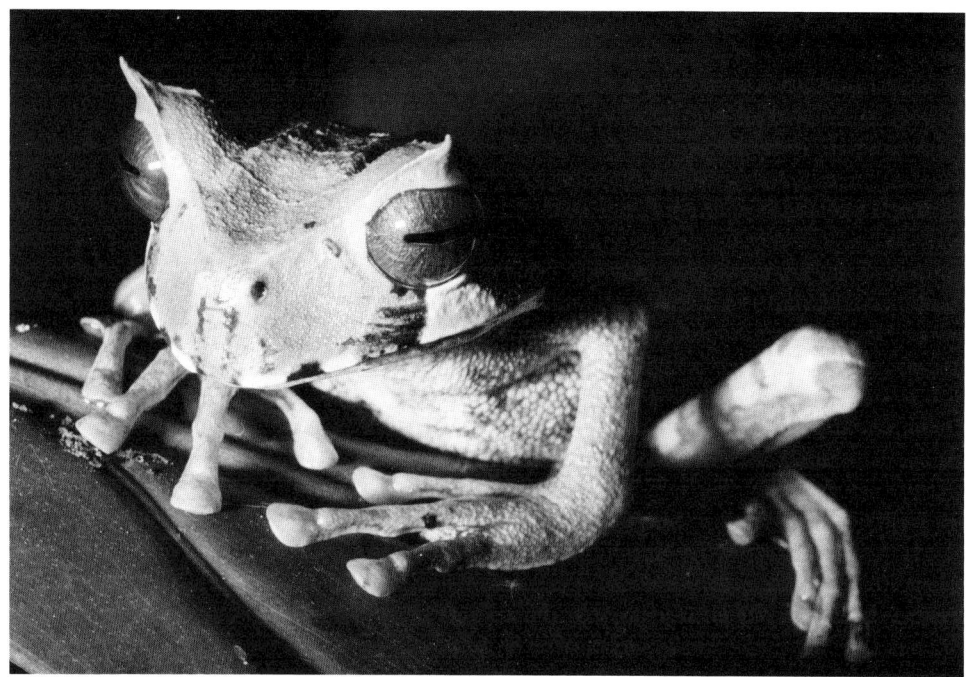

Abb. 38. Porträt von Gastrotheca ceratophrys, Panama.

frösche *(Fritziana goeldii)* entwickelt, bei dem die Weibchen anstelle einer geschlossenen Rückentasche für die Eier eine schüsselartige Vertiefung besitzen. Doch selbst bei den Beutelfröschen gibt es verschiedene Bruttypen: *G. marsupiata* hat beispielsweise hohe Eizahlen, es schlüpfen daher aus der Bruttasche Kaulquappen, die ins Wasser abgesetzt werden müssen. Wesentlich unabhängiger sind die großen Arten, die meist ausgesprochene Baumbewohner sind (12 m hoch und höher) und die nur 6–30 große Eier in ihren Rückentaschen tragen können, aus denen dann bereits fertig entwickelte Jungfrösche herauspurzeln. Der Gattungsname *Gastrotheca* bezieht sich übrigens auf einen Irrtum, da die weiblichen Tiere keine Bauch-, sondern eine Rückentasche haben. Alle Beutelfrösche verfügen über Haftscheiben, teilweise auch über Spannhäute. Sie halten sich bevorzugt in hochwüchsigen Pflanzen auf und setzen ihre Jungfrösche auch in Bromelientrichtern ab. Über die Brutbiologie und Lebensweise der meisten Arten ist noch wenig bekannt, da die Tiere sehr schwer auf den riesigen Urwaldbäumen zu fangen sind.

Gastrotheca marsupiata
Beutelfrosch

Kennzeichen: 50–70 mm. Färbung sehr variabel, von hellbraun bis grün mit schwarzen bronzenen oder braunen Flekken oder Längsstreifen, die von hellen Linien gesäumt sein können. Der Bauch ist hell, gelegentlich mit dunklen Tupfen. Haut runzelig und warzig. Die Beine haben dunklere Querbinden. Weibchen mit Bruttasche auf dem Rücken, die eine Öffnung durch einen Längsspalt in der Beckenregion aufweist. Das Männchen besitzt eine kehlständige Schallblase. Haftscheiben sind ausgebildet.

Verbreitung: Peru.

Lebensweise: Die dämmerungs- und nachtaktiven Baumfrösche bewohnen feuchten Regenwald, der auch höher gelegen ist oder trockenere Landschaften, wo sie sich in den Blattscheiden der Agaven verstecken. Die Eiablage erfolgt während des Amplexus, wobei das Weibchen sein Hinterteil steil anhebt, damit die austretenden Eier über die rutschig gemachte Rückenhaut in die Bruttasche befördert werden können. Das Männchen befruchtet sie auf diesem Weg und hilft die bis zu 200 kleinen Eier mit zu verstauen. Nach etwa 2–3 Wochen werden die dann fertig entwickelten Kaulquappen aus der aufgehaltenen Rückentasche in Wasserstellen abgesetzt (Bromelien, Tümpel usw.). Dort vollenden sie ihre weitere Entwicklung.

Haltung: Mittelgroße Terrarien. Bodenfläche mit kleinem Wasserteil. Die Bepflanzung sollte dicht sein und auch entlang der Behälterwände geführt werden. Ein zusätzlicher Epiphytenstamm ist zu empfehlen. Die Luftfeuchtigkeit sollte sehr hoch sein, Temperaturbereich um 20–25 °C (Luft), in der Nacht etwas niedriger. Im Winter kann man die Tiere auch bei Zimmertemperatur halten. Bei manchen Terrarianern leben die Tiere frei im Blumenfenster oder in Pflanzeninseln in der Wohnung, doch sollte man dann auch an ein kleines Wasserbecken denken. Das Futter besteht aus Grillen/Heimchen, Fliegen, Nachtfaltern, Mehlwürmern usw. Während Jungfrösche bei falscher Aufzucht für Krämpfe anfällig sind, ist die Haltung der Elterntiere problemlos, sofern die Temperatur und die Feuchtigkeit stimmt. In den letzten Jahren ist diese Art vom Markt verschwunden, da die Ausfuhrverbote wirken. Die anderen Arten aus Südamerika sind teilweise Gebirgsbewohner, die niedrigere Temperaturen gewohnt sind; daher Herkunft erfragen. Auf dem Gebiet der Haltung und Brutbiologie der Beutelfrösche sind noch viele Entdeckungen zu machen!

Gattung Hemiphractus
Helmkopffrösche

Frösche dieser Gattung haben einen dreieckigen Schädel, der zu einem knöchernen Helm verstärkt ist. Hautanhänge sind manchmal über den Augen und an der Schnauzenspitze vorhanden, ähnlich wie bei dem asiatischen *Megophrys*. Spannhäute fehlen. Pupille waagerecht. Schallblase unpaar und kehlständig. Die Entwicklung der Larven erfolgt direkt auf dem Rücken der Weibchen. Die Rufe sowie die Anzahl der Chromosomen sind noch unbekannt. Fünf Arten, davon eine in Mittelamerika.

Hemiphractus fasciatus
(früher *Cerathyla panamensis*)
Helmkopffrosch
(Abbildung Seite 172)

Kennzeichen: ♂ 56,3 mm, ♀ 58,7 mm. Kopf gleichbreit oder breiter als der Körper, Hautfortsätze über den Augen, Zipfel an der Schnauzenspitze. Trommelfell höher als lang. Augen klein und weit auseinanderliegend. Die Haut des Kopfes ist nicht mit dem Schädel verknöchert, doch sind die Neuralfortsätze der Rückenwirbel mit der Haut verwachsen. Die Farbe ist ein helles Braun, Olivgrün oder Gelb, mit dunkelbrauner Zeichnung. Die Hinterbeine sind mit dunkleren Querbändern versehen. Die Kehle und die Brust sind dunkelbraun. Ein weißer Fleck in der Brustmitte ist vorhanden. Der Rest des Bauches ist braun mit orangefarbenem Anflug. Die Zunge sowie die tieferen Teile der Oberlippe sind gelb-orange (Drohfarbe!).

Verbreitung: Karibische Abhänge der Hochländer Panamas sowie an der Pazifikseite an den Abhängen der Hochländer im östlichen Teil des Landes. Außerdem fand man die Tiere in der Serranía de Pirre und der Serranía de Darien. 300–1600 m.

Lebensweise: H. panamensis bewohnt feuchte Gebirgs- oder Nebelwälder, wo man ihn tagsüber am Boden und nachts auch auf Stämmen oder in Bromelien antrifft. Es ist noch nicht eindeutig geklärt, ob die Art tag- oder nachtaktiv ist, da die Beute teilweise aus tagaktiven Fröschen *(Colostethus pratti)* und Schnecken besteht. *Hemiphractus* ist nicht scheu, bei Störungen reißt er das gelbe Maul auf und bewegt den Kopf auf und ab. Wird ein Gegenstand zwischen die Kiefer gebracht, beißt das Tier zu und läßt nur sehr langsam wieder los. Wegen der spitzen Zähnchen im Oberkiefer und der zwei scharfen Knochenhaken an der Spitze des Unterkiefers ist ein solcher Biß in den Finger überaus schmerzhaft und blutig.

Genauso ausgefallen wie die Drohgebärden ist auch die Brutbiologie dieser Gattung. Das Weibchen trägt die 6 mm (!) großen Eier in einzelnen Hauttaschen auf dem Rücken, deren Gesamtzahl nach seziertem Material etwa 12–14 beträgt. Diese von der weiblichen Rückenhaut gebildeten Brutkammern werden nach dem Schlupf der Frösche durch Häutung abgestreift. Das Interessanteste sind aber paarige plazenta-ähnliche Ausbildungen der Jungfrösche, mit deren Hilfe sie anscheinend atmen und in der Haut der Mutter verankert sind, ohne dabei jedoch an das Gefäßsystem der Mutter direkt angeschlossen zu sein. Zwischen diesen „Kiemenplatten" (engl.: gills) und dem mütterlichen Gewebe liegt nämlich noch die Eihaut (Noble, 1917). Von jeder der Kiemenplatten führt ein muskulöser, stark durchbluteter Doppelstrang von etwa 7 mm Länge zum Jungfrosch, wo er etwa im Hyoidbereich der Kehle beziehungsweise des Unterkiefers einmündet (Duellman). Die beiden „Kiemenplatten" haben etwa je 6 mm Durchmesser. Die Larvenentwicklung ist aber noch nicht völlig erforscht, da bisher nur wenige Weibchen mit fast fertig entwickelten Jungfröschen zur Verfügung standen. Diese Form der Brutbiologie weist einige Vorteile auf, da das Weibchen die Jungen bis zu deren Selbständigkeit praktisch bewacht. Auf meiner Panamareise hatte ich das Glück, einen *Hemiphractus* in einem Institut zu beobachten und zu fotografieren. Leider wurde das Tier anscheinend schlecht gefüttert, so daß es äußerst apathisch und sehr abgemagert war. Vermutlich hatte niemand Lust, dauernd Futterfrösche zu fangen.

Haltung: Nur für „Forscher" zu empfehlen, da die Tiere Frösche fressen. Bezüglich der Haltung sei anzumerken, daß die Art eine ständige, hohe Luftfeuchtigkeit und je nach Herkunft (Nebelwald) nicht zu hohe Temperaturen um 18–24°C mit leichter Nachtabsenkung braucht. Das Terrarium erhält einen Urwaldboden mit einer Eichenlaubschicht und halbierte Korkstämme als Unterschlupf. Der Wasserteil kann klein sein. Da praktisch die gesamte Brutbiologie (Paarung, Amplexus, Eiablage, Einbettung der Jungen, Entwicklungsdauer, Schlupf) noch unerforscht ist, bietet sich hier ein weites Betätigungsfeld, sofern man einige Tiere bekommen kann. Die Nahrung muß anfangs aus Schnecken und Fröschen bestehen, doch kann man nach der Eingewöhnung auch Regenwürmer oder Fleischstücke verabreichen.

Gattung Hemisus
Schaufelnasen- oder Ferkelfrösche

Diese Gattung wird zu den Microhyliden gerechnet. *Hemisus*-Arten lassen sich durch eine Grube zwischen den Augen gut von ähnlichen Gattungen *(Breviceps)* unterscheiden. Ein weiteres Merkmal ist die zu einer Spitze ausgezogene Schnauze und der aufgebläht erscheinende Körper mit kurzen Gliedmaßen. Die Hinterbeine sind bei diesen unterirdisch lebenden Fröschen mit je einer Grabschaufel (umgebildete Metatarsaltuberkel) versehen. In Freiheit fressen die Tiere Ameisen und Termiten. Die Eiablage erfolgt in Erdhöhlen, aus dem sich die Kaulquappen zu einem naheliegenden Gewässer durch einen vom Weibchen angelegten Tunnel schlängeln können, wo sie ihre Verwandlung vollenden.

Hemisus marmoratum
Marmorierter Schaufelnasenfrosch

Kennzeichen: ♂ 28–29 mm, ♀ 30–35 mm. Oberseite einfarbig braun oder getupft, mit gelblichem oder grünlichem Anflug. Augen klein, Kopf kurz. Die helle Schnauze ist in Anpassung an die unterirdische Lebensweise zu einer Spitze ausgezogen. Bauch weiß mit kleinen braunen Tupfen. Die Füße haben keine Spannhäute. Haut des Rückens leicht rauh durch Drüsen. Grabschaufeln an den Hinterbeinen. Die Kehle der kleineren Männchen ist während der Brutsaison dunkler und der Bauch mehr getupft. Die Rufe sind ein hohes Zirpen ähnlich einer Grille.
Verbreitung: Mit Ausnahme der äquatorialen Regenwälder in Afrikas Savannen südlich der Sahara weit verbreitet. Angola, Betschuanaland, Transvaal und nördliches Zululand.
Lebensweise: Die meiste Zeit ihres Lebens verbringen diese Frösche unter der Erde. Sie graben dabei mit einer Auf- und Abbewegung des spitzen Kopfes, wobei die Beine nachschieben. Lediglich zur Brutsaison sieht man die Tiere manchmal an Gewässerrändern, wo sie im Amplexus ihre Bruthöhlen graben, die mit 4 mm großen, weißen Eiern gefüllt werden. Die Larven schlüpfen nach 8–9 Tagen (Wager), wobei sie durch die Verflüssigung der Gallerte feucht gehalten werden. Das Weibchen bewacht bis dahin die Eier in der Höhle oder in einer Nebenkammer, dann gräbt es

Oben: Farbbild 23. Mantella madagascariensis, Madagaskar. S. Seite 184
Unten: Farbbild 24. Mantella aurantiaca. Madagaskar. S. Seite 182

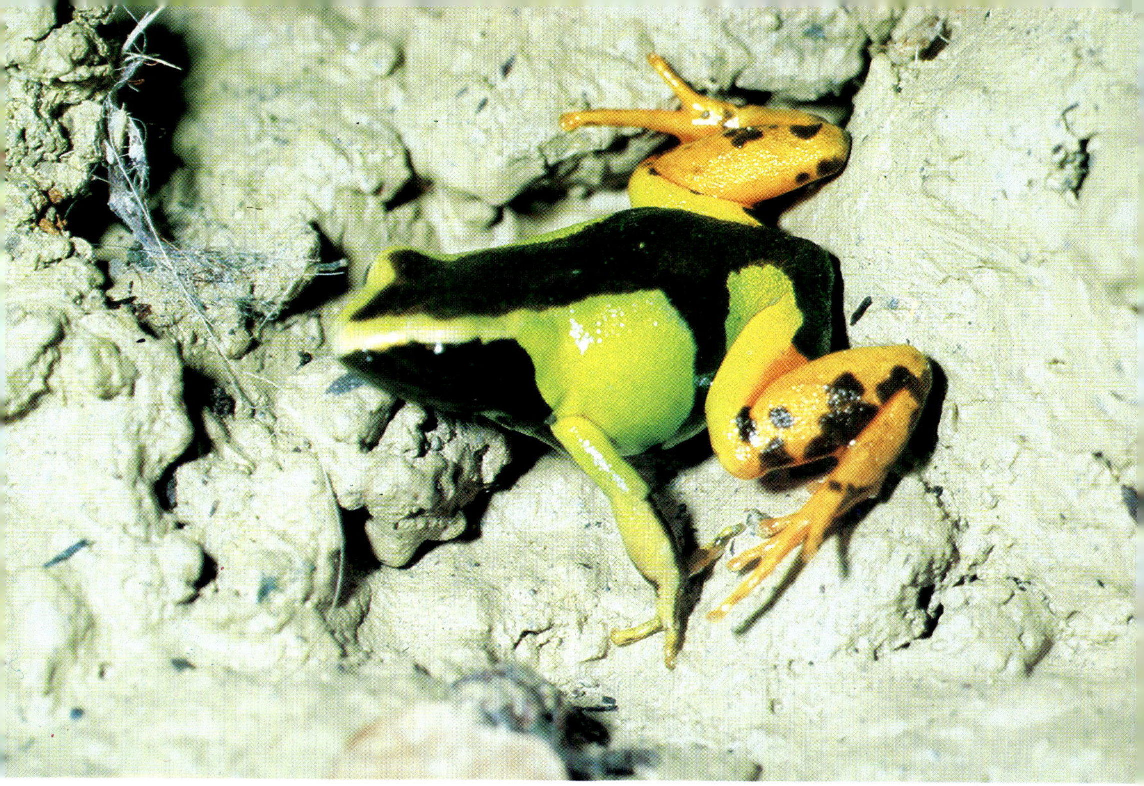

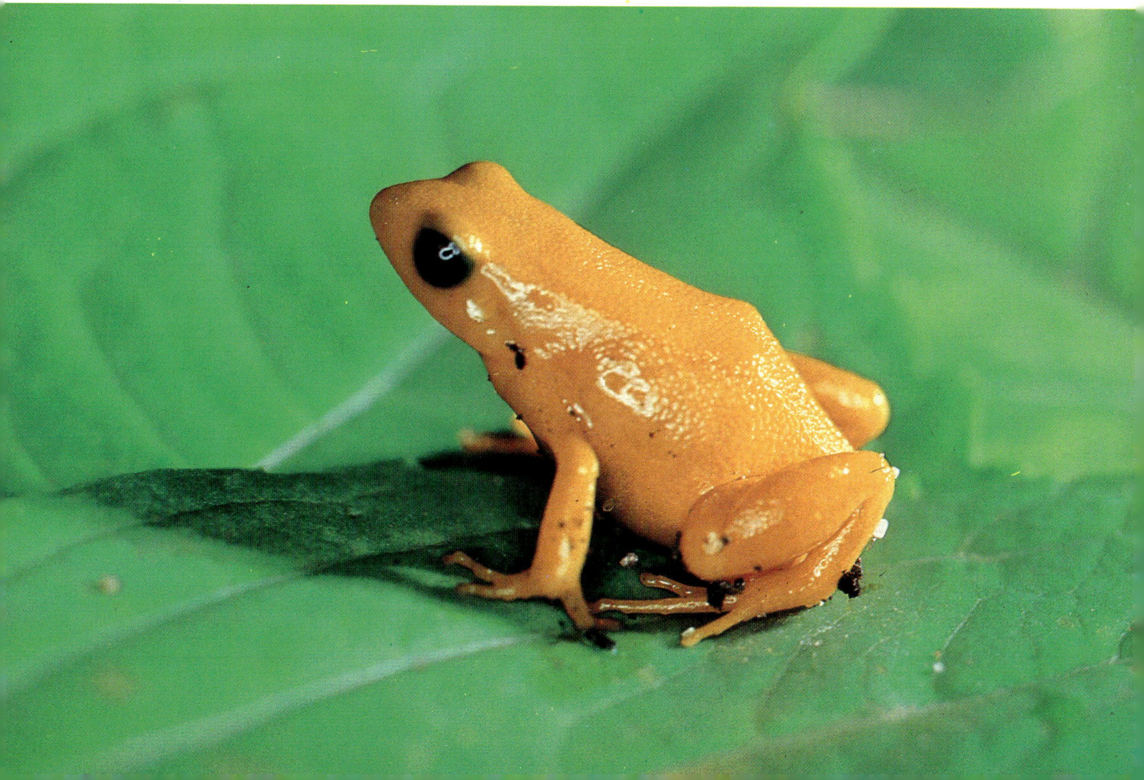

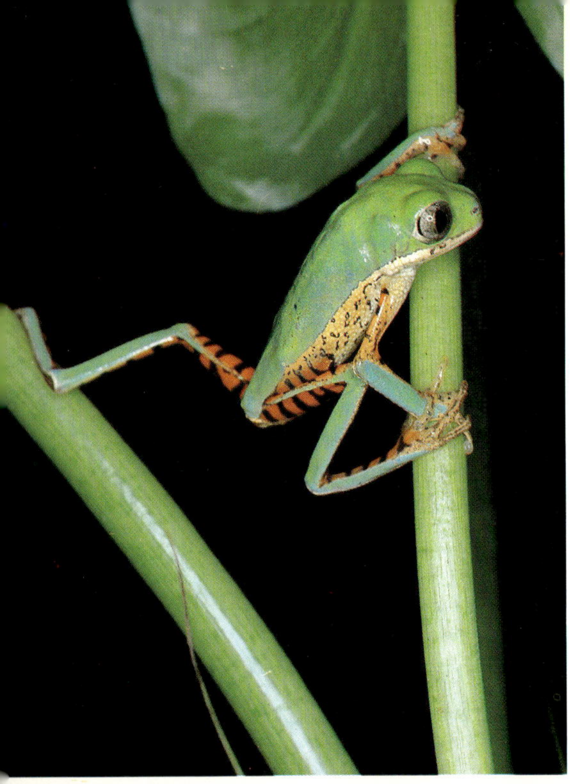

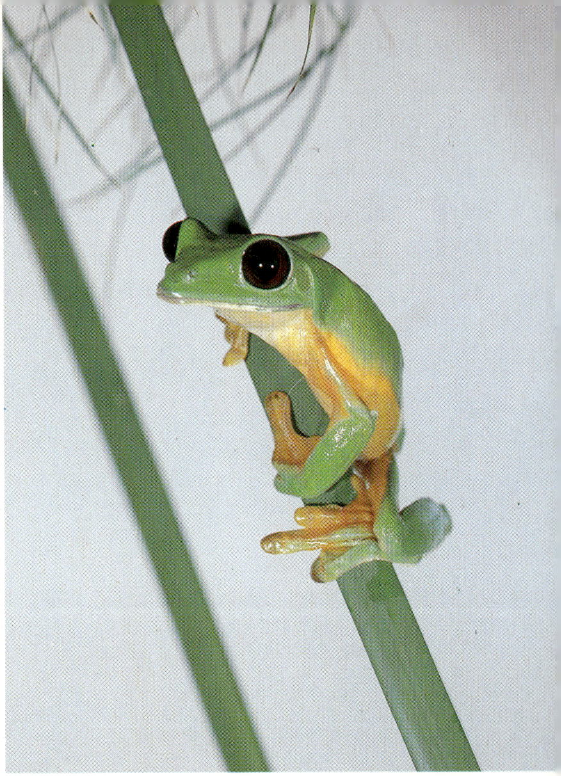

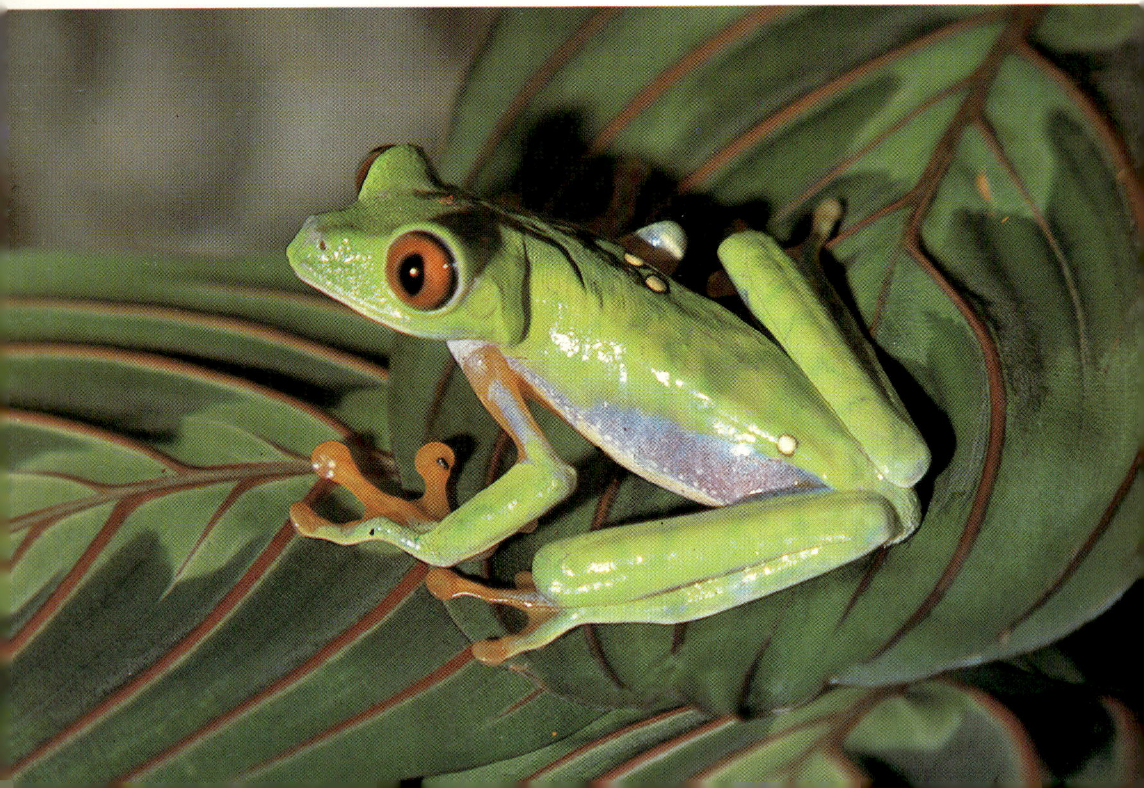

einen Tunnel zum Wasser, der den Larven mitsamt der flüssigen Gallerte eine Rutschpartie zum rettenden Naß ermöglicht, das sie nach spätestens 18 Tagen erreichen müssen. Die beim Schlupf 9 mm großen Larven haben keine Außenkiemen oder Haftscheiben; sie fressen Algen. Die gesamte Metamorphose soll nach Schätzungen von Wager etwa 6 Wochen dauern. Die frisch verwandelten Jungfrösche graben sich baldmöglichst ein; ins Wasser gesetzt ertrinken sie.

Haltung: Flache, breite Terrarien mit nicht zu trockener Bodenfüllung aus einem Sand-Torfmull-Gemisch mit feinen Orchid-Barks. Bei der Zucht muß man ein Lehmufer an einem flachen Wasserteil nachbilden, in das die Weibchen ihre Nester graben. Diese liegen einige cm unter der Oberfläche, wobei die Wände der etwa 5 cm durchmessenden Brutkammer vom Weibchen geglättet werden. Die Luft- und Bodenfeuchtigkeit sollte zur Auslösung erhöht werden. Die Temperaturen in der Trockenzeit können im Boden etwa 20–25 °C betragen. Als Futter gibt man kleine Grillen, Regenwürmer, Mehlwürmer oder frische Ameisenpuppen, aus denen dann Ameisen schlüpfen.

Oben links: Farbbild 25. Phyllomedusa hypochondrialis, Surinam. S. Seite 202
Oben rechts: Farbbild 26. Agalychnis spurelli, Costa Rica. S. Seite 103
Unten: Farbbild 27. Agalychnis saltator, Costa Rica. S. Seite 106.

Gattung Hyla
Echte Laubfrösche

Hyliden sind in der ganzen Welt mit Ausnahme Zentral- und Südafrikas und Teilen Asiens verbreitet. Ihre größte Formenvielfalt entwickelten sie außer in Europa, Nordafrika und Vorderasien vor allem in der Neuen Welt (Nord-, Mittel- und Südamerika). Die Anpassungen an die Biotope sind sehr vielfältig, doch bevorzugen Hyliden fast immer das Leben in Bäumen oder der niederen Vegetation; sie sind dafür mit Haftscheiben ausgestattet. Neben den eigentlichen Hyliden gehören zu dieser Gruppe auch noch ausgefallene Gattungen wie die Makifrösche (*Phyllomedusa*), die Beutelfrösche (*Gastrotheca*), die Panzerköpfe (*Triprion*) und die Stachelköpfe (*Anotheca*). Die australischen Laubfrösche wurden kürzlich unter dem Gattungsnamen *Litoria* neu zusammengefaßt. Die Brutbiologie der Hyliden reicht vom Typ des Freilaichers über die Heftlaicher, Schaumnest- und Flußlaicher bis hin zu den eiertragenden Schüsselrückenlaubfröschen (*Fritziana goeldii*), den Beutelfröschen (einheitliche Brutkammer) und der Einzeltaschen-Entwicklung (*Hemiphractus*). Aus dieser Vielfalt möchte ich nur einige wichtige echte Hyliden hier besprechen, die öfters angeboten werden (s. auch Kap. Einheimische Froschlurche). Für andere tropische Baumhyliden gelten die Haltungsangaben der *H. leucophyllata*-Gruppe. Die im folgenden besprochenen amerikanischen Arten sowie ein Teil der *Litoria*-Gruppe lassen sich bei uns im Sommer ebenfalls im Freien halten und züchten, gut geeignet ist aber auch ein Kleingewächshaus. Die meisten Arten sind nacht- oder dämmerungsaktiv.

Abb. 39. Hyla cinerea, USA.

Hyla cinerea
Gestreifter- oder Karolina-Laubfrosch

Kennzeichen: Bis 63 mm. Oberseite glatt, grün bis blaugrün; Farbwechsel nach tiefbraun möglich. Gelegentlich gelbweiße oder goldfarbene Tupfen auf dem Rücken. Weißes oder gelbes Band von der Kopfseite über die Oberlippe und die Flanken bis zum Ansatz des Oberschenkel ziehend, das manchmal schwarz gesäumt sein kann.
Verbreitung: Südöstliche USA (Nord-Karolina bis Texas).
Lebensweise: Die Tiere leben auf Bäumen, Sträuchern oder hohen Sumpfpflanzen in Wassernähe. Tagsüber halten sie sich auch auf Stämmen über Wasserflächen auf. Nacht- bis dämmerungsaktive Frösche, die aber auch am Tage auf Futtersuche gehen können.
Haltung: Mittelgroße, höhere Terrarien, die etwas beheizt werden sollten (22–28 °C). Nachtabsenkung auf 20–22°C. Eine Winterruhe bei einer verminderten Gesamttemperatur (um 18°C) ist empfehlenswert. Die Einrichtung wird wie bei *H. regilla* gewählt, doch sind noch Kletterpflanzen und Äste einzubringen. Im Sommer Freilandhaltung. Eine Zucht im Terrarium ist möglich. Futter: Fliegen, Grillen, Wachsmotten, Mehlwürmer. Anfängerfrosch.

Hyla leucophyllata-Gruppe
Bromelienfrösche
(Abbildungen Seite 174)

Kennzeichen: Zumeist kleine, aber farbenprächtige nachtaktive Baumhyliden, von denen *H. leucophyllata* (Größe 20–36 mm) und *H. ebraccata* (Größe ♂ 27 mm, ♀ 36 mm) öfters eingeführt werden. Der Rücken ist meist weiß, gelb oder braun mit dunkelbraunen Tupfen oder großen flächigen Zeichnungen. Bei einer Art ist auch die helle Grundfarbe zu einem Netzwerk reduziert. Die Oberschenkel sind gelb, orange oder scharlachrot. Die Finger sind zur Hälfte, die Zehen zu einem Drittel mit Spannhäuten versehen. Eine Axillarmembrane ist vorhanden. Die Männchen haben eine einzelne, kehlständige Schallblase, Haftkissen an den Daumen fehlen. 10 Arten in Südamerika, eine Art in Mittelamerika *(H. ebraccata)*.
Verbreitung: Süd- und Mittelamerika. 0–1200 m.
Lebensweise: Die Bromelienfrösche bewohnen meistens den ursprünglichen, feuchten Regenwald. Sie können sich aber auch an Sekundärbewuchs anpassen, in dem höhere Bäume weitgehend fehlen. Wichtig ist, daß in den Biotopen heftige Regenfälle über das ganze Jahr hinweg auftreten. Die Brutsaison reicht in Mittelame-

rika von Juni bis September (Mexiko, Guatemala) und Mai bis Januar (Panama). Die nachtaktiven Tiere sind in Bromelien oder Pflanzen zu finden, die in Gewässernähe wachsen. Die Männchen versammeln sich in den Dickichten der Sumpfpflanzen und rufen im Chor, wobei die Grundstruktur ein Duett ist. Die Gelege werden an der Oberseite von Blättern über Wasserflächen angeheftet. Die Eizahlen betragen 24−76 Stück, der Durchmesser beträgt 1,2−1,4 mm ohne Gallerte. Die schlüpfenden Larven zappeln sich frei und rutschen über die Blattspitze ins darunterliegende Gewässer. Größere Larven halten sich im flachen Wasser zwischen Gräsern auf und flüchten unter Wasserpflanzen.

Haltung: Terrarien ab 40×40×60 cm oder höher. Lufttemperatur 24−28°C, Wasser 22−24°C. Der Boden kann aus einem durchgehenden Wasserteil bestehen, in dem Sumpfpflanzen (*Cyperus, Spatyphyllum, Scindapsus*-Ranken) und auf Ziegelsteinen einige *Philodendron* in Töpfen wachsen. An der Rückwand und auf Kletterästen bringt man Bromelien und rankende Pflanzen an. Man muß auf das regelmäßige Durchspülen des Trichterwassers der Bromelien achten und faulende Exemplare sofort entfernen, da sie die Frösche durch Bakterieninfektionen töten können. Die Bromelienfrösche sind sehr lebhafte Tiere, die sich nach der Eingewöhnung auch am Tage und nach dem Sprühen blicken lassen. Eine Zucht gelang Freiburger Terrarianern (Siepe), doch scheitert sie oft daran, daß nie Weibchen gefangen werden. Diese sind größer als die Männchen, haben auch keine gelbliche Kehle und sind im allgemeinen empfindlicher bei der Eingewöhnung. Bei mir traten gelegentlich Massensterben durch Seuchen auf, außerdem sind die Tiere schockanfäl-

Abb. 40. Hyla regilla, USA.

lig. Gut eingewöhnt halten sie jahrelang und erfreuen einen durch andauernde Konzerte. Die Ernährung bereitet keine Schwierigkeiten, da Stubenfliegen und Grillen/Heimchen gefressen werden.

Hyla regilla
Königslaubfrosch (Pazifik-Baumfrosch)
(s. Bild oben)

Kennzeichen: Größe 19−50 mm. Färbung sehr variabel von braun bis grün. Der Rücken kann auch dunkel marmoriert sein. Bei allen Tieren ist jedoch ein schwarzer Streifen vorhanden, der etwa von der Nase her durch das Auge bis zum Ansatz der Vorderbeine führt. Unterseite hell bis gelblich. Haftscheiben vorhanden. Farbwechsel in wenigen Minuten möglich. Beim Männchen ist die Kehle schwärzlich und gerunzelt.

159

Verbreitung: Vom südlichen Britisch-Kolumbien bis zur Spitze der Baja California. Östlich bis West-Montana und Ost-Nevada. Ebenfalls auf Inseln vor dem südlichen Kalifornien. 0–3300 m (Sierra Nevada).

Lebensweise: Äußerst anpassungsfähige Art, die von Meereshöhe bis ins Hochgebirge vorkommt. Als Laichgewässer werden angenommen: Sümpfe, Seen, Tümpel, Wagenspuren, Reservoire und langsame Flüsse. Brutzeit Januar bis Juli. Die Tiere bewohnen Wälder, Wiesen und Grasländer, wo sie sich hauptsächlich am Boden oder in niederer Vegetation in Wassernähe aufhalten. Der Ruf ist an der Pazifik-Küste sehr häufig zu hören und lautet etwa „kreck-eck".

Haltung: Mittelgroße, etwas höhere Terrarien. Einrichtung als Seeufer mit einem ausgedehnteren Landteil. Im tieferen Wasser sollten sich neben Aquarienpflanzen auch herausragende Sumpfpflanzen *(Spatyphyllum, Calla, Cyperus)* befinden. Im Sommer lassen sich die Tiere hervorragend im Freiland halten und züchten.

Aber selbst im Terrarium gelingt die Zucht dieser Art, im Gegensatz zu unserem einheimischen Laubfrosch. Die Weibchen legen die Eier in etwa 10–15 cm tiefem Wasser als Klumpen ab, ein Amplexus tritt auf. Die Larven brauchen sauberes Wasser, da sie gegen Verpilzung empfindlich sind. Als Futter reicht man anfangs feines Staubfutter (Sera-Viformo oder Tetra-Min), später können auch zerhackte Tubifex zugefüttert werden. Die adulten Frösche lassen sich sehr gut mit Grillen und Fliegen versorgen, doch muß man eine Überfütterung vermeiden. Die Haltungstemperaturen sollten je nach Herkunft ausgewählt werden, zweckmäßig ist eine kühlere Haltung im Winter (15–18°C oder weniger). Im Sommer ist eine zusätzliche Terrarienheizung überflüssig, weil man dann die Tiere in einem grobvergitterten Freilandterrarium unterbringen kann. So werden auch Haltungsschäden aufgrund von Vitamin- und UV-Mangel behoben. Man achte aber auf schattige und feuchte Stellen, die man durch Torfziegel und eine dichte Bodenbepflanzung schaffen kann. Anfängerfrosch.

Gattung Hyperolius
Riedfrösche

Diese äußerst variable und daher systematisch schwierig einzuordnende Froschgruppe bildet nun eine eigene Familie; früher wurde sie zu den Rhacophoriden gestellt. Die Gattung bewohnt Afrika südlich der Sahara sowie die vorgelagerten Inseln. Viele der kleinen bis mittelgroßen Riedfrösche zeigen einen Geschlechtsdimorphismus, d. h. die Weibchen sehen völlig anders und schöner aus als die Männchen. Während der Jugendentwicklung findet eine Farbumwandlung statt, auch bei adulten Fröschen sind mehrere Farbstufen bei derselben Art beobachtet worden (Literatur s. Schiøtz). Die Riedfrösche bewohnen, wie ihr Name schon besagt, die Ufervegetation von fließenden und stehenden Gewässern, doch dringen sie bis in Steppengebiete und Gebirgsregionen vor. Die lebhaften Riedfrösche sind überwiegend nacht- oder dämmerungsaktiv, obwohl sie manchmal im Freiland gut sichtbar auf Blättern oder Schilfhalmen in voller Sonnenbestrahlung sitzen können. Die meisten Arten leben jedoch im Verborgenen, nur die abendlichen Rufe verraten die Standorte der Männchen. Riedfrösche quaken meist kurz und metallisch, auch eine Chorbildung ist möglich. Die Reichweite der Rufe ist bei vielen Arten beachtlich, und es gibt verschiedene Typen wie Territorial-, Befreiungs- und Regenrufe.

Die Männchen haben ein Revierverhalten; Gegner werden durch Ringkämpfe von den individuell gewählten Rufplätzen vertrieben. Ein Amplexus der Paarungspartner ist vorhanden, doch dauert er bei den genauer untersuchten Arten nur wenige Viertelstunden und wird bei der geringsten Störung unterbrochen. Die Tiere sind Heft- oder Freilaicher mit mittleren Eizahlen (100–500 Stück pro Gelege).

In Gefangenschaft lassen sich einige der wenigen eingeführten Arten gut und in mehreren Generationen nachzüchten, bei anderen Arten ist dies bisher unmöglich gewesen. Gebirgsformen *(H. viridiflavus)* lassen sich im Sommer sogar im Freiland halten und züchten. Die größten Schwierigkeiten bereitet die Zusammenstellung von Zuchtgruppen, da überwiegend Männchen importiert werden und Paare aufgrund ihrer großen äußeren Unterschiede als nicht zusammengehörig angesehen werden. Die Männchen lassen sich im allgemeinen gut an der unter der Kehle zusammengefalteten Schallblase (gular pouch) erkennen (Abb. oben). Die Schallblase ist meist mit einem deutlichen leuchtenden Farbfleck versehen, dem nach meinen Beobachtungen in der Dämmerung Signalwirkung bei der Geltendmachung und Verteidigung der Territorien zukommt. Gegen Degenerationserscheinungen läßt sich nur durch Vitaminisierung, Mineralstoffgaben und eine Lichtaktivierung der Vitaminvorstufen, wie sie im ersten Teil des Buches angedeutet wurden, angehen. Ein großes Problem stellt der hohe Parasitenbefall der Frösche durch die verschiedensten Würmer dar, was übrigens für die meisten west- und zentralafrikanischen Amphibien und Reptilien gilt. Erkrankun-

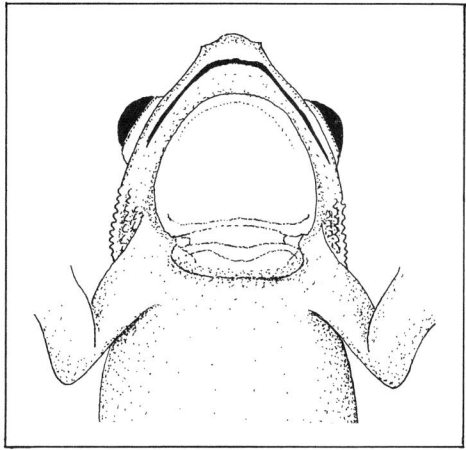

Abb. 41. Kehle mit zusammengefalteter Schallblase eines Hyperolius-Männchens.

gen durch Parasiten führen oft erst nach einem Jahr zu Todesfällen. Berüchtigt sind Lungenwürmer, die im Terrarium schnell den gesamten Froschbestand befallen können. Bei einigen Massenimporten der letzten Jahre lag die Sterblichkeit deshalb so hoch, weil Bakterien und Pilzinfektionen auftraten; man muß daher eine Quarantäne strikt einhalten. Einmal eingewöhnt, leben die Riedfrösche jahrelang und sind im Terrarium auch tagsüber auf Futtersuche. Auf Grund ihres Preises sind sie als Anfängerfrösche sehr beliebt, doch sollte man auf die Art und Herkunft der Tiere achten, da sie sehr unterschiedliche ökologische Nischen in Afrika besetzt haben, die von Flußbiotopen über Regen- und Galeriewälder bis in die Hochgebirge und Papyrussumpfgebiete reichen. Wir können uns hier bei der Wahl der Temperatur und der Luftfeuchtigkeit leicht vergreifen.

Abb. 42. Jungtier von Hyperolius concolor, Kamerun. NZ Schulte.

Hyperolius concolor
Concolor-Riedfrosch

Kennzeichen: ♀ 36–40 mm, ♂ 28–30 mm. Färbung der adulten Tiere in Phase 1: Weibchen grün, Bauch gelb, Zehen und Finger rot, Schenkelinnenseiten rot; in Phase 2: Männchen grün, Unterseite weißlich, Kehle leicht gelblich, Zehen haben nur wenig oder kein Rot; in Phase 3: Männchen braun mit Marmorierung auf dem Rücken, Bauch weißlich, kaum rote Zehen; Jugendfärbung: braun, Unterseite weißlich, kein Rot an den Zehen. Auf dem Rücken befindet sich ein typisches Muster (Sanduhrsymbol). Rufe kurz und metallisch, Laichrufe auch schnarrend. Männchen bleiben kleiner.
Verbreitung: West- und Zentralafrika.
Lebensweise: Gebüschbewohner im Sekundärbewuchs und im Galeriewald, so-

wie in der Steppe. Nacht- und dämmerungsaktiv. Die Männchen schaffen sich Rufreviere und kämpfen um diese (Klammern, Wegstoßen). Haftlaicher über Wasserflächen, Auslösung durch Regenfälle (Mai, Juni). Gelegegröße 80–200 Eier, Gallerte klar oder weißlich. Eier an der Oberseite schwarz, die Unterseite ist weiß. Eidurchmesser inklusive Gallerte 4 mm. Die Fläche des Geleges beträgt 70–100 qcm. *Haltung:* Etwas höhere Terrarien, Abmessungen etwa 50×50×60 cm. Großer Wasserteil mit darüberragenden Pflanzen. Sonstige Einrichtung: Kletterast, Gräser, *Scindapsus*. Temperatur: Wasser 22–24°C, Luft bis zu 30°C. Simulation einer Trockenzeit über den Winter durch Ablassen des Wasserteils. Ersatz durch eine kleine Wasserschale. Futter: Fliegen, Grillen/Heimchen, Nachtfalter.
Kommt es zur Eiablage, ist das Gelege nach etwa einem Tag abzudecken oder aus dem Terrarium zu entfernen, da die Eltern ihrem Laich nachstellen, das gleiche gilt für Kaulquappen im Wasserteil. Die Larven sind sehr anfällig gegenüber Wasserverschmutzung. Außerdem treten hohe Verluste beim Übergang vom Wasser zum Land auf, wenn die Luftfeuchtigkeit zu niedrig und der Wasserstand zu hoch ist. Der Futterbedarf ist sehr groß: Larven bekommen zuerst Viformo, dann Trockenfutter (Tabimin) und später auch zerhackte Tubifex sowie Doko-Hundefutterpellets. Jungfrösche schnappen nach Taufliegen und deren Maden, später gibt man *Drosophila funebris* und kleine Stubenfliegen. Nach etwa einem Jahr sind die Tiere geschlechtsreif. Die Umfärbung tritt nach einem halben Jahr ein. Diese Frösche sind auch für Anfänger geeignet, doch sollte man auf eine strenge Quarantäne achten (Wurmbefall).

Hyperolius horstocki
Aronstab-Frosch

Kennzeichen: Bis 38 mm. Hell- bis dunkelbraun mit einem cremeweißen Lateralstreifen, der an den Nasenlöchern beginnt und über das Auge entlang der Flanken nach hinten zieht. Dieser Streifen ist unten mit einer schwarzbraunen Linie gesäumt, der noch ein hellerer Parallelstreifen folgen kann. Die Bauchseite ist cremeweiß, die Unterseite der Gliedmaßen ist orange-gelb oder rötlich. Haftscheiben sind vorhanden. Die Schallblase des Männchens ist bronzegelb und mit feinen hellbraunen Streifen versehen. Der Ruf ist nach Wager eine Folge von schnellen, metallischen „peeps".

Verbreitung: Küstengebiete Südafrikas von Kapstadt bis Knysna.

Lebensweise: Die Tiere bewohnen Schilfgürtel am Rande von Tümpeln oder die Blütenstände von Aronstabgewächsen (*Zantedeschia*), wobei sie deren weiße Farbe annehmen. Oft sitzen die Tiere auch offen in der Sonne, und manche finden sich weitab vom nächsten Gewässer. Die Eier werden in Klumpen zu je 10–30 Stück an die Wurzeln von Wassergräsern unter dem Wasserspiegel abgelegt. Der Eidurchmesser beträgt 1 mm, das Ei hat eine dunkle Oberseite. Die Kaulquappen werden bis 40 mm lang. In Freiheit besteht die Nahrung aus Moskitos und Fliegen sowie anderen Fluginsekten.

Haltung: Mittelgroßes Sumpfterrarium mit Gräsern, *Spatyphyllum* und *Calla*. Man kann den Tieren eine Trockenzeit bieten (Wasser ablassen, Schale ins Terrarium stellen). Zur Brutauslösung erhöht man den Wasserstand und sprüht öfters. Die Ernährung bereitet keine Probleme, da Grillen/Heimchen, Mücken und Fliegen gefressen werden. Als Zuchtgruppe kann man 2–3 Männchen auf 4–6 Weibchen ansetzen.

Hyperolius marmoratus-Gruppe
Marmorierte Riedfrösche
(Abbildungen Seite 138)

Wegen ihrer weiten Verbreitung und angesichts ihrer vielen sicheren und unsicheren Unterarten möchte ich diese Gruppe allgemein besprechen.

Kennzeichen: Angehörige der *marmoratus*-Gruppe sind kleine bis mittelgroße Frösche, die jedoch nicht die Größe von *H. concolor* erreichen; Länge um 28–38 mm. Die Weibchen sind gelegentlich schöner gefärbt, die Männchen besitzen eine dunkler gefärbte Kehltasche, die mit der zusammengelegten Schallblase identisch ist. Die Färbung ist so unterschiedlich, daß hier genauere Angaben unmöglich sind. Die normale *marmoratus*-Zeichnung kann aus Parallelstreifen, Flecken oder mäanderförmigen Bändern bestehen, die meist grau oder schwarz, selten rötlich sind. Die Grundfarbe des Rückens ist ein schmutziges Weiß oder auch ein sattes Grün (*H. m. marginatus*). Die Bauchseite ist meist weiß, gelblich oder rötlich, mit oder ohne Tupfen. Die Unterseite der Gliedmaßen, gelegentlich auch deren Oberseite, ist oft dunkelrot, ebenso die Finger und Zehen. Haftscheiben sind stets vorhanden. Die Jungtiere sind abweichend und unscheinbarer gefärbt: hellgelb oder hellbraun mit dunklerem Lateralband, das weiß, gelblich oder silbern gesäumt ist.

Verbreitung: Ost-, Zentral- und Südafrika, bis etwa 1400m.

Lebensweise: Diese Frösche halten sich meist in den Schilfgürteln oder in der Vegetation um Tümpel und Flüsse auf, gelegentlich sitzen sie in voller Sonne mit untergeschlagenen Gliedmaßen und fast weißer Körperfarbe. Man fand sie nach Wager auch öfters weit entfernt vom nächsten Gewässer. Die Rufe sind wie die der meisten *Hyperolius*-Arten kurz und metallisch, etwa wie eine Serie von Pfiffen. Der Lärm einer Population kann ohrenbetäubend sein. Nach Wager sind sie sogar zu Kulturfolgern geworden, die in Fischteichen und Schwimmbädern laichen.

Die Weibchen werden durch den Ruf der Männchen angelockt, die Paarung und Eiablage findet nach Regenfällen statt. 300–400 weiße Eier mit dunkelbraunem Pol werden in Gruppen von 3–40 oder 6–12 Stück als flache „Kuchen" auf die Oberfläche untergetauchter Wasserpflanzen abgelegt. Es können statt der Blätter aber auch Steine oder Holzstücke sein. Die Gelege finden sich 1–20 cm unter der Wasseroberfläche. Die Kaulquappen werden bis 44 mm lang, die gesamte Metamorphose läuft in 6–8 Wochen ab.

Haltung: Die Tiere lassen sich schon in mittelgroßen Terrarien ab 60 cm Länge und 60 cm Höhe (wegen der Kletterpflanzen) gut halten und regelmäßig züchten. Lufttemperatur 22–30°C, Wasser 25°C, Luftfeuchtigkeit 50–70%. Die Einrichtung wird als Schilfufer geplant, wobei das Schilf durch Papyrus, Kalmus, *Ophiopogon* und *Spatyphyllum* simuliert wird. Der Wasserteil sollte nicht zu klein und mindestens 5–8 cm tief sein. Als Ablaichpflanzen setzt man Ranken der Wasserpest ein oder man kultiviert in einem tieferen Wasserteil Aquarienpflanzen wie *Aponogeton*, *Anubias* oder *Spatyphyllum*. Nach dem Ablaichen sind die Gelege vorsichtig in ein separates, gut eingefahrenes Aquarium mit vielen Algen umzusetzen. Da die Kaulquappenzahl sehr hoch ist, teilt man sie am besten auf mehrere Zuchtaquarien auf. Dabei hat sich die von mir entwickelte Wannenmethode (s. Kap. Froschzucht) gut bewährt. Die Larven fressen ab etwa 20 mm Länge auch Fleischreste, nackte Mäuse oder ähnliches, während die Anfütterung der gerade freischwimmenden Larven mit feinstem Tablettenfutter (Sera Viformo) und Aufwuchsalgen gut gelingt. Bei der Metamorphose ertrinken die Jungfrösche leicht, der Wasserstand sollte daher nur 2–3 mm betragen, die Luftfeuchtigkeit muß während dieser Zeit jedoch hoch sein. Eingelegte Schaumgummiufer erleichtern den Jungfröschen das Herausklettern. Auf Sauberkeit der Zucht ist zu achten, Massensterben lassen sich durch (gelbes) Salufit stoppen. Zur weiteren Aufzucht sind große Mengen kleinster Grillen, Taufliegen und deren Maden notwendig, man kann auch geschlüpfte Stech- oder Zuckmücken reichen. Das Futter muß mit Kalk und Vitaminen (Osspulvit) angereichert werden. Die Zucht ist schon in mehreren Generationen gelungen, doch traten dann schwere Degenerationserscheinungen auf. Bei Neuimporten ist eine Quarantäne dringend notwendig, da wiederholt Lungenwürmer und Bakterien eingeschleppt wurden.

Hyperolius nasutus
Nasen-Riedfrosch

Kennzeichen: Um 25 mm; schlanke und kleine Art; Weibchen etwas größer. Abweichend von den meisten anderen *Hyperolius*-Arten ist hier eine deutliche und sichere Unterscheidung der Geschlechter anhand der besonderen Färbung möglich. Das Männchen ist hell- bis schmutzig-grün oder braun, mit dunkleren oder hellen Streifen entlang jeder Körperseite. Die Schallblase ist gelb oder golden, die Bauchseite silber-weiß. Das Weibchen ist gewöhnlich hellgrün ohne die beiden Streifen oder hat höchstens 3–5 sehr feine braune Längsstreifen (manchmal aus winzigen Tupfen zusammengesetzt). Die Kehle ist hellgrün, der Bauch weiß und die Unterseite der Beine durchsichtig grün. Die Tiere haben Haftscheiben an den Fingern und Zehen. Typisch für die Art ist die „Nase".

Verbreitung: Savannengebiete südlich der Sahara, Westafrika und südwärts bis Angola, die Küstengürtel von Port Edward und Oribi Gorge nordwärts nach Zululand, Rhodesien, Malawi, Natal.

Lebensweise: Wie andere *Hyperolius*-Arten bewohnt auch der Nasen-Riedfrosch die schilfumstandenen Gewässerränder, wo er auf den Halmen ein Sonnenbad nimmt. Nach Wager soll er mit einem offenen Auge schlafen und bei der geringsten Störung ins Wasser abtauchen. Die Männchen sind im Gelände in der Überzahl. Der Ruf ist sehr rätschend, laut und unmelodisch, nach Wager ein schneller werdendes wiederholtes „dzii, dzii". Die Männchen vertreiben Gegner, die in ihrer Nähe quaken, durch Kämpfe. In Freiheit besteht die Hauptnahrung fast nur aus Moskitos; Wager bemerkt, daß die Tiere im Terrarium bei normaler Insektenkost nicht lange überleben (diese Beobachtung konnte ich bei meinen Tieren ebenfalls machen).

Die Frösche legen etwa 200 Eier in Grüppchen an untergetauchte Wasserpflanzen. Sie sind ungefähr 2,2 mm groß, mit weißem und grünlichem Pol. Nach rund 5 Tagen verlassen die mit Haftscheiben und Außenkiemen versehenen Larven die Eier. Erst nach einer Pause von zwei Tagen schwimmen sie frei. Nach der vollständi-

Abb. 43. Der Nasen-Riedfrosch (*Hyperolius nasutus*).

gen Ausbildung der Hinterbeine bekommt die Larve Längsstreifen. Die etwa 12 mm langen Jungfrösche sind alle hellgrün mit einem hellen Silberstreifen an jeder Seite und einem dünnen braunen Längsstrich in der Rückenmitte.

Haltung: Die Tiere lassen sich in kleineren Terrarien mit Wasserteil und Riedgrasersatz (*Spatyphyllum, Ophiopogon*) halten, doch sind sie nach meinen bisherigen Erfahrungen nicht sehr ausdauernd. Dies ist vermutlich auf einen Ernährungsmangel zurückzuführen, da die Tiere spezialisierte Moskitofresser sind. Man sollte versuchen, Stechmücken (*Culex*) zu verfüttern und zu züchten. Notfalls gehen aber auch Zuckmücken (*Chironomus*) und *Drosophila*. Bis zur Klärung der Haltungsprobleme sollte man sich beim Kauf dieser Tiere zurückhalten. Terrarianer, die diese Frösche länger als sechs Monate am Leben erhalten konnten, werden gebeten, dies zu veröffentlichen oder sich an mich zu wenden, damit bei einer Neuauflage die Daten für diese Art ergänzt werden können.

165

Abb. 44. Der Seerosen-Riedfrosch
(Hyperolius pusillus).

Hyperolius pusillus
Seerosen-Riedfrosch

Kennzeichen: Eine der kleinsten Frosch-arten, höchstens 20 mm groß. Dieser we-gen der Durchsichtigkeit an Glasfrösche erinnernde *Hyperolius* ist normalerweise hellgrün, hellbraun oder gelblich gefärbt und gelegentlich treten schwarze Zeich-nungen oder Tupfen auf Kopf, Rücken und den Oberseiten der Gliedmaßen auf. Meist ist eine dünne, dunkle oder helle Linie vom Auge entlang der Flanke vorhanden. Die Bauchseite ist weißlich, grün oder transpa-rent. Die Augen sind golden mit schwar-zen, horizontalen Pupillen. An allen Fin-gern und Zehen sind Haftscheiben vor-handen.
Verbreitung: Küstengürtel von Kei Mouth (östliches Kapland) über Pondoland, Na-tal, Zululand, Lowveld, östliches Trans-vaal bis Kenia und Südsudan (?).
Lebensweise: Die Fröschchen leben haupt-sächlich in Tümpeln und Sümpfen, in de-nen Seerosen wachsen. Die Brutsaison liegt nach Wager im Früh- bis Spätsommer. Die Tiere treten stellenweise massenhaft auf und scheinen nachts durch Licht angelockt zu werden. Die Hauptnahrung soll aus Moskitos und deren Larven bestehen, sie sind also nützlich bei der biologischen Schädlingsbekämpfung.

Die Brutbiologie dieser kleinen Frösche ist sehr interessant, da die Gelege zwischen sich überlappende, auf dem Wasser trei-bende Seerosenblätter geheftet werden. In manchen Tümpeln sind nach Wager fast alle Seerosenblätter auf diese Weise ver-klebt. Falls keine Seerosen vorhanden sind, werden auch andere überlappende Blätter angenommen. Die Eizahlen pro Einzelge-lege betragen 20–120 Stück, an einem Blatt werden aber bis zu 500 Eier nachein-ander abgelegt. Die Eier sind hellgrün und kleiner als 1 mm. Die umgebende Gallert-kugel mißt etwa 2 mm im Durchmesser. Die nach etwa 5 Tagen schlüpfenden win-zigen hellgrünen Kaulquappen haben Haftscheiben und Außenkiemen. Sie schlängeln sich zwischen den Blättern her-vor und lassen sich ins darunterliegende Wasser absinken. Die Kaulquappen wer-den 35 mm lang und sind grünlich-braun gefärbt. Nach dem Durchbruch der Hin-terbeine werden sie noch grünlicher. Die hinteren 9 mm des Schwanzes sind schwarz, die Spitze ist scharf ausgezogen.
Haltung: Für diese Frösche ist ein Palu-darium (s. Kap. Terrarientypen) erforder-lich. Damit man Zwergseerosen einpflan-zen kann, soll der Wasserstand mindestens 30 cm betragen. Der Terrarienaufbau kann als Seeufer mit dicken Korkplatten oder Weißtorfziegeln gestaltet werden, zur Frontscheibe hin planen wir den geheizten Wasserteil. Direkt oberhalb des Wasser-spiegels ist vorne eine Lüftung vorzusehen

(Schlitz oder Luftrohr), die das Beschlagen der Frontscheibe verhindern soll. Als Bepflanzung des Ufers eignet sich z.B. Zwergpapyrus, *Ophiopogon*, Kalmus, *Aponogeton* und *Spatyphyllum*. Die Temperatur kann hoch liegen: Luft tagsüber 26–30°C, nachts 22–24°C; Wasser 25°C. *H. pusillus* frißt nur kleinste Insekten und Mücken, die wir wie bei *Dendrobates* auf einige Stellen durch Obststückchen konzentrieren müssen. Ist das Terrarium dicht, können wir große Mengen Mückenlarven in den Wasserteil geben und diese schlüpfen lassen. Mehlmotten kann man abends zufüttern. Im Wasserteil dürfen wir keine Fische halten, da sie den „Froschkaviar" sofort verspeisen würden. Für die Larven kann man Infusorien ansetzen und tropfenweise in den Wasserteil geben. Normalerweise dürften sie aber in einem veralgten, gut eingefahrenen Becken genügend Nahrung finden.

Hyperolius tuberilinguis
Grüner Riedfrosch

Kennzeichen: Länge bis 3,4 cm, das Männchen bleibt kleiner. Auffällig leuchtend grün gefärbt, es kann aber auch dunkelgrün oder hellgrün, hellgelb bis goldbraun sein. Die Tiere verfügen über ein gutes Farbwechselvermögen. Gelegentlich tritt eine Dreieckszeichnung auf Kopf und Rücken oder eine dunkle Linie von der Schnauze zu den Augen auf. Der Bauch ist weißlich. Die Unterseite der Gliedmaßen kann gelb, golden oder rötlich sein. Die großen hervorstehenden Augen sind leuchtend goldfarben mit schwarzer, waagrechter Pupille. An allen Fingern und Zehen sind Haftscheiben vorhanden. Der Kehlsack des Männchens ist leuchtend gelb. Die

Tiere werden gelegentlich mit *Hyperolius concolor* verwechselt!
Verbreitung: Von Margate den Küstengürtel hinauf nach Zululand, Mosambik und Malawi.
Lebensweise: Die Frösche leben in der Nähe von Tümpeln und Sümpfen, wo sie mit untergeschlagenen Beinen auch stundenlang auf Schilfhalmen in der heißen Sonne ausharren können. Nachts versammeln sie sich in großer Zahl um Wasserstellen und rufen mit hartem, metallischem Ton, der drei bis viermal wiederholt wird. Bei Störungen tauchen sie ins Wasser ab. Nach Wager liegt die kurze Brutperiode in Südafrika mitten im Sommer. Nach dem Laichgeschäft sind die Frösche plötzlich verschwunden und sollen erst im folgenden Jahr wieder auftauchen. Nach meinen Beobachtungen im Terrarium kann das daran liegen, daß die Tiere sich dann in Bodennähe unter Moospolstern, Wurzeln oder Laubschichten verstecken.
Die Gelege, von klebrigen Gallertmassen umgeben, sind mittelgroß (300–400 Eier) und werden an Blättern und Grashalmen angeheftet. Ein bevorzugter Ablageort sind die Blattachseln von Wassersalat *(Pistia stratiotes)*, einer Schwimmpflanze. Die Gelege sind selten höher als 30 cm über dem Wasserspiegel angeheftet. Die Gallerte ist sehr klebrig, die 1,5 mm weißen Eier sind von 4 mm dicken Hüllen umgeben. Das Männchen scheint nach der Eiablage in der Nähe des Geleges zu bleiben, vermutlich findet hier eine Brutpflege statt (Nachwässern), wie sie auch von *H. concolor* bekannt ist, wo allerdings das Weibchen beim Gelege bleibt. Nach drei Tagen treten an den bisher weißen Kaulquappen erste Pigmente auf, 4–5 Tage später zappeln die Larven heftig im Gelege umher, das sich langsam verflüssigt und mit den Quappen

ins Wasser abtropft. Die frischgeschlüpfte Kaulquappe hat eine Haftvorrichtung und extrem lange Außenkiemenfäden, die bis ans Körperende reichen können. Nach Wager sollen sich zu früh ins Wasser gefallene Gelege (2 Tage nach Ablage) nicht mehr entwickeln und absterben. Die braunen Kaulquappen erreichen eine Länge von 46 mm (Körper 14, Schwanz 32 mm). Die Verwandlung ist nach zwei Monaten abgeschlossen.

Haltung: Die Grünen Riedfrösche sind sehr gut haltbar und lassen sich leicht züchten. Ich hatte Schwierigkeiten beim Eingewöhnen der Weibchen, die vermutlich an Parasitenbefall starben. Eine Zucht ist oft unmöglich, weil man keine Weibchen bekommen kann. Die Laichablage und die weitere Aufzucht in Gefangenschaft dürfte entsprechend wie bei *H. concolor* ablaufen.

Das Terrarium sollte einen etwas größeren Wasserteil mit dichtem Randbewuchs aus Papyrus oder Spatyphyllum haben; für die Kultivierung des Wassersalates ist viel Licht und eine ausreichende Wassertiefe erforderlich. Nahrung wie bei *H. concolor*.

Gattung Kaloula
Indische Ochsenfrösche

Kaloula pulchra
Indischer Ochsenfrosch

Kennzeichen: Um 80 mm. Diese Art gehört zur Familie der Microhyliden (Engmaulfrösche). Kopf und Flankenstreifen ockerfarbig, Rücken hell- bis dunkelbraun. Grabschaufeln an den Hinterbeinen. Verbreiterte Zehen an den Vorder- und Hinterbeinen.

Verbreitung: Südostasien, Vorderindien und China.

Lebensweise: Grabender, dämmerungs- und nachtaktiver Bodenbewohner, der nur gelegentlich klettert. Die Rufe der Männchen sind sehr laut. Bei Gefahr blasen sich die Tiere auf und sehen dann wie unförmige Ballons aus. Die Frösche leben außerhalb der Regenzeit oft weit vom Wasser entfernt. Das Ablaichen findet in flachen Regenpfützen statt. Die Larven- und Jugendentwicklung ist wegen der Gefahr der Austrocknung der Laichgewässer sehr schnell. In Freiheit werden Würmer, Insekten, Termiten und Ameisen gefressen. Eine der häufigsten Froscharten in Südostasien.

Haltung: Mittelgroße, flache Terrarien. Außerhalb der Laichzeit sollte man die Tiere trocken halten. Der Bodengrund kann aus einem leicht feuchten Torf-Erde-Gemisch bestehen (Schmid). Ich empfehle statt dessen eine sterile Füllung aus Orchid Barks, da bei diesen Bodenbewohnern bei faulender Erde leicht Hautverletzungen entstehen können. Durch die enormen Kotmengen wird die Erdfüllung bald vergiftet, sie ist daher öfters zu erneuern. Als Verstecke bietet man Zierkorkstücke, Mexifarn- oder Torfplatten an, die man schichten kann. Ein kleiner, flacher Wassernapf gehört zum Trockenzeit-Terrarium, dessen Temperatur um 24 °C liegen kann.

Zur Zucht setzt man eine Gruppe der gut angefütterten Tiere in ein Terrarium um, dessen Bodenteil mindestens zur Hälfte ein flaches, geheiztes Wasserbecken ist (Wasserstand nach Schmid 6 cm, bei 26 °C). In den Wasserteil werden *Scindapsus*-Ranken gelegt. Auf dem trockeneren Teil (ohne Bodengrund) des Terrariums baut man Verstecke aus gestapelten Korkstücken oder Torfplatten. Die Laichablage beginnt

Abb. 45. Der Indische Ochsenfrosch (Kaloula pulchra).

in der Nacht durch ein lautstarkes Konzert der Männchen, die Eier werden als Oberflächenfilm abgelegt. Die Laichkörner sind schwarz und etwa 0,7–1,4 mm im Durchmesser, die Gallerthülle ist sehr klein. Die Eier können dann abgeschöpft und in Aquarien untergebracht werden, die man mit abgestandenem Frischwasser füllt. Nach dem Freischwimmen der Larven, das nach 1–1,5 Tagen erfolgt, füttert man mit zerriebenem Fischfutter (Tetra Min, Tetra Ovin, Tetra Phyll). Die recht breiten und flachen Kaulquappen lernen schnell das Futter von der Wasseroberfläche oder auch vom Boden aufzunehmen. Länge der erwachsenen Larven 33–35 mm.

Schwimmende Korkstückchen haben sich bei Schmid für den Übergang der 10 mm langen Jungfrösche an Land bewährt. Die Jungfrösche sind baldmöglichst in Aufzuchtterrarien mit Schaumgummieinlagen umzusetzen. Verstecke werden aus aufgelegten Korkeichenstücken gebildet. Als Futter verwendet Schmid kleinste Grillen *(Gryllus bimaculatus)*. Die gesamte Entwicklung vom Ei bis zum Jungfrosch wird in etwa 15 Tagen abgeschlossen! Dies ist auch bei anderen Froschlurchen beobachtet worden, deren Brutbiologie von temporären Regentümpeln abhängt (z.B. *Melanophryniscus stelzneri*). Beobachter berichten aus den Biotopen, daß dennoch große Mengen des Kaloula-Laiches mit

169

Abb. 46. Der Fleckenfrosch Kassina (Hylambates) maculatus.

den Pfützen eintrocknen. Die schnellwüchsigen Jungfrösche bereiten kaum Probleme bei der weiteren Aufzucht, wobei man Vitamin- und Kalkgaben (Osspulvit-Pulver) nicht vergessen darf.

Gattung Kassina
Rennfrösche

Frösche dieser Gattung sind in Afrika weit verbreitet. Sie haben hervorstehende Augen, eine senkrechte Pupille und meistens eine Zeichnung, die aus Längsstreifen, seltener aus Flecken besteht. Die Kehle der Männchen ist dunkel mit einer Kehlplatte (gular pouch), die Rufe sind explosionsartig kurz und werden in Folgen wiederholt. Fast alle *Kassina* leben in Bodennähe, mit Ausnahme von *Hylambates maculatus*, der eigentlich *Kassina maculatus* oder *K. cochranae* heißen müßte. Diese Art klettert gerne und hat große Haftscheiben, die den meisten anderen Rennfröschen fehlen.

Kassina (Hylambates) maculatus
Rotschenkel- oder Fleckenfrosch

Kennzeichen: ♂ 60–65 mm, ♀ 54–70 mm. Von den Rennfröschen unterscheidet sich diese Art in der Größe und durch ihre gut ausgebildeten Haftscheiben. Der olivgraue Rücken ist mit dunklen Flecken übersät, die ihrerseits von feinen goldnen Linien umrahmt sind. Der Bauch ist hell, die Kehle der Männchen ist genau wie bei den übrigen Arten ausgebildet. Die Hinterbeine, die Achseln und die hinteren Teile der Flanken sind mit einem leuchtenden Rot versehen, das aber nur sichtbar wird, wenn sich die Tiere bewegen.
Verbreitung: West-, Zentral- und Südafrika. 36–60 m.
Lebensweise: Eine feuchtigkeitsliebende Art, die in der näheren Umgebung von Gewässern vorkommt. Die Frösche verbergen sich tagsüber in den Blattachseln der Bananen oder an anderen feuchten Stellen. Sie halten während der Trockenzeit einen Sommerschlaf. Die Rufe sind explosionsartig kurz und sehr laut, nach Stewart wie ein „quoick". Zur Brutzeit sind sie sehr häufig zu hören.
Die Eier werden unter Wasser einzeln oder in Reihen abgelegt, die die Frösche an Wassergräser anheften. Die Larven werden bis 13 cm lang (!) und hängen im Wasser mit dem Kopf nach oben. Sie ernähren sich nach Wager von Wasserpflanzen. Die Metamorphose soll nach etwa 10 Monaten erfolgen, wobei die Jungfrösche fast die Größe der Eltern haben.
Haltung: Höheres, mittelgroßes Terrarium mit Versteckpflanzen (Bromelien), geschichteten Torf- oder Mexifarnplatten und einer kleinen Wasserschale in der Trockenzeit. Zur Brutauslösung wird das Wasserteil vergrößert und vertieft und mit

Gras bepflanzt (Papyrus). Durch häufiges Überbrausen simuliert man Regenfälle. Über eine geglückte Zucht ist noch nichts bekannt. Die sehr groß werdenden Kaulquappen zieht man getrennt auf. Sehr gut haltbar. Futter wie vorige Arten. Die Tiere fressen kleinere Froschlurche wie *Hyperolius*-Arten, daher nur mit gleichgroßen Fröschen zusammenhalten!

Kassina senegalensis
Senegal-Rennfrosch

Kennzeichen: 25–43 mm. Eine langgestreckte Art. Auf dem grauen oder silbernen Rücken befindet sich ein dunkler Mittelstreifen, der von hellen Längsflächen umsäumt wird. Ein dunkler Dorsolateralstreifen, der auch zu einer Fleckenreihe aufgelöst sein kann, befindet sich unterhalb der hellen Fläche. Die Gliedmaßen sind schlank, die Finger ohne Spannhäute. Rudimentär sind sie zwischen den 3., 4. und 5. Zehen vorhanden. Rückenhaut glatt, Bauch weiß. Kehle dunkel mit gelegentlich schwarzen Tupfen. Die etwas größeren Weibchen haben zur Brutzeit zwei Paar blattartige Analpapillen, die Männchen eine dunkle Kehlscheibe.
Verbreitung: Savannengürtel des tropischen Afrikas. 60–1800 m.
Lebensweise: Die nachtaktiven Tiere leben in Steppen und der Umgebung von flachen

Abb. 47. Der Senegal-Rennfrosch (Kassina senegalensis).

Sümpfen mit Gras- und Riedbewuchs. Die Männchen rufen von der Basis der Grasbüschel. Zur Laichzeit hört man die Tiere in großen Mengen um Tümpel rufen, während sie außerhalb dieser Zeit versteckt leben. Der Ruf klingt nach Stewart wie „blurp". Den Namen Rennfrösche bekamen sie, weil sie anstatt zu hüpfen laufen oder regelrecht rennen. Ein Amplexus tritt auf, die Eier werden einzeln oder in kleinen Klumpen an Gegenstände oder Pflanzen unter Wasser angeheftet. Eier etwa 100–400 Stück, die nachts abgelegt werden. Die Eier sind mit Gallerte etwa 2 mm dick, die obere Hälfte ist pigmentiert. Die Larven schlüpfen nach 6 Tagen, die Metamorphose tritt nach 90 Tagen ein. In Freiheit besteht das Futter der Kaulquappen aus Mückenlarven, Blättern und Stengeln von Wasserpflanzen. Hauptnahrung der adulten Frösche sind Termiten und andere Bodeninsekten.

Haltung: Kleine bis mittelgroße, flache Terrarien. Temperatur 20–28°C mit leichter Nachtabsenkung. Als Verstecke bietet man geschichtete Torf- oder Mexifarnplatten an. Die Bodenfüllung kann aus Orchid Barks oder Torfmoos bestehen, da die Tiere gerne graben.

Zur Brutauslösung wird ein größeres, etwa 15–20 cm tiefes und bepflanztes Wasserteil benötigt, außerdem ist durch öfteres Überbrausen des Terrariums die Luftfeuchtigkeit zu erhöhen. Bisher ist die Zucht anscheinend noch nicht gelungen. Meine *Kassina* rufen zwar, aber zum Ablaichen hatten sie in den letzten Jahren noch keine Lust. Man sollte nicht zu viele Tiere in einem Terrarium zusammenhalten, da sie sich gegenseitig bei der Nahrungsaufnahme unterdrücken, so daß unterlegene Tiere – meistens die Weibchen – verhungern. Im übrigen sind die Frösche ausgezeichnet haltbar und auch für Anfänger geeignet. Als Futter gebe ich Grillen/Heimchen, Mehlwürmer, Regenwürmer und Fliegen.

Kassina wealii
Langzehen-Rennfrosch

Kennzeichen: 25–48 mm. Im Aussehen sehr an *K. senegalensis* erinnernd. *K. wealii* hat jedoch längere Zehen, und die dunklen Streifen umschließen in sich helle Inseln.
Verbreitung: Küstengebiete des südlichen und östlichen Kaplandes, Natal, Basutoland, Transvaal-Hochebene. Bis 1200 m.
Lebensweise: Fast identisch mit der im selben Biotop vorkommenden *K. senegalensis.* Sie haben jedoch unterschiedliche Brutzeiten. Meist halten sich die Frösche unter Steinen, Brettern oder Grasbüscheln in Wassernähe verborgen. Zur Brutzeit häufig auftretend. Rufe laut und explosionsartig.
Haltung: Wie vorige Art. Die Tiere graben gerne. Im Terrarium ausdauernd, Zucht bisher unbekannt.

Oben links: Farbbild 28. Rhacophorus rheinwardti, Malaysia. S. Seite 208
Oben rechts: Farbbild 29. Hemiphractus fasciatus, Panama. S. Seite 152
Unten links: Farbbild 30. Rhacophorus nigropalmatus, Malaysia. S. Seite 208
Unten rechts: Farbbild 31. Leptopelis macrotis, Kamerun. S. Seite 178

Gattung Leptodactylus
Pfeif- oder Südfrösche

Diese sehr artenreiche Gattung bewohnt vor allem Süd- und Mittelamerika sowie die Südstaaten der USA. Eine weitere Artengruppe lebt in Australien und Südafrika *(Heliophryne)*. *Leptodactylus*-Arten zeichnen sich durch procoele Wirbel und einen Schiebebrust-Schultergürtel wie unsere Raniden aus. Die Pupillen sind waagrecht. Die Endglieder der Zehen meistens ohne Haftscheiben spitz zulaufend, Spannhäute fehlen. Die Eier werden in Schaumnestern im oder nahe am Wasser abgelegt. Die schlüpfenden Larven schlängeln sich zum oder ins freie Wasser. Beim Marmor-Pfeiffrosch *(L. marmoratus)* läuft die vollständige Larvenentwicklung einschließlich der Metamorphose in einem vom Wasser unabhängigen Schaumnest ab, das in eine selbstgegrabene Bodenvertiefung gelegt wird. Pfeiffrösche sind in Süd- und Mittelamerika sehr häufig an ihren Rufen zu erkennen, die „huuitt" oder „blubb" lauten und in der Nähe eines jeden Gewässers zu hören sind. Ich bespreche hier vor allem einen der größten Frösche, die anderen Arten sind wesentlich kleiner und leben sehr versteckt in Erdlöchern.

Oben links: Farbbild 32. Hyla ebraccata, Costa Rica. S. Seite 158
Oben rechts: Farbbild 33. Centrolenella prosoblepon, Panama. S. Seite 123
Unten links: Farbbild 34. Hyla rufitela, Costa Rica. S. Seite 158
Unten rechts: Farbbild 35. Hyla leucophyllata, Surinam. S. Seite 158

Leptodactylus pentadactylus
Südamerikanischer Ochsenfrosch

Kennzeichen: Bis 20 cm lang. Körper grünbraun bis rotbraun mit dunkler Marmorierung, Unterseite weißlich bis gelblich, ebenfalls mit Marmorierung. Rücken mit Drüsenleisten. Zur Brutzeit können die Gliedmaßen rot erscheinen. Die Männchen haben zu einem Dorn umgebildete Daumenschwielen, die in ein horniges, zwei- bis dreizipfeliges Widerlager auf der Brust passen. In erster Linie dienen diese dornartigen Daumenschwielen zum Festhalten der glitschigen Weibchen, doch können sie auch zur Verteidigung eingesetzt werden. Die Tiere lassen sich leicht auf den Rücken drehen, worauf sie in eine Scheinstarre verfallen. Gerät ein Gegenstand in ihren Brustbereich (Hundenase oder Schlange), packen sie mit ihren mächtig entwickelten Armen zu, drücken die Dornen der Daumen in den Gegner, der gleichzeitig wie im Schraubstock gegen die harten Brustplatten gepreßt wird. Diese gut entwickelten Muskelpakete an den Armen sind ein weiteres Kennzeichen der Männchen.
Verbreitung: Süd- und Mittelamerika, Kleine Antillen.
Lebensweise: Die Tiere sind im Freiland verhältnismäßig scheu, wozu sie auch allen Grund haben, da sie schon zu Zeiten der Mayas als Nahrungsmittel dienten, wie haufenweise Knochenfunde bei archäologischen Ausgrabungen bewiesen. Die Tiere bewohnen Gewässerränder, die zum Teil freie Uferstellen aufweisen. Sie sitzen gelegentlich erhöht auf Pflanzen, Baumstümpfen oder Steinblöcken. Die Aktivitätszeit ist nachmittags und nachts, wobei die Art sich nicht mit Taschenlampen blenden und auf diese Weise fangen läßt, wie ich in Pa-

Abb. 48. Der gewaltige Südamerikanische Ochsenfrosch (Leptodactylus pentadactylus).

nama feststellen konnte. Große Tiere sah ich in überfluteten Wiesen oder in tiefen Traktorspuren, ein Fang war aber nahezu unmöglich. Bei Bedrohung richten die Tiere sich auf und fauchen. Die Laichablage erfolgt in einem Schaumnest am Ufer der Gewässer.

Haltung: Diese riesigen Frösche brauchen große Artenterrarien ab 1 m Länge und sehr stabile Pflanzen. Der Wasserteil soll ebenfalls geräumig und tief sein. Der Landteil kann aus geschichteten Korkplatten oder einer Kiesfüllung bestehen. Lufttemperatur 22–28 °C und Wasser 24 °C. Die Tiere sind sehr unverträglich und kannibalisch, daher nur gleichgroße Exemplare zusammenhalten. Das Futter reicht von In-sekten über Mäuse und kleine Ratten bis zu Fleisch- oder Fischstückchen. Wegen der enormen Abfallmengen sollte das Terrarium leicht zu reinigen sein. Beim Anfassen der Männchen auf die Fingerdornen aufpassen! Meist schreien die Frösche, wenn man sie ergreift, überaus lautstark, ähnlich dem Miauen einer Katze. Eine Zucht dürfte nur in Großterrarien ab 2–3 m Länge oder in Gewächshäusern möglich sein, da dazu ein bewachsenes Lehmufer nachgebildet werden muß. In entsprechender Verkleinerung kann es auch zur Zucht der anderen Arten dienen. Die Tiere sind sehr haltbar, aber nur für Schauanlagen zu empfehlen. Seuchenartige Erkrankung (red leg) trat in Gefangenschaft auf.

Gattung Leptopelis
Waldsteigerfrösche

Diese mittleren bis großen, zumeist ge-büsch- und baumbewohnenden nachtakti-ven Frösche haben ein charakteristisches Aussehen: große, kugelige und hervorste-hende Augen mit senkrechter Pupille und einer leicht gekörnten Haut. Die Farbe va-riiert von braun bis blattgrün. Die Gelege werden in der Regel außerhalb von Gewäs-sern in feuchten Uferböschungen einge-graben. Die ausschlüpfenden langschwän-zigen Kaulquappen sind in der Lage, durch Schlängelbewegungen über Land zu krie-chen und das Wasser aufzusuchen (Con-go-eels).

Die zu den Rhacophoriden gehörenden Frösche bewohnen die afrikanischen Trockensavannen *(L. bufonides, L. viri-dis)*, die Feuchtgebiete entlang den Strö-men und den eigentlichen Regenwald. Zumindest einige Arten verfügen über ein giftiges Sekret, das auch beim Menschen Hautreizungen hervorrufen kann.

Die Jungfrösche haben teilweise eine an-dere und für die jeweilige Art typische Ju-gendfärbung. Die adulten Tiere sind ziem-lich standorttreu und beziehen im Terra-rium fast immer dieselben Versteckplätze. Beim Transport verpackt man diese Arten am besten einzeln. Nach meinen Beobach-tungen sterben die Tiere, wenn sie sich nicht häuten können. Dies geschieht vor al-lem bei unsachgemäßer Zwischenhälte-rung und langwierigem Transport. Die Haut erscheint dann milchig und stumpf.

Leptopelis concolor
Braunrückiger Waldsteigerfrosch

Kennzeichen: Größe bis 64 mm, ♂ bis 50 mm. Farbe: hellbraun mit dunklem Band von der Nase über die Augen und die Flan-ken. Charakteristischer brauner Fleck auf dem Rücken. Einzelne Tiere können auch dunkelgrün mit weniger ausgebildetem Rückenfeld sein. Die Haut ist granuliert und an der Unterseite weiß, am Kinn etwas dunkler. Große Haftscheiben und ein Grabtuberkel am Hinterfuß. Die Pupille ist wie bei allen *Leptopelis* senkrecht. Die Rufe der Männchen sind ein kurzes lautes „auk", das mehrere Minuten hindurch wiederholt wird (Wager, 1965).

Verbreitung: Ab Richards Bay in Zululand nordwärts über das Transvaal-Lowveld bis nach Kenia.

Lebensweise: Die nachtaktiven Tiere leben an buschigen Wasserläufen und im Trok-kenwald (Savanne). Über die Ablaichge-wohnheiten ist noch nichts bekannt. Nach Wager (1965) vergraben die Tiere ihre Eier möglicherweise an Land in Wassernähe. Die ausschlüpfenden Kaulquappen sollen sich wie bei anderen *Leptopelis*-Arten zum Wasser schlängeln. Man fand viele Kaul-quappen in flachen, grasbewachsenen Tümpeln. Sie erreichen eine Länge von 60 mm (Körper 18, Schwanz 42 mm) und scheinen Luftsauerstoff zu atmen. Die 15 mm großen Jungfrösche sind grün und ver-lassen noch mit dem anhängenden Schwanz das Wasser. Der braune Rücken-fleck fehlt und erscheint erst später. Weiße Linien umsäumen den Mund und die Oberfläche der Vorder- und Hinterbeine. Die Jungtiere werden nach einem Jahr ge-schlechtsreif. Die Nahrung besteht in der Natur aus Nachtfaltern, Käfern, Fliegen, Regenwürmern, Echsen und Fröschen.

Haltung: Im Terrarium graben sich die Tiere mit Hilfe ihrer Fortsätze an den Hin-terbeinen so tief wie möglich ein, nach Wager selbst in milden Wintern (Trocken-zeit) in Südafrika. Sie sollen erst ab 21 Uhr aus ihren Verstecken herauskommen. In Gefangenschaft füttert man die Tiere mit großen Grillen, Heimchen, Wanderheuschrecken und Fliegen. Bei der Gesellschaftshaltung dürfen keine kleineren Frösche oder Echsen im Terrarium sein. Bei mir erwies sich die Art anfangs als heikel, vermutlich war ein Parasitenbefall schuld daran. Später erworbene Tiere hielten sich gut. Sie sollen ein Alter von 8 Jahren erreichen können. Als Terrarium eignet sich ein mittelgroßer beheizter Behälter mit flachem Wasserteil und ansteigendem Lehmufer mit stellenweise ausgehöhlten Partien und eingetopften Pflanzen. Bizarre Moorwurzeln schaffen Klettermöglichkeiten. Bei mir vergruben sich die Tiere gerne in Blumentöpfen, so daß man eine Ecke mit leicht feuchtem Lauberde-Gemisch oder Orchideen-Substrat zum Graben anlegen sollte. Der Wasserteil kann mit Kalmus bepflanzt werden. Werden die Eier in der Uferböschung abgelegt, erhöht man nach 10–13 Tagen langsam den Wasserstand, um den Kaulquappen den Weg ins Wasser zu erleichtern.

Leptopelis macrotis
Großer Waldsteigerfrosch
(Abbildung Seite 173)

Kennzeichen: Eine große Art, ♂ 40–46 mm, ♀ 74–84 mm. Farbe ist rotbraun, gelbbraun, grünlich mit einer dunkleren Tüpfelzeichnung, die oft eine unregelmäßige Bänderung oder Zeichnung darstellt. Der Bauch ist hellgelb mit teilweise rötlichem Anflug. Die Schenkel sind mit dunklen Querbändern versehen. Die wesentlich kleineren Männchen besitzen ein Paar Pectoral-Drüsen. Die Haftscheiben sind sehr groß und kleiner als das sichtbare Tympa-num. Spannhäute sind vorhanden. Die hervorstehenden großen Augen haben senkrechte Pupillen, die Haut ist leicht granuliert. Die Tiere scheiden ein für andere Froschlurche giftiges Sekret aus, das vermutlich besonders zur Fortpflanzungsperiode gebildet wird.

Verbreitung: Zentrales Sierra Leone bis Ghana, Nigeria bis Kamerun, vielleicht noch weiter südlich bis Gabun.

Lebensweise: Typische Regenwaldform (high forest). Die Tiere leben meist neben Flußläufen. Die Männchen rufen einzeln oder seltener zusammen in einigen Metern Abstand voneinander, oft von Bäumen aus 5–10 m Höhe. Diese Frösche kommen nie in Brutgemeinschaften vor. Die Eiablage scheint nach meinen Beobachtungen ähnlich der der anderen *Leptopelis*-Arten an Land in selbstgegrabenen Erdlöchern zu erfolgen. Dabei wühlt sich das Weibchen mit dem angeklammerten Männchen rückwärts in den Boden ein. Die Tiere kommen nach Aussagen von Eingeborenen bei Kribi (Südkamerun) nur zur Laichzeit von den Bäumen herab. Der Ruf der Männchen klingt wie das Jammern eines Kindes oder ein langgezogenes „düüt", das nach längeren Pausen wiederholt werden kann. Die Nahrung besteht in der Natur aus Echsen, Fröschen und Insekten.

Haltung: In hohen Terrarien gut haltbar, sofern auf dem Transport keine Vergiftung auftrat. Eine Haltung mit gleich großen oder größeren Fröschen und giftigen Arten *(Chiromantis)* ist möglich. Die Tiere schlafen tagsüber an den höchsten Stellen des Terrariums. Die Scheiben werden durch das Sekret der großen Frösche stark verschmutzt; eine Rasierklinge hilft bei der Reinigung. Man sollte die wesentlich kleineren Männchen getrennt halten, da die Weibchen oft nach ihnen schnappen. Ich

178

gebe meinen Tieren nestjunge Mäuse und ausgewachsene Grillen. Fütterung zweimal in der Woche. Die Verschmutzung des Terrariums durch abgesetzten Kot ist hoch, daher ist öfters eine Generalreinigung des Behälters und der Äste notwendig. Den geheizten Wasserteil suchen die Frösche nur gelegentlich während der Nacht auf. Zur Zucht kann ein Lehm- oder Tonufer mit Höhlungen nützlich sein. Pulvrige Erde mögen die Tiere bei ihren Grabarbeiten während der Laichzeit nicht so gerne. Stabile Pflanzen verwenden! Die Tiere lernen es, aus der Hand des Pflegers zu fressen.

Gattung Limnodynastes
Australische Sumpffrösche

Ihre Heimat ist vor allem Australien und Tasmanien, wo sie in etlichen Arten vorkommen *(L. tasmaniensis, L. peronii, L. dorsalis)*. Sie gehören als Unterfamilie zu den Australischen Südfröschen, die wiederum zur Familie der Leptodactylinae gehören. Die Tiere sind sehr an das Wasser gebunden und legen ihre Eier in Schaumnestern ab, die auf dem Wasser treiben. Von der Lebensweise her lassen sie sich etwa mit Unken vergleichen.

Limnodynastes tasmaniensis
Tasmanischer Sumpffrosch

Kennzeichen: 40–60 mm. Rücken olivfarben mit dunklen Flecken, öfters ist ein hellgelber Strich auf der Rückenmitte vorhanden. Ein dunkleres Band zieht sich von der Nasenspitze über das Auge zum Oberarmansatz. Bauch hell, gelegentlich leicht gefleckt. Kehle der Männchen grünlich,

beim Weibchen sind die 1. und 2. Finger verbreitert. Schallblase unpaar. Spannhäute fehlen.
Verbreitung: Tasmanien, Neu-Südwales, Queensland.
Lebensweise: Die Tiere bewohnen Sumpfgebiete, Gewässerränder sowie Bewässerungskanäle. Man kann sie fast als halbaquatil wie etwa die Unken bezeichnen. Die Rufe der Männchen klingen nach Radek etwa wie die unseres Laubfrosches.
Haltung: Aquaterrarium, Paludarium oder Aquarium mit Inselkonstruktion, Größe etwa 80 × 40 × 40 cm. Steht das Terrarium in einem geheizten Zimmer, braucht man das Wasser nicht zu erwärmen. Als Temperatur gibt Nietzke 20–22°C an. Eine saubere, aber zweckmäßige Behälterlösung fand Radek, der seine Tiere in einem geräumigen Aquarium hielt, in dessen Mitte er auf zwei Ziegelsteine etliche dicke Weidenäste legte, so daß der 15 cm hohe Wasserspiegel gerade die Äste benetzte. Die Weiden bildeten in kurzer Zeit nicht nur ein Gebüsch, sondern trugen durch ihre Saugwurzeln noch zur Wasserreinigung bei. Auf jeglichen Bodengrund wurde verzichtet. Da die Tiere sehr viel fressen und die Abfallproduktion entsprechend ist, empfiehlt sich entweder ein Kreiselpumpenfilter oder eventuell auch zusätzlich ein wöchentlicher Wasserwechsel. Als Futter eignen sich Wasserinsekten (Rückenschwimmer), Fliegen, Regenwürmer, Mehlwürmer oder Fleischstücke. Die Tiere wurden schon in den zwanziger Jahren erfolgreich nachgezüchtet, oft über mehrere Generationen hinweg. *Limnodynastes* baut ein schwimmendes Schaumnest, das durch Wasserpflanzen oder ähnliches festgehalten wird. Dieses Schaumnest wird vom Weibchen durch strampelnde Bewegungen der Vorderbeine mit

dem vom Männchen gelieferten Schleim gebaut, (die breiteren Zehen des Weibchens lassen sich damit wohl erklären). Beide Tiere befinden sich dabei im Amplexus. Die Eier werden erst abgegeben, wenn das Nest schon eine gewisse Größe erreicht hat. Die Eier, 100–200 Stück, haben kaum Gallerte und einen Durchmesser von 1,5 mm. Wie bei fast allen Schaumnestlaichern entwickeln sich abgesunkene Eier nicht und verpilzen. Es gibt Anhaltspunkte dafür, daß der ausgeschiedene Schleim zur Brutzeit giftig ist. Bei Zernecke starben in dieser Zeit alle Molche, die im gleichen Terrarium lebten.

Die nach zwei Tagen schlüpfenden Larven fressen nach einer Pause (Anheftperiode) feinstes Staubfutter, später normales Fischfutter, zerhackte Tubifex, gewässerten Hering (Radek) usw. Es ist empfehlenswert, die frischen Schaumnester vorsichtig abzuschöpfen, indem man Plastikaquarien vorsichtig unterschiebt und die Nester dann aus dem Wasser hebt. An-

dernfalls zerstören bei dichtem Besatz die Mitinsassen das Nest. Nach Klingelhöffer wurde eine Brutpflege des Männchens (Bewachen) mehrfach beobachtet, da es sich ständig unter dem Nest aufhielt. Oeser empfiehlt eine Brutzeit im Spätsommer und eine Überwinterung der Larven bei 5 °C Wassertemperatur; sie sollen sich später zu sehr kräftigen Jungfröschen verwandeln. Die weitere Aufzucht der Larven, die nach etwa 3 Monaten die Metamorphose abgeschlossen haben, ist ohne Schwierigkeiten möglich, wenn genügend Taufliegen, Mückenlarven oder Tubifex gereicht werden.

Eine Freilandhaltung ist im Sommer sehr zu empfehlen, doch sollte der Behälter hauptsächlich Morgensonne bekommen und vor Überhitzung geschützt sein. Die Tiere sind auch für Anfänger geeignet.

Gattung Litoria
Australische Laubfrösche

Abb. 49. Der Australische Goldlaubfrosch (Litoria aurea).

Erst in neuerer Zeit bekamen diese Laubfrösche den geänderten Gattungsnamen *Litoria*. Hierzu zählen sehr große Frösche *(L. caerulea, L. infrafrenata)* und eine Zahl kleinerer und mittelgroßer Arten *(L. peronii, L. aurea, L. bicolor)*, deren Heimat Australien und die vorgelagerten Inseln (Neuguinea, Neuseeland) ist. Während sich die kleinen Arten je nach Herkunft fast wie einheimische oder mittelamerikanische Laubfrösche halten lassen, bedürfen die großen Arten einer besonderen Pflege. Abweichende Ökologie: *L. aurea* lebt etwa wie unser Wasserfrosch, während der weit verbreitete *L. peronii* auch trockenere Biotope besiedelt.

Abb. 50. Der Korallenfinger-Laubfrosch (Litoria caerulea).

Litoria caerulea
Korallenfinger-Laubfrosch

Kennzeichen: Um 105 mm. Sehr massiger Frosch mit breitem Kopf, kurzer Schnauze und großen Haftscheiben. Färbung der Oberseite grün, gelegentlich mit weißen Flecken. Die Unterseite ist weiß oder cremefarben. Die Innenseiten der Hinterbeine sind bräunlichrot. Die Schallblase der Männchen ist kehlständig und gelbbräunlich gefärbt, außerdem haben sie zur Brutzeit ein Haftkissen am 1. Finger. Die Kehle der Weibchen ist weiß. Ein Farbwechsel von Grün nach Braun und umgekehrt ist möglich. Hellbraune oder hellgelbe Farbe soll ein Kennzeichen für eine Krankheit oder ein Unwohlsein darstellen (Klingelhöffer). Beide Geschlechter können rufen, die Stimme des Weibchens ist leiser.

Verbreitung: Nördliches, östliches und südöstliches Australien, Neuguinea und Nachbarinseln.

Lebensweise: Dämmerungs- und nachtaktiver Baumfrosch, der auch in die Häuser eindringt. Als Futter fressen sie alles, was lebt und überwältigt werden kann. Die Gelege sollen von Schaum umgeben sein.

Haltung: Terrarien ab 50 × 50 × 150 cm mit Abfluß. Stabile Korkstämme zum Klettern. Große *Philodendron*-Büsche einsetzen. Boden entweder als durchgehendes Wasserteil (Regenzeit) mit Ziegelsteinen als Sitzplätze oder kleines Wasserteil mit Trennscheibe und Landteil (Trockenzeit) aus Torf oder Mexifarnplatten. Haltungstemperatur tagsüber mindestens bei 24–28°C, Nachtabsenkung auf Zimmertemperatur bei gleichzeitiger Erhöhung der Luftfeuchtigkeit. Es ist auch eine freie Haltung im Zimmer auf Gummibäumen oder ähnlichen Pflanzen möglich. Als Futter eignen sich nur große Brocken wie Mäuse, kleine Ratten, Fleischstücke, Wanderheuschrecken. Man hüte sich vor einer Überfütterung der Tiere. Die Kotmengen sind enorm und werden am einfachsten durch das Öffnen des Abflusses (mindestens 2 cm Durchmesser) mit dem Badewasser abgelassen. Über eine Zucht im Zimmerterrarium ist noch nichts bekannt. Man sollte die Tiere außerhalb der Brutzeit trockener halten, Sonne lieben sie nicht sehr. Die Frösche dürfen nicht mit anderen, kleineren Reptilien oder Amphibien zusammengehalten werden. Lebenserwartung um 20 Jahre, die Haltbarkeit ist sehr gut, ausgenommen bei eingeschleppten Bakterienseuchen. Auch für Anfänger zu empfehlen.

Litoria infrafrenata
Riesenlaubfrosch

Kennzeichen: 80–100 mm. Färbung grün, Bauchseite weißlich. Gelegentlich mit weißen Tupfen. Wesentlich schlanker als *L. caerulea.* Haftscheiben vorhanden. Kehle der Männchen gelbbräunlich.
Verbreitung: Neuguinea und benachbarte Inseln sowie im nördlichen Queensland.
Lebensweise: Etwas feuchtigkeitsliebender als der Korallenfinger. Froschfresser!
Haltung: Gleiche Terrariengröße und Einrichtung wie bei voriger Art. Zur Brutzeit wird das Wasserteil auf die gesamte Bodenfläche ausgedehnt. Die Tiere laichen ins Wasser ab. Futter wie vorige Art. Etwas empfindlicher als der Korallenfinger.

Gattung Mantella
Madagaskar-Buntfrösche

Von den vielen interessanten madagassischen Froschlurchen, die leider nicht oder nur selten im Handel anzutreffen sind, ist wohl neben dem Tomatenfrosch *(Dyscophus)* das Goldfröschchen *Mantella aurantiaca* am bekanntesten. In den letzten zwei Jahren gelangten auch die anderen Arten der Gattung *Mantella* in den Handel: *M. betsileo, M. madagascariensis* und *M. pulchra.* Während *M. betsileo* durch seine überwiegend braune Färbung recht unscheinbar ist, gehören seine Verwandten zu den schönsten Fröschen der Welt, die höchstens noch von einigen Dendrobatiden übertroffen werden.
Alle Mantellen sind Bodenbewohner, sie leben bevorzugt in niederem Gestrüpp und in der Laubschicht. Die tagaktiven, verhältnismäßig kleinen Frösche verfügen über ein beachtliches Sprungvermögen. Die äußerst lichtempfindlichen Gelege werden in Wassernähe an Land zwischen Blättern abgesetzt, und die geschlüpften Kaulquappen suchen das nächstliegende Wasser durch Schlängelbewegungen zu erreichen. Stammesgeschichtlich wird die Gattung *Mantella* heute zu den Raniden gestellt.

Mantella aurantiaca
Goldfröschchen
(Abbildung Seite 155)

Kennzeichen: Größe 20–23 mm, die Männchen bleiben kleiner. Diese Art unterscheidet sich von anderen *Mantella* durch ihre fast einheitliche Gesamtfärbung, die von hellgelb bis orangerot variiert. Die Unterseite ist etwas schwächer gefärbt. An den Flanken sowie den Innenseiten der Hinterbeine finden sich blutrote Flecken. Das Tympanum ist vorhanden, die Pupillen sind horizontal, doch ist dies bei der tiefschwarzen Augenfärbung nicht leicht zu erkennen. Geschlechtsunterschiede bestehen in Körperbau und Größe, die Männchen verfügen über eine Schallblase. Die Rufe klingen nach Oostveen wie „tiek-tiek".

Verbreitung: Nach Guibe (1978) ist diese Art vor allem aus dem Waldgebiet um Périnet-Andasibé bekannt, doch sollen sie noch weiter verbreitet sein.

Lebensweise: Nach Oostveen leben die Tiere in dichtem Sumpfland, das durch Abholzung genutzt wird. Die von den Stämmen entfernten Äste und Blätter bleiben am Boden liegen, und in dieser Schicht halten sich die Goldfröschchen auf. Sie sind sehr früh am Morgen aktiv, verbergen sich jedoch über die Mittagszeit. Gegen Abend suchen sie ihre Verstecke wieder auf, die sich unter *Pandanus*-Wurzeln, Moospolstern oder Blättern befinden.

Die Tiere scheinen nur zu bestimmten Zeiten in größerer Anzahl aufzutreten, im allgemeinen findet man sie nur schwer. In ihrem Biotop betragen die Temperaturen im Sommer (Oktober bis April) 18–25 °C, im Winter (April bis Oktober) 15–20 °C, nachts 10 °C. Die Eiablage findet im November bis Januar statt.

Haltung: Ich hatte mit diesen Tieren durch schockartige Todesfälle wiederholt Schwierigkeiten. Halbwüchsige Frösche scheinen dafür besonders anfällig zu sein. Mit adulten Fröschen gibt es keine Probleme, wenn man sie auf leicht feuchtem mit Versteckelöchern versehenem Lehmboden hält. Als Futter reicht man Taufliegen, kleine Stubenfliegen sowie deren Maden, Mückenlarven und Enchyträen. Ich füttere hauptsächlich kleine Grillen und Heimchen, die die Frösche in schnellem Sprung erbeuten.

Für Zuchtversuche gibt es verschiedene Möglichkeiten. Die beste ist aber die von Oostveen (1978), kurz als „Torfplattenmethode" bezeichnet. Man legt ein mittelgroßes, breites und nicht zu hohes Glasterrarium mit Aquaristik-Torfplatten (30 × 10 × 1 cm) aus, die sich vorher in heißem Wasser vollsaugen konnten. Eine kleine Fläche bleibt als Wasserteil frei, während an der Rückwand durch unterlegte schmale Torfstreifen mit darübergelegten unzerschnittenen Platten eine Art Mauer gebaut wird. Eine Höhe von 10 cm ist bereits ausreichend. Günstig ist eine leichte Neigung aller Platten zur freien Wasserfläche hin, damit die Quappen sich dorthin schlängeln können (schräger Behälterboden). Die Seitenwände und die Rückwand des Terrariums verkleidet man mit schwarzer Folie oder Karton völlig, so daß kein Licht von der Rückseite in die Torfspalten eindringen kann. Ein Ausströmer im Wasserteil sorgt für hohe Luftfeuchtigkeit, die man durch zusätzliches Sprühen noch ergänzt.

Für die Zucht sollte man eine größere Gruppe von Fröschen ansetzen; es geht aber auch mit zwei Paaren. Die Fortpflanzungsbereitschaft der Männchen kündigt sich durch vermehrtes Quaken an. Sie ist in Gefangenschaft aber nicht an die ursprünglichen Laichzeiten gebunden. Zur Zuchtvorbereitung hält man die Elterntiere meist längere Zeit kühl und ziemlich trocken, um dann im Frühjahr bei steigenden Temperaturen sehr vitaminhaltig und reichlich zu füttern. Gleichzeitig steigert man die Feuchtigkeit im Terrarium von Tag zu Tag, bis schließlich etwa 10 l Wasser pro Nacht ins Terrarium regnen: ein

Wasserstrahl wird dabei auf ein Deckelgitter gerichtet, so daß er dabei in viele „Regentropfen" zerplatzt. Die Gelege, die halbkugelförmig – mit einem Durchmesser von 3 cm – und von schaumiger Konsistenz sind, werden an der Decke der Torfhöhlen befestigt. Ein Gelege enthält 20–60 Eier, die weißlich gefärbt sind und einen Durchmesser von etwa 1,5 mm haben. Man kann das Torfplattenpaket, in dem man das Gelege vermutet, auch in einen abgedunkelten separaten Aufzuchtbehälter mit flachem Wasserstand überführen, damit keine Parasiten übertragen werden. Nach etwa 8 Tagen lassen sich (vorsichtig bei Dämmerlicht nachschauen!) erste Bewegungen des Keimes beobachten, nach etwa 14 Tagen schlüpfen die ersten Kaulquappen. Bei stark eingetrocknetem Gelegeschaum kann man diesen Vorgang durch Besprühen mit Wasser beschleunigen. Die geschlüpften Larven werden in ein Aufzuchtaquarium überführt und nach 1–2 Tagen mit kleinstem Futter (Viformo, Mikro Min und Algensuspension) versorgt. Man muß für die Kaulquappen Versteckmöglichkeiten schaffen, da sie sehr schreckhaft sind.

Nach sieben Wochen und abwechslungsreicher Fütterung brechen die Vorderbeine langsam durch, und der Schwanz bildet sich zurück. Die Kaulquappen messen bis zu 25 mm, die frisch verwandelten Jungfrösche sind dagegen nur 9–11 mm lang. Die Tierchen haben eine abweichende Jugendfärbung, die erst nach einem halben Jahr dem Gelborange der Eltern weicht. Nach einem Jahr sind sie adult. Die *Mantella*-Jungfrösche sind sehr empfindlich gegenüber Schock oder Streß, sie können schon beim Herausfangen aus einem Behälter nach einem einzigen Sprung sterben. Beim Umsetzen ist also höchste Vorsicht

geboten. Wenn die sich umfärbenden Jungfrösche keine absolut dunklen Versteckplätze haben, muß mit fast vollständigem Verlust der Nachzucht gerechnet werden. Seuchenartige Erkrankungen, die in kurzer Zeit ganze Zuchtgruppen vernichtet haben, sind ebenfalls schon aufgetreten. Achten Sie beim Einkauf auf gute Qualität, zumal die Tiere recht teuer sind.

Mantella madagascariensis
Buntes Goldfröschchen
(Abbildung Seite 155)

Kennzeichen: Größe um 20–25 mm, die Männchen bleiben kleiner. Diese Art unterscheidet sich vom Goldfröschchen durch die farbige Fleckenzeichnung auf schwarzem Grund. Die Größe und Intensität dieser Flecken wechselt. Im Unterschied zu *Mantella pulchra* besitzt diese Art einen kleineren inneren Metatarsaltuberkel und ist nicht so schwarz. Eine Unterart ist in neuester Zeit bekannt geworden: *M. cowani nigricans* aus dem Massiv von Marojezy, die sich durch Melanismus von *M. cowani* unterscheidet.

Verbreitung: In den Wäldern des mittleren Madagaskars, östliches Betsileo, Insel Réunion.

Lebensweise: Die Tiere leben bevorzugt auf und in der Blätterschicht des Waldbodens, wo sie sich von Kleinstinsekten, Spinnen und Springschwänzen ernähren. Die Fortpflanzung ist ähnlich wie bei *M. aurantiaca*.

Haltung: Trockener und wärmer als *Mantella aurantiaca*, mindestens jedoch bei 25°C. Statt der Torfplatten können in Wassernähe auch bemooste Steinplatten verwendet werden, die man ebenfalls schichtet. Einmal eingewöhnt und bei sorgfältiger Sauberhaltung des Terrariums (Kotreste entfernen) sind die sehr lebhaften tagaktiven Frösche gut haltbar.

Die Gelege werden in Wassernähe an Steinplatten oder ähnliches geheftet, die Eier erwiesen sich ebenfalls als lichtempfindlich wie die von *M. aurantiaca*, man sollte daher vorsichtshalber für dunkle Höhlen sorgen. Die Kaulquappen brauchen anfangs feinstes Futter. Nach der Metamorphose treten Probleme mit der Nahrungsbeschaffung auf, da die winzigen Froschbabys in großen Mengen Springschwänze (Collembolen) fressen (gut gefütterte Larven fressen nach der Verwandlung auch schon *Drosophila*). Man setzt die Jungfrösche am besten in ein „eingefahrenes" Terrarium um, das rechtzeitig mit Laubwald-Bodenstreu geimpft wurde. Man kann die Springschwänze auch züchten, doch ist dabei einige Erfahrung notwendig (s. Kap. Futterzuchten).

Sehr produktiv ist eine Zucht von *M. cowani* auf „sterilen", dicken Schaumgummiplatten, die man in flaches Wasser legt und mit schräg abwärts führenden Löchern versieht (Einschmelzen oder Ausrupfen). In diese schrägen und feuchten Röhren legen die Frösche ihre Eier ab.

Gattung Megophrys
Asiatische Zipfelfrösche

Diese Gattung umfaßt nicht nur jene Art, die sich durch zipfelartige Fortsätze auf Augen und Nase auszeichnet, sondern eine Reihe weiterer, zumeist unauffälliger Frösche, die allerdings an Spezialbiotope angepaßt sind. Erwähnt sei hier der heikle, rotäugige *M. bufonides* und der Gebirgsbewohner *M. monticola*. Ich möchte mich hier aber auf die Besprechung der großzipfligen Unterart von *M. monticola* beschränken, da mir von den anderen Arten noch zu wenig Angaben über ihre Lebensweise vorliegen. Die Gattung *Megophrys* wird stammesgeschichtlich zu den Pelobatiden (Schaufelfüßen) gestellt.

Megophrys monticola nasuta
Asiatischer Zipfelfrosch

Kennzeichen: ♂ 80–90 mm, ♀ bis 160 mm(!). Färbung äußerst variabel, meist in Braun- oder Schwarztönen, ein welkes Blatt imitierend. Der Tarnung dienen auch die Hautfortsätze über den Augen und der Nase sowie an anderen Körperstellen (Brustwarzen). Ein ähnliches Tarnkleid hat auch *Hemiphractus fasciatus* entwickelt. Die Augen von *M. m. nasuta* haben senkrechte Pupillen.
Verbreitung: Thailand, Malaiische Halbinsel, Indonesien, Borneo und Philippinen.
Lebensweise: Bewohner feuchter und kühler Biotope. Die Trichtermundlarven entwickeln sich in stillen Buchten von Urwaldflüssen. In Freiheit werden neben Echsen und kleinen Säugetieren, Frösche, Insekten, Nachtschnecken und Würmer verzehrt. Da die Futtertiere den gut getarnten Frosch nicht erkennen, geraten sie blindlings in dessen Maulbereich.
Haltung: Wertvolle Angaben über die Haltung und Zucht dieser Art verdanken wir Schmid. Nach seinen Beobachtungen eignet sich für die Tiere am besten ein großes Terrarium ab 80–100 cm Länge, dessen eine Hälfte mit dickem Schaumstoff ausgelegt ist, während die andere einen 8 cm tiefen Wasserteil bildet. Die Wassertemperatur soll 22 °C betragen, für eine hohe Luftfeuchtigkeit und Frischluftzufuhr ist ein starker Ausströmer notwendig. Die Be-

Abb. 51. Eine Gruppe Asiatischer Zipfelfrösche (Megophrys monticola nasuta).

pflanzung bestand bei Schmid aus langen Ranken von *Philodendron* und *Scindapsus*. Die Lufttemperatur sollte nie über 25 °C hinausgehen, da die Tiere an eine Vorzugstemperatur von 22 °C gewöhnt sind. Er fütterte seine Tiere mit Nachtschnecken, Grillen, Regenwürmern und nestjungen Mäusen und beobachtete eine beginnende Paarungsaktivität im Dezember. Die Männchen rufen in der Paarungszeit „cock". Ein zweiter, andersartiger Ruf trat ebenfalls auf, jedoch nur beim Ablaichen. Die Männchen klammerten in der Leistengegend der Weibchen, also eine sehr ursprüngliche Form des Amplexus. Ein Ablaichen ließ sich durch eine Behälterreinigung und Wasserwechsel auslösen. Die Tiere suchten sich dazu ein im Wasserteil liegendes, halbrundes Stück Kork aus, dessen Oberseite etwa 3 cm aus dem Wasser ragte. Die Frösche laichten nachts am inneren Bogen ab, der praktisch einer Höhlendecke gleicht (ähnlich verfährt auch

Mantella aurantiaca). Die weißen Eier klebten sehr gut an der Korkdecke und hatten einen Durchmesser von 2 mm. Man sollte bei Verpilzungen nicht eingreifen, das Ablaichsubstrat jedoch nach Beendigung des Laichaktes in ein separates Aquarium überführen. In einem mit abgestandenem Frischwasser versetzten und stark durchlüfteten Aquarium lösten sich bald die entwickelten Larven und hingen an 15 cm langen Fäden im Wasser. Nach zwei Tagen versuchten die am Boden liegenden Quappen erstmals kurze Schwimmbewegungen zu machen. Nach fünf Tagen verschwanden alle Larven unter dunklen Verstecken (treibende Korkrinde, Eichenholzstücke). Während dieser Zeit bildete sich der Trichtermund der Larven aus, und erst danach wird Nahrung sichtbar von der Wasseroberfläche gestrudelt. Als Futter eignen sich nach Schmid staubfein zerriebenes Tetra Min, Tetra Ovin und Tetra Phyll. Die Tiere hielten sich bevorzugt im flachen Spülsaum der treibenden Kork- und Holzstücke auf und fraßen das sich dort anstauende Futter. Sobald die Nahrung auf den Boden sank, konnte sie nicht mehr aufgenommen werden (man sollte sie dann absaugen). Nach 75 Tagen brachen bei den ersten Larven die Vorderbeine durch. Mit dem Absenken des Wasserspiegels auf 3 cm und Einlegen von weiteren Rindenstücken wird eine Metamorphose erleichtert und ein Ertrinken in dieser kritischen Phase verhindert. Die geschlüpften Fröschchen wurden in ein 1 m-Terrarium mit feuchtem Schaumstoffboden umgesetzt; sie sind sehr empfindlich gegen Austrocknung. Nach dem Einschrumpfen der Schwanzreste bildeten sich die Zipfelansätze aus und die nun etwa 10 mm langen Fröschchen machten Jagd auf kleine Grillen, die man mit Osspulvit-Pulver einstäuben kann. Die weitere Aufzucht bereitet keine Schwierigkeiten.

Die Zipfelfrösche kamen teilweise schon in schlechtem Zustand in unseren Besitz, öfters waren die Zipfel beschädigt, und als Folge trat eine Verpilzung ein. Des weiteren wurde eine Trübung des Auges bei einem Tier beobachtet, die schließlich zum Verlust des Sehorgans führte. In solchen Fällen hilft die Neo-Cortiderm-Salbe, was ich damals noch nicht wußte. Man sollte daher eine Quarantäne einhalten, die Temperaturen nicht zu hoch wählen und dunkle, feuchte Verstecke anbieten.

Der relativ sterile Terrarientyp von Schmid läßt sich bei Zimmerterrarien durch Korkplatten ansprechender gestalten, die ebenfalls sehr hygienisch und leicht zu reinigen sind. Die Bepflanzung durch ausgelegte Ranken kann man jedoch beibehalten. Die Zipfelfrösche sind zwar etwas phlegmatische Pfleglinge, diese Eigenschaft wird jedoch durch ihr bizarres Aussehen ausgeglichen. Wer genügend Futter beschaffen kann, dem bereiten die Tiere viel Freude. Bei Transporten und bei der Unterbringung der Frösche ist jedoch darauf zu achten, daß die sehr empfindlichen Zipfel leicht verletzlich sind. Außerdem bereitet es Schwierigkeiten, für Zuchtgruppen die passenden Weibchen zu bekommen, da in letzter Zeit fast nur die kleineren Männchen angeboten wurden.

Gattung Melanophryniscus
Schwarzkrötchen

Diese südamerikanische Froschgruppe ist deswegen hier aufgeführt, weil der früher oft beschriebene *Atelopus stelzneri* in Wirklichkeit zu dieser Gattung gehört. Demjenigen, der die echten *Atelopus*-Ar-

ten kennt, hätte dies sofort auffallen müssen. Selbstverständlich sind die ökologischen Angaben nicht übertragbar. Es gibt kaum etwas unterschiedlicheres als eine *Atelopus*- oder eine *Melanophryniscus*-Ökologie. Während *Atelopus*-Arten Tieflandbiotope in der Regel meiden und an reißenden Flüssen in mittleren oder hohen Lagen leben, bewohnt *Melanophryniscus* die vorwiegend gemäßigten Klimazonen der Tiefländer des südöstlichen Südamerikas, wo er in Regenpfützen ablaicht.

Melanophryniscus stelzneri

Kennzeichen: 20–25 mm. Weibchen größer und fülliger. Oberseite schwarz mit gelben Flecken oder Tupfen. Unterseite rot oder orange-rot mit schwarzen Flecken. Gelbliche Oberarmbinden. Haut rauh und krötenartig. Es treten noch einige Unterarten auf, die sich in Zeichnung und Größe unterscheiden.

Verbreitung: Argentinien, Paraguay, Uruguay und südöstliches Brasilien sowie bei Para, Brasilien.

Lebensweise: Die Tiere bewohnen nach Mertens buschige Sanddünen und sind recht wasserscheu. Dennoch brauchen sie aber eine hohe Luftfeuchtigkeit, auch liegen die Temperaturen in den Biotopen relativ niedrig. Die Frösche sind tagaktiv und außer der Paarungszeit nicht scheu. Bei dieser Art rufen auch die Weibchen mit hellen Glockentönen und einem Trillern. Die Paarung findet nach Regenfällen in schilf- oder grasumstandenen temporären Gewässern statt, dabei steigt das Männchen die Halme hinauf und ruft. Wenn Weibchen vorhanden sind, werden Eier in kleinen, auf dem Wasser treibenden

Abb. 52. Der Gelb- oder Orangeschenkel-Frosch (Microhyla pulchra).

Klumpen abgelegt, woraus bereits nach 24 Stunden die Larven schlüpfen. Die weitere Entwicklung vollzieht sich ebenfalls sehr schnell, da mit dem Austrocknen der Gewässer gerechnet werden muß.

Haltung: In kleinen Terrarien mit hoher Luftfeuchtigkeit, aber wenig Wasser und nicht zu hoher Temperatur (um 22 °C) jahrelang haltbar. Eine Winterruhe zu unserer Sommerzeit ist empfehlenswert, Temperatur dann 5–15 °C. Die Einrichtung kann aus einem leicht feuchten Torfmull-Sandgemisch oder besser Schaumgummi- oder Korkplatten bestehen, gleichzeitig werden Korkplatten als Verstecke eingelegt.

Zur Zucht setzt man die Tiere in ein Terrarium mit flacherem Wasser und Grasbewuchs (Kalmus, *Ophiopogon*) um. Die Ernährung erfolgt in Gefangenschaft mit Taufliegen, deren Maden, Stubenfliegen- und Wachsmottenmaden und kleinsten Grillen/Heimchen.

In der Vergangenheit erwiesen sich manche Importe fast als Totalverluste, da die Tiere zu feucht und zu warm gehalten wurden. Auch Klingelhöffer berichtet schon von der hohen Sterblichkeit mancher Sendungen und begründet sie damit, daß die Tiere aus dem südamerikanischen Winter in unseren Sommer gelangten (Oeser, 1948).

Gattung Microhyla

Zu dieser in der ganzen Welt verstreut vorkommenden Gattung, die sich vermutlich von Asien her ausbreitete, gehören einige Arten, die durch ihre Lebensweise auffallen. Neben den schon an anderer Stelle besprochenen Arten der Familie möchte ich hier zwei echte Microhyliden vorstellen, die schon Klingelhöffer bekannt waren und erst in neuester Zeit wieder importiert wurden.

Microhyla caroliensis
Karolina-Microhyla

Kennzeichen: 30–35 mm. Braun bis hellgrau. Weibchen sind etwas größer als die Männchen und weniger lebhaft.
Verbreitung: Südliche USA.
Lebensweise: Dämmerungsaktive Bodenbewohner, die nach Mertens den Tag in Bodenlöchern oder unter morschem Holz verbringen. Die Paarungszeit reicht von Ende April bis Anfang September. Die Männchen rufen mit blökender Stimme. Die Paarung und Eiablage findet im Wasser statt, Eizahl pro Gelege etwa 40 Stück.
Haltung: Kleinterrarium mit Orchid-Barks oder Schaumgummi als Bodenfüllung. Aufgelegte Torf- oder Korkplatten bilden die Unterschlupfe. Futter: kleine Grillen/Heimchen sowie kleine Stubenfliegen. Im Winter sollte man die Tiere bei 12–15 °C kühl halten. Eine Unterbrin-

gung im Freilandterrarium wäre auch möglich, doch sollte dieses ausbruchsicher sein. Auch bei dieser Art treten Massensterben durch übertragene Seuchen auf.

Microhyla pulchra
Gelb- oder Orangeschenkel

Kennzeichen: 28–35 mm. Rücken hellgrau bis rot- oder schokoladenbraun, mit deutlicher Dreieckszeichnung auf dem Rücken, die von seitenparallelen Linien verstärkt wird. Die Vorderseiten der Hinterbeine sind deutlich zitronengelb oder orangefarben.
Verbreitung: Südost-China.
Lebensweise: Nach Klingelhöffer und Mell bewohnen die Tiere Hügelland, das mit kurzem Gras und Buschwerk bestanden ist. Durch die sehr gut entwickelten Hinterbeine können die Tiere bis zu 3 m weit springen. Vor der Monsunzeit (März – Mai) soll die Art in kleinen, vom Lateritboden rotbraun gefärbten Pfützen ablaichen. Die Wassertemperaturen betragen dabei 23–28°C, die Larven sind nahezu durchsichtig und flach.
Haltung: Kleine bis mittelgroße Terrarien (60 cm), Temperaturen um 22–25°C. Da die Tiere hauptsächlich Bodenbewohner sind, sollte man Kork-, Torf- oder Mexifarnplatten als Verstecke anbieten. Für Zuchtzwecke empfiehlt sich eine trockene Haltung mit nur einem kleinen Wassernapf. Die Brutzeit müßte sich wie auch bei anderen Fröschen durch Erhöhung der Luftfeuchtigkeit, einer häufigen Regensimulation und durch einen größeren, flachen Wasserteil auslösen lassen. Es sollte dabei untersucht werden, ob die Trübung des Wassers zur Zucht notwendig ist, wie dies oft bei Fischen der Fall ist. Notfalls

Abb. 53. Pachymedusa dacnicolor, Mexiko.

läßt sich das Wasser durch eine Aufschwemmung mit Ton künstlich einfärben, damit sich die Kaulquappen sicher fühlen. Als Futter gibt man den Tieren kleinere Fliegen, Grillen und gelegentlich Wachsmotten. Bei den Importen traten durch übertragene Seuchen Verluste auf, daher ist eine Quarantäne anzuraten. Sonst sind die Frösche ausdauernd und auch dem Anfänger zu empfehlen.

Gattung Pachymedusa
Gespenstfrösche

Pachymedusa dacnicolor

Diese Art stellt eine urtümliche Verwandte der Gattung *Phyllomedusa* dar, die sonst im tropischen Mittel- und Südamerika vorkommt.
Kennzeichen: ♂ 82,6 mm, ♀ 103,6 mm. Große Art mit langen, schlanken Fingern und Zehen ohne große Spannhäute, aber

mit breiten Haftscheiben, kurzen Beinen und einem hohen Schädel. Besondere Kennzeichen sind die golden-schwarzen Augen und weiße Tupfen auf einem sonst einfarbig grünen oder dunkelbraunen Rücken. Die Unterseite ist weißlich bis orangefarben. Die Oberschenkel sind cremefarben. Die Männchen besitzen zur Paarungszeit hornige Daumenschwielen. Die Schallblase ist unpaar, kehlständig und nicht sehr dehnbar. Die Schnauze der Männchen fällt flacher ab als die der Weibchen.

Verbreitung: Südliches Sonora bis zum Isthmus von Tehuantepec einschließlich des Balsas-Beckens in Mexiko. Bis 1000 m.

Lebensweise: Die Tiere bewohnen trockenes Tiefland und niedere Gebirgshänge mit einer verlängerten Trockenzeit. Die Art ist nach Duellman eine der wenigen, die in der Trockenzeit aktiv sind. In ihrer Lebensweise könnte man sie etwa mit *Chiromantis* vergleichen. Während der Regenzeit (Juni–Oktober) rufen die Männchen von großen Büschen, Bäumen oder Gräsern um temporäre Tümpel. Der Ruf ist ein wiederholtes „clack". Klammernde Paare wurden im Buschwerk beobachtet. Normalerweise werden die Eier an Pflanzen geheftet, die über Gewässer ragen. Wenn solche Pflanzen jedoch fehlen, können die Gelege auch direkt auf dem Boden neben den Tümpeln abgelegt werden. Duellman fand 100–350 Eier in 15 Gallertklumpen. Die Eier waren hellgrün und befanden sich auf der Außenseite der klaren Gallertmasse. Er nimmt an, daß mehrere Weibchen an dem Gelege beteiligt waren. Die Larven suchen in Wasserpflanzen Schutz. Im freien Wasser schwimmen die hellgrünen Larven mit dem Kopf nach oben in einem Winkel von 45° zur Wasseroberfläche.

Haltung: Große, hohe Terrarien (s. a. bei *Agalychnis*). Kletteräste und ein großer *Philodendron* sind notwendig. In der Trockenzeit ist nur eine kleine Wasserschale einzusetzen. Die Lufttemperatur sollte bei 24–28°C liegen. Zur Regenzeit füllt man den gesamten Terrarienboden mit Wasser und setzt noch *Spatyphyllum* und Wasserpflanzen ein. Durch Überbrausen mit kühlem Wasser kann man die Paarung auslösen. Die Tiere bekommen Fliegen und Grillen, bei eingewöhnten Fröschen versucht man Fleischfütterung von der Nadel. Leider sind die Importe oft in einem entsetzlichen Zustand, die gesamten Schnauzen und Teile des Kopfes sind aufgescheuert und bluten. Ursache ist die falsche Unterbringung beim Fänger und auf dem Transport. Die Wunden müssen unbedingt behandelt werden (Salbe, Puder), eine Quarantäne ist daher notwendig. Man sollte sich die Tiere beim Kauf persönlich aussuchen! Eingewöhnt halten sie sehr gut. Da sie ihre Nahrung gemächlich zu sich nehmen, setzt man keine schnellfressenden Arten ins selbe Terrarium.

Oben: Farbbild 36. Dendrobates tricolor, Ecuador, S. Seite 146
Unten: Farbbild 37. Phyllobates vittatus, Costa Rica. S. Seite 201

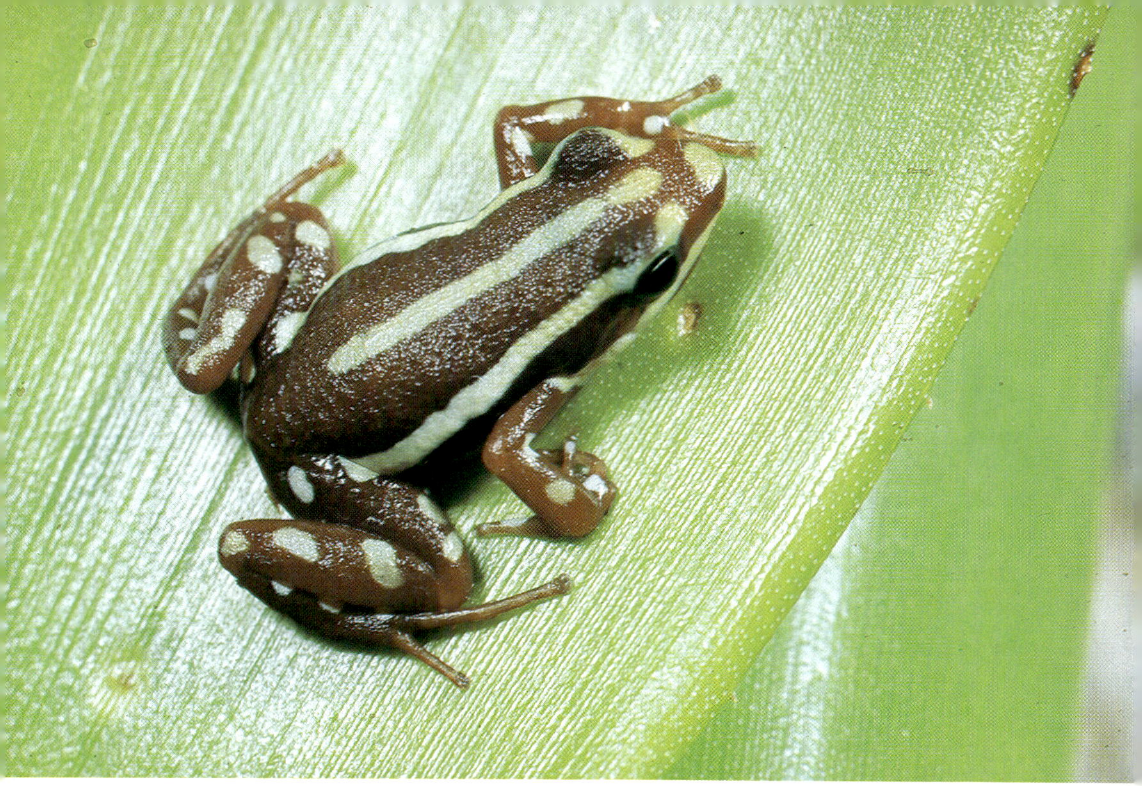

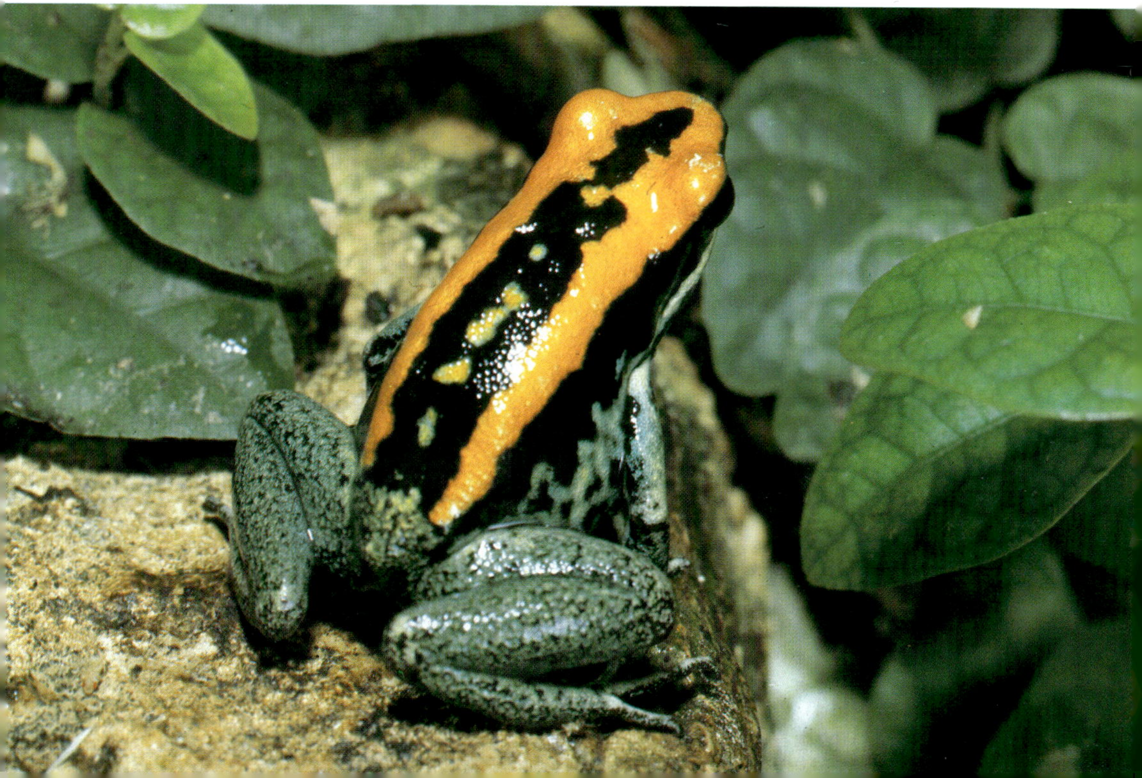

Gattung Phlyctimantis
Gelbschenkelfrösche

Dies ist eine kleine Gruppe nachtaktiver, mittelgroßer Frösche. In Westafrika kommt eine Art vor, die gelegentlich eingeführt wurde. Die Gattung *Phlyctimantis* steht der Gattung *Kassina* sehr nahe.

Phlyctimantis leonardi
Leonards Baumfrosch

Kennzeichen: Um 44–47 mm. Die Farbe ist dunkelbraun, olivgrün bis grau (nachts). Der Rücken ist einfarbig oder leicht gefleckt. Die Innenseiten der hinteren Gliedmaßen sind dunkel mit rötlichen oder gelblichen Querbändern. Der Bauch ist graublau mit rosa Tupfen. Die olivgrüne Kehle der Männchen ist wie bei der Gattung *Kassina* ausgebildet (Kehltasche). Haftscheiben sind vorhanden, die Pupille ist senkrecht. Die Rufe ähneln denen der *Kassina*-Gruppe.
Verbreitung: Westafrika bis Kamerun und Kongo. Fehlt vermutlich in Ghana und Westnigeria.
Lebensweise: Eine weitverbreitete Art, die bevorzugt die Waldgebiete um stehende Gewässer bewohnt, die von Gräsern umsäumt sind. Eine typische Regenwaldform, die aber oft auch in dem niederen Bewuchs entlang der Straßengräben zahlreich vorkommt. Die Frösche leben in den Biotopen mit *Hyperolius concolor* und *H. nimbae* zusammen.
Haltung: Geheiztes Regenwaldterrarium mit Gräsern (Kalmus, *Ophiopogon*) um eine Tümpelnachbildung. Die Tiere sind extrem nachtaktiv und sehr scheu. Meine Exemplare flüchten beim Anschalten des Lichts sofort in Blattachseln oder Gesteinsspalten im Boden. Über die Zucht ist bisher noch nichts bekannt, doch dürfte sie ähnlich wie in der Gattung *Kassina* ablaufen.

Gattung Phrynobatrachus
Spring- oder Pfützenfrösche
(engl. puddle frogs)

Angehörige dieser Gattung ähneln sich weitgehend im Aussehen, obwohl sie verschiedene Größen haben können. Der Körper ist allgemein dick, die Gliedmaßen sind kurz. Der Kopf läuft zu einer Spitze aus. Der Rücken ist mit vielen runden Warzen überzogen. Die Frösche haben neben einem Tarsaltuberkel noch zwei Metatarsaltuberkel. Die Pupille ist waagrecht, das Tympanum ist sichtbar oder versteckt. Die Zehen sind mit von Art zu Art unterschiedlichen Spannhäuten versehen. Diese Froschgruppe ist in Afrika südlich der Sahara weit verbreitet und recht häufig anzutreffen.

Phrynobatrachus natalensis

Kennzeichen: ♂ 26–35 mm, ♀ 28–36 mm. Die Farbe ist hellbraun oder grau mit dunkleren Warzen, die über den Rücken

---

Farbbild 38. Agalychnis calcarifer, Panama.
S. Seite 103

verteilt sind. Zwei große Warzen in der Schulterregion haben zahlreiche schwarze Tupfen. Zwischen und über den Augen befindet sich ein dunkleres Dreieck, dessen Spitze nach hinten zeigt. Dunklere Sprenkelung trennt die Flanken von der weißen Unterseite. Die Hüftregion erscheint leicht gelblich. Die Gliedmaßen sind mit dunkleren Querbändern versehen. Der gesamte Körper wirkt dick, die Schnauze ist spitz, wobei der Oberkiefer den Unterkiefer überragt. Die Männchen haben eine sehr dunkle, faltige Kehle, sie sind außerdem kleiner und ihr Kopf ist spitzer. Die Färbung der Frösche kann sehr stark variieren.

Verbreitung: Afrika südlich der Sahara, vorzugsweise in Savannengebieten, ausgenommen ist die südwestliche Kap-Provinz und fast die gesamte östliche Küstenebene. 0–1800 m.

Lebensweise: Diese Frösche leben sehr zahlreich am Rande flacher Pfützen, Tümpel oder Entwässerungsgräben, vor allem während der Regenzeit. Die adulten Weibchen findet man nur zum Höhepunkt der Brutzeit und auch dann recht selten. Die fett erscheinenden Frösche sind sehr schnell und sprunggewandt, in Freiheit besteht ihre Beute aus allen erreichbaren Insekten, die sie schlucken können. Die Rufe der Männchen sind nach Regenfällen zu hören, oft beginnen die Chöre schon nachmittags zu rufen. Die Laichzeit beginnt mit der Regenzeit. Die 200–400 sehr kleinen braunen Eier (0,7 mm, mit Gallerte nach einem Tag 3 mm groß) werden als Oberflächenfilm abgelegt. Die Ablaichgewässer sind Regentümpel mit einer Tiefe von 2–6 cm. Die Larvenentwicklung verläuft sehr schnell, die Wassertemperaturen der Tümpel reichen von 21–37°C (!). Bereits am zweiten Tag, wenn die 4–5 mm

langen Larven schlüpfen, sind drei Paar Außenkiemen entwickelt. Die Jungfrösche sind nach der Metamorphose 6–8 mm groß. Im Freiland leben diese Frösche oft mit anderen Arten wie *P. ukingensis* oder seltener mit *P. gutturosus* zusammen (Stewart).

Haltung: Mittelgroße, flache Terrarien mit kleinem Wasserteil in der Trockenzeit. Zur Brutauslösung wird ein geräumiges, aber flaches Wassergefäß eingebaut, außerdem erhöht man die Luftfeuchtigkeit durch häufiges Sprühen. Ins Wasserteil gibt man einige Ranken von Wasserpflanzen.

Nach Klingelhöffer und Oeser soll zu tief eingetauchter Laich verpilzen (vermutlich wegen fehlender Sauerstoffzufuhr und mangelhafter Befruchtung). Nach Oeser ist die Aufzucht der Larven schwierig, da sie dunkles, altes Wasser lieben, in dem jedoch kein Mulm und keine Faden- und Blaualgen sein dürfen. Der Laich ist auf jeden Fall aus dem Wasserteil zu entfernen, da die Eltern den Jungfröschen nachstellen. Als Schlupfhilfe gibt man sehr viele Sumpfpflanzen wie *Riccia*, *Ludwigia* und *Tradescantia* ins Aufzuchtbecken. Die Jungfrösche sollen nach Oeser erst nach 14 Tagen in der Lage sein, Taufliegen zu fressen. Vorher muß man kleineres Futter wie Springschwänze oder ganz junge Taufliegenmaden geben. Herausfangen lassen sich die winzigen Jungfrösche mit Hilfe von Gläsern, in die man sie hineinklettern läßt. Eine sterile Haltung auf Korkplatten oder Schaumgummi ist ebenfalls möglich, als Verstecke können derartige Platten wie Ziegel geschichtet werden. Die Lufttemperaturen sollen je nach Herkunft zwischen 22°C und 30°C liegen, die Wassertemperatur um 22–28°C. Die Fütterung bereitet keine Probleme, da die Tiere fast jedes Insektenfutter und Ameisen annehmen.

Gattung Phrynohyas
Krötenlaubfrösche

Bei der Aufstellung dieser Gattung gab es unter Wissenschaftlern eine jahrzehntelange Verwirrung, bis man sich schließlich auf *Phrynohyas* einigen konnte. Alle Frösche, die in diese Gattung gehören, sind relativ große Arten, die in Tümpeln brüten und sich durch eine besonders dicke Haut mit vielen Schleim- und Giftdrüsen auszeichnen. Darüber hinaus besitzen die Männchen ein Paar Schallblasen, die hinter den Kieferwinkeln ansetzen. Die genaue Anzahl der Arten ist bisher noch unbekannt, da einige sehr stark von Gegebenheiten der Umwelt beeinflußt wurden und mit ziemlicher Sicherheit nur Phänotypen von *P. venulosa* darstellen. Alle Arten sind im Terrarium sehr ausdauernd.

Abb. 54. Der giftige Krötenlaubfrosch (Phrynohyas venulosa) aus Panama.

Phrynohyas venulosa
Krötenlaubfrosch

Kennzeichen: ♂ bis 100 mm, ♀ bis 113,7 mm. Sehr dicke, braune bis graue Rückenhaut mit vielen Drüsen, die Haut der helleren Unterseite ist granuliert. Dunkle Rückenzeichnung, die stark variiert. Finger zu einem Drittel, die Zehen zu zwei Dritteln mit Spannhäuten versehen. Große Variation bei den Populationen in Färbung und Größe sowie in der Hautbeschaffenheit.
Verbreitung: In den Tiefländern Mittelamerikas weit verbreitet. Von Tamaulipas und dem südlichen Sinaloa in Mexiko südwärts an beiden Küsten bis Zentral-Nicaragua und dann weiter über die Pazifischen Tiefländer Panamas bis zu den Flachländern östlich der Anden in Südamerika. Fehlt in feuchten Waldgebieten. Unterhalb 1000 m.

Lebensweise: Diese großen baumbewohnenden Frösche sind nachtaktiv, die Laichzeit und die Rufe beginnen nach heftigen Regenfällen. Die Paarung findet in flachen, temporären Gewässern statt, wo sich die Tiere in größerer Zahl einfinden. Beim Amplexus hebt sich der Hinterkörper des Weibchens etwa 1 cm über den Wasserspiegel, wenn sie die Eier ausstößt. Die dann direkt vom Männchen befruchteten Eier verteilen sich als Oberflächenfilm auf der Wasserfläche. Das Pärchen verhält sich etwa zwei Minuten still, bis sich die Eier stabilisiert haben und verläßt dann den Ablageort. Die Entfernung der Eier voneinander beträgt 1–1,5 cm, die Gelegefläche kann sich auf 1,5 qm erstrecken. Die Oberflächenfilme, die übrigens auch von einigen *Smilisca*-Arten produziert werden, sind Anpassungen an den geringen Sauerstoffgehalt der stehenden warmen und flachen Tümpel.
Die Kaulquappen haben eine flache Schwanzflosse und entwickeln sich in etwa

37–47 Tagen (Pyburn und Zweifel). Die Jungfrösche sind 13–17 mm lang. Die extrem dick und drüsenreich ausgebildete Haut stellt einen Verdunstungsschutz dar, da die Tiere überwiegend trockene Gebiete bewohnen. Bei der Verteidigung spielt das Hautsekret ebenfalls eine große Rolle. Ich überfuhr nachts auf einer kleinen Nebenstraße in Panama ein mittelgroßes Exemplar von *P. venulosa*, das sofort unglaublich stark schleimte. Das Sekret haftete erstaunlich fest und ließ sich auch durch mehrmaliges Waschen kaum entfernen. Vergiftungserscheinungen an der Haut konnte ich nicht beobachten, da ich auch nicht übermäßig empfindlich gegenüber Froschsekreten bin, doch dürfte dies bei anderen Personen durchaus möglich sein. Utke konnte an seinen Tieren im Terrarium beim Herausfangen eine Verteidigungsstellung beobachten, wobei sich die Tiere in einer Behälterecke verkeilten und dem Fänger den stark gewölbten und ausgebreiteten Rücken entgegenhielten. Das Hautsekret soll nach Darstellungen einiger Autoren für Schleimhäute sehr giftig und in Wasser unlöslich sein, was meine eigene Beobachtung erklären würde.

Haltung: Größeres, hohes Terrarium mit *Philodendron*. Das Wasserteil sollte nur zur Brutzeit größere Ausmaße haben. Lufttemperatur 24–29°C, Wasser 24–26°C. Diese Art läßt sich mit gleichgroßen Fröschen wie *Pachymedusa* vergesellschaften, doch hält man besser nicht zu viele Tiere zusammen, da die Wirkung des Giftes gegenüber anderen Froschlurchen erst noch untersucht werden muß. Sofern man Weibchen beschaffen kann, ist die Zucht nicht schwierig. Auslöser sind eine hohe Luftfeuchtigkeit und starke Regenfälle. Es empfiehlt sich, den Tieren eine Trockenzeit zu bieten, bevor mit der Zucht begonnen

wird. Die Nahrung kann aus nestjungen Mäusen, größeren Fleischstücken, Heuschrecken und Grillen, Regenwürmern und Faltern bestehen. Die Eingewöhnung meiner Tiere bereitete keine Schwierigkeiten. Die Verschmutzung der Terrarienscheiben durch Schleimreste ist groß.

Gattung Phrynomerus
Wendehalsfrösche,
Afrikanische Farbfrösche

Wegen der Larvenentwicklung gehört diese Familie nun zu den Microhyliden. Typische Merkmale dieser afrikanischen Farbfroschgruppe sind der verlängerte Rumpf, der bewegliche Hals und die Giftdrüse am Rücken. Die Pupille ist horizontal und rund. Die meist bodenbewohnenden Tiere klettern gelegentlich und können sich auch eingraben. Sie sind Heft- und Freilaicher unter Wasser. Die Larven sind Filtrierer. Vorkommen der etwa 6 Arten in Afrika südlich der Sahara.

Phrynomerus bifasciatus
Zweistreifiger Wendehalsfrosch

Kennzeichen: Größe 30–80 mm. Farbe schwarz, grau oder braun mit einem roten Längsband an jeder Körperseite, das sich bis zur Nase hinzieht. Die Rückendrüse ist ebenfalls rot. Die Hinterbeine sind rot gesprenkelt oder gefleckt, der Bauch ist grau mit weißer Tüpfelung. Die Färbung variiert nach Belichtung und Biotop. Der Farbwechsel erfolgt direkt in der Haut. Zehen mit Haftscheiben. Das Männchen hat eine schwarze Kehle und bleibt kleiner. Die Kehle der Weibchen ist hell und ge-

Abb. 55. Der afrikanische zweistreifige Wendehalsfrosch (Phrynomerus bifasciatus). Die auf dem Bild weißen Streifen sind ziegelrot.

fleckt. Jungtiere können anders gezeichnet sein, die Grundfarbe ist ein Silbergrau.
Verbreitung: Südlich des Kongo bis Kenia sowie in der nördlichen Kap-Provinz und Südwestafrika.
Lebensweise: Die Tiere bewohnen offene Niederungen von 30–1000 m Höhe. Sie leben hauptsächlich in Erdlöchern, unter faulendem Holz und in Termitenbauten. Gelegentlich findet man die nachtaktiven Tiere auf Bananenstauden (Blattachseln). In Freiheit besteht die Nahrung hauptsächlich aus Ameisen und Termiten. Das Hautsekret kann für andere Froscharten hochgiftig sein, selbst beim Menschen sind Hautreizungen beobachtet worden. Die

Rufe klingen nach Wager (1965) wie „porriiii" und dauern 2 sec, die Intervallpause beträgt 4–7 sec. Eine Chorbildung ist vorhanden. Die Rufe tragen bis zu einem Kilometer weit.
Der Beginn der Brutsaison liegt nach Wager und Mitchell zwischen Weihnachten und Ende Februar. Sie wird durch Regenfälle ausgelöst, nach denen die Tiere sich oft in großer Zahl um temporäre Tümpel und andere Gewässer scharen. Die Gelege treiben frei oder sind an Wasserpflanzen angeheftet. Der Eidurchmesser beträgt 1,3–1,5 mm, mit Gallerthülle 4–7 mm. Die 400–1500 Eier sind oben dunkel gefärbt.

197

Die Kaulquappen ähneln denen der Krallenfrösche, haben aber keine Tentakel. Das Spiraculum liegt in der Mitte der Kehle. Durch ständige Zitterbewegungen des Schwanzes „stehen" die Kaulquappen auf der Stelle und filtrieren Kieselalgen und andere Feinstpartikel aus dem Wasser. Die Länge der Larven beträgt etwa 37 mm, die Größe der frisch verwandelten Frösche liegt bei 12–14 mm. Metamorphosedauer etwa 1 Monat.

Haltung: Die gelegentlich zur Laichzeit importierten Frösche sind gut haltbar und sollten ein geheiztes, flaches Arten-Terrarium mit separatem Wasserteil beziehen. Wasserpflanzen und Schwimmpflanzen sind bei der Zucht hilfreich. Der Landteil kann aus übereinandergeschichteten Torf- oder Mexifarnplatten bestehen, die man leicht feucht hält. Über eine gelungene Zucht ist noch nichts bekannt. Die Tiere werden zahm!

Als Futter erhalten meine Wendehalsfrösche Fliegen und dunkle Grillen. Man kann es auch mit Wachsmaden, Heimchen sowie Regenwürmern versuchen.

Gattung Phyllobates
Pfeilgiftfrösche oder Blattsteiger

Diese Gattung gehört zur Familie der Dendrobatiden und zeichnet sich ebenso durch Farbigkeit und giftige Hautsekrete aus. Die etwa 21 bisher bekannten Arten bewohnen Mittel- und Südamerika. Die bevorzugten Aufenthaltsorte sind der Boden und niedere Pflanzenwuchs. Sie sind sehr lebhaft, tagaktiv und legen ihre großen Eier wie die *Dendrobates*-Arten auf Blättern oder ähnlichen glatten Flächen ab und tragen die geschlüpften Larven zum Wasser. Der Transport wird entweder vom Männchen oder vom Weibchen übernommen. Die Eizahlen sind höher als bei *Dendrobates*. Ein Amplexus tritt nicht auf. Die Hauptnahrung der *Phyllobates* sind Ameisen und Milben, doch erbeuten sie auch größere Insekten.

Zu dieser Gattung gehört der bisher giftigste Frosch, *Phyllobates terribilis*, der bereits im Terrarium nachgezüchtet werden konnte. Alle *Phyllobates*-Arten sind in Gefangenschaft ausdauernd und vermehren sich gut. Bei Frischimporten sind hohe Ausfälle durch Seuchen (Knochenfraß, Würmer) und durch Hautschäden (Scheuerstellen) die Regel. Neben den hier besprochenen Arten vermittelt das Werk von Silverstone (1976) weitere wertvolle Hinweise.

Phyllobates bicolor
Neará oder zweifarbiger Blattsteiger

Kennzeichen: 32–40 mm, bildet mit *P. aurotaenia* und *P. vittatus* eine Artengruppe. Die Haut ist glatt, Zähne sind vorhanden, der erste Finger ist ein wenig länger als der zweite. Die Zehen haben keine Spannhäute. Der Rücken ist einfarbig rot-orange, orange oder gelb-orange, jegliche Streifen fehlen. Der Bauch ist schwarz, orange oder golden. Es sind keine sicheren Geschlechtsmerkmale vorhanden, eventuell sind die Weibchen größer. Die Giftigkeit des Hautsekrets soll sehr groß sein.

Verbreitung: Kolumbien, obere Atrato- und San Juan-Drainage, Rio Raposo, Chocó. Irrtümlich für Kuba und Mexiko genannt. 25–1525 m!

Lebensweise: Boden- bis Gebüschbewohner. Die ökologischen Angaben von Lüling (1971) beziehen sich nicht auf diese Art, sondern auf *Dendrobates silverstonei* (Daly und Myers, 1979).

Haltung: Im Terrarium sind diese Frösche nach anfangs hohen Verlusten durch Transport und Verätzungen sowie Knochenfraß recht ausdauernd. Auf eine sorgfältige Quarantäne und sofortige Behandlung der Wunden muß geachtet werden. Die Ernährung der recht großen Tiere bereitet keinerlei Schwierigkeiten. Als Futter gibt man halbwüchsige Grillen (Heimchen, Wachsmaden und -motten, Fliegen). Näheres s. Tab. 2. Mittelgroßes bis großes Terrarium mit kleinen Wasserpfützen oder einem Bach. Temperatur um 25°C, je nach Herkunft. Boden aus Korkplatten, Weißtorfziegeln usw. Bepflanzung mit Rankern und Bromelien. Eine Zucht ist in Holland gelungen, sie verläuft etwa ähnlich wie bei *P. terribilis* und *P. vittatus*.

Phyllobates femoralis

Kennzeichen: ♂ 20–26 mm, ♀ 23–27 mm, Zähne vorhanden, Zehen an der Basis mit Spannhäuten. Gelber oder goldener Lateralstreifen; weißer, bläulich-weißer oder silberner Ventrolateralstreifen; Bauch schwarz, braun oder dunkelgrau mit weißer Marmorierung. Haut auf dem Rücken granuliert, am Bauch glatt. Eine Artengruppe bildend mit *P. anthonyi, P. boulengeri, P. epinosai, P. zaparo*. Farbvarianten treten auf.

Verbreitung: Tieflandwälder von Guayana, Surinam, Franz. Guyana und die Amazonas-Drainage von Kolumbien, Ecuador, Peru und Brasilien. 14–610 m.

Lebensweise: Die Tiere leben am Boden und in der Vegetation bis 1 m Höhe, teilweise an offeneren Stellen auf herabgefallenen Blättern. Der Ruf der tagaktiven Frösche ist ein Trillern, das etwa 4 sec anhält und unregelmäßig wiederholt wird. Die Weibchen tragen die Larven, um sie später in Pflanzentrichter abzusetzen. Laichzeit ist April/Juni in Ecuador und Juni/Juli in Surinam. Freilebende Larven wurden auch im Februar gefunden (Polder, 1976). Zwischen *P. femoralis* und *D. pictus* besteht Müllersche Mimikri, d. h. beide Frösche ähneln sich von oben betrachtet.

Haltung: In Gefangenschaft sind diese *Phyllobates* sehr scheu und brauchen viele Verstecke, andernfalls stoßen sie sich bei ihren blitzschnellen und kopflosen Fluchtversuchen die Schnauzen auf. Überhaupt ist diese Art sehr empfindlich gegenüber Streß (Hinterbeinkrämpfe) und Bakterien- sowie Pilzinfektionen (Auge, Schnauze). Polder (1973) berichtet darüber und zeigt Behandlungsmethoden auf. Das Terrarium sollte dicht bepflanzt sein und eine Temperatur um 24°C und möglichst einen kleinen Bach mit Teich aufweisen. Als Futtertiere bietet man nicht zu große Arten an; Taufliegen, kleine Grillen und Mehlmotten sind geeignet. Die Tiere werden regelmäßig nachgezüchtet. Der Zuchtablauf ist ähnlich wie bei *P. vittatus*. Behandlungen mit Medikamenten (z. B. Salufit) führen fast sofort zu Krämpfen und öfters zum Tod der Tiere. Quarantänebecken brauchen viele, dunkle Verstecke. Nicht für Anfänger zu empfehlen.

Phyllobates terribilis
Goldener oder Schrecklicher Giftfrosch (Abbildung Seite 137)

Kennzeichen: Bis 47 mm. Bisher giftigste Froschart der Welt. Farbe der Oberseite goldgelb, orange oder metallischgrün, selten grau. Bauch einfarbig goldgelb oder orange, im Jugendstadium auch dunkler. Die Männchen bleiben ein wenig kleiner und haben an den Schallblasenschlitzen eine etwas grünlichere Kehlfärbung. Die Jungtiere besitzen eine Zeichnung aus hellen Dorsolateralstreifen mit dunklem Mittelfeld. Sie färben sich später um (Myers, Daly, Malkin).

Verbreitung: Kolumbien, nur von der Quebrada Guangui bekannt (Cordilliera Occidental). Um 200 m.

Lebensweise: P. terribilis lebt in hügeligem, unzerstörtem Regenwald. Die Tiere halten sich überwiegend am Waldboden, an feuchten Hängen oder in Flußnähe auf. Die tagaktiven Frösche klettern nicht sehr gerne. Die bewohnten Reviere sind sehr groß; Myers fand nur sehr selten zwei Tiere nahe beieinander. Die Rufe sind trillernd, die Frequenz beträgt 13 Hz. Myers erwähnt die gute Züchtbarkeit dieser Art. Die Eizahlen lagen bei seinen Beobachtungen um 15 Stück. Die Eier sind schwarz-weiß und der Dotterdurchmesser beträgt 2,5 mm. Der Schlupf fand nach etwa 11 Tagen statt, die Metamorphose etwa 55 Tage nach dem Schlupf. Eine Futteraufnahme beginnt am 65. Tag mit *Drosophila*. Im Freiland wurden drei Männchen gefunden, die bis zu 9 Larven gleichzeitig trugen. Die Eier sollen sich unter künstlichen Bedingungen sogar im Wasser entwickeln können. Die Geschlechtsreife wird etwa nach einem Jahr oder später erreicht, die Lebenserwartung ist erstaunlich hoch, wenigstens 5 Jahre. Ein Grund dafür mag der ausgezeichnete Schutz der Tiere durch das extrem giftige Sekret sein. Die Indianer verwenden diese Frösche als Giftlieferanten für ihre Blasrohrpfeile. Damit ihnen die Munition nicht ausgeht, tragen sie lebende Frösche in kleinen Bastkörbchen bei sich und können so jederzeit neue Giftpfeile herstellen. Nach Aussagen der Indianer kann ein getroffener Mensch noch einige hundert Meter laufen, bevor er tot zusammenbricht. Ein Gegengift ist nicht erhältlich!

Haltung: Diese Frösche wurden 1978 nach Deutschland eingeführt und waren in sehr schlechtem Zustand (offene Hautwunden und Schnauzen). Nur sehr wenige überlebten und konnten glücklicherweise von Schlaile nachgezüchtet werden. Die Ernährung bereitet keine Probleme, da die großen Tiere, Fliegen, Maden, Wachsmaden und -motten, frischgehäutete Mehlwürmer und halbwüchsige Grillen/Heimchen fressen. Die Gelege umfassen 20–25 relativ große Eier, die auf Bromelienblättern oder ähnlichen Flächen abgelegt werden. Sie sind sehr empfindlich gegenüber Verpilzung. Um bestmögliche Schlupfergebnisee zu erzielen, müssen sie aus dem Terrarium in einen Spezialbehälter überführt werden (s. Kap. Froschzucht). Die Larven können mit Trockenfutter und Algenrasen ernährt werden. (s. a. Tab. 4). Die Jungfrösche sehen anfangs mit ihrem Dorsolateralstreifen wie die Jungfrösche von *P. vittatus* aus, doch verschwindet die schwarze Mittelfläche des Rückens mit fortschreitendem Alter, und die Goldzone überzieht dann den gesamten Rücken. Die Unterseite der Jungfrösche ist anfangs dunkel bis schwarz. Die Tiere brauchen sehr viel Futter. Nach Schlaile ist es möglich, daß die Frösche andere Mitinsassen des Terrariums vergiften können, doch fehlen dazu noch sichere Angaben. Wegen der extremen Giftigkeit sind Gummihandschuhe beim Herausnehmen der Tiere und beim Reinigen des Terrariums Pflicht, zumindest bei Neuimporten. Es sollte sich eine zweite Person im Raum aufhalten, wenn das Terrarium gereinigt wird. Ein Gegengift ist bisher nicht bekannt. Hilfsmaßnahmen s. Kap. Giftfrösche. Die Giftigkeit nimmt in Gefangenschaft meist ab.

Terrariengröße ab 60 cm mit dickem, querliegendem Stamm als Klettermöglichkeit. Nicht zu dicht setzen; 3–4 Tiere reichen für eine Zuchtgruppe aus. Temperatur 24–28°C. Hohe Luftfeuchtigkeit.

Phyllobates vittatus
Gestreifter Blattsteigerfrosch
(Abbildung Seite 191)

Kennzeichen: 18,5–29 mm, ♂ meist kleiner. *P. vittatus* unterscheidet sich von *P. lugubris* durch seine Größe, die etwa 3–5 mm mehr beträgt. Da derartige Größendifferenzen auch in anderen Dendrobates-Populationen vorkommen, wurden die sonst fast identischen *P. lugubris* von manchen Autoren zu *P. vittatus* gestellt. Die Haut ist leicht granuliert, besonders am Rücken und an der Oberseite der Gliedmaßen. Zähne vorhanden. Erster Finger länger als der zweite. Zehen ohne Spannhäute. Iris dunkelbraun. Körper schwarz mit goldenen, gelben, gelb-orangen oder orangenfarbigen Dorsolateralstreifen und gelegentlichen Medianstreifen. Färbung und Zeichnung kann variieren. *P. aurotaenia* aus dem Chocó (Kolumbien) sieht ähnlich aus wie *P. vittatus*.
Verbreitung: Golfodulce-Region von Costa Rica. 30–70 m.
Lebensweise: Die Tiere leben hauptsächlich am Boden und klettern auf Pflanzen selten höher als 1 m. In Freiheit besteht die Nahrung aus Ameisen, Käfern und Fliegen sowie Springschwänzen.
Haltung: P. vittatus ist neben *Dendrobates auratus* der am häufigsten gehaltene und gezüchtete Blattsteigerfrosch. Da die Tiere sich schon in recht einfach eingerichteten Terrarien fortpflanzen, sind sie auch für Verhaltensforscher interessant. Wir finden bei dieser Art ein ausgeprägtes Territorialverhalten, wie es in ähnlicher Form auch bei *Colostethus inguinalis* vorkommt: das Aufspringen auf den Rücken des Gegners und der Versuch ihn herabzudrücken. Das Paarungsverhalten setzt nach Travis etwa 1–7 Tage vor der Eiablage ein, wozu Rufe des Männchens, Kreisen, Schütteln der Gliedmaßen, Aufspringen auf den Partner (♂ + ♀) und Verfolgungen (♀ folgt ♂) gehören. Den Eiablageplatz sucht wie bei *C. inguinalis* das Männchen aus. Durch einen bestimmten Ruf wird dann das Weibchen angelockt. Es tritt kein Amplexus auf. Das Männchen sitzt bei der Eiablage dem Weibchen gegenüber, kann aber auch weghüpfen. Nach der bis zu 30 Min dauernden Eiablage, die auf Bromelienblättern, Plastikdeckeln oder selten auf dem Terrarienboden stattfindet, verläßt das Weibchen die Eier. Erst nachdem dieses verschwunden ist, befruchtet das Männchen die Eier und kehrt öfters pro Tag zum Gelege zurück, um es zu wässern. Danach tritt eine einwöchige Pause ein. Am häufigsten sucht das Männchen die Eier dann wieder in der dritten Woche auf, oft bis zu dreimal täglich. Nach Polder lockt das Männchen durch stampfende oder schwenkende Bewegungen die Kaulquappen auf seinen Rücken, um sie etwa 3 Tage zu tragen und dann nach und nach durch ruckartige Bewegungen ins Wasserteil zu entlassen. Die Eiablage kann über einige Monate stattfinden, meist in Abständen von 1–2 Wochen. Die Eizahlen betragen 7–21 Stück pro Gelege. Im Terrarium dauert die Zeit von der Befruchtung bis zum Schlupf etwa 13–17 Tage; die Verwandlung beträgt bei 22–25°C etwa 40 Tage. Die Tiere sind nach einem Jahr geschlechtsreif, abhängig von der Temperatur und dem Futterangebot.

Als Terrarium können neben fast sterilen und kleinen Zuchtbehältern auch Großbecken verwendet werden, da die Tiere sehr lebhaft sind und gut sichtbar bleiben. Ein Wasserfall und ein Bächlein sollten nicht fehlen, da sich die Frösche gerne darin aufhalten. Als Ablaichpflanzen eignen sich glatte Bromelien *(Vriesea)* und im Terrarium an geeigneten Stellen verteilte Glasdeckel oder Blumenuntersetzer. Die Kokosnuß-Methode ist aber am ergiebigsten. Der Temperaturbereich sollte bei Costa Rica-Tieren um 22–25 °C liegen. Panama-Frösche *(P. lugubris)* brauchen Temperaturen bis 29 °C. Eine hohe Luftfeuchtigkeit ist in jedem Fall erforderlich. Als Futter kann man Anglerfliegen, größere Maden, Stubenfliegen, Grillen/Heimchen reichen.

Die Kaulquappenaufzucht bereitet außer der Verpilzungsgefahr keine Schwierigkeiten (Trockenfutter, Algen, gehackte Tubifex usw.). Gute Eier sind in jedem Fall von unbefruchteten zu trennen (s. Kap. Froschzucht). Die Jungfrösche brauchen sehr gutes und vitaminisiertes Futter *(Drosophila*, kleine Grillen/Heimchen), da sie sonst an Krämpfen eingehen und Rückgratdeformationen zeigen. Bei Costa Rica-Importen sind sehr viele Tiere mit Knochenfraß infiziert, daher ist bei der Eingewöhnung sorgfältig vorzugehen (Quarantäne) und sofort zu behandeln. Eingewöhnt sind die Tiere sehr gut haltbar und auch dem Anfänger zu empfehlen.

Gattung Phyllomedusa
Makifrösche
(Abbildung Seite 156)

Etwa 31 Arten und eine Unterart sind bisher entdeckt worden, die kleine bis sehr große Tiere umfassen.

Verbreitung: In Mittelamerika, Mexiko und Südamerika.

Alle Makifrösche haben normalerweise grüne Rücken, die sich manchmal nachts nach Braun umfärben können. Die Pupillen sind senkrecht. Die Finger und Zehen haben Spannhäute, teilweise fehlen sie aber auch. Haftscheiben sind vorhanden. Bei Arten, bei denen die erste Zehe länger ist als die zweite, bildet sich dadurch ein Greiffuß ähnlich dem der Chamaeleons. Auch deren schleichende Fortbewegung ist typisch für die Makifrösche. Giftdrüsen (Parotoiden) können vorhanden sein. Die Schallblase ist unpaar und kehlständig oder fehlt völlig. Die Männchen haben zur Paarungszeit Haftpolster am Daumen. *P. cochranae* ist ein Flußlaicher, während die anderen Arten ihre Gelege an Blätter heften, die über Wasserflächen hängen. Teilweise falten sie diese Blätter zu Trichtern zusammen, um den Laich besser zu schützen. Über die Lebensgewohnheiten der meisten Arten wissen wir nur sehr wenig, manche Arten sind nur nach einzelnen Typusexemplaren beschrieben worden. Im Handel wird *P. lemur* öfters angeboten, wogegen 1978 auch der sehr große *P. bicolor* eingeführt wurde. Alle Tiere dieser Art, die ich hielt, verstarben leider innerhalb einer Woche an eingeschleppten Bakterienseuchen und offenen Hautwunden. Auch *P. hypochondrialis* erwies sich bei längerer Haltung als heikel. Die großen Arten wie *P. bicolor* und *P. venusta* brauchen dichtbepflanzte, hohe Terrarien mit stabilen Kletterästen und vielen *Philodendron*-Ranken. Sie sind so langsam und phlegmatisch, daß sie mehrere Tage auf einem Fleck sitzenbleiben. Über das Futter ist nichts bekannt, bei mir fraßen die Frösche große Grillen, von denen aber derartige Frösche nicht satt werden. Wanderheuschrecken oder Kleinsäuger sind besser geeignet, sofern die Tiere sie annehmen. Sehr wahrscheinlich fressen die Makifrösche auch andere Frösche.

Phyllomedusa lemur
Lemurenfrosch

Kennzeichen: Kleine Art, ♂ 41 mm, ♀ 51 mm. Keine Zähnchen auf dem Vomer, ohne Giftdrüsen und ohne Spannhäute. Erste Zehe kürzer und der zweiten Zehe nicht gegenüber zu stellen, wie bei großen Arten. Die Tagfarbe ist ein Hellgrün. Ein Teil der Hinterbeine und die 4. und 5. Zehen sind orangegelb. Die Oberseiten der Oberarme sind gelb, ebenso die Flanken. Die Unterseiten der Arme und Beine sind rötlich-cremefarben, der Bauch ist rein weiß. In der Nacht variiert die Farbe des Rückens von Rotbraun bis Lavendelbraun, die Oberschenkel und die Arme sind tiefgelb, der Bauch erscheint weiß. Gelegentlich treten hellgrüne Flecken auf dem Rücken auf. Pupille senkrecht, die Iris ist silberfarben und schwarz umrandet. Die Männchen bleiben kleiner.
Verbreitung: Atlantikabhänge der Hochländer in Costa Rica und dem westlichen Panama, ebenso an den Pazifikabhängen des Cerro La Campana und Cerro Mali in Panama. 650–1600 m.
Lebensweise: Diese nachtaktiven, langsamen Baumfrösche bewohnen den tiefergelegenen feuchten Gebirgswald, der über das ganze Jahr hinweg hohe Niederschläge erhält. Die Frösche sind das ganze Jahr über aktiv, doch liegt die Brutsaison von April bis Ende Juli. Die Männchen rufen von Ästen aus Bäumen oder Büschen über flachen Tümpeln.

Abb. 56. Der Makifrosch (Phyllomedusa lemur) aus Costa Rica.

Haltung: Hohe Terrarien mit dichter, teilweise großblättriger Bepflanzung (*Philodendron, Scindapsus*) und einigen Epiphytenstämmen. Der 5 cm tiefe Wasserteil kann zur Brutzeit die gesamte Bodenfläche umfassen, außerhalb der Laichzeit reicht eine Terrarienhälfte dafür aus. Wichtig ist, daß sich über dem Wasserteil genügend glatte, größere Blätter befinden. Über eine fast gelungene Zucht berichtete ich (AM 77, 3), die Larven verpilzten aber wegen zu hohen Temperaturen. Die Paarung und die Eiablage erfolgen etwa wie bei *Agalychnis callidryas*. Das Männchen wird ebenfalls im Amplexus einige Tage umhergetragen, bis die Tiere einen geeigneten Ablageort gefunden haben, zumeist an der Unterseite von Blättern. Die Befruchtung erfolgt während der Eiablage, doch tropft die Samenflüssigkeit nach meinen Beobachtungen schnell an der Gallert- und Eimasse nach unten ab, so daß immer einige Eier unbefruchtet bleiben, die bei zu hohen Tempe-

203

Abb. 57. Die Vieraugenkröte (Pleurodema bibronii) aus Chile.

raturen sehr schnell verpilzen können und dann die gesunden Nachbareier oder Larven anstecken. Die Gallertmassen enthalten etwa 15–30 relativ große, grünliche Eier mit braunem Kern. Die Larven entwickeln sich innerhalb von 3–5 Tagen, wobei der Dottersack grün ist. Sie tropfen dann ins Wasserteil ab, wo sie eine normale Entwicklung durchlaufen. Das für *Phyllomedusa* typische Verkleben der Ablageblätter ließ sich nur in einem Fall beobachten. Ich möchte für die Haltung folgende Temperaturen empfehlen: Luft tagsüber 23–27 °C, nachts auf 22 °C absinkend, Wasser 24 °C. Zur Zucht sollte eine Lufttemperatur von 22–24 °C herrschen (Wasser 23 °C). Die Luftfeuchtigkeit muß dann dauernd bei 98% liegen!

Als Futter bekamen meine Tiere Fliegen, Grillen und Nachtfalter, auf die sie besonders versessen waren. Die Haltbarkeit war ausgezeichnet, doch sind die Erfahrungen mit den jüngsten Importen von Costa Rica nicht immer so gut, da Bakterienseuchen und Massensterben auftraten. Man sollte Hautwunden sofort behandeln und eine Quarantäne von 6 Monaten durchhalten, wobei man wie bei *Agalychnis* besonders auf Würmer achten muß. Die Tiere sind zur Zeit nicht für Anfänger zu empfehlen, es sei denn, sie stammen aus anderen Quellen.

Gattung Pleurodema
Augenkröten

Von dieser Gattung konnte ich bisher zwei Arten halten: *Pleurodema bibroni* und *P. brachyops*. Letzteren fing ich in Panama und war von seiner schönen Färbung überrascht. Alle Augenkröten zeichnen sich durch zwei oder vier auffällige Augenflekken aus, die zusammen mit einem besonderen Verhalten Feinde abschrecken sollen. Dieses Abwehrmotiv finden wir bei vielen Schmetterlingen (Tagpfauenauge) und anderen Insekten wie beispielsweise den Gottesanbeterinnen. Die Lebensweise kann sehr verschieden sein, vom halbaquatilen See- und Flußrandbewohner *(P. bibroni)* bis zum grabenden Bodenfrosch *(P. brachyops)*. Alle Gelege von *Pleurodema* werden im Wasser abgesetzt. Die Tiere können recht zahm werden.

Pleurodema bibroni
Vieraugenkröte

Kennzeichen: ♂ etwa 30 mm, ♀ etwa 40 mm. Braun, Bauch weißlich. Mit vier Augenflecken auf dem Rücken, die je paarweise unterschiedliche Größe haben. Die Männchen bleiben kleiner.
Verbreitung: Chile.
Lebensweise: Nach Busse sind die Tiere in Chile weit verbreitet und bilden mehrere Farb- und Zeichnungsmuster aus. Zum Teil sollen sie in den Wasserteichen der Vorgärten ablaichen.
Haltung: Meine Tiere waren alle von rötlichen Hautmilben befallen und bezogen daher ein Quarantänebecken. Die Milben lassen sich meist nur operativ entfernen, manchmal gelingt auch eine Abtötung durch ein Aquaristikpräparat (Salufit oder dergl.). Sie können jedoch aus Eiern nachschlüpfen, die unter der Haut in Gängen abgelegt werden. Meine *P. bibroni* lebten halbaquatil, sie hielten sich gerne im Wasser oder direkt daneben auf, zum Teil unter Torfplatten. Futterinsekten wurden im Sprung anvisiert und dann mit der sehr klebrigen Zunge „geleimt".

Einige Male trat ein Klammern der kleineren Männchen auf, doch zum Ablaichen fehlte eine entsprechende Einrichtung. Eine Zucht dürfte recht gut gelingen, wenn wir die Tiere in einem Aquaterrarium (halb Land, halb Wasser) unterbringen, das auch trockenere Stellen aufweisen sollte. Der Wasserteil wird etwa 3−8 cm tief mit einem Uferstreifen und vielen treibenden Wasserpflanzen angelegt. Die Temperatur sollte niedrig gewählt werden: Wasser um 22°C, Luft nicht über 24°C. Als Futter reicht man Grillen/Heimchen, Regenwürmer und Fliegen. Die *Pleurodema* sind sehr gierige Fresser und eventuell auch für eine Freilandhaltung im Sommer geeignet. Von meinen sechs Tieren verstarben während des Sommers alle an Krämpfen, die vermutlich durch zu hohe Temperaturen bedingt wurden.

Pleurodema brachyops
Rotschenkelaugenkröte

Kennzeichen: Um 30−45 mm. Rücken olivgrün, weißlich oder braun, Bauch weißlich. Kehle ebenfalls olivgrün. Zwei blaue Augenflecken an der Hinterseite des Rückens. Innen- und Hinterseite der Schenkel sind ziegelrot gefärbt. Grabschaufeln an den Hinterbeinen. Die Männchen bleiben kleiner.
Verbreitung: Panama, Kolumbien. Meereshöhe 0−100 m.

Lebensweise: Nicht so sehr ans Wasser gebunden wie *P. bibroni. P. brachyops* begegnete mir im Tiefland der Pazifikseite Panamas (Azuero-Halbinsel), wo die Art vor allem in den Reisfeldern und auf den Weiden vorkommt. Ich fing meine Tiere nachts auf Straßen, die nach einem Regen noch feucht waren. Man findet dann sehr viele überfahrene Exemplare. Zusammen mit den Tieren kam die kleine Kröte *Bufo coccifer* und die riesige *B. marinus* vor. *P. brachyops* soll sogar Brackwasser ertragen. Die Rufe sind dumpf und kurz, das Männchen saß unter geknickten Schilfhalmen am Rande einer Lehmpfütze. Die Tiere leben tagsüber eingegraben in Erdlöchern oder unter lockerem Substrat.

Haltung: Terrarien ab 60 cm. Lebensweise ähnlich wie *Breviceps*, daher nicht zu feucht und ohne Erde halten, sonst treten Hautgeschwüre auf. Als Verstecke biete ich geschichtete Mexifarnplatten an oder bringe eine Streu aus Orchid Barks oder Schaumgummischnitzeln ein. Als Wasserteil kann man zur Zucht eine Schale mit 30 × 30 cm und 5 cm Wasserstand verwenden, sonst reicht ein kleiner Napf. Als Futter nehmen die Tiere Grillen, Regenwürmer, Fleischstückchen usw. Temperatur: Luft bis 28 °C, Wasser um 25 °C. Als Paarungsauslöser wirken nach meinen Beobachtungen Regenfälle. Die Männchen lassen sich durch die tiefere Kehlfärbung und den kleineren Wuchs gut unterscheiden.

Gattung Rana
Echte- oder Schiebebrust-Frösche

Wohl jeder kennt die einheimischen Wasser- und Grasfrösche. Die Angehörigen dieser Gruppe entwickeln sich jedoch erst in wärmeren Ländern zu einer viel größeren Mannigfaltigkeit, als in unserem gemäßigten Klima. Wegen ihres Fleisches waren sie schon im Altertum bekannt und gesucht; heute hat dies für manche Arten zu einem bedrohlichen Zustand – etwa in Südosteuropa – geführt. Raniden finden wir in Nord- und Mittelamerika, über Europa und Afrika bis hin nach Südostasien, China, Japan und den Philippinen. Zu ihnen gehört der größte lebende Frosch *(Conrana goliath)* mit 40 cm Kopf-Rumpflänge. Die Raniden besitzen ein Paar seitliche Schallblasen.

Die Brutbiologie ist sehr vielseitig, sie reicht von Freilaichern über Heftlaicher bis hin zur direkten Entwicklung. Zu dieser Gattung gehören die kälteresistentesten und am weitesten nach Norden vordringenden Froschlurche überhaupt *(R. temporaria)*. Viele Raniden sind äußerst standorttreu und Traditionslaicher, die nach Vollendung ihrer Jugendentwicklung – etwa nach 3 Jahren bei einheimischen Arten – zu ihrem Geburtsgewässer zurückkehren und dort ablaichen. Viele Arten haben sich in den Tropen zu Gebirgsbewohnern entwickelt, die direkt in und um schnellfließende, kühle Bergbäche leben *(Rana warschewitschii). Rana beccarii* aus Nordostafrika ist sogar eine vollaquatile 15 cm große Art, die etwa wie *Xenopus* lebt. Wegen Platzmangel kann ich hier nicht auf die zum Teil herrlich gefärbten Arten eingehen, sondern muß mich auf die Besprechung einiger Terrarienfrösche beschränken.

Rana adspersa (früher *Pyxicephalus*)
Grabfrosch oder
Südafrikanischer Ochsenfrosch

Kennzeichen: 18–25 cm, meist viel kleiner. Körper massig und gedrungen. Unterkiefer ist mit drei großen, scharfen Knochenfortsätzen (Zähnen) besetzt. Pupille waagrecht, Trommelfell klein. Gliedmaßen kräftig, Fersen mit schaufelartigen Fortsätzen. Oberseite mit Längsfalten und höckerigen Warzen. Farbe des Rückens olivgrün, selten braun. Gelegentlich 1–3 helle Längsstreifen in Rückenmitte. Bauch weiß oder gelblich. Die Männchen sind größer und haben gelbe Kehlen.

Verbreitung: Mittel- und Südafrika mit Ausnahme der südwestlichen Kap-Provinz.

Lebensweise: Die grabenden Tiere halten einen Trockenschlaf im Boden. Zur Laichzeit (Regenzeit) versammeln sie sich in großer Zahl um Tümpel. Die Rufe sind laut und bellend. Die Tiere sind wie die Hornfrösche sehr gefräßig, kannibalisch und angriffslustig, und können durch die drei Knochenspitzen im Unterkiefer tiefe Wunden verursachen. Die 3–4000 (!) Eier werden in Regentümpel, Sümpfe oder an ähnlichen Plätzen abgelegt. Sie sind mit Gallerte etwa 4 mm groß. Die Larvenentwicklung kann bereits nach 18 Tagen abgeschlossen sein (Wager). Jungfrösche sind gleichfalls kannibalisch. Feinde der Grabfrösche sind die Eingeborenen, die die Tiere essen, ferner Pelikane, Nilwarane und Ameisen.

Haltung: Sehr geräumiges, flaches Artenterrarium mit tiefem Bodenteil zum Eingraben. Zur Regenzeit kann man ein abgetrenntes Wasserbecken fluten, doch sollte man einen Abtropfgraben vorsehen, damit kein Wasser in den Landteil geschleppt wird, der dann versumpfen kann und Hautgeschwüre verursacht, wie dies schon bei *Hemisus* und *Breviceps* erwähnt wurde. Eine Bodenfüllung wird aus einem Sand-Torf-Gemisch hergestellt, das öfters zu erneuern ist. Temperatur: 22–26°C

Abb. 58. Der Asiatische Rotohrfrosch (Rana erythrea).

Luft, 24°C Wasser, nachts Abkühlung. Trockenzeit simulieren! Die Frösche sind sehr phlegmatisch und meistens eingegraben. Man darf etwa gleichgroße Tiere zusammensetzen. Futter: Mäuse, Ratten, Fleischstücke, Grillen/Heimchen, Wanderheuschrecken. Für Zimmerterrarien sind nur Jungfrösche zu empfehlen. Sonst recht ausdauernd in Gefangenschaft.

Rana erythrea
Rotohrfrosch

Kennzeichen: Um 80 mm. Rücken blattgrün mit Metallschimmer. Flanken dunkelbraun oder grün. Zwei breite, silberweiße oder bronzefarbene Längsstreifen (Drüsenleisten). Die Oberseite der Oberschenkel ist gelbbraun oder grünlich mit Längslinien. Trommelfell sehr groß und kupferfarben. Bauch weiß. Kleine Haftscheiben vorhanden.

Verbreitung: Südliches Asien.

Lebensweise: Die Tiere leben wie unser Teichfrosch in der direkten Ufervegetation, auf Seerosen (Lotos) oder anderen Pflanzenpolstern. Bei Störungen hüpfen sie so schnell über das Wasser, daß sie nicht einsinken.

Haltung: Etwas geräumigere, flache Terrarien (Ufernachbildung) mit großem, tiefen Wasserteil. Die Bepflanzung des Ufers sollte dicht und stabil sein, in der Verlandungszone setzt man Sumpfpflanzen (*Spatyphyllum, Calla*), im Wasserteil Zwergseerosen oder andere Arten ein. Temperatur: 22–24 °C Luft, 23–24 °C Wasser. Öfters sprühen. Ernährung: Fliegen, Grillen/Heimchen, Mehlwürmer, Nachtfalter. Nicht sehr gefräßig. Über eine regelmäßige Zucht ist noch nichts bekannt.

Ähnliche Pflege: *R. cyanophlyctis* (Asien), *R. hexadactyla* (Indien). Größerer Landteil mit Kletterpflanzen für die schwarze, rot getupfte *Rana exsimia* (die fälschlich als *Calophryne* angeboten wird?) sowie *R. limnocharis* und für die sehr hübsche, aber große *Rana hosii* aus Südostasien. Die aus Costa Rica eingeführte und sehr bunte *Rana warschewitschii* ist ein Gebirgsbewohner, der in und um schnellfließende, kühle Flüsse oder kleine Tümpel lebt. Die Temperaturen sollten hier niedriger liegen.

Gattung Rhacophorus
Flug- oder Ruderfrösche
(Abbildungen Seite 173)

Neben den Raniden und Hyliden ist die Familie der Rhacophoriden eine der artenreichsten. Das Verbreitungsgebiet der Rhacophoriden erstreckt sich von Afrika, Madagaskar, Asien bis nach Japan und den Philippinen. Sie besitzen diplasiocoele (zweiseitig-ausgehöhlte) Wirbel und zwischen den letzten beiden Zehengliedern Zwischenknorpel, die ihnen das Klettern erleichtern. Die meisten Arten haben leuchtende Farben, sind aber sonst überwiegend nachtaktiv. Von der Gattung *Rhacophorus* werden regelmäßig gewisse Arten eingeführt. Ein Teil – vor allem die braunen Arten – halten sehr gut im Terrarium. Ich habe jedoch mit den grünen Formen wie *R. rheinwardti* größte Probleme, über die schon Senfft schrieb. Man kann sogar allgemein sagen, daß glasartig hellgrüne oder blaugrüne Frösche immer schwer zu halten sind. Senfft führt dies auf die sehr empfindliche Haut der Flugfrösche zurück und versuchte, durch häufiges Überbrausen und Abwaschen der Blätter und des Terrariums Todesfälle durch Bakterieninfektionen zu vermeiden. Es könnten aber auch falsche Temperatur- und Luftfeuchtigkeitsverhältnisse oder ein Ernährungsmangel daran schuld sein. Ich möchte jedem Terrarianer deshalb empfehlen, vorerst beim Kauf der grünen Arten Zurückhaltung zu üben, bis die Schwierigkeiten gelöst sind. Die Eingewöhnung könnte nach einer Quarantäne in Gewächshäusern erleichtert werden, doch liegen dazu noch zu wenig Informationen vor. Die Echten Ruderfrösche legen zumeist Schaumnester über Gewässern an, aus denen die Larven herabfallen und sich dann normal weiterentwickeln. Es gibt aber auch Fälle, bei denen sich die gesamte Entwicklung bis zum Frosch in der Schaummasse vollzieht (*R. microtympanum*).

Rhacophorus leucomystax
Weißbart-Ruderfrosch

Kennzeichen: Bis 65 mm. Männchen bleiben kleiner. Rücken hell- oder dunkelbraun oder oliv mit dunklerer Zeichnung, die gelegentlich aus deutlichen Längsstreifen besteht. Die Unterseite ist weißlich. Die Schenkel haben dunkle Querbänder.

Verbreitung: Östlicher Himalaya bis Südchina. Malaiische Halbinsel südwärts bis Java und Borneo, ostwärts bis zu den Philippinen.

Lebensweise: Diese nachtaktiven Frösche sind zum Kulturfolger geworden, die selbst in den Städten anzutreffen sind und in künstlichen Becken oder an feuchten Stellen ablaichen. Nach Krefft leben sie vor allem in Bodennähe in feuchten Wiesen und um Wasserlöcher. Die Brutbiologie beginnt mit den Rufen des Männchens von geeigneten Plätzen. Sobald das angelockte Weibchen erscheint, wird es vom Männchen umklammert und sucht nun einen Eiablageplatz auf, der in der Regel so über Gewässern liegt, daß die schlüpfenden Larven ohne Mühe ins rettende Wasser fallen können. Liu beobachtete aber auch viele Nester, die durch falsche Wahl des Ablageortes vertrockneten. Selten bauen die Tiere ihre Schaumnester auf dem Boden. Das Weibchen beginnt vor der Eiablage mit dem Männchen auf dem Rücken an einer geeigneten Stelle soviel Wasser wie möglich aufzutanken. Beide Tiere begeben sich anschließend oder auch einen Tag später zum Eiablageplatz. Nach einem Startsignal des Weibchens (Abflachung) preßt es eine klebrige, eiweißartige Flüssigkeit aus, die mit den Unterschenkeln zu Schaum geschlagen wird. Die zwischendurch in Portionen abgelegten Eier werden mit diesem Schaum vermengt. Nach Klingelhöffer dauert der Bau einer Schaumkugel etwa 1–2 Stunden, bei mehreren Weibchen (4) pro Männchen können in ungefähr einer Woche 17 Schaumnester gebaut werden. Nachdem die Schaumkugel fertig ist, löst das Männchen den Amplexus und sucht sich sofort ein neues laichwilliges Weibchen. Die Larven sammeln sich nach dem Schlupf in der unteren Hälfte der Schaumkugel, die an der Oberfläche bei Trockenheit pergamentartig wird. Die nach etwa 1–2 Wochen schlüpfenden Larven haben eine dicke, unempfindliche Haut und vermögen sich durch schnellende Bewegungen über den Boden in Richtung Wasser fortzubewegen.

Haltung: Hohe Terrarien mit durchgehendem oder getrenntem tieferen Wasserteil. Rückwandbepflanzung, Epiphytenstämme und Kletteräste über dem Wasserteil. Das Ufer sollte an einer Seite aus Glas- oder Kunststoff so angelegt werden, daß es wie eine Rutsche zum Wasser hin leicht abfällt. Temperaturbereich je nach Art und Herkunft: bei *R. leucomystax* 22–28 °C Luft und 24–26 °C Wasser, doch gibt es auch Arten, die kühles Fließwasser brauchen (*R. buergeri*, japanischer Singfrosch). Eine Zucht des Weißbart-Ruderfrosches ist im Terrarium mehrfach gelungen. Ebenso ist ein Schlupf und eine Aufzucht aus mitgebrachten Schaumkugeln möglich. Die adulten Frösche sind sehr gefräßig, sie dürfen nicht mit Reptilien und kleineren Amphibien zusammengehalten werden. Bei mir fraß ein *R. leucomystax* einen doppelt so großen Rotkehlanolis sowie etliche Geckos, bis ich ihm durch Zufall auf die Spur kam. Daß dabei die Schwänze der verspeisten Opfer noch lange Zeit aus dem Maul herausschauen, stört die Frösche nicht. Im Futter ist die Art nicht wählerisch: Regenwürmer, Grillen/Heimchen, große Heuschrecken, Fleischstücke, Fliegen, Mehlwürmer usw. Da bei *Rhacophorus* Bakterien- und Parasitenbefall beobachtet wurde, ist auch hier eine Quarantäne erforderlich. Ein Baden in der Qua-

Abb. 59. Der Chilenische Nasenfrosch (Rhinoderma darwini).

rantäne-Lösung (s. im Kap. Krankheiten) ist sehr zu empfehlen, wobei auf die Empfindlichkeit der grünen Arten zu achten ist. Die braunen Arten sind als Anfängerfrösche geeignet.

Gattung Rhinoderma
Nasenfrösche

Rhinoderma darwini
Chilenischer Nasenfrosch

Kennzeichen: Bis 32 mm. Es treten verschiedene Farbformen der Ober- und Unterseite auf, die von Braun bis Grün reichen. Oberseits ganz grüne Tiere sind selten.
Verbreitung: Chile, Patagonien.
Lebensweise: Die Nasenfrösche sind Flachland- oder Gebirgsbewohner, die vorzugsweise an feuchten Stellen in unmittelbarer Nähe von fließenden Gewässern leben. Nach Meier lieben es die Tiere, die Füße feucht zu haben. Außerdem sind sie gegen Temperaturen um oder über 28 °C

sehr anfällig. Bis zu 40 Eier werden als Klumpen von den Weibchen an feuchten und dunklen Stellen, beispielsweise unter Moospolster oder Steinplatten, abgelegt. Angeblich wird das Gelege vom Männchen bewacht. Sobald sich die Larven in den Eihüllen bewegen, nimmt sie ein Männchen portionsweise mit der Zunge auf und verstaut sie in seinem Kehlsack. Es beteiligen sich außerdem auch andere Männchen an der Aufnahme der Eier. Der Brutsack dehnt sich mit fortschreitender Entwicklung der Larven immer weiter aus, bis schließlich die fertig verwandelten Jungfrösche (bei *R. darwini*) entlassen werden, die dann eine Größe von 5–10 mm haben. Eine vor kurzem wegen abweichender Brutbiologie entdeckte zweite Art, *R. rufus*, entläßt Kaulquappen aus dem Maul. Nach dem Schlupf der bis zu 15 Larven oder Fröschchen bildet sich der Kehlsack wieder zur Normalgröße zurück. In geeigneten Biotopen erstreckt sich die Brutzeit über das ganze Jahr. Nach den Angaben von Meier (DATZ 79, 3) betragen die Wintertemperaturen in Chile von Juni bis September 3–4 °C. Im November liegen sie am Tage bei bedecktem Himmel bei 20 °C, um nachts auf 5 °C abzusinken. Die wärmste Zeit fällt in die Monate Dezember und Januar. Im Biotop von *Rhinoderma* sollten die Temperaturen aber kaum 25 °C überschreiten. Falls Nachtfröste auftreten, verstecken sich die Nasenfrösche einige Zeit. Die Laichzeit beginnt Ende Oktober und dauert bis März.
Haltung: Die Nasenfrösche sind sehr empfindlich gegen höhere Temperaturen, obwohl sie nach Busse manchmal 30 °C aushalten. Man richtet für die Tiere ein Flußbecken mit 0,5–1 cm Wassertiefe ein, wie dies schon für *Colostethus*-Arten beschrieben wurde. Die Uferzonen müssen

breit genug sein, damit flache und feuchte Höhlungen zur Eiablage bereitstehen (Ziegelsteine). Die Wassertemperatur sollte bei 22 °C liegen, die Werte für die Luft können bis 24 °C gehen und nachts absinken. Zur Zucht setzt man mehrere Männchen auf ein bis zwei Weibchen an. Geschlechtsunterschiede ergeben sich durch den Kehlsack und dessen Färbung. Als Futter gebe ich Anfluginsekten (Drosophila) und kleine Stubenfliegen. Bei eingewöhnten Tieren kann man nach Klingelhöffer auch Fleischstückchen, Leber, Tubifex und Regenwurmstückchen reichen. Meine Frösche erwiesen sich als recht anfällig, da sie sich beim Händler vermutlich infiziert hatten. Wegen der Eingewöhnungsprobleme und des hohen Preises sind die Nasenfrösche nur für Fortgeschrittene zu empfehlen. Wenn sich die Tiere wohlfühlen, sind sie sehr lebhaft und tagaktiv, wobei sie sich auch gelegentlich an sonnigen Stellen aufhalten. Stauluft muß bei der Terrarienhaltung unbedingt vermieden werden, da die Tiere sonst leicht kränkeln.

Gattung Scaphiopus
Schaufelfüße

Diese zu den Pelobatiden (Krötenfröschen) gehörende Gattung ist vor allem von Kanada bis Mexiko vertreten, wo sie Trockenlandschaften bis hin zu echten Wüsten bewohnen. Durch die schaufelartigen Fortsätze an den Hinterbeinen können sich die Tiere sehr schnell und sehr tief eingraben (nach dem bekannten Wüstenforscher Uwe George bis zu 2 m tief im Boden) und erscheinen erst wieder bei Regenfällen zum Brutgeschäft. Ich möchte nicht auf alle fünf Arten eingehen, sondern nur S. couchi besprechen.

Scaphiopus couchi
Couch's Schaufelfuß

Kennzeichen: 57–90 mm. Eine große Art, grünlichgelb oder braungelb, unregelmäßige Netzzeichnung oder Flecken in Schwarz, Braun oder Dunkelgrün. Unterseite weißlich. Schaufel an den Hinterbeinen schwarz. Färbung des Männchens: grüngelb, Netzzeichnung oder Fleckung unterdrückt oder fehlend. Kehle weiß.
Verbreitung: Südwestliches Oklahoma, zentrales Neu-Mexiko und Arizona bis zur Spitze der Baja California, San Louis Potosi; südöstliches Kalifornien bis Zentral-Texas.
Lebensweise: Diese Art bewohnt die Kurzgras-Ebenen, Mesquito-Savanne, Creosote-Busch-Wüste und andere Gebiete mit wenig Regenfällen. Der Ruf ist sehr weittragend, die Dauer beträgt 0,7–1,25 sec. Die Brutzeit liegt im Juli bis September während der Zeit der Sommerregen. Tagsüber leben die Tiere in den Wohnlöchern der Gopher-Schildkröten, Erdhörnchen, Wüstennager oder in selbstgegrabenen Höhlen. Die Aktivitätszeit liegt wie bei den meisten Trockenlandbewohnern in der Nacht, wo sie besonders nach Regenfällen anzutreffen sind.
Haltung: Flache und breite Terrarien mit Bodenfüllung aus Orchid-Barks, Flußkies oder leicht feuchtem Torfmull-Sand-Gemisch. Wie bei den anderen in diesem Buch beschriebenen Bodenbewohnern ist auch hier die Gefahr des Übernässens des Bodens gegeben, die zu Hautschäden führt. Der Bodengrund darf nur in der Tiefe etwas feucht sein. Zur Zucht wird der Behälter mit lauwarmem Wasser berieselt und ein größeres, flaches Wasserteil angeboten. Die Larvenentwicklung ist sehr schnell. In der letzten Phase sind die Larven carnivor.

Gattung Smilisca
Baumfrösche
(Abbildung Seite 68)

Diese Gruppe mit etwa 6 Arten enthält mittelgroße bis sehr große Baumfrösche mit veränderlicher Färbung, die von Braun bis Grün mit gelben netzartig gezeichneten Flanken reicht. Die Verbreitung erstreckt sich von Mexiko bis nach Südamerika. Die meisten Arten legen ihre Eier in kleinen Tümpeln als Oberflächenfilm ab und sind sehr produktiv (500–2000 Eier pro Gelege), andere sind Flußlaicher *(S. sila, S. sordida)*. Die Rufe sind laut und durchdringend, teilweise wie das Blöken eines Schafes *(S. phaeota)*. Die Geschlechter kann man gut unterscheiden, da die Männchen wesentlich kleiner bleiben.

Die Haltung bereitet keine Probleme, bis auf Verletzungen durch Anspringen von Glasscheiben und Transportschäden, die aber bei entsprechender Behandlung in 4 Wochen gut verheilen. Man sollte für die großen Arten ein 1 cbm-Terrarium mit einem ausgedehnten, ca. 10 cm tiefen Wasserteil wählen. Da die Frösche oft kleinere Arten fressen, sollte man sie nur mit gleichgroßen Tieren zusammenhalten.

Ein Ablaichen findet bei eingewöhnten Tieren regelmäßig statt, doch ist die Aufzucht der Kaulquappen und Jungfrösche nicht einfach, da höchste Sauberkeit und große Futtermengen erforderlich sind. Es traten mehrfach Massensterben durch Bakterieninfektionen auf, die nur durch Salufit verhindert werden konnten.

Smilisca phaeota

Kennzeichen: ♂ 65 mm, ♀ 78 mm. Männchen wesentlich kleiner bleibend, Kehle dunkler. Flacher, elliptischer Metatarsaltuberkel, lange Hinterbeine und eine allmählich abfallende Schnauze. Weißer Lippenstreifen und dunklere Querstreifen zwischen den Augen. Breites, schwarzes Band vom Auge über das Trommelfell zum Oberarmansatz ziehend. Flanken hellgrün oder hellgelb mit feiner netzartiger brauner Zeichnung. Rücken grün oder braun mit dunkler Zeichnung. Schallblase kehlständig, aber zweiteilig; Schwimmhäute vorhanden.

Verbreitung: In Mittelamerika. Karibische Seite: Nordöstliches Nicaragua bis nordwestliches Kolumbien (Täler des Rio Magdalena und Rio Cauca). Pazifikseite: südliches, zentrales Costa Rica bis nordwestliches Ecuador, mit Ausnahme der Panama-Savannen und der Azuero-Halbinsel. Bis 1000 m.

Lebensweise: Die Tiere leben in feuchten Tieflandwäldern, wo sie das ganze Jahr über aktiv sind. Die Brutzeit liegt jedoch in der Regenzeit. Die Männchen rufen dann von Tümpelrändern oder direkt aus dem Wasser, wo sie aufgeblasen treiben. Da die Tiere durch ihre sehr lauten, blökenden Rufe auffallen, sind sie bei der Bevölkerung gut bekannt.

Die Eier sollen nach Duellman in Klumpen abgelegt werden, doch konnte ich eindeutig beweisen, daß sie als Oberflächenfilm abgelegt werden (wie er später vermutete): Nach meinen Beobachtungen beträgt der Eiabstand im Film 10–13 mm, die innere Gallerthülle hat etwa 3 mm Durchmesser. Die Eier sind an der Oberseite dunkel, unten weiß. Eizahl 150–200 Stück, maximal 500–800 pro Gelege. Die Gelegefläche kann einen halben m² betragen.

Haltung: Etwa wie *Agalychnis*-Arten. Terrariengröße 50 × 50 × 150 cm, Bodenteil völlig geflutet und etwa 10 cm tief, mit Filteranlage. Ziegelsteine bilden Sitzplätze und die Basis für große Philodendron-Stämme. Die Rück- und Seitenwände können mit Korkplatten beklebt und mit rankenden Pflanzen versehen werden *(Scindapsus, Philodendron)*. Lufttemperatur 24–28°C, Wasser 25°C. Zur Brutauslösung wird die Luftfeuchtigkeit auf 98% erhöht und öfters gesprüht. Eine Zucht ist sehr leicht möglich, wenn die Tiere gut im Futter stehen. Man läßt die Larven im Terrarium schlüpfen, fängt sie aber dann heraus, um sie separat im Aquarium oder mit der Wannenmethode aufzuziehen (s. Kap. Froschzucht). Wegen der riesigen Larvenmengen verschmutzt das Wasser schnell. Die Metamorphose ist nach etwa 4 Wochen fast gleichzeitig abgeschlossen und gewaltige Jungfroschmengen (200–500 Stück) wollen dann mit Taufliegen und kleinen Stubenfliegen angefüttert werden. Die 12 mm langen Jungfrösche müssen in kleinen Mengen (höchstens 20 Tiere) in separate Terrarien aufgeteilt werden, die eine hohe Luftfeuchtigkeit und eine gute Frischluftzufuhr haben. Bei derartigen Froschmengen schleichen sich sehr schnell Seuchen ein, die fast alle Tiere vernichten können. In derartigen Fällen half bei mir gelbes Salufit im Badewasser oder in der Wannenanlage. Die Zucht in der zweiten Generation ist ebenfalls schon geglückt. Die Jungfrösche sind nach etwa einem Jahr geschlechtsreif und quaken. Als Futter reicht man Grillen/Heimchen, Stubenfliegen, Heuschrecken und Nachtfalter. Fleischstreifen (Herz oder Leber) können mit der Futternadel angeboten werden. Über die Besonderheiten bei der Quarantäne und der Eingewöhnung wurde bereits gesprochen. Ähnliche Haltung: *S. puma, S. cyanosticta* und *S. baudini* (Abbildung S. 68) etwas trockener. Bis auf *S. phaeota*

Abb. 60. Smilisca sila.

verlangen die anderen Arten etwas mehr Aufmerksamkeit beim Futter.

Smilisca sila

Kennzeichen: ♂ 45 mm, ♀ 62 mm. Kurze, steil aufragende Schnauze. Fehlen des dunklen Schläfenbandes. Flanken und Oberseite der Schenkel sind braun mit hellblauen oder cremeweißen Tupfen. Kehle der Männchen dunkelbraun. Die Farbe des Rückens ist ein Grau, Braun oder Rötlichbraun, mit dunkelbraunen, olivbraunen oder rötlichen Flecken. Zusätzlich treten weiße oder metallisch-grüne Pusteln auf.

Verbreitung: Pazifik-Hänge und Tiefländer von Costa Rica und Panama. Auf der karibischen Seite von Ostpanama bis zum nördlichen Südamerika (Kolumbien). 0–1300 m.

Lebensweise: Die Tiere leben an flachen, felsigen Flüssen oder feuchten Abhängen mit Rieselwasser. Die Brutsaison findet nur bei Niedrigwasser während der Trokkenzeit statt. Die Männchen rufen dabei von den Uferrändern, seltener aus Pflanzen über den Flüssen. Die Weibchen findet man am Ufer, klammernde Paare in flachen Gumpen der Bäche. Die Kaulquappen leben in klaren, tieferen Flußabschnitten, sie können sich mit dem Mund an Steinen anheften.

Ich fand diese Frösche in Nordwest-Panama an steilen Hängen, an denen auf breiter Fläche Wasser austrat und herabrieselte. Die Tiere paßten und schmiegten sich so gut an den Untergrund, daß man mit der Lampe mehrere Minuten suchen mußte, obwohl der Frosch schließlich nur 50 cm entfernt saß. In El Valle (Panama) beobachtete ich große Brutversammlungen in ehemaligen Reisfeldterrassen, die mit einer etwa 30 cm hohen Sumpfpflanze dicht bewachsen waren, wobei ständig strömendes klares, etwa 2 cm tiefes Wasser vorhanden war.

Haltung: Breite, lange Terrarien mit einer Höhe von ungefähr 50 cm. Die Rückwand wird als Rieselfläche umgebaut (Eheim-Strahlrohr). Der Boden besteht aus einer Flußnachbildung mit verschiedenen Tiefen, eingelegten Bachkieseln und Sumpfpflanzen (*Scindapsus*- oder *Philodendron*-Ranken) und einem dicht bepflanzten Uferbereich. Eine stetige Strömung und klares Wasser wird durch einen Kreiselpumpenfilter erzeugt. Die Wassertemperatur darf nicht zu hoch liegen, 22–23 °C sind am günstigsten. Die Haltungstemperatur sollte 24 °C bei Hochlandtieren nicht übersteigen. Das Futter besteht aus Grillen/Heimchen und Stubenfliegen (Anglermaden). Die Frösche sind gut haltbar, sofern keine Infektionen auftreten. Das Wasser soll trotz Filteranlage etwa jede Woche zu einem Teil gewechselt werden. Ähnliche Haltung: *S. sordida*.

Gattung Trichobatrachus
Haarfrösche

Trichobatrachus robustus
Haarfrosch

Kennzeichen: ♂ 13 cm, ♀ 10 cm. Oberseite grau oder braungrün, Bauch hell. Die Männchen tragen während der Brutzeit an den Flanken sowie an der Oberseite der Schenkel 15 mm lange Hautfortsätze, die man fälschlich als „Haare" bezeichnet. Sie sind reichlich von Blutgefäßen durchzogen, haben aber keine Nerven. Über die Deutung der Hautwucherungen wurde viel geschrieben, und ich glaube keinesfalls, daß diese „Haare" nur „nutzlose Anhängsel" sind, wie es oft dargestellt wird. Erst die genaueste Klärung der Brutbiologie dieser Froschart und ausgedehnte Freilandbeobachtungen können hierüber Aufschluß geben. An der 2., 3. und 4. Zehe der Hinterbeine tragen die Haarfrösche nadelscharfe Krallen, die durch herausragende Knochen gebildet werden. Sie werden zur Verteidigung und zum Festhalten in den schnellfließenden Strömen und Bächen benutzt. Da die Tiere die Hinterbeine sehr weit nach vorn strecken können, ist beim Fang größte Vorsicht geboten, weil die Tiere die Hand des Fängers mit den Hinterbeinen erreichen und verletzen. Die Gelege werden an Steinen unter Wasser angeheftet. Die Kaulquappen, die eine große Haftscheibe am Mundfeld haben, werden bis zu 10 cm lang.
Verbreitung: Zentralafrika, Kamerun.
Lebensweise: Die Tiere bewohnen schnellfließende Flüsse, die auch kühl sein können. Als Futter kommen Wasserinsekten, Würmer und Anflugbeute wie Falter und Käfer in Frage, vermutlich werden auch Amphibien gefressen.

Haltung: Großes, flaches Flußterrarium (mindestens 1 m lang) mit schnellströmendem Wasser; runde, große Kieselsteine bilden die Haltepunkte für die Frösche. Die Flußnachbildung sollte flache und tiefe Stellen aufweisen. Eine Herstellung des Flußbettes aus Perlite- und Blähton-Zement ist am geeignetsten. Ein wirksamer Kreiselpumpenfilter sowie eine Turbelle zur Strömungserzeugung sind einzuplanen. Als Futter nehmen die Tiere jede lebende Beute, zusätzlich kann man es mit Fleisch- und Leberstücken versuchen. Möglichst nur gleichgroße Tiere zusammensetzen. Artenterrarium! Lufttemperatur 22–25°C, Wasser 20–25°C. Die Kaulquappen lassen sich mit Aufwuchsalgen, Fischfuttertabletten und Tubifex ernähren. Zur Fütterung kann man die Wasserströmung vermindern.

Gattung Triprion
Panzerkopflaubfrösche

Diese seltsamen Froschlurche gehören zur Familie der Hyliden. Das besondere Kennzeichen ist der völlig verknöcherte schüsselartige Schädel, der die Wohnlöcher der Tiere in Holz oder in Blattachseln wie ein Deckel verschließt. Die Ausbildung dieses Schädels hat zu vielen Vermutungen Anlaß gegeben. Es wird behauptet, daß die Tiere diese „Wohnungstüren" gegen Moskitos entwickelt haben, die sonst das Blut der Frösche saugen könnten. Tatsache ist, daß dieser Verschluß gut funktioniert und durch ein besonderes Schreckverhalten bei Störungen sofort angewendet wird. Im Terrarium ist es schwierig, die Tiere aus einer Blattachsel oder einem Loch in einem Stamm zu entfernen. In Gefangenschaft bereitet uns dieser gepanzerte Kopf einige

Sorgen, da sich die Tiere bei falscher Wahl des Futters oder des Terrariums die Haut an der Oberkieferkante aufstoßen, Infektionen bekommen und sterben. Das Terrarium darf bei Frischimporten keine Scheiben aus Glas, mit Ausnahme der Frontscheibe, aufweisen, da die Tiere sie anfangs nicht wahrnehmen können und bei ihren kopflosen Fluchten gegen diese Hindernisse knallen. Die Frontscheibe ist möglichst zu kennzeichnen oder zuzuhängen. Die Deckelgitter dürfen nur aus nachgiebigem PVC-Gewebe bestehen. Auf eine Fliegenfütterung ist anfangs zu verzichten; erst wenn die Tiere sich nach einigen Wochen an die Umgebung gewöhnt haben, sollte man Fliegen reichen. Als Anfangsfutter eignen sich große Grillen oder Heimchen, die die Frösche besser fangen können. Nach der Quarantäne setzen wir die Tiere in ein dicht bewachsenes Terrarium, dessen Seitenwände aus Eternit bestehen oder mit Korkplatten verkleidet sind. Als Unterschlupf bieten wir aufgehängte Ton- oder graue PVC-Rohre an, wenn wir uns nicht die Mühe machen wollen und einen kleinen Stamm mit 4–5 cm breiten und 15 cm tiefen Fräslöchern zu versehen. Als Notlösung genügen auch große, breitblättrige Bromelien. Ein etwas größeres Wasserteil wird vor allem nachts aufgesucht.

Triprion spatulatus
Panzerkopflaubfrosch
(Abbildung Seite 68)

Kennzeichen: ♂ 87 mm, ♀ 101 mm. Eine große Art, die außer der Nominatform *(T. s. spatulatus)* noch eine weitere Unterart *T. s. reticulatus* ausbildet. Nominatform: einfarbig gelblicher oder dunkelolivgrüner Rücken mit gelegentlichen kleinen schwarzen Tupfen. *T. s. reticulatus*: Rükken mit deutlicher, dunkler Netzzeichnung und/oder Flecken. Haftscheiben und Tympanum vorhanden. Die Spannhäute fehlen oder sind reduziert (Hinterbeine), die Haut ist glatt oder leicht granuliert. Die Schallblase ist unpaar und kehlständig. Die Weibchen sind oft größer als die Männchen und haben keine Schallblase.

Verbreitung: T. s. s. bewohnt die pazifischen Küstentiefländer im südlichen Sinaloa, Mexiko. *T. s. r.* lebt in den flachen, hügeligen mexikanischen Küstengebieten von Colima südwärts zum Isthmus von Tehuantepec, Oaxaca. Ebenfalls im Balsas Basin in Michoacán. Bis 350 m.

Lebensweise: T. s. s. bewohnt trockene Dornbuschwälder auf Sinaloa, wo die Art in temporären Tümpeln brütet, die sich in der Regenzeit bilden (Juni bis November). Sie rufen zur Brutzeit in Chören, die durch heftige Regenfälle ausgelöst werden. Die Männchen sitzen dabei an den Erdufern der Gewässer, doch rufen sie auch aus 35 cm Höhe von Felsen, die oft auch im Wasser stehen. Ein Amplexus tritt im Wasser und an Land auf. Hardy und McDiarmid nehmen an, daß zur Brutauslösung ein Temperatursturz, gekoppelt mit starkem Regen und bedecktem Himmel notwendig ist. Die Kaulquappen dieser Art sind noch unbekannt. Der Ruf beider Unterarten ist nach Duellman „braaa", das 10–17 mal pro Minute wiederholt wird. Beide Arten verbergen sich außerhalb der Laichzeit in hohlen Stämmen, Bromelien oder in Gefangenschaft auch in Gesteinsspalten und Erdlöchern. Die Larven von *Triprion spatulatus reticulatus* sind ebenfalls noch nicht ausreichend erforscht.

Haltung: Mittelgroße Terrarien mit bewachsenen Seiten- und Rückwänden. Als Verstecke bieten sich Bromelien, Korkstücke, Plastik- oder Tonrohre an. Trockenere Haltung außerhalb der Laichzeit. Zur Brutauslösung füllt man große Teile des Terrarienbodens zu einem „Regentümpel" auf oder stellt eine geräumige Wasserschale hinein. Gleichzeitig sollte die Lufttemperatur, die zur Trockenzeit bei 26–28°C liegen kann, auf 22–24°C abgesenkt werden. Regenfälle simulieren wir durch häufiges Überbrausen des Behälters. Über die genauen Ablaichgewohnheiten ist noch nichts bekannt, ein gutes Betätigungsfeld daher für forschende Terrarianer. Über die Verletzungsgefahren sprach ich bereits in der Einleitung, ebenso über das Futter. Wunden an der Schnauze sollten sofort mit Antibiotika-Puder oder Salbe behandelt werden. Das Futter muß mit Kalk und Vitaminen versetzt werden.

Aquatile Froschlurche

Hierzu zählen alle Arten, die überwiegend im Wasser leben und daher in Aquarien untergebracht werden, die man jedoch mit dichten Abdeckungen versehen muß. Ein Paludarium oder ein Ripuarium (Flußuferbecken) ist gleichfalls geeignet. Aquatile Frösche leben nicht immer nur unter Wasser: so verkrochen sich meine *Pipa carvalhoi* öfters unter Steinen oder Torfplatten im Landteil des Aquaterrariums. Nachts gingen sie sogar regelrecht auf Wanderschaft. Froschaquarien lassen sich in drei Typen gliedern:

1. Für Zwergkrallenfrösche *(Hymenochirus)* eignen sich bepflanzte Aquarien mit normalem Bodengrund. Da die Tiere nur wenige Zentimeter groß sind, reißen sie keine Pflanzen aus und graben auch nicht um.
2. Für sämtliche anderen Arten *(Pipa, Xenopus)* müssen wir größere Aquarien mit grobem, gut gewaschenem Kies als Bodengrund verwenden. Als Pflanzen eignen sich nur sehr robuste Arten wie *Echinodorus, Aponogeton, Spatyphyllum* und Wasserpest (treibende Stengel). Die meisten dieser Froscharten stören sich auch an einer sterilen Einrichtung nicht, die nur aus Steinplatten, Ziegelsteinen als Versteck und treibenden Wasserpflanzen besteht. Der Vorteil hierbei ist, daß die Tiere eingesetztes Futter (Tubifex, Regenwürmer usw.) sofort finden und die Reinigung vereinfacht ist.
3. Zuchtaquarien. Für alle Arten sind darüber hinaus zur Zucht spezielle Aquarien zu verwenden, die in einem ruhigen Raum stehen sollten. Zur Sicherheit verhängt man noch die Scheiben mit Pappe oder Tüchern. Beobachtungen sind über ein Guckloch möglich. Nur so kann man ausreichende Eizahlen erlangen, da die Tiere das Ablaichen bei Störungen sofort unterbrechen. Nach dem Laichen, das sich einige Tage hinziehen kann, sind die Eltern aus dem Zuchtbecken zu entfernen (Krallenfrösche), bei *Pipa* setzt man das eiertragende Weibchen in ein separates Brutaquarium.

Alle Aquarien sollten mit Licht, einer Filteranlage und einem Ausströmer kombiniert sein, wobei letzterer für frische Luft zwischen Wasser und Deckscheibe sorgt. Alle aquatilen Froschlurche atmen über Lungen, sie können aber auch über die Hautatmung, die in Trockenzeiten im Schlamm oder bei Kälteperioden besonders wichtig ist, ihren Sauerstoffbedarf decken.

Viele der aquatilen Frösche leben auch in fließenden Gewässern, daher ist eine geringe Wasserbewegung im Aquarium von Vorteil. Die Brutauslösung erfolgt über die Wassertemperatur bei *Hymenochirus* und *Xenopus*: Absenkung und langsamer Anstieg auf 28°C und/oder über den Wasserstand (Frischwasserzusatz). Bei Krallenfröschen hat man das Hormon Prolan bei beiden Geschlechtspartnern injiziert und sorgte so für eine gleichzeitige Fortpflanzungsbereitschaft. Auf diese Weise wurden die Massenzuchten dieser Art ermöglicht, die damals für Schwangerschaftstests dringend gebraucht wurden. Glücklicherweise sind diese Tests heute durch chemische Nachweise ersetzt, zu denen man keine lebenden Frösche mehr benötigt.

Einige Züchter halten ihre Frösche im Winter (bei 18–20°C) kühler, und heben im Frühjahr die Temperatur an, da dann für die Zucht ausreichende Nahrungsquellen vorhanden sind. Im Sommer sind die Krallenfrösche *(Xenopus)* im Freiland ebenfalls gut haltbar und züchten willig, im Winter muß man die Tiere jedoch in Aquarien überführen, obwohl auch schon Larven im Freien überwintert haben. Zur Zucht setzt man ein Paar an, sofern die Geschlechtsbestimmung möglich ist. Mehr als 5–8 Tiere hemmen sich nach v. Filek gegenseitig beim Brutgeschäft. Beginnende Paarungsbereitschaft kündigt sich durch die vermehrten Rufe der Männchen an. Der Amplexus bei den Pipiden ist stammesgeschichtlich sehr alt: das Weibchen wird in der Lendengegend (wie bei den Unken) umgriffen und nicht wie bei den höheren Froschlurchen in der Brustregion. Da sich die Eiablage und Befruchtung unter Wasser abspielen, ergibt sich ein sehr kompliziertes Paarungsverhalten, dessen Hauptelement ein Looping (turnover) ist. Die dabei im Gipfelpunkt abgegebenen klebrigen Eier werden bei *Pipa* in Bruttaschen geschoben, die sich auf dem Rücken des Weibchens bilden (→Wabenkröte). Die ausschlüpfenden Larven sind Filtrierer *(Xenopus)* oder carnivor *(Hymenochirus)*.

Sind zu viele Larven in einem Zuchtaquarium – oder im Freiland – treten populationsregulierende Faktoren ein, die zu Mißbildungen und Kleinwüchsigkeit führen. Die Geschlechtsreife der Nachzucht tritt nach 1–2 Jahren ein, abhängig vom Futterzustand und der Wassertemperatur.

Gattung Hymenochirus
Zwergkrallenfrösche

Zwei Arten aus dieser Gattung, die auch je einen Rassenkreis bilden, werden in Zoofachgeschäften öfters angeboten: *H. boettgeri* und *H. curtipes*. Wegen ihrer geringen Größe (um 30 mm) und ihrer Lebhaftigkeit werden sie auch von Aquarianern öfters gehalten. Zwergkrallenfrösche haben im Gegensatz zu ihren größeren Verwandten auch Spannhäute zwischen den Zehen der Vorderbeine sowie eine rauhe Haut und Nasenlöcher, die an der Schnauzenspitze liegen. Der *H. curtipes*-Rassenkreis unterscheidet sich von dem *boettgeri*-Kreis durch kürzere Unterschenkel und eine feinkörnigere Haut.

Die Verbreitung der Arten beschränkt sich auf Zentralafrika. Die *curtipes*-Gruppe lebt im Kongobecken, *H. curtipes* im unteren Teil, *H. boulengeri* im Mittleren Kongo, während sich der *boettgeri*-Kreis auch in Kamerun ausgebreitet hat *(H. boettgeri camerunensis* und *H. b. feae)*. Bei den Zwergkrallenfröschen kommt zu den Loopings beim Ablaichen noch eine Reihe anderer Verhaltensmuster dazu, beispielsweise das „Tanzen" der Männchen und das „Wischen" als Stimulation vor dem Ablaichen. Es treten zwei Ruftypen auf, das Ticken als Locksignal und ein „Brummen" als Abwehrlaut beim Versuch, ein Männchen zu klammern. Beim

Looping heben die Tiere die Kloakenöffnungen über den Wasserspiegel. Die Anzahl der Loopings liegt höher als bei *Pipa* (50–346), wobei im Höchstfall bis zu 1000 Eier abgegeben werden. Dauer der Eiablage 1–7 Stunden. Die 2 mm dicken, bräunlichen Eier schwimmen an der Wasseroberfläche oder kleben an Pflanzen; auf eine reichliche Durchlüftung ist zu achten (v. Filek). Schlupf der Larven nach 1,5–2 Tagen. Die Wassertemperatur sollte bei 25–27°C liegen. Nach einer Heftperiode von 6 Tagen schwimmen die braunen Kaulquappen frei. Sie atmen schon Luftsauerstoff. Die Nahrung besteht aus Cyclops. Die Tiere müssen darin „stehen", da sie noch ungeschickt im Saugschnappen sind, das durch eine bei Kaulquappen sonst ungewohnte Umbildung des Mundes zu einem Saugrohr ermöglicht wird *(H. curtipes)*. Nach 60–70 Tagen ist die Larvenentwicklung abgeschlossen. Das Futter besteht nun aus Tubifex, Wasserflöhen usw. (s. Tab. 3).

Die Eier und Larven von *H. boettgeri* sind anders als die von *H. curtipes*. Durchmesser etwa 1,3 mm und heller. Schlupf erfolgt schon nach einem Tag. Eine Heftperiode tritt gleichfalls auf. Die Larven sind schlanker und aktiver, die Nahrung kann gröber sein.

Die Zwergkrallenfrösche lassen sich schon in kleinen Aquarien halten, die mit einer normalen, nicht zu dichten Bepflanzung ausgestattet sein können, da die Tiere nicht so stark graben wie etwa *Xenopus*. Die Temperaturwahl und die Laichauslösung erfolgt wie bei *Xenopus*: kalte Regendusche und langsame Erhöhung auf Zuchttemperatur. Wer sich speziell mit diesen lustigen Gesellen befassen will, dem sei das Werk von v. Filek sowie die darin erwähnte Spezialliteratur empfohlen.

Gattung Pipa
Wabenkröten

Die etwa 5 Arten dieser Gattung leben hauptsächlich im nördlichen Südamerika. *P. pipa* und *P. snethlagae* (Mündungsgebiet des Amazonas) sind die größten Arten, die alle ihre Eier in Rückentaschen tragen, die sich nicht ganz schließen. Unterscheidungsmerkmale sind die Krallen der Hinterbeine und die sternförmigen Fortsätze an den vorderen Fingern, die Tastfunktionen haben. *P. carvalhoi* hat drei Krallen an den Hinterbeinen, diese Art lebt in Biotopen um 1000 m Höhe in Brasilien. *P. parva* (Kolumbien und Venezuela, Panama) und *P. aspera* (Guayana) haben nur zwei Krallen. Weitere Unterscheidungsmerkmale: *P. pipa* hat an den Fingern vier sternförmige Tastorgane mit je vier Spitzen, Hautfortsätze an den Maulkanten und keine Krallen.

Bei *P. snethlagae* fehlen die Spitzen an den Tastorganen. Statt der Hautfortsätze Tentakel, keine Krallen.

P. parva (Zwergwabenkröte) mit sternfingerartigen Tastorganen (zwei lange und zwei kurze) und zwei Krallen an den Hinterbeinen. Spannhäute zwischen den Fingern schwach ausgebildet. Bei *P. aspera* sind die Sternfinger etwa gleichlang. Spannhäute zwischen den Fingern fehlen. Die Geschlechtsunterschiede sind nicht immer deutlich, nach Klingelhöffer sollen ältere Weibchen eine runzligere Haut und die Männchen einen hervortretenden Kehlkopf haben. Eine Schreck- und Totstellung wurde ebenfalls beobachtet. Die großen und flachen Arten haben Bruttaschen, die offen bleiben. Sie legen teilweise große Eier. *P. carvalhoi* und *P. parva* haben kleine Eier (2 mm), hier schlüpfen die Kaulquappen aus den fast geschlossenen

Taschen. Bei den großen Arten schlüpfen aus den Waben bereits fertige kleine Frösche; es ist also eine direkte Entwicklung vorhanden. Die Geschlechtsbestimmung ist schwierig.

Das Futter wird durch Saugschnappen (Hyoidpumpe) ähnlich wie bei der Matamata-Schildkröte erbeutet. Meist träge Tiere, die am Grunde der Gewässer auf Beute lauern. Die Aktivitätszeiten liegen hauptsächlich in der Nacht. Die Tiere sind eingewöhnt recht ausdauernd.

Pipa carvalhoi
(früher Hemipipa c.)

Kennzeichen: Um 4,5–6,0 cm. Grau bis schwarz, Bauch hell. Drei Krallen an den Hinterbeinen.
Verbreitung: Brasilien, stehende Gewässer in 1000 m Höhe.
Lebensweise: Sehr verborgen und nächtlich lebend, gelegentlich auch tagsüber an Land neben ihren Heimatgewässern anzutreffen, besonders nach Regenfällen. Meine Beobachtungen im Terrarium ergaben, daß die Tiere nachts öfters ihr Gewässer verlassen und umherwandern, sofern die Luft und die Bodenfeuchtigkeit ausreichen; gelegentlich fand ich sie unter Steinen im Landteil des Aquaterrariums (*P. parva* soll ebenfalls öfters aufs Land klettern). Entwicklung der Eier in fast geschlossenen Bruttaschen, es schlüpfen Kaulquappen aus.
Haltung: Aquarien ab 70 l, Wasserstand ab 30 cm, Seeuferterrarium. Temperatur etwas kühler als bei *P. pipa*, um 23–25°C. Behältereinrichtung s. vorige Art. Etwas empfindlich gegenüber Infektionen; Saugfilter installieren. Zucht mehrfach gelungen. Futter der Kaulquappen s. Tab. 4. Die Erwachsenen bekommen Guppys, Fleischstückchen, Tubifex und Mückenlarven sowie Regenwürmer (s. Tab. 3).

Pipa pipa
Große Wabenkröte

Kennzeichen: Um 10 cm, selten um 20 cm. Grau bis braun. Tastfäden (Tentakel) mit vier Strahlen und je vier Spitzen an den Zehen der Vorderbeine (Sternfingerkröten). Keine Krallen an den Hinterbeinen.
Verbreitung: Nördliches Südamerika, Surinam, Brasilien, Peru.
Lebensweise: Aquatile Art in stehenden oder langsam fließenden Gewässern in Waldgebieten, nachtaktiv. Nahrung: Wasserinsekten, Würmer und auch schlanke Fische.
Haltung: Nur in großen Aquarien ab 100 l mit Wasserständen ab 40 cm zur Zucht zu bringen. Besser sind Becken mit 200–300 l und 80 cm Wasserstand. Temperatur um 26°C, Minimum 20°C. Wegen der Wühltätigkeit nur groben Kies verwenden und dunkle Unterschlupfe anbieten. Keine Wasserpflanzen einsetzen, da sie die Tiere bei der Futtersuche stören (v. Filek). Die Ernährung dieser Art ist etwas problematisch, man sollte es mit Herzfleisch und Leber in Streifen von einer Futternadel versuchen, denn die Tiere fressen nur Beute, die sich bewegt. Nach v. Filek werden aber oft nur Elritzen (*Phoxinus*) als Fischfutter angenommen, doch dürften sich kleine Brutforellen und Orfen ebenso eignen. Verschmäht werden dagegen hochrückige Arten wie Goldfische oder kleine Karpfen. Hier muß der Pfleger selbst Versuche mit anderen Futterarten durchführen.
Die Zucht ist öfters gelungen. Empfehlenswert ist eine etwas kühlere Haltungs-

periode, die man vorteilhaft in den Winter legt. Die Eier werden im Gipfelpunkt eines Loopings (Rolle oder turnover) abgelegt (v. Filek). Die Tiere treiben dabei etwa 1 Sekunde mit ihren Bäuchen nach oben. Die Eier werden zuerst vom Bauch des Männchens aufgefangen, beim Abtauchen befruchtet und dann zum Rücken des Weibchens geschoben, wo sie auf der schon vorher angeschwollenen Rückenhaut haften bleiben und langsam eingebettet werden. Eier, die abgleiten, sinken und entwickeln sich nicht weiter. Pro Laichabgabe werden bis zu 18mal Rollen geschwommen, die Zahl der Eier schwankt zwischen 40 und 110. Die Waben bei *Pipa* schließen sich nicht ganz. Nach etwa 2,5 Monaten strecken die sich direkt entwickelnden Frösche Ärmchen oder Beinchen aus den Waben und versuchen schon nach Futter zu schnappen. Nach etwa 80–140 Tagen „schlüpfen" die fertigen Fröschchen aus den Waben. Sie gleichen fast völlig den Elterntieren. Die Mutter scheint ihre Jungen nicht zu fressen, wie dies etwa bei *Xenopus* der Fall ist. Die Ernährung der Jungfrösche gelingt mit Wasserflöhen, Tubifex und Mückenlarven (s. Tab. 3).

Gattung Xenopus
Krallenfrösche

Sie sind das afrikanische Gegenstück zu den Pipiden Südamerikas, jedoch viel lebhafter und gefräßiger. Die Tiere ertragen extreme Temperaturen von 2–3°C bis 50°C, doch sollte man sie bei 26–28°C halten, wobei man im Winter eine kühlere Periode als Ruhezeit einschiebt.

Die Aquarien werden gut abgedichtet und mit grobem, gewaschenem Kies und stabilen Pflanzen versehen. Die Geschlechter kann man gut unterscheiden; die Kloake der Männchen hat keine Papille, die des Weibchens jedoch drei. Zur Paarungszeit treten beim Männchen dunkle Streifen an der Innenseite der Vorderbeine (Haftpolster) auf. Haut zumeist glatt, an den Hinterbeinen drei Hornzehen (Krallen) und Spannhäute. Zur Artbestimmung verweise ich auf v. Filek, da sie sehr schwierig und eindeutig nur mit Vergleichsmaterial möglich ist. Es sind etwa 6 Arten bekannt, wobei *Xenopus gilli* (Kap-Krallenfrosch) vom Aussterben bedroht ist (s. Rote Liste der IUCN). Berühmt wurde *X. laevis* (Platanna) wegen der Schwangerschaftstests (Hogben-Test) und seiner Verwertung als Labortier. Alle Arten bewohnen Afrika südlich der Sahara, *X. clivii* auch Äthiopien und Kenia. Die Eier werden frei abgelegt oder angeheftet. Der Paarungsablauf läßt noch Reste des Pipidenverhaltens erkennen.

Xenopus laevis
Glatter Krallenfrosch (Platanna)

Kennzeichen: Bis 11 cm, Tiere sind braun, hellgrau oder schwärzlich. Unterseite hellgrau bis gelb, gelegentlich mit dunklen Flecken.

Verbreitung: Afrika südlich der Sahara, Angola und Abessinien. Tief- und Hochland.

Lebensweise: Zumeist in stehenden Gewässern lebend. Rufe: „trrr-trrr-trrr". Brutsaison in Südafrika vom Frühling bis in den Sommer. Amplexus bis zu zwei Tagen. Ein Paarungsritual ist vorhanden. Die Eier werden unter Wasser an Pflanzen geheftet, sie sind etwa 1,6 mm im Durchmesser. Die Entwicklung läuft sehr schnell ab: nach 24 Stunden sind die Kaulquappen 4,4 mm lang, nach 48 Stunden verlassen sie die Eihüllen. Es treten auf der linken Seite (!) äußere Kiemen auf, die sich später zurückbilden. Eine Saugscheibe ist anfangs ebenfalls vorhanden. Sobald das Mundfeld funktionsfähig ist, wachsen zwei Fühler oder Tentakel rechts und links der Mundöffnung. Bei der ausgewachsenen Kaulquappe (80 mm) sind sie 18 mm lang. Die Larven stehen in typischer Stellung fast bewegungslos im Wasser, mit dem Kopf nach unten. Sie filtrieren Algen und andere Mikroorganismen aus dem Wasser. Man findet oft größere Kaulquappenschwärme zusammen. Sie atmen schon mit Lungen, wenn die Hinterbeine durchbrechen. Die frischverwandelten Frösche sind etwa 1,3 cm lang. Nach Wager sollen die Kaulquappen sehr empfindlich sein und beim Transport in Gläsern schnell sterben, eine Beobachtung, die ich auch bei anderen Filtrierer-Larven machte. Die Jungfrösche vertilgen große Mengen Moskitolarven.

Haltung: Mittelgroße Aquarien ab 50 l. Wühlsichere Einrichtung und Pflanzen verwenden. Die Tiere sollten eine kühlere Periode als Winterersatz bekommen. Haltung bei Temperaturen zwischen 15 und 30°C. Im Sommer lassen sich die Frösche auch gut in einem kleinen Gartenteich pflegen und züchten. Sie brauchen viel Futter und sind sehr lebhaft. Die Zucht bereitete lange Zeit erhebliche Schwierigkeiten, bis man mit einer Prolan-Injektion bei beiden Geschlechtspartnern die Brunft auslösen und sehr hohe Eizahlen erhalten konnte. Die Tiere unterbrechen jedoch bei den geringsten Störungen ihr überwiegend nächtliches Laichgeschäft. Die Eltern sind sofort nach dem Ablaichen aus dem Aquarium zu entfernen, da sie dem Laich nachstellen. Die Larven brauchen viel Sauerstoff und aufgewirbelte Mikroorganismen im Wasser. Die Filtriererlarven werden mit Brennesseltee *(Herba urticae)* und Infusorien (aus Protogen-Granulat) gefüttert, es eignen sich auch Fischfutterpräparate (Liquifry). Gelegentlich ist etwas feinzerriebenes getrocknetes Eigelb zuzufüttern. Den Brennesseltee sollte man vor dem Verfüttern in etwas Wasser lösen und durch einen Leinwandbeutel ins Aquarium pressen. Es können dabei auch gleichzeitig Zusatzstoffe (Vitamine, Kleemehl, zerriebene Daphnien, Eigelb) verabreicht werden. Die Larven sind aufzuteilen, da sie sich sonst über Hemmfaktoren beeinflussen. Entwicklungsdauer 5−8 Wochen, abhängig von der Temperatur und dem Nährstoffangebot. Die Metamorphose dauert 10 Tage, dabei wird das Mundfeld mit dem Filterapparat umgebildet und die Ernährung umgestellt. Die Geschlechtsreife wird nach etwa 2 Jahren erreicht.

Erwachsene Krallenfrösche sind unglaublich gefräßig und verschlingen lebende Futtertiere (s. Tab. 3), aber auch Tabi Min-Tabletten. Sie können recht zahm werden.

Einheimische Froschlurche im Terrarium

(Abbildungen Seite 224 und 225)

Viele Terrarianer haben zunächst mit der Haltung und Zucht einheimischer Reptilien und Amphibien begonnen und hierbei erste Erfahrungen positiver und negativer Art gesammelt, die ihnen später bei der Pflege tropischer Arten zugute kamen. Heutzutage sollte man jedoch die einheimische Lurchfauna weitgehend schonen, da sie unter Umweltzerstörung, dem Verkehr und der Pestizideinwirkung genug zu leiden hat. Eine Entnahme der Tiere aus ihren immer spärlicher werdenden letzten Rückzugsgebieten für die Zimmerterrarienhaltung ist aus Naturschutzgründen abzulehnen. Die meisten unserer Froschlurche sind wegen ihres großen Raumbedarfes (Braun- und Grünfrösche) ohnehin nur als Jungtiere für das Terrarium geeignet.

Im Gegensatz zu den Schwanzlurchen ist eine Zucht unter diesen Bedingungen so gut wie unmöglich. Unsere Krötenarten sind Traditionslaicher; sie werden sich anderswo als in ihren Geburtsgewässern kaum fortpflanzen. Die Haltung von Laubfröschen in sogenannten „Laubfroschgläsern" mit Leiterchen ist immer noch anzutreffen, obwohl man diese Unterbringung als Tierquälerei bezeichnen muß. Für ein paar Mark mehr gibt es geräumige Plastikaquarien, die sich sogar ansprechend bepflanzen lassen und eine biologischere Haltung ermöglichen. Eltern sollten gerade hier nicht am falschen Platz

sparen, indem sie den Kindern zwar das Verständnis für das Tier selbst, nicht jedoch für seine Umwelt vermitteln.

Einheimische Froschlurche pflegen wir möglichst in Freilandterrarien oder -anlagen. In jedem größeren Garten oder jedem Schulgelände am Stadtrand läßt sich ein kleiner Bachlauf oder ein schilfumstandener Teich anlegen. Solche Bachläufe sind erholsamer und nutzbringender als die fast überall anzutreffenden „betonierten Wasserspiele". Selbst in kleinen Innenhöfen von Wohnhäusern ist nach japanischem Vorbild noch Platz für Gewässer mit einer Fülle von Sumpfpflanzen und einem reichen Tierleben. Die Planung und Ausführung solcher Freilandanlagen ist allerdings viel komplizierter als beim einfachen Zimmerterrarium, doch mit den modernen Baustoffen und Verfahren wie Glasfaser/Polyester-Beschichtungen und Plastikfolien läßt sich jede gewünschte Gewässerform herstellen. Konstruktionsbeispiele sind in den Haus- und Gartenfachzeitschriften enthalten, außerdem gibt es spezielle Vivaristikliteratur zu diesem Thema, die im Literaturverzeichnis enthalten ist (s. auch Klingelhöffer Band 1).

Die einheimischen Froschlurche sind in der folgenden Tabelle zusammengefaßt und mit Haltungshinweisen versehen. Zur Bestimmung gefangener Tiere verweise ich auf die Fülle der Spezialliteratur (s. im Anhang).

Abb. 61. Rana esculenta, ein einheimischer Grünfrosch.

Terrarientypen für einheimische Froschlurche

ST Steriles Terrarium für Labors usw.: Behälter mit großem Wasserteil und Ziegelsteinen oder Plastikrosten als Sitzplätze. Für Verstecke eignen sich halbierte Tonröhren. Das Wasserteil sollte bei der Haltung von Braun- und Grünfröschen laufend mit kühlem Frischwasser versorgt werden. Für die sterile Haltung von Laubfröschen reicht ein kleineres Wasserbecken mit einer Pflanze oder Aststückchen als Ruheplatz.

A Fluß- oder Seeuferterrarium für Grünfrösche: ein größeres Terrarium wird mit einem ausgedehnten Wasserteil von etwa 10 cm Höhe und der Nachbildung einer Uferböschung aus Korkplatten oder ähnlichem versehen. Pflanzen können im Wasserteil oder am Ufer eingesetzt werden. Wichtig ist, daß die Tiere auch trockene und sonnige Sitzplätze zur Verfügung haben. Hinweise für die Bepflanzung: Pfennigkraut, Froschlöffel und Binsen.

B Moor- oder Feuchtwiesenterrarium: für Braunfrösche bildet man aus aufgestapelten Torfziegeln, Kies und Fall-

Abb. 62. Bufo viridis, eine Kröte der Trockenlandschaften.

laub sowie einem kleineren Wasserteil von etwa 30×30×10 cm Abmessung und Wurzelstubben eine Brach- oder Moorlandschaft nach. Auch hier sollten die Frösche trockene Plätze aufsuchen können. Durch Sprühen wird der abendliche Taufall nachgeahmt. Bepflanzung: Pfennigkraut, Moospolster usw.

C Laubfroschterrarium: Neben einem kleinen Wasserteil von 15×20×5 cm sollte das hohe Terrarium (50×50×70 cm) über Kletteräste und stabile, hochwüchsige Sitzpflanzen verfügen. Durch Ranken, die man an der Rück-

wand befestigt, kann der Behälter zusätzlich verschönt werden. Täglich einmal sprühen.

D Krötenterrarium: Kleines Wasserteil von 15×20×8 cm, Kies und Walderdeboden, der teilweise mit Laub und Sand vermischt wird und zum Eingraben taugt. Auf der Oberfläche kann man eine Streu aus Buchenlaub einbringen. Steinplattenmauern, Baumstümpfe und Moorwurzeln bieten zusätzliche Verstecke. Wegen der großen Kotmengen sollte der Behälter leicht zu reinigen sein. Insgesamt trockener und wärmer als die übrigen Terrarien.

225

Tab. 10. Einheimische Froschlurche

Arten	Eignung juvenil	adult	Terrarientyp bei Zimmerhaltung	Zucht im Freiland	Zucht im Zimmerterrarium	Einbürgerung in Freilandanlagen
Grünfrösche *Rana ridibunda* (Seefrosch)	+	+	ST A	mit Frosch-gemisch mögl. (*R. esculenta* alleine ist nicht vermehrungsfähig)	schwierig bis unmöglich (Großterrarien)	über Larven und adulte Frösche möglich, bei ungeeignetem Biotop Abwanderung
Rana lessonae (kl. Moorfrosch)	+	+	Temp. Anspr. kühl, bis max. 25°C			
Rana esculenta (Wasserfrosch)	+	–				
Braunfrösche *Rana temporaria* (Grasfrosch)	+	–	ST B	möglich	schwierig bis unmöglich (Großterrarien)	Einbürgerung schwierig da vagabundierend. Evtl. über Larven möglich. In geeignetem größeren Biotop halten sie sich gut
Rana arvalis (Moorfrosch)	+	–	kühl halten! 12–18°C			
Rana dalmatina (Springfrosch)	+	–				
Laubfrösche *Hyla arborea* (Abb. Seite 67)	+	+	ST C bis ca. 15–25°C	gut möglich	sehr schwierig bis unmöglich	Einbürgerung durch Aussetzen adulter Tiere schwierig, ebenso über Larven. Im größeren Umkreis eines geeigneten Biotops aber freiwillig bleibend
Unken *Bombina variegata* (Gelbbauchunke)	+	+	ST A bis ca. 18–25°C	gut möglich	gut möglich, Kreuzung mit *B. orientalis* ist mehrfach gelungen	lieben stark verkrautete Gewässer (*B.b.*) oder lehmige Tümpel (*B. var.*). In geeignetem Biotop von selbst auftauchend. Sehr standorttreu
Bombina bombina (Rotbauchunke)	+	+				
Scheibenzüngler *Alytes obstetricans* (Geburtshelferkröte)	+	+	D 17–22°C	möglich	schwierig (bei *Discoglossus* gut gelungen, Schulte)	keine Erfahrung
Kröten *Bufo bufo* (Erdkröte)	+	+	ST,B 18–25°C	gut möglich nur über Kaulquappen-setzlinge. Traditions-laicher!	bisher unmöglich	lieben große Reviere in der Freiheit. *B. viridis* und *B. calam.* brauchen trockenere Landschaftsausschnitte. Einbürgerung über Larven
Bufo viridis (Wechselkröte)	+	+	D			
Bufo calamita (Kreuzkröte)	+	+	D			

+ = geeignet   – = nicht geeignet   ST = steriles Terrarium   A = Terrarientyp A   B = Terrarientyp B   C = Terrarientyp C   D = Terrarientyp D

Bezugsquellen

Institute

Terrarien: (Bautypen nach Schulte und Utke, auch Maß- und Sonderanfertigungen):
  W. Utke, Stuifenstr. 12, 7300 Esslingen
Hochdruckpumpen und Zubehör (noch in der System-Entwicklung): G. Eheim, Aquarientechnik, 7301 Deizisau
  ferner s. a. M. Walter, Das Kleingewächshausbuch. Verlag Eugen Ulmer, Stuttgart 1977.
Lüfter, Steuerelektronik, Schaltuhren:
  Völkner Elektronik, Postfach 5320, 3300 Braunschweig
  Firma Impuls-Elektronik, Neckarsulmer Str. 7, 7100 Heilbronn (ph-Meter, Leitfähigkeitsmeßgeräte, Dimmer, Temperaturregler)
Kreiselpumpenfilter und Motoren:
  in Zoofachgeschäften erhältlich
Ionenaustauscher:
  s. Anzeigen in der DATZ oder im AM
  Selbstbau und Bedienung in M. Walter, Das Kleingewächshausbuch
Gehrungwinkel:
  in Supermärkten erhältlich
Silikonmassen und Primer:
  Perennatorwerk, Postfach 130 332, 6200 Wiesbaden 13 (Typen V 23-1 usw.)
Spezialliteratur:
  Ziegan OHG, Potsdamer Str. 180, 1000 Berlin 30
Futtertiere:
  Grigfarm, CH – 4699 Wittinsburg (Grillen/Heimchen – Abonnement)
  E. Stute, Theodor-Storm-Str. 14, 4800 Bielefeld (Heimchen, Drosophila, Wachsmaden, Enchyträen)

Forschungsinstitut und Museum Alexander Koenig
  Dr. Wolfgang Böhme
  Adenauer Allee 150–164
  5300 Bonn 1

Abteilung Parasitologie der Universität Hohenheim
  Prof. Dr. Werner Frank
  7000 Stuttgart 70

Senckenberg-Museum
  Dr. Konrad Klemmer
  Senckenberganlage 25
  6000 Frankfurt 1

Vereine und Fachzeitschriften

DGHT (Deutsche Gesellschaft für Herpetologie und Terrarienkunde)
Sitz: Senckenberganlage 25, 6000 Frankfurt/Main.
Es bestehen zahlreiche Ortsgruppen
Die DGHT ist Herausgeber der
Salamandra (Zeitschrift für Herpetologie und Terrarienkunde)
Erscheinungsweise im allgemeinen vierteljährlich. Die Beiträge in der Mehrzahl rein wissenschaftlich.
Herpetofauna (Die Zeitschrift für den Terrarianer)
Erscheint im Herpetofauna-Verlag GmbH, Niedersachsenstr. 5, 7140 Ludwigsburg-Oßweil. Die Artikel wenden sich speziell an den Terrarianer. Zahlreiche Farb- und Schwarz-Weiß-Abbildungen. Erscheinungsweise: zweimonatlich.

DATZ (Deutsche Aquarien- und Terrarienzeitschrift)
Erscheint im Alfred Kernen Verlag, Schloßstr. 80 A, 7000 Stuttgart 1. Im wesentlichen aquaristische Beiträge.
Aquarien-Magazin (**AM**)
Erscheint in der Franckh'schen Verlagshandlung, Pfizerstr. 5–7, 7000 Stuttgart 1. Thematisch ähnlich wie die DATZ. Die terraristischen Themen sind z. T. sehr aktuell und mit Farbbildern gut dokumentiert.
Das Aquarium (zusammen mit Aquaterra)
Erscheint im Albrecht Philler Verlag, Stiftsallee 40, 4950 Minden. Ebenfalls eine Zeitschrift mit überwiegend aquaristischen Artikeln.

Literaturverzeichnis

Terrarienkundliche Werke

Filek, W. von: Frösche im Aquarium. Franckh'sche Verlagshandlung, Stuttgart 1975.

Jahn, J.: Das Freilandterrarium. Albrecht-Philler-Verlag, Minden/Westf. o. J.

Jahn, J.: Kleine Terrarienkunde. Albrecht-Philler-Verlag, Minden/Westf. o. J.

Klingelhöffer, W.: Terrarienkunde, Bd. II Lurche. Alfred Kernen Verlag, Stuttgart 1956.

Nietzke, G.: Die Terrarientiere, 2 Bde. Verlag Eugen Ulmer, Stuttgart 1977 und 1978, 2. Aufl.

Schulte, R.: Das Terrarium. Verlag Eugen Ulmer, Stuttgart, in Vorbereitung.

Stettler, P. H.: Handbuch der Terrarienkunde. Franckh'sche Verlagshandlung, Stuttgart 1979.

Vogt, D. und Wermuth, H.: Knaur's Aquarien- und Terrarienbuch. Droemer Knaur, München 1961.

Zimmermann, H.: Tropische Frösche. Franckh'sche Verlagshandlung, Stuttgart 1979.

Botanische, klimatologische und bioökologische Werke

Encke, F.: Die schönsten Kalt- und Warmhauspflanzen. Verlag Eugen Ulmer, Stuttgart 1968.

Encke, F.: Zimmerpflanzen. Verlag Eugen Ulmer, Stuttgart 1979, 11. Aufl.

Eyre, S. R.: Vegetation and soils. A world picture. Aldine Publ., Chicago 1963.

Fast, G.: Orchideenkultur. Verlag Eugen Ulmer, Stuttgart 1979.

Holdridge, L. R.: Life zone Ecology. Trop. Sci. Center San José, Costa Rica 1964.

Myers, C. W.: The ecological Geography of Cloud Forest in Panama. Am. Mus. Novitates Nr. 2396, 1969.

Rauh, W.: Bromelien für Zimmer und Gewächshaus, 2 Bde. Verlag Eugen Ulmer, Stuttgart 1969 und 1973.

Richter, W.: Orchideen pflegen, vermehren, züchten. Verlag Neumann-Neudamm, Melsungen 1974.

Schneider, F.: Die Pflanzen des Terrariums. Albrecht-Philler-Verlag, Minden/Westf. o. J.

Walter, H.: Klimadiagramm-Weltatlas. Gustav Fischer Verlag, Stuttgart 1967.

Pathologische, physiologische und medizinische Literatur

Frank, W.: Parasitologie. Verlag Eugen Ulmer, Stuttgart 1976.

Klingelhöffer, W.: Terrarienkunde Bd. I Technik. Alfred Kernen Verlag, Stuttgart 1955.

Kükenthal, W.: Leitfaden für das Zoologische Praktikum. Gustav Fischer Verlag, Stuttgart 1967.

Lieb, W. und G.: Medizinfibel für Fernreisen. Information und Anleitung zur Selbsthilfe unterwegs. Därr Verlag, Heimstetten 1978.

Moore, J. A.: Physiology of the Amphibia. Academic Press, New York 1964.

Reichenbach-Klinke, H.: Krankheiten der Amphibien. Gustav Fischer Verlag, Stuttgart 1961.

Futterzuchten

Geyer, H.: Praktische Futterkunde für den Aquarien- und Terrarienfreund. Alfred Kernen Verlag, Stuttgart 1957, 2. Aufl.

Jahn, J.: Lebendfutter für ausgewachsene Aquarien- und Terrarientiere. Albrecht-Philler-Verlag, Minden/Westf. o. J.

Wyniger, R.: Insektenzucht. Verlag Eugen Ulmer, Stuttgart 1974.

Übersichtswerke

Bellairs, A. und Parker, H. W.: Die Amphibien und die Reptilien (Bd. 10). Edition Rencontre, Lausanne 1972.

Brehm, A.: Das Tierreich nach Brehm. Bertelsmann Verlag, Gütersloh o. J.

Brehm's Tierleben. Die Lurche und Kriechtiere. Neubearb. v. Fr. Werner. Bd. 4 Amphibien. Bibliogr. Institut, Leipzig und Wien 1913.

Frommhold, E.: Wir bestimmen Lurche und Kriechtiere Mitteleuropas. Neumann Verlag, Radebeul 1959.

Grzimek's Tierleben Bd. V: Fische 2 und Lurche. Kindler Verlag, Zürich 1970.

Knaurs Tierreich in Farben: Amphibien. Von Doris M. Cochran, bearb. v. Heinz Wermuth. Droemer Knaur, München u. a. 1961.

Mertens, R. und Wermuth, H.: Die Amphibien und Reptilien Europas. Verlag Waldemar Kramer, Frankfurt 1960.

Trutnau, L.: Europäische Amphibien und Reptilien. Belser Verlag, Stuttgart 1975.

Spezialliteratur

Bechter, R.: Das Ei des Kolumbus. Zur Aufzucht von Dendrobates pumilio und D. lehmanni. Aquarienmagazin 6, 273–276, 1978.

Berkom, W. A. van: Die Zucht von Afrixalus dorsalis im Paludarium, Text 1 + 2 DATZ 7, 245–248 und DATZ 8, 282–284, 1975.

Broodman, D.: Von Pfeilgift-Fröschen und ihren Verwandten. (Teil 1) DATZ 7, 244–248, 1975; (Teil 2) DATZ 7, 244–249, 1978.

Clyne, D.: Australian Frogs. Landsdowe Press, Melbourne 1969.

Cochran, D. M. and Coleman J. G.: Frogs of Colombia. Smithsonian Inst. United States Nat. Mus., Washington 1970.

Conant, R.: Field Guide to Reptiles and Amphibians (Eastern USA). Houghton Mifflin Comp., Boston 1958.

Crump, M. L.: Territoriality and Mating Behavior in Dendrobates granuliferus (Anura Dendrobatidae). Herpetologica 28, 195–198, 1972.

Daly, J. W., Brown, G. B., Mensah-Dwumah, M. and Myers, C. W.: Classification of Skin Alkaloids from Neotropical Poison-Dart Frogs (Dendrobatidae). Toxicon 16, 163–188, 1978.

Duellman, W. E.: The Hylid Frogs of Middle America 1–2. Mus. Nat. Hist. Univ. Kansas 1970.

– On the Classification of Frogs. Museum Nat. Hist. Univ. Kansas 42, 1–14, 1975.

Guibé, J.: Les Batraciens de Madagascar. Bonner Zoolog. Monogr. 11, 1978.

Gutekunst, H.: Pflege und Zucht des Zwergkrallenfrosches (Xenopus gilli) DATZ 10, 312–315, 1969.

Haefelfinger, H. R.: Ein Frosch, der Kinder prophezeit. Krallenfrösche sind dankbare Aquarientiere. Aquarienmagazin 6, 236–240, 1969.

Hoogmoed, M. S.: Dendrobates, eine farbenreiche Gattung. DATZ 1, 1–7, 1971.

– Notes on the Herpetofauna of Surinam III (D. azureus). Zoolog. Medelingen, RNH Leiden 44, 9, 1969.

Honegger, R. E.: Die Bedrohung der Amphibien und Reptilien in unserer Zeit. DATZ 8, 251–252, 1969.

Lüling, K.-H.: Der Färberfrosch Phyllobates bicolor (Bibron) der Cordillera Azul (Peru). Bonner Zoolog. Beiträge 1/2, 161–174, 1971.

Lutz, B.: Brazilian Species of Hyla. Univ. of Texas Press, Austin and London 1973.

Meier, H.: Der chilenische Nasenfrosch, *Rhinoderma darwini* (Dumeril & Bibron, 1841), eine herpetologische Besonderheit. DATZ *3*, 100–103, 1979.

Mudrack, W.: Pflege und Zucht des Goldfröschchens, *Mantella aurantiaca*. DATZ *10*, 312–313, 1965.

Myers, C. W. and Daly, J. W.: A new Species of Poison Frog (Dendrobates) from Andean Ecuador, including an Analysis of its Skin Toxins. Occasional Papers Mus. Nat. Hist. Univ. Kansas *59*, 1–12, 1976.

– Preliminary Evaluation of Skin Toxins and Vocalizations in Taxonomic and Evolutionary Studies of Poison-Dart Frogs (Dendrobatidae). Bull. Am. Mus. Nat. Hist. New York. *157*, 3, 1976.

– and Malkin, B.: A Dangerously Toxic new Frog (Phyllobates) used by Emberá Indians of Western Colombia, with Discussion of Blowgun Fabrication and Dart Poisoning. Bull. Am. Mus. Nat. Hist. New York. *161*, 2, 1978.

– A Name for the Poison Frog of Cordilliera Azul, Eastern Peru, with Notes on its Biology and Skin Toxins (Dendrobatidae). Am. Mus. Novitates. *2674*, 1979.

Noble, G. K.: Contributions to the Herpetology of the Belgian Congo based on the Collection of the American Museum. Congo Expedition 1909–1915. Bull. Am. Mus. Nat. Hist. New York *49*, 1924.

Oertter, J.: Der Pracht-Stummelfuß *(Atelopus varius)*. DATZ *7*, 218–219, 1970.

Oeser, R.: Wissenschaftliche Froschzucht in den USA. DATZ *11*, 342–344, 1969.

Oostveen, H.: *Mantella aurantiaca*, das Goldfröschchen von Madagaskar. DATZ *5*, 172–176, 1978.

– Prächtige Farben und Gift schützen die Baumsteiger. Aquarium *55*, 25–29, 1974.

Parker, H. W.: A Monography of the Frogs of the Family Microhylidae. Trus. Brit. Mus., London 1934.

Pasteur, G. et Bons, J.: Les Batraciens du Maroc. Inst. Scient. Chérifien, Rabat 1959.

Peters, J. A.: The Frog Genus *Atelopus* in Ecuador (Anura: Bufonidae). Smithsonian Inst. Press, Washington 1973.

Peters, U.: Einige Laubfrösche aus New South Wales (Australien). Aquarium *83*, 221–226, 1976.

Polder, W. N.: Erfahrungen mit *Hyperolius*-Arten. DATZ *3*, 100–103, 1975.

– Pflege und Fortpflanzung von *Dendrobates azureus* und anderer Dendrobatiden (I) DATZ *12*, 424–428, 1973. (IV) DATZ *9*, 319–323, 1975. (V) DATZ *11*, 389–392, 1975. (VI) DATZ *12*, 424–427, 1975.

Raehmel, C. A.: Ergänzende Bemerkungen zur Rotpigmentierung der Bauchseite bei Jungtieren von *Bombina orientalis* auf der Basis von Canthaxanthin. Salamandra *1*, 47, 1976.

Rose, W.: Reptiles and Amphibians of South Africa. Meskew Miller, Cape Town 196.

Schiøtz, A.: The Treefrogs of Eastern Africa. Steenstrupia, Copenhagen 1975.

– The Amphibians of Nigeria. Vidensk. Medd. fra Dank naturh. Foren. *125*, 1963.

– On a Collection of Amphibia from Nigeria. Vidensk. Medd. fra Dansk naturh. Foren. *129*, 1966.

– The Voices of some West African Amphibians. Vidensk. Medd. fra Dansk naturh. Foren. *127*, 1964.

– The Superspecies *Hyperolius viridiflavus* (Anura) Vidensk. Medd. fra Dansk. naturh. Foren. *134*, 1971.

– The Treefrogs (Rhacophoridae) of West Africa. Steenstrupia, Copenhagen 1975.

Schmidt, A. A.: Erst-Nachzucht des Zipfelfrosches *Megophrys nasuta*. Salamandra *2*, 55–68, 1976.

– Erst-Nachzucht des Indischen Ochsenfrosches *Kaloula pulchra*. Salamandra *2*, 49–57, 1978.

– und Wicker, R.: Weitere Beobachtungen bei der Nachzucht des Zipfelfrosches *Megophrys nasuta*. Salamandra *1*, 43–48, 1977.

– Zur Nachzucht von *Bufo blombergi*. Salamandra *1*, 37–46, 1976.

Schulte, R.: *Dendrobates silverstonei*, ein neuer Giftfrosch aus Peru. Herpetofauna *1*, 24–30, 1979.

– Die Dendrobatiden Panamas Teil 1: Gattung Dendrobates. Herpetofauna *2*, 6–14, 1979.

– Mit Geisterblick schleicht er durchs Geäst *(Phyllomedusa lemur)*. Aquarienmagazin *3*, 1977.

Sexton, O.: Observations on the Life History of a Venezuelan Frog, *Atelopus cruciger*. Acta Biologica Venezuelica *2*, 236–241, 1958.

Stebbins, R. C.: A Field Guide to Western Reptiles and Amphibians. Houghton Mifflin Comp., Boston 1966.

Steinicke, H.: Beiträge zum Problem unvollständiger Auspigmentierung bei der Aufzucht der Chinesischen Rotbauchunke *(Bombina orientalis)*. Salamandra *12*, 1, 23–26, 1976.

Wager, V. A.: The Frogs of South Africa. Airnell & Sons L., Cape Town 1965.

Wright, A. H. and A. A.: Handbook of Frogs and Toads of the US and Canada. Cornell Univ. Press, Ithaca and London 1970.

Zimmermann, H.: Die Aufzucht des Goldbaumsteigers *Dendrobates auratus*. Aquarienmagazin *12*, 526–531, 1974.

Technische Literatur

Anonym: Großes Ohr fürs Mikrofon (Bauanleitung für Parabolmikrofon und Vorverstärker). Hobby *19*, 122–128, 1971.

Ardabilli, M.: Umgekehrte Osmose, ein biologisch einwandfreies Verfahren zur Wasseraufbereitung. Maschinenmarkt *31*, 1973.

Bayer Leverkusen: Lewatit-Ionenaustauscherharze. 1965, 3. Aufl.

Blitz, G.: Blitzen mit Pfiff. DSB Verlag, Stuttgart o. J.

Klingelhöffer, W.: Terrarienkunde Bd. I Technik. Alfred Kernen Verlag, Stuttgart 1956.

Walter, M.: Das Kleingewächshausbuch. Verlag, Eugen Ulmer, Stuttgart 1977.

Sachregister

Namenregister

Die mit einem Sternchen* versehenen Seitenzahlen verweisen auf Abbildungen

238

239